MANDARIN CHINESE LEARNER'S DICTIONARY

CHINESE-ENGLISH/ENGLISH-CHINESE

Pīnyīn Romanization

LIVING LANGUAGE®

MANDARIN CHINESE
LEARNER'S DICTIONARY
CHINESE-ENGLISH/ENGLISH-CHINESE

Pīnyīn Romanization

Compiled by
Bin Liu, M.A.
Founder, Acumen TransMedia Services

Edited by
Christopher A. Warnasch

Living Language is a member of the Random House Information Group

Living Language and colophon are registered trademarks of Random House, Inc.

Published in the United States by Living Language, A Random House Company

www.livinglanguage.com

Editor: Christopher A. Warnasch
Production Editor: Lisbeth Dyer
Production Manager: Heejin Kim
Interior Design: Sophie Ye Chin

First Edition

ISBN: 1-4000-2274-6

ISBN-13: 978-1-4000-2274-8

Library of Congress Cataloging-in-Publication Data available upon request.

PRINTED IN THE UNITED STATES OF AMERICA

10 9 8 7 6 5 4 3 2 1

CONTENTS

INTRODUCTION

The *Living Language Mandarin Chinese Learner's Dictionary* lists more than 20,000 of the most frequently used Chinese words, gives their most important meanings, and illustrates their use. This edition contains up-to-date phrases and expressions, including entries related to business, technology, communications, and the media.

Numerous definitions are illustrated with phrases, sentences, and idiomatic expressions. Because literal translation is so often problematic in comparing languages, especially such unrelated languages as Chinese and English, multiple translations are provided to zero in on the appropriate sense of a word or phrase. These help to show the contexts in which a word or phrase may be used.

A full description of the pīnyīn system of romanization, including tones, is provided at the beginning of the dictionary for reference. The dictionary does not include any Chinese characters, making it much simpler for the student of Chinese to look up words in a familiar alphabetical system.

This learner's dictionary is ideal for beginner- or intermediate-level students of Mandarin Chinese, and it may be used on its own with any course or as an accompanying reference for the *Living Language Complete Mandarin Chinese: The Basics* course.

PĪNYĪN ROMANIZATION

The Chinese language does not have an alphabet. Each word is represented by a character, which may be composed of just one stroke (line) or as many as several dozen. To represent Chinese sounds for those who do not read characters, various systems of romanization have been devised. *Living Language Complete Mandarin Chinese: The Basics* uses *pīnyīn*, the standard system used in China and the one most commonly used in the United States, in both its coursebook and its dictionary.

Each syllable in Chinese has an initial consonant sound and a final vowel sound. There are twenty-three initial sounds (consonants) and thirty-six final sounds (vowels or combinations of vowels and consonants). Here is how each sound is written in *pīnyīn*, with its approximate English equivalent.

INITIAL SOUNDS

Pīnyīn	English
b	b in bear
p	p in poor
m	m in more
f	f in fake
d	d in dare
t	t in take
n	n in now

l	l in learn
z	ds in yards
c	ts in its
s	s in sing
zh	j in judge
ch	ch in church
sh	hard sh in shhhh!
r	r in rubber
j	dy in and yet
q	ty in won't you
x	sh in shoe
g	g in get
k	k in keep
h	h in help
y	y in yes
w	w in want

FINAL SOUNDS

a	a in ma
ai	y in my
ao	ou in pout
an	an in élan
ang	ong in throng
o	o in or
ou	oa in float
ong	ong in long
e	e in nerve
ei	ay in day
en	un in under
eng	ung in mung
i (after z, c, s, zh, ch, sh)	r in thunder
i	ee in see
ia	yah

iao	eow in meow
ian	yan
iang	yang
ie	ye in yes
iu	yo in yo-yo
iong	young
in	in in sin
ing	ing in sing
u	u in flu
ua	ua in suave
uai	wi in wide
uan	wan
uang	wong
uo	wo in won't
ui	weigh
un	won
ü	like ee in see, but with lips rounded into a pout (German hübsch, French tu)
üan	like ü above with an
üe	like ü above with e in net
ün	like ü above with n in an
er	are

TONE MARKS

Each syllable in Mandarin Chinese must be pronounced with a tone—there are four, plus a neutral tone. Here are the tone marks as they are written in *pīnyīn.* They're written here over the vowel *a,* which is pronounced similarly to the vowel in *John.* Imagine saying the name John in the following contexts:

First Tone	ā •	High and neutral, no accent. Sing "*John.*"

Second Tone	**á**	From middle to high, as in asking a question. "*John?* Is that you?"
Third Tone	**ǎ**	From middle to low, and then to high, as if stretching out a question: "*Jo-o-o-hn,* what do <u>you</u> think?"
Fourth Tone	**à**	From high to low, as if answering a question. "Who's there?" "*John.*"

Syllables pronounced with the neutral tone are unmarked. The tones are placed over the final vowel sound of a syllable. In the case of compound vowels, such as *ai, uo, ao,* etc., the tone is placed over the primary vowel.

EXPLANATORY NOTES

There are many cases in Mandarin Chinese of words being pronounced the same way but having two different characters to express them in the written language. This is similar to the English example of *sink,* which can mean either a basin for holding water or the action of moving down through water. An example in Chinese is *bàn dǎo,* which can mean either peninsula or to stumble or trip. In written Chinese, these meanings are expressed with different characters, but because their pronunciation is the same, their *pīnyīn* representation is the same as well. In this dictionary, because *pīnyīn* is used, you'll see only one entry. The truly different meanings or different parts of speech will be separated by a semicolon, while more or less synonymous translations of the same meaning will be separated by commas:

bàn dǎo peninsula; to stumble, trip, misstep.

English shows very clear distinctions among related words that are built from the same root. For example, from the English verb *obey* comes the noun *obedience,* the adjective *obedient,* and the adverb *obediently.* The same distinctions among parts of speech are not made in Mandarin. Typically the same word or phrase may be translated as both a noun and a verb. For example, *shùn cóng* can mean *obedience* or *to obey.* A very common pattern is to form both adjectives and adverbs from this root by adding the particle *de,* so *shùn cóng de* can be translated as *obedient* or as *obediently.* Again, the same *pīnyīn* forms will be in the same entry, but different parts of speech will be separated by semicolons:

shùn cóng	compliance, obedience; to resign oneself to, comply with, obey.
shùn cóng de	submissive, yielding, obedient; obediently.

ABBREVIATIONS

adj.	adjective
adv.	adverb
conj.	conjunction
n.	noun
prep.	preposition
pron.	pronoun
v.	verb

Chinese–English

A

ā ér bēi sī shān the Alps.
ā sī pí līn aspirin.
ài love as for a person; to love.
āi dào to weep, show sadness.
ǎi de short, not long or tall.
ái è to starve, suffer from lack of food.
ài ěr lán Ireland.
ài fǔ caress.
ài guó zhě patriot.
ài guó zhǔ yì patriotism.
ài hào love, liking, preference. **ài hào hé píng de** peace loving, inclined toward peace.
ài hù to cherish, act fondly toward.
āi jí Egypt.
āi jiào to whine.
ài kǒu pass, passage.
ài rén lover.
ài shàng mǒu rén fall in love with someone.
ǎi shù cóng bush.
ài shuō huà de talkative.
ǎi zi dwarf.
ān saddle.
àn chù dark place.
àn dàn de faint, dim.
ān dìng stability; settlement (as in a new area).
ān fǔ to pacify.
àn jiàn case (law).
ān jìng tranquility.
ān jìng de quiet, tranquil.
àn líng to ring a bell.
àn mén ling to ring the doorbell.
ān mián slumber.
àn niǔ button.
ān pái preparation, specific order, arrangement, plan, proposed idea; to prepare, arrange, assign, organize, establish, install securely, settle.
ān pái huó dòng to program, schedule activities.
ān qí ér angel.
ān quán security, safety.
ān quán cuò shī security, thing that assures safety.
ān quán de safe, secure; safely.
ān quán dì dài safety zone.
ān quán shè shī safety, device to stop accidents.
àn shì hint, clue, tip; to hint, imply, suggest, insinuate, introduce insidiously.
àn shí de prompt, punctual.
ān wèi comfort, solace; to comfort.
ān xīn de secure, calm, unanxious.
ān yì being comfortable.
ān yì de comfortable, relaxed, without worries.
àn zhào according to, as.
ān zhì to establish, install securely.
ān zhì fāng shì arrangement method.
ān zhuāng to attach, install, set up.
áng guì de dear, expensive, precious.
àng sī ounce.
āng zāng dirt, squalor.
ào dà lì yà Australia. **ào dà lì yà de** of or relating to Australia. **ào dà lì yà rén** Australian.
ào dì lì Austria. **ào dì lì de** of or relating to Austria. **ào dì lì rén** Austrian.
ào huǐ to rue.
ào màn pride, conceit.
ào màn de haughty.

B

bā eight.
bǎ ... dǎ hūn to stun, daze.
bà ba dad, father.
bá chū to extract, remove, pull.
bà dào de despotic.
bà gōng strike from work.
bā jī sī tǎn Pakistan.
bā jie act of flattery.
bǎ mǒu wù jiè gěi mǒu rén to lend something to someone.
bá shè to wade.
bā shí eighty.
bǎ shǒu handle, part that supports.
bā xī Brazil.
bā yuè August.

bà zi fork, rake.
bǎ zi target (as in archery).
bǎ ... guī yīn yú to attribute, trace the cause of something to something.
bái chī fool, idiot.
bǎi dòng to swing, move or wave back and forth, vacillate.
bái è chalk.
bài fǎng to visit socially.
bǎi fēn bǐ percent, portion, fraction.
bǎi fēn zhī yī one percent, per hundred.
bài huài to stain, corrupt, morally debase, hurt someone's reputation.
bǎi huò gōng sī department store.
bái jiǔ Chinese liquor.
bǎi nián century.
bái sè de white (as in color).
bái tiān day, period of daylight.
bǎi tuō to free (as in to free from pain).
bǎi wàn million.
bǎi wàn fù wēng millionaire.
bǎi wèi hundred, with decimals.
bǎi yóu asphalt; pitch; tar.
bái zhé bù náo perseverance; being indomitable.
bái zhǒng rén de white (as in person).
bǎn flat material, edition. **chū bǎn** first edition. **dì yī bǎn** first edition. **xīn bǎn běn** new edition. **xiū dìng bǎn** revised edition.
bān class (school).
bǎn běn edition, version, artistic adaptation.
bān bù issue, publish.
bàn dǎo peninsula; to stumble, trip, misstep.
bān diǎn spot, mark or stain.
bàn gōng shì office (as in building).
bān jí class (school).
bān jī flight, airplane.
bān jiā move, relocation; to move, change residences.
bàn lǐ to handle, conduct, transact.
bǎn lì chestnut.
bàn suí to accompany.
bàn xiǎo shí half an hour.
bàn yǎn to act, play, perform.
bǎn yán slate.
bān yùn to carry, transport.
bàng bar, club, stick, rod, pole; pound.
bǎng to tie, secure by tying, fasten, be attached.
bāng group, gang.
bāng máng help, assistance; to oblige.
bāng shǒu assistant, aid, helper.
bàng wǎn evening, sunset, sundown.
bǎng yàng example (as in set an example).
bāng zhù help, aid, assistance; to help, aid, assist.
bāo bag; to bundle, wrap, fold around for protection.
bǎo bèi sweetheart, honey, beloved.
báo céng membrane.
bǎo chí to maintain, stay, be stopped, persist.
bǎo chí ān jìng to keep quiet.
bǎo chí bú dòng to keep still.
bào chou service fee (as in for medical attention), reward.
bào chóu retaliation, vengeance.
bào dǎo story, report, article; to report as a journalist.
báo de thin (as in a piece).
bào dòng uprising, rebellion.
bào fā to burst.
bào fēng xuě snowstorm.
bào fēng yǔ rainstorm, storm.
bào fù retaliation; to retaliate.
bào fù bù fán de ambitious, highly enterprising.
bào fù de vindictive.
bào fù xíng wéi reprisal.
bào gào report; to report, to give an account of.
bǎo guì de dear, precious.
bāo guǒ parcel, package.
bāo guǒ yóu dì parcel post.
bāo hán to contain, hold, include, involve, embrace, enclose.
bāo hán de of, holding (as in bag of fruit).

bǎo hù shelter, protection; to protect, secure, guard, shelter, shield.
bǎo hù cuò shī protective measure.
bǎo hù sǎn umbrella, cover or protector.
bǎo hù zhě guardian, protector.
bāo jiǎng to exalt, praise.
bào jūn tyrant.
bào kān zá zhì newspapers and magazines.
bǎo kù treasury, where a treasure is kept.
bāo kuò to comprise, involve, include.
bāo kuò zài nèi to be included.
bǎo lěi fort, fortification with troops.
bào lì force, violence.
bào liè shēng cracking sound.
bǎo liú withholding; to withhold, keep back, have or hold something somewhere.
bǎo liú dì public land, reservation.
bǎo liú wù something held back.
bào lù to accidentally reveal, expose.
bào luàn riot. **cān jiā bào luàn** to take part in a riot.
bǎo mì de confidential, secret.
bào mín mob.
báo mó film, membrane.
bǎo mǔ wet nurse, baby-sitter.
bǎo nuǎn de warm, having heat.
báo piàn sheet, slice, piece (as in paper); chip.
bào qiàn de sorry, regretful.
bǎo shí gem, gemstone, jewel.
bǎo shí shì wù jewelry.
bǎo shǒu de conservative.
bǎo shǒu mì mì to keep a secret.
bǎo shǒu zhǔ yì zhě conservative.
bǎo tǎ pagoda.
bào tú mob.
bǎo wèi to defend, keep safe, guard from danger.
bāo wéi enclosure, being enclosed; siege.
bǎo xiǎn insurance, coverage, the act of insuring.
bǎo xiǎn dān insurance policy.
bǎo xiǎn xiāng safe.
báo xiǎn yè insurance industry.
bāo xiāng box, balcony.
bāo xīn cài cabbage.
bào xìn zhě messenger.
bào xíng outrage, aggressive act.
bǎo yǎng upkeep, maintenance; to maintain, keep in good condition.
bǎo yǎng fèi upkeep, cost of maintenance.
bào yǔ deluge, downpour.
bào yuàn to complain, show discontent.
bǎo zàng precious (mineral) deposits.
bào zào de touchy.
bào zhà explosion; to explode.
bào zhǎng to jump, increase rapidly.
bào zhèng tyranny, absolute unjust power.
bǎo zhèng promise, guarantee; to assure, pledge, guarantee, promise, vow.
bǎo zhèng zhì liàng to warrant, guarantee quality.
bào zhǐ newspaper.
bāo zhuāng to pack, wrap, enclose in paper or a container.
bǎo zuò throne, royal chair.
bèi back.
bēi cup.
bèi ... xià yī tiào to be terrified of.
bēi āi woe.
bēi āi de sad, unhappy, causing sorrow.
bēi bǐ ignoble, immoral.
bēi bǐ xiǎo rén contemptible person.
běi bīng yáng Arctic Ocean.
běi bù north (as in region).
běi bù de northern, toward the north.
bèi bǔ shí de dòng wù prey, hunted animal.
bēi cǎn misery.
bēi cǎn de pathetic, miserable, tragic, wretched; miserably.
bèi dǎ bài to be defeated, lose.

bèi dān sheet (as on a bed).
bēi dào to deplore, mourn.
bèi dòng de passive.
bèi fā xiàn de shì wù discovery, something discovered.
bèi fā zhǎn de zhuàng tài development.
bèi fǎn shè wù something reflected (as in light).
běi fāng north (as in direction).
běi fāng de north, northern, toward the north.
bèi hòu back.
bèi huái yí de rén suspect.
běi jí North Pole.
bēi jiàn de low, mean.
bèi jiē lòu de shì shí disclosure, something uncovered.
bèi jiē lòu de zhēn xiàng truth or fact revealed.
bèi jǐng background.
běi jīng Beijing.
bēi jù tragedy.
bèi jù fù to bounce (a check).
bēi jù xìng de tragic, terribly sad.
bēi kǔ misery.
bèi lěi bud.
bēi liè de petty, stingy; vile, lowly.
bèi miàn back.
bèi pàn treachery; to betray, help an enemy.
bèi pàn de treacherous.
bēi shāng grief.
bēi shāng de sad, unhappy, causing sorrow.
bèi shù multiple, number in division.
bèi shū to endorse, sign.
bèi sī liè to tear, get torn.
bèi sòng recital; to recite. **bèi sòng de cái liào** material being recited.
bēi tòng grief, woe; to mourn, grieve.
bèi tuì huí to bounce.
bēi wén inscription.
bèi xià dǎo le to get scared.
bèi xià zhù le to be frightened.
bèi xìn treason.
bèi xīn vest.
bèi yòng de spare, alternate, saved.
bèi zhì yù to be cured of.
bēn to run or move quickly.
běn dì de native, indigenous.
běn guó homeland.
běn guó yǔ native language.
běn lǐng skill, something you must learn to do.
běn néng instinct, inborn behavior.
běn néng de instinctive.
běn xìng nature, inherent traits.
běn zhì essence, true nature of something.
běn zhì de essential, part of essence.
bèn zhuō de clumsy.
bèng pump.
bēng dài bandage.
bèng fā outburst.
bēng kuì collapse, fall apart.
bēng liè to break.
bì arm (left or right).
bǐ pen; than, to compare, contrast.
bī to force, compel. **wǒ bī tā mén qù de.** I forced them to go. **bǐ ... cháng jiǔ** to outlast. **bǐ ... huó dé cháng** to survive, live past.
bì chú closet.
bǐ cǐ each other.
bǐ dé shàng to equal.
bì dìng sure thing, something without fail.
bì dìng de sure, bound to be; necessarily.
bì hù shelter, cover, refuge; to shield, cover.
bǐ jì writing, handwriting; class notes.
bǐ jiào to contrast, compare.
bǐ jiǎo de compared to something else.
bì kāi to shun.
bí kǒng nostril.
bǐ lì percentage, part, proportion.
bǐ lǜ rate, percentage.
bì miǎn to avoid, evade, shun.
bì nàn to take refuge.
bì nàn chù refuge.
bì nàn suǒ sanctuary, harbor,

haven, refuge, place of protection.
bǐ sài competition, game, sport, match, tournament; to compete, play a sport.
bǐ shì disdain.
bì shǒu dagger.
bì shǔ shèng dì summer resort.
bǐ wù a slip of the pen, small mistake.
bì xià His Majesty.
bì xū de essential, indispensable, integral, necessary, mandatory.
bì xū pǐn necessity, requirement.
bì yào need, necessity.
bì yào de necessary; necessarily. **zhè méi bì yào.** It's not necessary.
bì yào xìng necessity, the state of being needed.
bì yè to graduate.
bì yè shēng graduate.
bì yùn contraception.
bì zhāng arm band, shoulder insignia.
bī zhēng de true to life, genuine.
bǐ zhí de upright, vertically.
bí zi nose.
bǐ ... gèng hǎo better than.
biān verge, edge, side; to weave.
biàn ān jìng to become quiet.
biàn bié to distinguish, perceive.
biàn bié lì sense, understanding, logic.
biān cè to spur on, urge on.
biàn cháo shī to moisten.
biàn chéng to become, get, turn into.
biān dǎ whip, motion or stroke; to whip, thrash.
biān dài braid.
biàn dé to turn, make into.
biàn de fù zá to get complicated.
biàn de má mù to become numb.
biàn de xié tiáo to tune, get attuned.
biàn dòng to shift, move position.
biàn duǎn shorten.
biān duì formation, arrangement.
biàn gān to dry.
biàn gé reformation or major change.
biàn gēng change, alteration, variation, modification; to change, alter, modify, vary.
biàn hù defense, argument to support something; to defend (as in court), plead, argue, prove innocent.
biàn huà change, variance, variation, act of varying; to vary, show change.
biàn huà de fàn wéi variation, how much something varies.
biàn huài to spoil, become spoiled.
biàn jí throughout.
biàn jiě explanation, justification; to explain, excuse, justify.
biān jiè boundary.
biàn kuān to widen.
biàn kuān hòu to relent.
biàn lì convenience.
biàn lì de convenient.
biàn liáng to cool.
biàn liàng variance between expectation and actual occurrence; to lighten.
biàn lùn argument, debate, dispute; to debate; plead, reason.
biàn nuǎn to thaw, become less stiff; to warm, get warm.
biǎn píng de flat (object).
biàn qiáng to strengthen.
biàn rèn to read, recognize, look at and understand; to spot, detect.
biān rù to weave into something elaborate.
biàn ruǎn to soften, become soft.
biàn shī to wet.
biàn tiáo note, reminder.
biān xiàn side (as a line).
biàn xié sandal.
biàn yā qì transformer.
biàn yìng to harden, become firm or solid, stiffen.
biàn yú shǐ yòng de handy, not difficult to use.
biān yuán edge, fringe, verge.
biàn zāng to smear, soil, get dirty.
biān zào fiction, something that is

imaginatively invented; to weave, make something elaborate.
biàn zhǎi to narrow, become more narrow.
biàn zhí to straighten.
biǎn zhí depreciation, diminished value.
biān zhī to weave, make by weaving.
biān zhī pǐn knitting.
biān zi whip, tool itself.
biān zuò gallery of a theater.
biǎo watch, wristwatch; table of data.
biǎo bái to express oneself.
biāo běn sample, representative of a category.
biǎo céng surface.
biǎo dá act of expression; to state, say, express, voice.
biǎo dá de expressive.
biǎo dá néng lì speech (as in ability).
biāo diǎn punctuation.
biāo diǎn fú hào punctuation mark.
biǎo gé form, document; table of data.
biāo jì label, symbol; mark, visible scratch; sign of existence.
biǎo jué vote, choice of candidate.
biǎo miàn face, surface.
biǎo miàn de superficial, on the surface.
biǎo miàn shàng apparently, in appearance.
biǎo míng demonstration, manifestation; to demonstrate, manifest, give evidence, testify, proclaim, make clear.
biāo qiān label, identification, mark, brand, ticket, tag.
biǎo qíng facial expression.
biǎo shì gesture, act of courtesy; to give a greeting; to mean, signify, denote.
biāo shí mark, identifier.
biǎo shì chǎng hé on/upon occasion or situation.
biǎo shì děng jià of equal value.
biǎo shì huái yí de suspicious, showing suspicion.
biǎo shì shí jiān on a given date.
biǎo shì tóng qíng to sympathize, show compassion.
biǎo shì tóng yì de favorable, approving.
biǎo shì yuàn yì to offer, volunteer.
biǎo shì ... de indicative of.
biǎo shì ... tè xìng de characteristic.
biāo tí title, topic, part or subdivision.
biǎo xiàn conduct, behavior, display; performance; to conduct, behave, exhibit, show.
biǎo xiàn de representing.
biǎo xiàn ... de expressive.
biǎo xiōng dì jiě mèi cousin.
biǎo yǎn entertainment, something entertaining; interpretation, performance, style of performing; to perform, act.
biǎo yáng to praise, commend.
biāo zhì sign, shows that something exists.
biāo zhì beautiful, handsome.
biāo zhì de attractive by being perfect.
biāo zhǔn standard, criterion.
biāo zhǔn de in accordance with standards, normal, standard.
bié to clip, grip.
bié de another, other, different from first.
bié de dōng xi something else.
bié kè qì. You're welcome.
bié rén anyone else.
bié yǒu yòng xīn ulterior motive.
bié zhēn clip, pin.
bié zhì de exquisite, unique.
bié zhù to pin, fasten.
bīn lín to verge.
bīn lín yú on the verge of.
bìng disease, illness.
bǐng cake, pancake, pie; handle.
bīng ice, frozen water.
bīng báo hail.
bīng dǎo Iceland.
bìng fáng hospital ward.

bīng fēng de icy, filled with ice.
bǐng gān biscuit, cookies, cracker.
bīng jī lín ice cream.
bīng lěng de icy, freezing, chilly.
bīng miàn ice, area of frozen water.
bìng qiě and, besides, moreover.
bìng rén sick person, patient.
bīng xié skates.
bō to sow seeds.
bó bo uncle, form of address for an older man, especially by children.
bó chì refutation; to refute.
bó dǎo to refute.
bó dé to earn, gain.
bó dòng to throb.
bō dòng to wave, fluctuate, curve on a surface.
bó dòu struggle, conflict, fighting; to fight physically or armed.
bō duó to deprive; take away rank or honors.
bō fàng to broadcast.
bō hào mǎ to dial.
bō hào pán dial.
bō hào yīn dial tone.
bó huí to overrule, prohibit.
bó jiān bǐng pancake.
bō lán Poland.
bō làng wave in water.
bō li bēi glass, something to drink from.
bō li zhì pǐn articles made of glass.
bó mù dusk, twilight, evening.
bó mǔ aunt.
bō pí to peel, remove outer layer.
bō qù to strip, take away clothes.
bó shì doctor, doctorate degree.
bó wù mist.
bó wù guǎn museum.
bǒ xíng limp, hobble; to go limp.
bó xué de learned, erudite, wise.
bō yīn broadcast.
bō zhǒng to sow seeds.
bó zi neck.
bǒ zú de lame, disabled.
bù cloth; department of store or government, ministry; no; not. **zhè gè bù guì.** It's not expensive.
bǔ to patch, mend, repair.
bù ān uneasiness, unrest.
bù ān de uncomfortable, uneasy, ill at ease.
bù ān quán de unsafe.
bù bāo kuò to except, exclude.
bù beì kǎo lǜ de not to be thought of, not to be considered.
bù bì yào de unnecessary.
bù biàn de invariable, unchanging.
bù bīng infantry.
bù bīng tuán infantry.
bù cè to measure by foot.
bù cháng footstep as distance, stride.
bù cháng jiàn de uncommon.
bù chéng gōng de unsuccessful.
bù chéng shí de dishonest, insincere.
bù chéng wèn tí de unquestionable; unquestionably.
bǔ chōng to complement, supplement.
bǔ chōng de instead of another.
bù chōng fèn de inadequate, insufficient.
bǔ chōng wù supplement, something added.
bù chóu chú de unhesitatingly.
bù chún jié de impure, not clean.
bù cōng míng de unwise.
bù dān xīn ease, lack of worry or fear.
bù dào sermon, lecture; to preach, lecture.
bù dào dé immorality.
bù dào dé de evil, immoral, wicked, wrong, dirty, corrupt.
bù dào dé de shì wrong, something unethical or immoral.
bù dào dé de xíng wéi unethical behavior.
bù dé bù to have to.
bù děng de unequal, not the same.
bǔ dīng patch, cloth.
bù dìng shù liàng a deal of, unspecific amount, some.
bù dòng de motionless.

bù duàn unceasing, steadily.
bù duì troops, military force.
bù fā dá de underdeveloped.
bù fā dá guó jiā underdeveloped country.
bù fāng biàn inconvenience, the state of being inconvenient.
bù fāng biàn de inconvenient.
bù fàng sōng to keep fixed.
bù fèi lì without any effort.
bù fen percentage, part, section.
bù fen de partial, relating to one part; partially.
bù fēng lì de dull, not sharp, blunt.
bù fú disagreement, inconsistency.
bù fú cóng to disobey.
bù gǎn ēn de ungrateful.
bù gāo xìng de sullen.
bù gèi grudge, unwillingness do something.
bù gōng píng de unfair, unjust.
bù gōng píng de shì wrong, unjust act.
bù gōng zhèng injustice.
bù gōng zhèng de xíng wéi injustice.
bù gòu gé de incompetent, unqualified.
bù guǎn despite, in spite of.
bù guān xīn indifference.
bù guān xīn de indifferent, uninterested.
bù guāng huá de uneven, not level.
bù guī zé de irregular, asymmetrical or uneven.
bù hǎo de bad.
bù hǎo kàn de unseemly.
bù hé discord, disagreement.
bù hé fǎ de unlawful.
bù hé guī ju de irregular, deviant behavior.
bù hé lǐ de unreasonable, beyond reasonable.
bù hé shàn de unkind.
bù hé shì de incompetent, inappropriate.
bù huài de good, pleasant.
bù huì chū cuǒ de infallible, faultless.
bù huì fā shēng de impossible, unable to exist or occur.
bù huì nòng cuò de unmistakable, unmistakably.
bǔ huò to capture, catch, take captive.
bǔ jǐ to give food.
bù jí gé to fail.
bù jí lì de evil, ominous.
bù jì xù off, turned off, to discontinue.
bù jiàn disappearance; to disappear, vanish; parts.
bù jiàn kāng illness, poor health.
bù jiàn kāng de ill, sick, unhealthy.
bù jiǎng lǐ de unreasonable, rude.
bù jǐng scene (as in a play).
bù jìng de impious, irreverent.
bù jiǔ soon, in the near future.
bǔ jiù fāng fǎ remedy or correction of a wrong.
bù jiǔ yǐ hòu before long.
bù jū jǐn de without constraint.
bù kě fēn gē de indivisible.
bù kě fēn lí de inseparable.
bù kě fǒu rèn de undeniable.
bù kě gǎi biàn de unchangeable.
bù kě jí de untouchable, not in reach.
bù kě jiàn de unseen.
bù kě kàng jù de irresistible.
bù kě kào de treacherous, unreliable.
bù kě néng de impossible, unable to exist or occur.
bù kě quē de integral, necessary.
bù kě quē shǎo de indispensable, necessary.
bù kě shǎo de vital, crucial.
bù kě shuō de unspeakable, not to be spoken.
bù kě xìn de incredible, implausible.
bù kě xìn lài de untrustworthy.
bù kěn to indicate unwillingness.
bù kuài de disagreeable, unpleasant.
bù kuài lè de unhappy; unhappily.
bù kuān róng de intolerant.
bù láo de likely to break under pressure.

bù lǎo liàn de inexperienced.
bù lì disadvantage.
bù lǐ to ignore.
bù lǐ jiě to elude, not understand.
bù lì tiáo jiàn disadvantage.
bù lǐ zhì de unreasonable, without reason.
bù lián xù de interrupted.
bù liáng xíng wéi bad conduct.
bù líng huó de stiff (as in joints).
bù lìng rén mǎn yì de unsatisfactory.
bù luò tribe.
bù luò de tribal.
bù mǎn discontent.
bù mǎn de rén discontented person.
bù mǎn yì displeasure.
bù mǎn yì de unsatisfied.
bù máo zhī dì barren ground, desert.
bù mén department, division, unit.
bù míng zhì de unwise.
bù nài fán impatience.
bù nài fán de impatient, to be impatient.
bù néng bǐ jiǎo de incomparable, unable to compare.
bù néng de unable, not able or authorized. **wǒ zuò bù dào.** I'm unable to do it.
bù néng huī fù de irreparable.
bù néng kè fú de insuperable.
bù néng pèng chù de untouchable, not to be touched.
bù néng rèn wéi shì hé lǐ de unjustifiable.
bù néng yòng de disabled, inoperative.
bù piān bù yǐ de impartial.
bù piān tǎn de unbiased, impartial.
bù piān yǐ de neutral (as in an argument).
bù píng cháng de uncommon.
bù píng děng de unequal in rank or socially.
bù píng jìng de lacking rest or tranquility.
bù píng tǎn de uneven, not level.
bù qián chéng de impious, irreverent.
bù qiāng rifle.
bù qiè shí jì de unrealistic.
bù qīng xī de vague, indefinite shape.
bù qíng yuàn reluctance.
bù qíng yuàn de reluctant, unwilling.
bù qū fú de unyielding, not to be persuaded.
bù quán de odd (as in number).
bù què dìng uncertainty.
bù què dìng de uncertain, not known.
bù què qiè de unfaithful, inaccurate.
bù rè qíng de tepid, emotionally distant.
bù rú shí de unfaithful, inaccurate.
bù shàng bān de off (as in work).
bù shèng rèn de incapable, incompetent, lacking necessary traits, unable to perform.
bù shēng yù de sterile, unable to reproduce.
bù shì discomfort, physical distress; no.
bù shì dàng de impertinent, irrelevant; wrong, not suitable, unfit.
bù shì gù yì de unintentionally.
bù shì hé de unsuitable.
bù shì jūn lì dí de incompatible, unmatching.
bù shì yí impertinence.
bù shì yí de unfavorable, likely to hold back.
bù shì yí de unfit, unsuitable.
bù shì ... jiù shì either ... or.
bù shòu huān yíng de undesirable, unwanted.
bù shòu jū shù de unrestricted.
bù shū fú de unwell, physically uncomfortable.
bù shú xī de unfamiliar, unacquainted with.
bù sǐ de immortal, living forever.
bù sù pace, rate of speed.
bù tài kě néng de unlikely.
bù tǎn shuài de indirect, not

candid, oblique, circuitous.
bù tǐ miàn de undignified, unseemly.
bù tiáo hé de incompatible.
bù tīng huà de disobedient, naughty.
bù tóng difference, dissimilarity; to differ, be different.
bù tóng de different, dissimilar, distinct, distinguishable.
bù tòng de indolent, harmless.
bù tóng de rén huò wù other, another.
bù tòng kǔ ease, lack of pain or fear.
bù tóng yì to disagree with, to disapprove.
bù tóng yǐ qián de different from before.
bù wán měi de imperfect.
bù wán quán de incomplete.
bù wǎn yú no later than.
bù wěn de unstable, not steady.
bù wěn dìng de unstable, unsteady, fluctuating, changing greatly, irregular, erratic.
bù wěn gù de unsteady, not solid or secure.
bù xǐ huān to dislike, hate, have aversion to something.
bù xī yǐn rén de uninviting.
bù xià subordinate.
bù xiǎn yǎn de invisible, unnoticed.
bù xiáng de ominous, threatening.
bù xiāng děng de not equal.
bù xiāng guān de impertinent, irrelevant.
bù xiāng xìn to doubt, disbelieve.
bù xiào de impious, unfilial, disobedient.
bù xiè to scorn, handle with contempt; to try very hard.
bù xìn rèn distrust, mistrust; to distrust, mistrust.
bù xíng walk, act of walking; to walk, go on foot.
bù xìng accident, unexpected harm, misfortune, tragedy.
bù xìng de unlucky, unfortunate, with bad luck, vile, poor, wretched; unfortunately, unluckily.
bù xíng de rén pedestrian, someone walking.
bù xìng de rén someone with bad luck.
bù xìng fú de unhappy; unhappily.
bù xiǔ immortality, eternity.
bù xiū biān fú de slovenly.
bù xiǔ de immortal, never forgotten.
bù xū yào de needless, undesired, unwanted.
bù xún cháng de unusual.
bù yǎ guān de clumsy-looking.
bù yán ér yù de tacitly.
bù yán zhòng de light, gentle, not critical.
bù yī bān de unusual, extraordinary.
bù yī zhì to disagree, differ.
bù yòng xiè. You're welcome.
bù yú kuài displeasure.
bù yú kuài de horrid, unpleasant.
bǔ yú rén fisherman, person who fishes.
bù yuàn unwilling, reluctant; to hesitate, be reluctant.
bù yuǎn de nearby.
bù yuán tōng de tactless.
bù yuàn yì de unwilling.
bù yùn zuò de off, turned off.
bù zài absent, not here, not available.
bù zàn chéng to disapprove.
bù zhǎng secretary or minister in the government.
bù zhēn chéng de insincere.
bù zhēn shí de unreal, untrue.
bù zhèng cháng de abnormal, unsound.
bù zhèng dāng de illegal or against expectations.
bù zhěng jié de untidy, not neat, not kept up.
bù zhèng pài de immoral.
bù zhěng qí de irregular, erratic.
bù zhèng què de incorrect.

bù zhì disposal, specific order, arrangement; to dispose, arrange in order, furnish, equip, make ready for use.
bù zhǐ more than.
bù zhī bù jué de unconsciously.
bù zhī dào de unconscious, happening beyond awareness.
bù zhí dé de unworthy, not worth enough.
bù zhī hé gù somehow.
bù zhī míng zi de nameless, unidentified.
bù zhī pí juàn de inexhaustible, energetic, tireless.
bù zhōng shí de unfaithful, breaking promises.
bù zhòng yào de little, insignificant, minor, secondary, lesser, trivial.
bù zhòu step, procedure, course of action.
bǔ zhù jīn subsidy.
bù zhuāng zhòng de undignified.
bù zì jué de involuntary, free or instinctual.
bù zì jué de involuntary.
bù zì rán de artificial, not genuine, not natural, without grace, stiff.
bù zì sī de unselfish.
bù zì zài de uneasy, awkward.
bù zú defect, deficiency; tribe; dearth, want, lack of.
bù zú dào de small, unimportant.
bù zú de insufficient, scanty; tribal.
bù zú qǔ de worthless.

C

cā to wipe, rub.
cā diào to erase, scrape off, remove by scraping.
cā liàng to polish, shine.
cā qù to wipe, remove by rubbing.
cā suì to grate.
cǎi to trample, stamp with foot.
cāi to guess, form conjecture.
cǎi ... de tà bǎn to pedal.
cāi cè guess, conjecture; to guess, assume, infer, reason.
cái chǎn asset, property, fortune, wealth, belongings.
cái dìng to umpire.
cái feng tailor.
cái fù treasure, trove of wealth, material wealth.
cǎi gòu to buy, procure, purchase.
cǎi gòu yuán. buyer.
cǎi gòu zhě buyer.
cái huá héng yì to sparkle, perform very well, gifted.
cái jué decision, verdict; to decide in court, end result.
cái liào stuff, physical material.
cái néng talent, faculty, innate gift.
cái pàn judge of a competition, umpire, tribunal, act of judging; to decide contest winner.
cái qì huàn fā de intelligent, highly talented.
cái wù de financial.
cái wù yuán treasurer.
cāi xiǎng to guess, suppose, believe, infer, reason.
cǎi yàng to sample.
cài yáo dish (as in Italian dishes).
cāi yí suspicion.
cāi yí de suspicious.
cǎi yòng to adopt.
cái yuán finance, fund; to reduce the staff, downsize the workforce.
cài yuán garden, cultivated area of land.
cái zhèng de financial.
cái zhèng guǎn lǐ financial management.
cái zhèng wēi jī financial crisis.
cái zhìng xué science of finance.
cái zhì intellect, intelligence.
cāi zhòng to guess correctly.
cán silkworm.
cán bào de ferocious.
cán cún wù survival, something that has survived.
cán dòu bean.
cān guǎn restaurant.

cān guān visit, act of visiting; to visit, see for a certain purpose.
cān guǎn zhàng dān bill in a restaurant.
cān hòu tián diǎn dessert.
cán jí disability, physical impairment.
cān jiā to attend, participate in, take part in, become a member.
cān jiā tǐ yù huó dòng to play in a recreation.
cān jīn napkin.
cān jīn zhǐ napkin.
cǎn jù tragedy.
cān kǎo act of using a reference.
cān kǎo zī liào reference resources such as a dictionary.
cán kù cruelty.
cán kù de cruel.
cán kuì ashamed.
càn làn de magnificent, splendid, bright or colorful.
cán liú wù remnant.
cán liú zhě remainder.
cán rěn cruelty.
cán rěn de cruel, fierce, ferocious temperament.
cán rěn de rén cruel person.
cān shì dining room.
cān tīng dining room.
cān yì yuán senator.
cān yì yuàn senate.
cān yì yuàn chéng yuán senator.
cān yǔ to experience, undergo, share, take part in.
cān zhào to consult, to look in (as a dictionary).
cāng barn.
cāng bái de pale (as in skin tone).
cāng cù hurry.
cāng kù warehouse (as for storage).
cáng shū shì library.
cāng yīng fly.
cǎo grass, herb.
cǎo dì grass, lawn, meadow, turf.
cǎo gǎo draft, basic outline, quick report.
cāo liàn exercise (as in at gym or for homework).
cǎo méi strawberry.
cǎo pí turf.
cǎo píng lawn.
cǎo shuài haste, acting impetuously.
cǎo shuài de careless, rash.
cǎo tú draft, basic outline, sketch, drawing.
cāo xīn to take the trouble.
cáo zá de noisy.
cāo zòng to manage, regulate use of, steer.
cāo zuò operation, the act of functioning; to operate, work, function.
cè volume, one of more than one book.
cè huà to plot, contrive.
cè liáng to measure, quantify.
cè lüè tactics, strategy.
cè miàn flank, side, profile.
cè miàn fáng shǒu to flank, defend flank.
cè miàn huí dá indirect answer.
cè shì test, evaluation; to test, give an exam.
céng layer.
céng jīng ever, at any time.
chá tea (as in drink).
chá bāo teabag.
chá bēi teacup.
chā bié distinction, being distinct.
chā bù duō almost, nearly.
chá chí teaspoon.
chá chū to learn about through research.
chà de poor, weak, of inadequate quality.
chá hú teapot.
chá jué to detect, perceive, notice.
chá kàn to track, monitor progress.
chá míng to ascertain, check out, make sure.
chā rù to interpose, insert.
chá tuō saucer.
chá yè tea (as in leaves).
chà yì amazement, surprise.
chá zhàng audit.
chā zi fork, food utensil.
chā zuò socket, opening for insertion.

chāi kāi to disconnect, unravel.
chāi shì errand.
chái yóu jī diesel motor.
chǎn shovel, spade.
chán chú toad.
chàn dǒu to shiver, tremble, shake.
chàn dǒu de trembling.
chàn huǐ remorseful confession, penitence; to confess with remorse.
chǎn liàng output, quantity produced.
chǎn mèi to flatter, compliment.
chǎn pǐn product, something produced, production.
chán rào to wrap, twist around something.
chǎn shēng birth; to create, produce, bring into existence.
chǎn shēng de yìn xiàng effect, impression.
chǎn wù product, result, production.
chǎn yè industry.
chàng to sing.
cháng chéng Great Wall.
cháng chù strength, useful characteristic.
cháng chūn téng ivy.
cháng dèng bench. **gōng zuò tái** workbench. **tì bǔ duì yuán** player in reserve.
chǎng dì space for something.
cháng dù length.
cháng fāng xíng rectangle.
chàng gē to sing a song.
cháng guī custom, convention, tradition.
chǎng hé occasion, happening.
cháng huán to repay.
cháng huán jīn é amount paid back.
cháng jiàn de familiar, frequently seen.
cháng jiāng Changjiang (Yangtze) River.
cháng kù trousers.
cháng páo robe.
chàng piān music disc played with needle.
cháng qǐ lái to taste, have a flavor.
cháng shí common sense.
cháng shì attempt, try; to attempt, try, experiment, experience, sample a taste.
cháng shí jiān de long (as in time).
chǎng suǒ site, grounds, spot, area.
cháng tú de far, remote.
cháng wà stocking.
cháng yòng de customary.
cháo tide, variation in ocean level; nest.
chāo chū out of reach; to overrun, outrun.
chāo dǎo tǐ superconductor.
cháo fěng mockery, harsh teasing.
chāo guò excess; to beat, exceed, go beyond, outdo, overtake, pass.
chāo guò shù liàng excess, surplus.
chǎo jià to quarrel, wrangle.
cháo lǐ inward.
cháo liú tide, current, fashion, trend.
chǎo nào clamor, loudness.
cháo nòng to deride, mock, mimic.
cháo nòng de snide.
chāo piào paper money.
cháo shàng de up, facing upward, directed toward up or higher.
cháo shī dampness, humidity.
cháo shī de damp, wet, moist, humid.
cháo xī tide, variation in ocean level; tidal wave.
cháo xī bù de toward the west.
cháo xiǎn Korea.
cháo xiào scorn, derision; to deride, scorn, laugh at, mock, tease.
cháo xiào de scornful.
chāo yuè excess; to exceed, go beyond, surpass.
cháo zhe toward, in the direction of.
cháo ... fāng xiàng toward.
chè dǐ de thorough, absolute, utter; thoroughly, utterly.
chē fèi fare for transportation.
chè huí to revoke; withdrawal, retreat.
chē jiān workshop, industrial workspace, machine shop.
chē kù garage, parking.

chē liàng vehicle, motor vehicle.
chē liàng de fāng xiàng dēng turn signal of a vehicle.
chē lún wheel.
chén mò to sink, fall to bottom.
chè tuì retreat.
chè xiāo retraction, withdrawal; to cancel, annul, revoke, withdraw, retract.
chē zhàn stop, place where one stops.
chè zhí being let go from office.
chē zhóu cǎo clover.
chèn diàn pad.
chén fú homage, feudal.
chèn lǐ lining.
chén liè to show, display.
chén mí to revel in or indulge in something.
chén mò silence, being quiet.
chén mò de silent, taciturn.
chén mò guǎ yán de taciturn.
chén nì indulgence, the act of indulging; to indulge.
chèn shān shirt.
chén shù statement, expression; to state, to express.
chén sī meditation; to meditate.
chén tǔ dust.
chèn yī shirt.
chèn zhí de good, competent.
chéng ride, as in a bus or train.
chèng scale, as in weighing instrument.
chéng bǎo castle.
chéng bāo rén contractor.
chéng běn cost, price.
chéng zhǎng to grow in size.
chéng chuán to get on a ship.
chéng chuán lǚxíng to travel by ship.
chéng dān to assume, bear, take on undertake, make a commitment to.
chéng dù level, degree, extent.
chéng duì to pair.
chéng fá penalty, lawful punishment; to punish, penalize.
chéng fèn element, component.
chéng gōng success, accomplishment, triumph; to succeed, accomplish, win.
chéng gōng de successful.
chéng gōng de rén success, successful person.
chéng gōng dǐ yù to stand, resist successfully.
chéng gōng zhě winner.
chéng guǒ effort, achievement, accomplishment.
chēng hào title, form of address.
chéng jiàn prejudice.
chéng jiāo suburb; to conclude a transaction.
chéng jiù effort, achievement.
chéng kè fare, paying passenger.
chéng kěn sincere.
chéng mén city gate.
chéng nián nán zǐ man, adult male.
chéng qún jiē duì de zǒu to troop.
chéng rén adult.
chéng rèn recognition, acknowledgment; to admit, confess, acknowledge.
chéng sè orange (as in color).
chéng sè de orange.
chéng shí honesty.
chéng shì city; formula, statement.
chéng shì biān zhì programming.
chéng shí de conscientious, honest, fair, truthful; truthfully, honestly.
chéng shì huà de urbanized.
chéng shòu hold up, endure.
chéng shú to mature, ripen, reach full growth.
chéng shú de mature, ripe, fully grown.
chéng wéi to become, turn into, grow.
chéng wéi ... yuán yīn to cause, be reason for.
chéng wù yuán attendant on a train.
chéng xiàn to present, exhibit.
chéng xiàn zhuàng pái liè to line, symbolize with lines.
chèng xīn de desirable.

chéng xù step, procedure, legal or business process.
chéng yīn de shady.
chéng z zì xíng yí dòng to zigzag.
chēng zàn applause, praise; to applaud, praise.
chéng zhǎng process of growth.
chéng zhì sincerity.
chèng zhí to be worth one's salt.
chéng zhì de earnest, sincere; sincerely.
chēng zhòng liàng to weigh with a scale.
chéng zhuāng to contain, hold, carry.
chéng zū rén tenant.
chéng zuò to take (as in a train).
chī to eat, have food, take a meal.
chì bǎng wing.
chǐ cùn dimension, measurement, size.
chì dào equator.
chí de late, tardy.
chǐ dù measure, assessment.
chí dùn de dull, slow-witted.
chī fàn to dine, eat.
chí huái yí tài dù de rén skeptic.
chí huǎn de slow; slowly.
chì jiǎo barefoot.
chī jīng to amaze, surprise, feel awe.
chí jiǔ to endure, outlast.
chí jiǔ de lasting.
chí le late.
chǐ mǎ size (as in clothing).
chì rè fervor, heat.
chì rè de fiery, very hot or intense.
chǐ rǔ disgrace.
chí táng pond.
chī wán to eat up.
chī wǎn cān to eat dinner.
chī xiāng de welcome.
chí xù to endure, continue, sustain.
chí xù de continual.
chí xù fā shēng de constant, constantly happening.
chǐ yín gum in mouth.
chí yǒu to harbor (as in harbor resentment).
chǐ zi measuring tool.
chóng worm.
chōng to rush toward, move forward in sudden motion.
chǒng ài favor, positive regard.
chóng bài worship; to worship a deity.
chōng chì to fill with great quantity.
chōng diàn to charge a battery, fill.
chōng dòng instinct, impulse, reaction.
chōng dòng de impetuous, impulsive.
chōng ěr bù wén de deaf, not willing to hear.
chōng fèn de enough, fully, sufficient.
chōng fèn lì yòng to exploit.
chóng fù repetition, duplication; to repeat, double.
chóng gāo nobility, of dignified character.
chóng gāo de magnificent, grand, stately, noble, sublime.
chǒng huài to spoil (as in a child).
chóng huò to return or get back.
chōng jī shock, force.
chóng jìng veneration, reverence, deep respect.
chōng làng to surf.
chōng mǎn lèi shuǐ to fill with tears.
chōng mǎn tòng kǔ de painful, causing or feeling pain.
chōng tū conflict.
chóng xīn kāi shǐ to take up or start again.
chōng zú de sufficient, enough.
chóng zuò to do again.
chóu bèi preparation.
chóu bù silk cloth.
chōu chū to extract, remove.
chōu dǎ to whip.
chóu de thick (as in consistency).
chǒu è de ugly, obscene.
chóu jīn pay.
chóu láo reward.
chǒu lòu de ugly.
chōu qì to whimper.
chóu rén enemy.
chóu shì wài guó rén xenophobia.

chōu shuǐ jī pump.
chōu shuǐ mǎ tǒng toilet fixture.
chōu tì drawer (as in furniture).
chóu wài xenophobia.
chǒu wén scandal, public incident.
chōu xiàng de abstract.
chōu yān cigarette smoking; to smoke cigarettes.
chù to feel, experience by touching.
chū bǎn issue, publishing, publication; to issue, publish.
chū bǎn zhě publisher.
chǔ bèi supply, stored materials.
chū bù de preliminary.
chú cǎo to weed.
chū chǎng appearance, show up.
chú chuāng window (as in a shop).
chǔ cún to store.
chǔ fá to punish.
chū fā diǎn start, beginning point.
chū fā shí jiān start, beginning time.
chú fáng kitchen.
chǔ fāng formula, ingredients, prescription; to prescribe.
chú fēi unless.
chū hàn to sweat.
chū hū yì liào de unexpectedly.
chū jí de elementary, basic.
chū jià to bid, offer.
chù jiǎo antenna.
chǔ jìng situation, circumstance.
chù jué feeling, experience by touching.
chū kǒu export, outlet, opening; to export.
chū kǒu shuì export tax.
chú le apart from, except, unless.
chǔ lǐ disposal, treatment, transaction; to deal with something, handle, process, dispose of, decide on.
chū lù outlet, opening.
chū mài to sell (as for a reward), betray.
chù méi medium, substance.
chū mén to go out socially.
chū míng de famous.
chù mō to touch, make physical contact with, handle, hold, feel.
chū nà yuán cashier.
chù nù to irritate.
chū qī infancy, beginnings.
chū qī de close to beginning.
chú qù to get rid of.
chú qù huī chén to dust, remove dust.
chú qù jì lù to erase (as in a disk).
chū qù sàn bù to go for a walk.
chū ràng to spare, give out.
chū shēn origin, lineage.
chū shēn wēi jiàn de ignoble, of a lower social class.
chù sheng animal.
chū shēng birth; to be born.
chū shēng dì de native (as in native land).
chú shī cook.
chū shì to present, exhibit.
chū shòu to sell (as for money).
chú tou hoe.
chú wài act of exception.
chū xí presence; to attend, be present.
chū xí de present, here attending.
chū xiàn appearance, emergence; to be, appear, begin existence, emerge, originate.
chū xiě to bleed.
chú xíng embryo, beginning of growth.
chǔ xù savings; to save, set aside.
chǔ zhì disposal, way to deal with something.
chū zhōng junior high school.
chú zi cook.
chū zū chē cab, taxi.
chú ... zhī wài besides, except, in addition to.
chuán boat, vessel.
chuán bō to communicate, convey, go, pass around, transmit, travel (as in light or sound).
chuán bō méi jiè medium, means of communication.
chuán dá to carry, communicate, convey, deliver.
chuán dǎo to conduct, transmit.
chuán dì to hand, pass, give.
chuán duì fleet.

chuán duò helm (as in ship).
chuán fān sail on a ship.
chuān guò to penetrate, go through with force; through, from end to end.
chuán jiào gōng zuò mission, missionary work.
chuán jiào shì missionary.
chuān liú bù xī to stream, move as many.
chuán piào summons.
chuán rǎn infection, transmission of a disease; to communicate, transmit, spread a disease.
chuán rǎn de contagious.
chuán rǎn wù bacteria or virus.
chuán rù introduction, the act of introducing.
chuān shàng to put on.
chuán shuō fable, legend, story.
chuán sòng delivery, transportation, transmission; to carry, communicate, convey, transmit.
chuán tǒng tradition.
chuán tǒng de traditional.
chuán wén talk, rumor.
chuán wù dock.
chuān xiàn to thread, pass through a needle.
chuān yī fitting for clothes.
chuān yī fu to wrap with warm clothes.
chuān yuè through, from end to end.
chuān zhēn to thread a needle.
chuán zhēn jī fax machine.
chuán zhēn jiàn fax, what was faxed.
chuán zhī yù nàn to be shipwrecked.
chuān zhuó to wear (as in clothing).
chuáng bed.
chuǎng to rush toward.
chuāng window.
chuāng bō li window, pane of glass.
chuáng diàn mattress.
chuāng gé bō li pane (as in window or door).
chuāng hù window.
chuàng jiàn to establish, set up.
chuàng lì to create, found.
chuāng shāng wound.
chuàng shǐ to inaugurate, cause to begin.
chuàng shǐ rén founder.
chuàng zào to create, bring into existence, originate.
chuàng zào rén father, creator or originator.
chuàng zào xìng de creative.
chuàng zào zhě creator, inventor, maker.
chuàng zuò to compose, create, invent.
chuàng zuò wù creature, something created, invention.
chuī puff, blow (as in air or wind).
chuī dòng to move speedily (as in air or wind).
chuī kǒu shào to whistle with the lips.
chuī qì to blow.
chuī xiǎng to make a whistling sound.
chuī xū to brag, boast.
chuí zhí de vertical, at a right angle.
chuí zhí wù vertical, something vertical.
chuí zi hammer.
chún de net, total or profits; pure, unmixed.
chūn jì spring, season.
chún jié purity, quality of being pure.
chún jìng purity, quality of being pure.
chún pǔ lack of pretense.
chuò to sup.
chuò hào nickname.
chuò qì to sob.
chuò qì shēng sob.
cí word, sound or written word.
cì sting, act of stinging, thorn.
cí dài tape, recording.
cì děng de second, secondary, lesser.
cí diǎn dictionary, thesaurus.

cì ěr de harsh, shrill.
cì ěr de shēng yīn jarring sound.
cì fú to bless, grant health, happiness, etc.
cì hòu to have the care of, serve.
cǐ hòu thereafter.
cí huì vocabulary, all words in a language.
cí huì biǎo vocabulary, list of words.
cí huì liàng vocabulary, words used by a person.
cí jí magnetic pole.
cì jī act of excitement, impulse; to prompt, cause to take action, spur, stimulate.
cì jī de shì wù something exciting.
cì jī wù stimulus.
cí jù expression, phrase.
cí pán magnetic disk.
cí qù to resign.
cì rù to penetrate, go through with force; to strike with a weapon.
cí shàn charity.
cí shàn de charitable.
cí shàn shì yè charities.
cì tòng to sting, cause stinging pain.
cǐ wài in addition, moreover, further.
cǐ wài hái also.
cí xìng de female.
cì xiù embroidery.
cì xiù pǐn embroidery.
cì xù turn (as in take turns).
cí yòu enamel.
cí zhí to quit (as in work).
cóng from initial point.
cōng cōng zuò jié lùn to jump to a conclusion.
cóng hé chù where, from what place.
cóng jīn yǐ hòu henceforth.
cōng máng haste, hurry; to be in a hurry.
cōng máng wán chéng to dash, do a job carelessly.
cōng míng de clever, intelligent, smart.
cóng qián former, previous.
cóng qián de formerly, in the past.
cóng shì at, into, to embark on a journey, to practice (as in law or medicine), to pursue, be involved, undertake.
cóng shū series (as in a magazine).
cóng shǔ de subordinate.
cóng tóu dào wěi through, from beginning to end.
cóng wèi never, not ever.
cóng xiàn zài kāi shǐ from now on.
còu qiǎo de opportune.
cù vinegar.
cū bào de gruff; outrageous.
cū cāo de coarse, crude, harsh.
cù chéng to forward, advance, contribute (as in contribute to downfall).
cū de thick, bulky.
cù jìn to encourage, stimulate, help, improve, facilitate, forward, advance, foster, cultivate, promote, be useful.
cù jìn yīn sù stimulus.
cū lǔ de rude, uncouth, unsophisticated.
cù nù to anger, annoy.
cū sú de vulgar, lacking taste or refinement.
cù xiāo sales promotion.
cū xīn de careless, thoughtless, inattentive.
cuàn duó to usurp, take illegally.
cuī cán to persecute.
cuī cù to hurry, hasten, bring about hasty movement, goad.
cuī huǐ to smash, destroy.
cún fàng yǐ bèi yòng to put away.
cún huò stock, on hand in a store.
cún kuǎn deposit, savings.
cūn mín community of people, village people.
cún zài existence, being, presence; to exist, subsist.
cún zài de present, found in something.
cún zài yú to inhabit.
cūn zhuāng village, small town.
cuò de wrong, not true or factual.
cuò jué illusion, misapprehension.
cuò shī measure, action.

cuò wù mistake, error, fault.
cuò wù de false, erroneous, incorrect.
cuò yòng misuse.

D

dǎ stroke, act of striking or hitting; to strike, beat, hit.
dá àn answer, solution.
dǎ bài to defeat, win.
dǎ bàn to dress up.
dǎ bāo to pack, bundle.
dà bǐ qián fortune, a lot of money.
dà bù stride.
dǎ bǔ dīng to patch, sew small cloth on.
dà bù fèn mostly, for the largest part.
dà bù liè diān Great Britain.
dà bù zǒu to stride.
dà chén minister.
dà dǎn de brave, daring, fearless.
dá dào to achieve, realize, attain, accomplish, fulfill, satisfy; to number, total; for (as in for an amount of time).
dǎ dǎo to overthrow.
dá dào diān fēng to peak.
dá dào jí diǎn to peak.
dá dào ... zhuàng tài in (as in a situation or condition).
dà de big, huge, large. **zhǎng dà de** grown-up. **zhí wèi gāo de** in high office. **mīng qì dà de** boasting a well-known name.
dǎ diàn huà to dial, call, telephone.
dà dòng luàn upheaval.
dǎ dǔ to make a bet, wager.
dà dū shì metropolis, city.
dǎ duàn interruption; to interrupt, intrude, disrupt continuity.
dà duō shù de most, in the majority.
dà ér zi oldest son among sons.
dà fāng de liberal, generous.
dà fēng bào tempest, storm.
dá fù answer, reply.
dà gài probably.
dà gài de general, usually so, probable.
dà gāng outline.
dà guī mó de large-scale, wholesale, extensive.
dà guī mó shēng chǎn mass production.
dà hǎi sea, ocean.
dǎ hān to snore.
dà hào big size, tuba.
dǎ hē qiàn yawn, act of yawning; to yawn.
dǎ hē qiàn zhe shuō to mutter something through a yawn.
dà huì convention, assembly.
dǎ huǒ shí flint.
dǎ jī strike, act of hitting; to hit, hit into, beat strike, use blows.
dǎ jià fight, quarrel; to fight physically or armed.
dà jiào to yell.
dǎ jiǎo to annoy, disturb.
dà jiào táng cathedral.
dà jiào zhe shuō to yell.
dà jiē main street.
dǎ jié to tie, make by tying, knot; to rob, plunder.
dǎ kāi to open, unlock, undo, unfold, unroll, come open.
dǎ kāi bāo guǒ to unpack.
dǎ léi to thunder.
dà liàng lot, pile, plenty, multitude, mass, huge number, wealth.
dà liàng de a lot of.
dǎ liè to hunt for sport or food.
dà lù continent, mainland.
dǎ luàn to upset, disturb the functioning of something.
dà mén gate.
dà nǎo brain.
dà nǚér oldest daughter among daughters.
dǎ pēn tì to sneeze.
dǎ pò to separate, break.
dà qì atmosphere.
dà qiǎn pán platter.
dà qún throng.
dà qún de rén throng.

dǎ rǎo to disturb, annoy, hinder.
dà róng qì storage tank.
dǎ sǎo to clean, sweep, use a broom.
dà sāo dòng upheaval.
dà shēng de loud (as in person).
dà shēng hǎn jiào yell.
dà shēng shuō to exclaim.
dà shǐ ambassador, embassy, duty of ambassador.
dà shǐ guǎn embassy (as in building).
dà shù zhī tree branch.
dà suàn garlic.
dǎ suàn intention, strategy, plan; to intend, expect, plan, propose, mean. **wǒ dǎ suàn hé tā jiē hūn.** I intend to marry her.
dǎ suì to smash, break something up.
dǎ tāi abortion.
dà tāng chí tablespoon.
dà tǐ shàng in general.
dà tǐ shàng de general, not detailed.
dà tīng hall (as a room).
dǎ tīng to inquire, question.
dà tǒng storage tank.
dà tóu dīng tack, nail.
dà tóu zhēn pin.
dà tú shā to slaughter people.
dà tuǐ thigh.
dà tuǐ gǔ thigh bone.
dà xī yáng Atlantic Ocean.
dà xiāng storage tank.
dà xiǎo physical size.
dǎ xìn hào to sign, signal.
dà xiě zì mǔ capital letter.
dà xíng lǐ xiāng trunk, storage case.
dà xué college, university.
dà xué shī shēng student body and faculty.
dà xué xiào yuán university campus.
dà yī overcoat, coat.
dá yìng to answer..
dā yìng act of granting.
dà yǔ qīng pén to pour (as in rain).
dà yuē some, somewhere, almost, approximately.
dǎ zhàng to war.
dǎ zhāo hū to hail, greet.
dǎ zhé to discount.
dà zhòng masses, multitude.
dà zhòng chuán bō mass communication.
dà zhòng chuán bō gōng jù means of mass communication.
dà zhòng de yì jiàn popular opinion.
dǎ zì to type.
dǎ zì jī typewriter.
dà zì rán nature, physical world.
dài bag, case container; belt, band, strap; to wear, to have with usually. **dài zhuàng** belt-like, in the shape of a belt.
dái bǎn de mechanical, performed like a machine.
dài bì token, substitute for coin.
dài biǎo ambassador, envoy, representative, delegate; to represent, be an agent of someone.
dài biǎo de having status of agent or delegate, representative.
dài biǎo wù representative, something that represents.
dài bǔ to arrest; detainment.
dài fāng creditor.
dài jià cost, price, fee.
dài kòu buckle.
dài kuǎn monetary loan; to lend, loan.
dài lái to bring; with.
dài lǐ agency, being an agent.
dài lǐ rén delegate, agent, representative.
dài lǐng to guide, act as guide, lead, show the way.
dài mǎ code (as in Morse code).
dài màn to ignore.
dài pào chá teabag.
dài shàng miàn jù to put on a mask.
dài shòu to be on sale.
dài tì instead of; substitution.
dài xiào in mourning.
dài yán rén representative, speaker; voice, medium.

dài yù treatment, way of handling or acting.
dài zhe with, as a possession or characteristic.
dài zi tape, strip, strap.
dàn but; egg.
dān bǎo warranty, guarantee, something giving assurance; to guarantee payment, vouch for.
dàn chén birthday.
dān chéng piào one-way fare.
dān chún innocence, naïveté.
dān chún de innocent, unworldly.
dān diào monotony.
dān diào de flat, not interesting, monotonous.
dān diào fá wèi de tedious.
dān dú alone, by oneself.
dān dú de alone, only, solitary, sole, separate, individual, distinct, by itself.
dān ge to delay, tarry.
dān gè de singular, only one.
dān guǐ single track, monorail.
dān guǐ tiě lù monorail.
dàn hóng sè salmon (as in color).
dàn huáng yolk.
dān jià unit price.
dàn ké shell (as in egg or bullet).
dǎn liàng nerve, courage.
dān mài Denmark.
dǎn qiè de timid.
dān rèn to assume, take the part of, role-play.
dān rèn yǐn zuò yuán to usher, act as an usher.
dàn shēng birth.
dàn shì but, however.
dān shù singular, not plural.
dān wèi unit, building block of a whole.
dān wèi jià gé unit price.
dān wù delay, to delay.
dǎn xiǎo timidity, cowardice.
dǎn xiǎo de shy, skittish, timid.
dǎn xiǎo guǐ coward, shy person.
dǎn xiǎo qiè nuò de rén coward.
dān xīn fear, anxiety, worry; to dread, be worried, be concerned, be uneasy.
dān xīn de without a feeling of security.
dān yōu to fear, be uneasy.
dān yuán unit, building block of a whole.
dāng ... shí hòu whenever.
dàng àn file, organized papers.
dāng dài de contemporary, current.
dāng dì de local, relating to a particular locale.
dāng jīn during this time.
dāng shì rén the party concerned.
dāng xīn to mind, be cautious.
dāng zhǔ rén zhāo dài to host.
dāng zuò same as.
dào at; rice; to pour (as in liquid).
dāo knife.
dào cǎo straw, hay.
dào chǎng to attend, be present, show up.
dào chù around, all around, everywhere, throughout.
dào chū to spill, spread things out of a container.
dào dá arrival; to arrive, attain, reach, arrive at, get to.
dào dá dǐng bù to top, come to the top.
dào dé morality.
dào dé bài huài immorality.
dào dé biāo zhǔn principle, values.
dào dé jiā moralist.
dào dé shàng de moral.
dǎo gào prayer; to pray.
dǎo háng yuán pilot (as for boat).
dào jiào Taoism.
dāo kǒu edge of blade.
dào lái to come, arrive.
dào lù way, path, road; traveling; strategy.
dǎo méi misfortune.
dào mù qián wéi zhǐ yet, so far, up to the present.
dào nà lǐ there, to that place.
dào nǎ lǐ where, to what place.
dào niàn to mourn, grieve over.
dào páng biān aside, apart.
dāo piàn blade.
dào qiàn to apologize, say sorry.

dāo rèn sharp edge.
dào tuì to go backward.
dào wū lǐ to go indoors.
dǎo xià down as in fall down.
dào xià miàn under, underneath, beneath.
dǎo xiàn cable, conducting wire.
dào xiàn zài wéi zhǐ until now.
dǎo yán introduction, preamble or speech.
dǎo yǎn director (as in film).
dào yì shàng de moral, ethical sense.
dǎo yǐn to lead in a course.
dǎo yóu guide (as a person).
dǎo yǔ island.
dào zéi robber or thief.
dǎo zhì to lead, result, end.
dào ... lǐ miàn into, inside.
dé dào to get, gain, obtain, enlist, get support.
dé dào bǔ cháng to receive compensation.
dé dào shèng lì de triumphant.
dé guó Germany.
dé jiù to be saved.
dé shèng de victorious.
dé tǐ de becoming, decent, appropriate.
dé xíng virtue, moral example.
dé yì profit, benefit; to profit, benefit from.
dé yì yáng yáng de triumphant.
děng wait; to wait. **yào děng duō cháng shí jiān** How long is the wait?
dēng lamp; mount, the act of mounting.
dēng chē kǎ bus boarding pass.
dēng chuán kǎ ship boarding pass.
děng dài wait; to wait.
děng děng and so on.
děng jí class, rank in society, level.
dēng jì to enroll in, register.
dēng jī to embark (as in board a plane).
dēng jì bù a book for lists of names.
dēng ji kǎ plane boarding pass.
dēng lóng lantern.
dēng shàng to mount, climb, go to top.
dēng tǎ lighthouse.
dēng tái appearance, go on-stage.
děng yī xià. Wait a minute.
děng yú to equal. **A děng yǔ B.** A equals B.
dèng zi stool.
dì ground, earth, land.
dì bā eighth.
dì bā shí eightieth.
dì bǎn floor of a room.
dì biǎo the surface of earth.
dǐ bù foot, bottom.
dì chǎn estate, property, land.
dī cháo low tide.
dī chén lián xù de shēng yīn murmur, mumble.
dǐ chù to interfere, hinder.
dǐ dá arrival; to arrive.
dì dài belt, zone.
dì dào tunnel.
dī de low, short.
dí dé guò to match, compare.
dī děng de inferior, lower in quality.
dì diǎn site, location, place where something is situated.
dí duì opposition, being at odds.
dì èr de second, secondary, second in rank.
dì èr míng second, the one after the first.
dì èr shí twentieth.
dì èr tiān the following day.
dì èr wèi second, the one after the first.
dì fāng section, location, place.
dī fang wary.
dī fáng dyke.
dí fāng de hostile, guarded.
dì fāng de local, relating to a smaller town.
dì fāng guān yuán magistrate.
dì fāng huà dialect.
dì fāng xìng de municipal, government; endemic.
dì fāng zì zhì de municipal, relating to a municipality.
dí gu to mutter.
dī gū to underestimate.

dì guó empire.
dī jí de humble, of low status.
dì jiào cellar.
dǐ kàng to resist.
dì léi mine, explosive weapon.
dì lǐ geography.
dì lǐ xué geography.
dī liè de mean, lower.
dì liù sixth.
dì liù shí sixtieth.
dì mèi sister-in-law, younger brother's wife.
dì miàn floor, level ground, earth, land, soil.
dǐ piàn negatives, photography.
dì píng xiàn horizon.
dì píng xiàn de horizontal.
dì qī seventh.
dì qī shí seventieth.
dì qiú planet Earth, globe.
dì qū district, section, small area.
dí rén enemy.
dì sān third.
dí shēng whistle, sound made by lips.
dī shēng bào yuàn to grunt.
dī shēng shuō to whisper.
dì shí tenth.
dì shí bā eighteenth.
dì shí èr twelfth.
dì shí liù sixteenth.
dì shí qī seventeenth.
dì shí sì fourteenth.
dì shí wǔ fifteenth.
dì shí yī eleventh.
dī shuǐ píng de low, below.
dì sì fourth.
dí sī kē wǔ tīng discotheque.
dì sì shí fortieth.
dì sòng to deliver, transport.
dì tǎn carpet, rug.
dì tiě underground, subway.
dì tú map.
dì wèi place, role or purpose.
dì wèi jiāo gāo de senior, superior in rank.
dì wǔ fifth.
dì wǔ shí fiftieth.
dī xià to drip, drop.
dì xià de underground, below ground.
dì xià suì dào tube, tunnel.
dǐ xiāo to cancel, offset.
dǐ yā mortgage, deposit; to mortgage, to deposit.
dǐ yā wù deposit.
dí yì hatred.
dì yī first, number one.
dì yī bǎi de hundredth.
dì yī cì for the first time.
dī yǔ whisper.
dì zhǐ address.
dì zhǔ landlord, lord, owner of a manor.
dǐ zuò mount, frame or pedestal.
diàn electricity; pad.
diǎn dot, point, period, decimal; spot, mark, stain.
diàn bào telegram, telegraph.
diān dǎo act of reversing; upside down.
diàn de electric, electrical.
diàn dēng kāi guān light switch.
diàn dòng de electric.
diǎn fàn role model.
diān fēng peak (as in sales or athletic skill).
diàn fēng shàn electric fan.
diān fù upset, act of upsetting.
diàn huà telephone.
diàn huà hào mǎ telephone number.
diàn huà hào mǎ bù telephone directory.
diàn huà xiàn telephone line.
diàn jī zhě founder.
diàn lǎn wire, cable.
diǎn lǐ ceremony, ritual, rite.
diǎn lǐ de ritual, ceremonial.
diàn liú electricity.
diàn nǎo computer. **gè rén diàn nǎo** personal computer.
diàn nǎo rì zhì web log.
diàn nǎo yìng jiàn hardware (as in computer).
diàn pù shop, store.
diǎn rán to light, start a fire.
diàn shàn electric fan.
diàn shì video, television.
diàn shì de of video, having to do

with television.
diàn shì shè xiàng jī camera used for shooting a TV program.
diàn shì xì liè jié mù series (as in TV).
diàn shì yóu xì video game.
diàn tái huò diàn shì jié mù show, TV or radio.
diàn tī elevator.
diàn wū to soil, disgrace, stain, tarnish, hurt one's reputation.
diàn xìn telecommunications.
diǎn xíng model, example, role model.
diǎn xíng de classic, typical, archetypal.
diàn yā voltage.
diàn yǐ ruǎn wù to pad.
diàn yǐng film, movie.
diàn yǐng de zhèng piān feature at movie theater.
diàn yǐng jìng tóu shot (as with a camera).
diàn yǐng shè yǐng jī camera used for shooting a movie.
diàn yuán assistant, shop clerk; power supply.
diàn zi mat.
diāo to cut, as in cutting out shape of something; mink as in animal.
diào chá inquiry, investigation, survey, exploration; to inquire, investigate, explore, research. **jìn xíng diào chá** to conduct research.
diào dòng to mobilize, organize for a cause; to transfer, move oneself.
diào huàn switch, exchange.
diāo kè sculpture; to sculpt, carve, engrave.
diāo kè pǐn sculpture, work of art.
diāo kè yì shù sculpture, type of art.
diāo pí mink (as in fur).
diāo xiàng statue.
diāo xiè to wither.
diào yú to fish.
diē dǎo slip, tumble; to slip, tumble, fall as in fall into bed.
dié jù refrain (as in poetry).
diē luò to fall, drop.
dié qǐ to pile.
dié zi dish, saucer, container.
dǐng roof, top, highest part.
dīng sting, act of stinging; to sting like a bee.
dìng dān order as in purchasing.
dǐng diǎn summit, highest point.
dǐng duān top, highest part.
dǐng fēng top, peak.
dìng hūn engagement, betrothal.
dìng huò to order, purchase materials.
dìng jīn deposit, payment.
dìng jū settlement; to settle, make a home.
dīng láo to nail, hammer.
dìng liàng ration.
dǐng lóu attic.
dǐng péng ceiling.
dìng qī de in fixed intervals.
dìng qī kān wù periodical.
dīng shāng wound made by a sting.
dìng shí de periodic, regular.
dìng shù destiny, fate.
dìng shū dīng staple.
dìng shū jī stapler.
dǐng tì in lieu of.
dìng xíng to fix (as in fixed her appearance in his mind).
dìng yuè to subscribe (as to a magazine).
dīng zhe kàn to stare.
dǐng zhēn thimble.
dìng zhèng to amend, correct.
dìng zhù to pin, fasten.
dīng zi nail.
dìng zuì conviction, condemnation; to condemn, convict.
diū liǎn disgrace, dishonor, shame, loss of face.
diū liǎn de shameful.
diū liǎn de rén huò wù something or somebody that is a disgrace.
diū shī de lost, missing.
dòng hole, opening.
dōng běi northeast as in direction.
dōng běi bù northeast as in region.

dōng běi de northeast.
dōng bù east, eastern.
dòng chá lì vision, talent, insight, imagination.
dòng dàng unrest.
dōng dào zhǔ host as for guests.
dǒng de to realize, come to understand.
dōng fāng de east, eastern.
dōng fāng guó jiā Eastern countries, countries in the East.
dòng jī motive.
dōng jì winter as a season.
dōng jīng Tokyo.
dòng luàn disturbance, turmoil.
dōng nán bù southeast (as in region).
dōng nán fāng southeast (as in direction).
dōng nán fāng de southeast, toward the direction.
dōng nán yà Southeast Asia.
dòng rén de touching.
dòng shǒu to engage in, act on, handle.
dòng wù animal.
dòng wù tè xìng characteristics of animal groups.
dòng wù xué zoology, branch of biology.
dòng wù yuán zoo.
dòng xī to comprehend thoroughly.
dōng xi thing, stuff, belongings.
dōng yà East Asia.
dòng yáo to shake, make unsteady.
dòng yuán mobilization; to mobilize as in war.
dòng zuò motion, movement, body gesture.
dòng zuò bù tíng de restless, unable to rest or stay still.
dòu bean.
dòu hào comma.
dòu lè to tickle, tease with pleasure.
dòu liú stay; to dwell, stay.
dōu mào hood.
dǒu qiào de steep (as in slope).
dòu zhēng battle, fight, struggle, confrontation, strife; to struggle, try hard to solve a problem.
dòu ... xiào to amuse, make somebody laugh.
dǔ placing a bet.
dú bái monolog.
dǔ bó to gamble, bet, wager.
dú chū xīn cái ingenuity, shrewd design.
dù chuán ferry, ferryboat.
dú chuàng xìng ingenuity, creativity, originality.
dū cù to press (as in pressure).
dú duàn de despotic.
dù guò to spend time.
dú hài to poison, hurt or kill someone.
dù jì grudge, resentment, envy, jealousy; to be jealous of.
dù jià to go on vacation.
dǔ jīn wager.
dù kǒu ferry, place of water transportation.
dú lì independence, by oneself.
dú lì de independent, free, by itself.
dù liàng biāo zhǔn measure system.
dú pǐn illegal drug.
dǔ sè to stop up, become caught.
dú tè de peculiar, distinctive, particular.
dú yào poison.
dú yè venom, poison.
dú zhàn de exclusive, not shared.
dú zhě audience, readers.
dǔ zhù wager, stake.
dú zì de lonely.
duàn dài ribbon.
duǎn de little, short, brief.
duàn dìng to confidently believe, conclude.
duǎn jiàn dagger.
duǎn jù lí short distance.
duàn liàn to exercise one's mind, to temper, make strong, train for sports.
duàn liè de fractured, cracked.
duàn luò paragraph, section of writing.
duàn piàn fragment.
duàn qì to expire, die.

duǎn quē de short, not enough.
duàn rán de resolute.
duǎn shàng yī coat.
duǎn shí jiān de short, brief.
duǎn tú lǚxíng excursion, trip.
duǎn wà sock(s).
duǎn wén a short piece of article.
duàn yán claim, assertion, affirmation; to claim, assert truth, maintain, argue, protest.
duǎn yǔ phrase, words.
duǎn zàn de brief, transitory.
duān zhuāng decency, being decent.
duàn zi satin.
duì couple, pair, team; against.
duì ... biǎo shì huái yí to question, doubt.
duì ... yǒu xìn xīn to trust, have confidence in.
duì ... zhēng shuì to tax.
duì bǐ contrast.
duì bié rén yì jiàn bù róng nà intolerance.
duì bù qǐ to pardon, forgive. **duì bù qǐ!** Pardon me! Excuse me! I'm sorry.
duì cè way to cope.
duì chèng symmetry.
duì chèng de symmetrical.
duì chéng xiàn kuǎn to cash.
duì dài to treat, deal with or act a certain way.
duì huà dialog, conversation, talk.
duì huàn to reverse or exchange positions.
duī jī to pile, pile up, stack.
duì kàng rivalry; to face, confront, oppose.
duì lì wù opposite.
duī qǐ to pile, stack.
duì shēn xīn yǒu hài de unwholesome.
duì shǒu match, equal; opponent.
duì wù procession, march or parade.
duì xiàng object, target, subject of an examination.
duì xiāo to cancel, offset.
duì xíng formation, arrangement.
duì yìng correspondence, agreement.
duì zhào contrast.
duì zhē to face, front on.
duì zhe mǒu rén dà shēng hǎn jiào to shout at someone.
duì ... jiā qiáng to emphasize.
duì ... shí fēn zūn jìng to hold in high esteem.
duì ... yǒu xī yǐn lì attractive.
duì ... yǒu xìng qù have an interest in.
dùn shield, armor; to stew.
dūn to crouch; ton.
dùn de dull, not sharp, blunt.
dùn pái shield, armor.
dūn xià to crouch.
duó to pace; to rob.
duò to stamp with one's foot.
duǒ bì to elude, evade, avoid.
duó bù to pace, walk back and forth.
duō cái duō yì de versatile, able to do many things.
duō chǎn de productive, efficient.
duō chóng de multiple, more than one.
duō de major, superior, greater than.
duō fāng miàn de multi-sided.
duō fēng de windy, with a lot of wind.
duō huà de talkative.
duō jiǔ how often.
duō juàn de voluminous, able to fill many volumes.
duǒ kāi to shun.
duò luò corruption, moral decay; to rot, decay morally.
duò luò de corrupt.
duō me how, to what extent.
duō miàn shǒu versatile, able to do many things.
duó qǔ to capture, gain control.
duó qù shēng mìng to take life.
duō shān de mountainous.
duó shǎo qián how much.
duō suo to shake, shiver.
duō wù de foggy.
duō xuě de snowy.
duō yàng huà variety, being varied.
duó yí de suspicious, skeptical.
duō yīn de shady.

duō yòng tú de versatile, with many uses.
duō yú more than; to exceed.
duō yú de spare, extra, superfluous, unnecessary.
duō yǔ de wet (as in climate).
duō yún de cloudy.

E

é goose; moth.
è to be hungry.
è dú de evil.
é guó Russia.
è huà to aggravate.
è liè de bad, vicious.
è mèng nightmare.
è mó devil.
è mó bān de infernal, diabolical.
é nuǎn shí pebble.
è rén villain.
é wài de extra, excess; excessive, more, additional.
è xí vice.
ě xīn nausea, queasiness, sickness.
è yì spite, venom, malice.
è yì de venomous, malicious.
è zhào threat, dangerous indication.
è zuò jù prank, trick, mischief.
ēn huì favor, kind act. **nín néng fǒu bāng wǒ gè máng** Could you do me a favor?
èn kòu snap, clasp.
ēn qíng kindness, gratitude.
ér and.
èr two.
ér bù shì instead of.
ěr duo ear.
ěr jī headset.
ěr lóng hard of hearing.
ér qiě moreover, what's more.
èr shí twenty.
ér tóng child, kid.
ér xì statement not to be taken seriously.
ér xí fù daughter-in-law.
ěr yǔ whisper; to whisper.
èr yuè February.
èr zhě both.
ér zi son, child.

F

fá valve.
fǎ àn law, bill, act, legislative proposal.
fà biàn braid, plait.
fā bù to issue, disseminate formally.
fā chū āi jiào to whine.
fā chū cì ěr de shēng yīn to make noise.
fā chū dīng dāng shēng to tinkle.
fā chū huí shēng to echo a sound.
fā chū shēng yīn to utter, sound, produce a sound.
fā chū xiào jiào shēng to whistle.
fā chū xìn hào to transmit, send out signal.
fǎ diǎn code (law).
fā diàn bào to wire, send a telegram.
fā diàn bào gěi to wire, send a telegram to.
fǎ dìng de legal, lawful, legally recognized.
fā dòng to start, put in motion or operation.
fā dòng jī engine, motor.
fā dǒu thrill.
fā dǒu de trembling.
fā duān initiative, introductory step.
fǎ guān judge, justice.
fǎ guān de belonging to a judge.
fǎ guān xí tribunal, judge's bench.
fā guāng to glitter, shine.
fā guāng de luminous, producing light.
fǎ guī legislation, code of law, set of legal rules.
fǎ guó France.
fǎ guó de French.
fǎ guó rén French (person).
fǎ guó rén de French.
fā huī zuò yòng to function.
fā jiào fěn yeast.
fá jīn fine, monetary penalty.
fā jué discovery; to detect, discover, notice; aware.

fá kuǎn fine.
fà láng enamel.
fǎ lìng decree, statute, law.
fǎ lǜ legislation, law, authoritative rule.
fǎ lǜ de legal, relating to law.
fá mén valve.
fā míng invention, the act of inventing; to invent, produce creatively.
fā míng zhě inventor.
fā nián de tacky.
fā nù to get angry.
fā nù de infuriated, irate.
fā piào invoice.
fā qǐ rén creator, inventor, founder.
fā rè fever; to have a fever.
fā shāo fever.
fā shè shooting; to shoot, fire a gun, launch; transmission, sending data, etc.
fā shēng occurrence; to occur, happen, take place, appear suddenly; to go (as in the fruit has gone bad).
fā shēng de vocal, spoken.
fā shēng de shì qíng occurrence.
fà shì hairdo.
fā shì to pledge, swear, vow, take an oath.
fā sòng transmission of data, etc.; to send, transmit.
fǎ tíng de relating to justice.
fā wēi guāng to gleam, glow.
fā xiàn discovery; to discover, find out, ascertain.
fà xíng hairdo.
fā xíng issue, publishing; to issue, publish, disseminate formally.
fā xíng rén publisher.
fā yá to sprout, begin to grow.
fā yán de rén speaker (as in person).
fā yán huò téng tòng irritation or bodily soreness.
fā yī fèn chuán zhēn to send a fax.
fā yīn to pronounce, state aloud.
fǎ yǔ French.
fā yù chéng shú de mature, relating to full development.
fā zhǎn development, evolution, march, gradual progression; to grow or increase, develop, evolve.
fā zhǎn bù chōng fèn de underdeveloped.
fàn to commit, do.
fān sail on a ship.
fǎn bó to contradict, refute.
fǎn bó de contradictory, opposing.
fàn chóu extent, size, area, category, etc.
fàn cuò to stumble, err, make an error.
fàn diàn inn, restaurant, hotel.
fǎn duì objection, opposition, contradiction; to oppose, resist, thwart, object, mind. **wǒ bù fǎn duì.** I have no objection. I don't mind.
fǎn duì dǎng opposition, political party.
fǎn duì de opposing, counter, unfavorable, opposed to.
fǎn fù wú cháng de capricious, unpredictable.
fǎn huí to go back.
fǎn kàng rebellion, resistance; to defy, bravely oppose, resist.
fàn làn to flood, submerge, overflow, flow over.
fàn lì sample, representative of a category.
fán máng de engaged, occupied.
fán nǎo trouble, distress, worry.
fǎn pàn to rebel.
fān qié tomato.
fán rǎo to disturb, annoy.
fàn rén prisoner.
fán rén de horrid, annoying.
fán róng prosperity; to prosper, flourish.
fán róng de prosperous.
fǎn shè reflection; to reflect, bounce off of a surface, be bounced off of something.
fán shèng to flourish.
fān shū to turn (as in pages).

fǎn tán to rebound.
fǎn tiào to recoil.
fàn wéi area of expertise, range, dimension, extent, zone, scope, sphere of interest.
fān yè to turn, as in pages.
fān yì translation, act of translating, interpretation; translator; to translate, do translation, interpret. **fān yì mí shī** lost in translation.
fān yì zhě translator.
fǎn yìng to react.
fǎn yìng kuài de swift, in reaction time.
fǎn yǔ irony.
fán zhí to multiply, reproduce, procreate.
fǎn zhī yì rán vice versa.
fàn zuì crime, sin; to commit a crime, sin, break religious law.
fàng to put, place.
fǎng to spin as in wool.
fáng ài to interfere, hinder.
fáng ài wù obstacle.
fāng àn project, scheme.
fāng biàn convenience.
fàng chū to give off.
fàng chū huǒ huā to sparkle, give off sparks.
fàng dà to enlarge.
fàng dà jìng a lens that amplifies.
fàng dà qì a device that amplifies.
fāng fǎ measure, action, method, way, fashion, manner.
fāng fǎ huò shǒu duàn device, technique.
fáng jiān room in a house.
fāng kuāng box, trunk.
fāng miàn certain point or aspect.
fàng qì to give up, surrender, forsake, renounce, disclaim, leave, yield, abandon, relinquish, quit, dispose of.
fàng rù to interpose, insert.
fāng shì manner, way, mode, usual way of being.
fáng shǒu act of guard.
fáng shuǐ de waterproof.
fàng sōng act of loosening; to loosen.
fǎng tán interview.
fáng wèi to shield, protect.
fāng wèi orientation.
fǎng wèn visit, act of visiting.
fáng wū house, dwelling.
fáng wū chū zū house, apartment for rent.
fàng xià to lay, cause to lie down; down.
fāng xiàng direction, orientation.
fāng xiāng fragrance.
fǎng xiào imitation, emulation; to imitate, emulate, follow.
fǎng xiào zhě imitator.
fāng xíng wù square, something square-shaped.
fāng yán dialect.
fàng yìng to project a movie.
fáng yù act of defense.
fáng yù xìng zhuāng zhì shield, general protective structure.
fáng yù zhào mask for head protection.
fǎng zào pǐn imitation, reproduction.
fāng zhēn policy as in government or business.
fáng zhǐ prevention; to prevent, protect, avoid.
fàng zhì to place, put, set, arrange or order.
fǎng zhì to imitate, replicate.
fǎng zhī to spin as in wool.
fàng zhú to exile.
fáng zi home.
fàng zòng self-indulgence.
fèi fee as in entrance fee; lung.
fēi flying; to fly; in flight.
fěi bàng scandal, libel, slander; to slander, wrong, tarnish a reputation.
fěi bàng de injurious, defamatory.
fēi cháng extremely, mighty, very.
fēi cháng de ferocious, extreme.
fēi cháng gǎn xiè to be much obliged.
fēi cháng zūn jìng to have great respect for.
fēi chuán ship (as in space or air).

fēi fǎ qiǎng zhàn to usurp, take over illegally.
fēi fán excellence, outstanding.
fēi fán de extraordinary, exceptional.
fēi guān fāng de unofficial.
fèi huà nonsense.
fēi jī plane, airplane.
fēi jī fǔ chōng to dive (as in nose-dive).
fèi jiě obscurity, ambiguity.
fèi jiě de inexplicable; incomprehensible.
fēi jué dìng xìng de indecisive, inconclusive.
fèi lì de tedious, requiring effort.
féi liào fertilizer.
fēi lǜ bīn Philippines.
fēi nàn to attack, criticize, pick fault with.
féi pàng de fat, obese.
fèi téng to boil.
féi wò de rich or fertile (as in land).
fèi wù garbage, refuse, rubbish.
fēi xíng motion of flight; to fly, in flight.
fēi xíng yuán pilot (as for airplane).
fèi xū remains or ruins.
fèi yòng cost, price, toll, fee, outlay.
fēi yú herring.
féi zào soap, cleaner.
féi zào jù soap opera.
fēi zhèng shì de unofficial.
fèi zhǐ to make obsolete.
fēi zhōu Africa. **fēi zhōu de** of or relating to Africa. **fēi zhōu rén** African (person).
fēi zì yuàn de involuntary, unwilling.
fěn bǐ chalk.
fēn bié to distinguish among; apart.
fēn bié de respective; respectively, separately.
fēn bū kāi de inseparable.
fēn chā fork as in fork in road.
fèn dòu struggle, hard effort; to strive.
fèn é share.
fēn fā to deal, distribute, administer, separate and hand out.
fēn fāng de fragrant.
fēn gé division; to separate, divide, take apart.
fēn gē to divide, separate out.
fēn gé wù division, partition.
fēn gōng sī branch office.
fēn hào semicolon.
fěn hóng sè pink.
fēn huì chapter of a club or association.
fēn jiě to analyze.
fēn jù clause, as in grammar.
fèn kǎi outrage, indignation, wrath.
fēn kāi division, separation; to detach, separate, divide, part.
fèn kǎi de indignant.
fēn kāi de separate, apart, split.
fēn lèi to divide, categorize, classify, sort.
fēn lèi guǎng gào classified ad.
fēn lí separation, detachment; to detach, separate, divide, disconnect; apart.
fēn luàn de tumultuous, chaotic.
fēn mì tuò yè to water, salivate.
fēn miǎn delivery, childbirth; to deliver, give birth.
fěn mò powder.
fén mù tomb, grave.
fèn nù anger, rage, fury; to enrage, infuriate.
fèn nù de angered, enraged, irate.
fēn pèi share, fair share; to deal, distribute, assign, divide, share.
fēn pèi é distributed share.
fēn sàn to distract, divert.
fēn shí time share.
fēn shù mark, test grade.
fěn suì to crumble, shatter, break.
fēn tān to share, divide.
fēn xī to analyze.
fēn xiǎng to share, take part.
fēn zhī branch, division.
fēn zhōng minute, unit of time.
fēn zǔ to put into groups.
féng to sew, stitch.
fēng wind.
fēng bì to shut, keep from exiting.
féng bǔ to stitch.

fèng cheng act of flattery; to flatter, compliment.
fěng cì irony, sarcasm.
fěng cì de sarcastic.
fēng de mad, insane.
fēng fù plenty, richness.
fēng fù de rich in, wealthy; sufficient.
fēng gān to season, treat (as in wood).
fēng gé style, personal flair, characteristic behavior.
fēng jǐng landscape, view, surroundings, scenery, sight, attraction.
fēng jǐng huà landscape picture.
fēng kuáng madness, the condition of being insane.
fēng kuáng de crazy, mad.
fēng lì de sharp, fine point.
fēng mǎn de fat, full-bodied.
fēng mì honey.
fēng miàn cover of a book or magazine.
fēng pí cover, paper wrapping, envolope.
fēng ráo de fertile (as in soil for plants).
féng rèn to sew.
féng rèn zhě seamstress, tailor, person who sews.
fēng rù to envelop.
fēng shèng de substantial, ample.
fēng shù maple.
fēng tào envelope, sleeve, case.
fēng wèi flavor, characteristic aspect.
féng xiàn seam, line where two things meet.
fèng xiàn to dedicate, offer, devote.
fēng xiǎn risk. **mào fēng xiǎn.** to run the risk of. **mào xiǎn qù zuò.** take the risk to do something.
fēng yǎ de artistic, elegant, graceful.
fēng yìn seal, stamp or impression.
fēng yōng ér rù to invade, infest.
fēng yōng ér zhì to rush, come in sudden motion.
fēng zhēng kite. **fàng fēng zhēng.** to fly a kite.
féng zhì to sew.
fēng zi nut, insane person.
fó Buddha.
fó jiào Buddhism.
fǒu dìng de negative, saying no.
fǒu jué to overrule, vote against.
fǒu rèn denial; to deny, disclaim, disavow.
fǒu rèn de negative, saying no.
fǒu zé or else.
fǔ to stroke.
fǔ bài corruption.
fù běn copy.
fù chóu vengeance.
fù chóu de vindictive.
fù cí adverb.
fú cóng obedience, submission; to obey, act dutifully, follow an order, submit, give in.
fú cóng de obedient, submissive.
fù dài to enclose, attach.
fū fù couple (husband and wife).
fù gài wù cover, seal.
fú hào sign, symbol, printed sign, figure, numbers.
fù hé load, demand made on system.
fù hé de multiple, complex, more than one.
fú hé yāo qiú to suit, meet requirements.
fú huò to capture, take captive.
fù huó jié Easter.
fù jiā attachment; to attach, to tack on; plus, and.
fù jiàn attachment, enclosure.
fù jìn vicinity, being near.
fù jìn de dì qū neighboring area.
fù jìn dì qū vicinity, nearby area.
fǔ kàn to overlook, survey.
fǔ làn decay, rot; to decay, rot, decompose; rotten.
fǔ làn de rotten or decayed.
fù lì compound interest.
fú lì gōng zuò welfare work.
fú lǔ captive.
fù lù appendix.
fǔ mō to stroke.
fū qī married couple.

fū qiǎn de shallow, superficial, obvious.
fù qīn dad, father, old man.
fù qīn de paternal, fatherly trait.
fù qīn huò mǔ qīn parent.
fū rén Mrs.
fú sāng to mourn, grieve for a death.
fù shàng to attach.
fú shì to wait, work as waitperson.
fǔ shì to overlook, hold top position.
fù shù de plural.
fú tè volt.
fú wù service, work rendered.
fú wù yuán waiter.
fù xí to review, repeat study.
fù xì de paternal, father's side of family.
fù xiě zhǐ carbon paper.
fǔ xù jīn pension.
fǔ yǎng to foster, raise, bring up children.
fú yì to serve in the military.
fù yìn jī Xerox, copy machine.
fū yòng application.
fù yù richness.
fù yǔ to invest with, give power to.
fù yù de substantial, wealthy.
fù yuán restoration, recovery; to come around, recover.
fù zá de complex, complicated.
fù zá huà to complicate.
fù zé to be in charge of, be responsible for.
fù zé rén leader; superintendent.
fù zhài de to be in debt, indebted.
fù zhì to duplicate, imitate, replicate.
fù zhì jiàn copy.
fù zhì pǐn replica or copy of something.
fù zhòng load, supported weight.
fú zhòu spell, magic.
fǔ zhù shè bèi aid, assisting device.
fú zhuāng clothes, costume, dress style of a particular period.
fù zǒng tǒng vice president.

G

gā lí curry.
gài covering, lid.
gǎi biàn to alter, change, shift, vary, modify for fit, influence.
gǎi biàn yì jiàn to change opinion.
gǎi gé to reform.
gài guān survey, overview.
gǎi guò correct, rectify.
gǎi jiàn to reconstruct, rebuild.
gǎi jìn improvement; to improve.
gài kuò to generalize, conclude, sum up.
gǎi liáng to correct, improve, reform.
gài niàn notion, idea.
gǎi shàn to improve.
gài shàng miàn shā to veil, cover with a veil.
gài shù to outline, summarize.
gài yào outline, general description, summary.
gài yìn to seal, stamp, make an imprint.
gǎi zào to reform.
gài zhāng to seal, put a stamp or seal on, make an imprint.
gǎi zhèng correction, amendment; to amend, correct.
gài zi cover, seal.
gàn stem, main stem of a plant.
gǎn to drive, push or urge.
gān dryness; pole, rod.
gān bēi to toast.
gān cǎo hay.
gǎn chū to expel, oust.
gǎn dào dān yōu to feel anxious.
gǎn dào hǎo xiào to feel funny.
gān de dry, no moisture.
gǎn dòng to move emotionally, to touch.
gān gà awkward, embarrassing.
gǎn guān sense (as in five senses).
gān hàn de dry (as in season).
gǎn jī appreciation, gratitude; to express appreciation or show gratitude.
gǎn jī de grateful, thankful.
gǎn jǐn to hasten, hurry, move hastily.

gān jìng neatness.
gān jìng de fresh, pure.
gān jìng zhěng jié de neat, clean.
gān jú tangerine.
gǎn jué feeling, sensation, experience by touching.
gǎn jué chí dùn de insensitive.
gǎn jué de sensational, having to do with sensation.
gǎn lǎn olive.
gǎn lǎn shù olive tree.
gǎn lǎn yóu olive oil.
gǎn mào having a cold.
gǎn qíng feelings.
gǎn qíng de sentimental, showing sentiment.
gǎn rǎn to affect; to catch, contract. **wǒ gǎn mào le.** I've caught a cold.
gān rǎo to interrupt, hinder the action.
gǎn rén de moving, touching, causing emotion.
gǎn shàng to overtake, catch, e.g. bus, boat or train. **wǒ méi gǎn shàng huǒ chē.** I didn't catch the train.
gǎn shāng sadness, sentiment.
gǎn shāng de sad, sentimental.
gān shè interference, meddling; to interfere, meddle.
gǎn shí xīn de hip, trendy.
gǎn tàn hào exclamation point.
gǎn xiè appreciation, gratitude; thankful; to express gratitude, thank. **fēi cháng gǎn xiè.** Thank you very much.
gǎn xiè de grateful, thankful.
gǎn yìng to induct, induce.
gān zàng liver.
gān zào dryness.
gāng steel, metal.
gāng bǐ fountain pen.
gāng de steel, made of steel.
gāng gāng just, barely.
gāng guò qù de last, preceding.
gǎng kǒu harbor, haven, port.
gāng qín piano.
gāng tiě iron and steel.
gǎng wèi job, station, position of someone or something, quarters.
gāo high, tall, of great altitude; cake.
gāo ào de proud, arrogant.
gào bié act of leaving.
gāo cháo high tide, climax.
gāo de high, elevated, tall.
gāo dù altitude, height.
gāo fēng shí jiān rush hour.
gāo guì dignity, nobility, aristocratic class.
gāo guì de noble, aristocratic, royal, stately.
gāo jí zhí yuán high ranking officer, official.
gāo jià de expensive.
gào jiè warning, advice; to warn against doing something wrong.
gāo shàng de noble, principled, high.
gāo shàng de dōng xi sublime, that which is sublime.
gào shì bulletin.
gào shì pái bulletin board.
gào sù to convince, tell, inform.
gāo tái stage, raised platform.
gāo wēn fervor, heat.
gāo xìng in good humor.
gāo xìng de glad, happy, cheerful, joyful; gladly.
gāo yǎ taste, sophistication.
gāo yǎ de elegant.
gāo yáng lamb, baby sheep.
gào zhī to announce publicly.
gāo zhōng high school.
gè apiece.
gē song; to cut, penetrate; to put, place.
gē bǎn shelf.
gé bì de next door, closest.
gè bié de unlike others; single, separated.
gē chàng to sing.
gé fáng biǎo xiōng dì jiě mèi second cousin.
gè fāng miàn dimension, aspect.
gé fáng táng xiōng dì jiě mèi second cousin.
gē ge older brother.

gē jù opera.
gé kāi to space.
gē lóu attic.
gé mìng revolution or the overthrow of government.
gē qǔ song.
gè rén individual.
gè rén cái chǎn estate, all of person's possessions.
gè rén de personal, individual, relating to an individual, intimate, very private.
gè rén jiǎn lì résumé.
gē shǒu singer.
gē sòng to praise.
gè tǐ individual, unit, building block of a whole.
gè tǐ de individual, relating to an individual.
gé xià sir.
gè xìng personality, character.
gè zhǒng dōng xi de zǔ hé variety, collection of things.
gè zhǒng gè yàng de different, various, miscellaneous.
gè zhǒng shēng yīn various kinds of sound.
gè zhǒng xīn xìn xī news, new information.
gē zi pigeon.
gè zì de respective; respectively.
gěi offering, the act of offering.
gěi ... biān hào to number, give a number to.
gěi ... dài shàng miàn jù to mask, cover.
gěi ... gū jià to value, determine the value.
gěi ... jiā tiáo wèi liào to season, flavor food.
gěi ... pāi zhào piàn to photograph.
gěi ... qǐ míng to name, designate a name for.
gěi ... tào shàng è to yoke, put on a yoke.
gěi dǎ fēn shù to mark, grade students.
gěi xiǎo fèi to tip, give money to.
gěi yǔ to award, give, bestow, favor.
gěi yǔ bǎo hù de protective.
gěi yǔ quán lì to entitle.
gěi yǔ ... róng yù to honor, distinguish.
gěi ... chuān yī to dress.
gěi ... dǎ diàn huà to call, telephone.
gěi ... gōng jǐ zī jīn to finance.
gěi ... kāi zhàng dān to bill.
gěi ... shàng sè to color.
gěi ... zháo sè to color.
gěi ... zhuāng kuāng to frame, enclose.
gēn root. **gēn bù** root part (as in a plant). **zuì chū de gēn yuán** original source or cause.
gēn běn bù never, not at all.
gēn jù ground, basis, warrant, justification.
gēn jù mó xíng zhì zuò to model, design according to a model.
gēn suí to follow, go behind.
gēn zhe to follow, go behind.
gēn zōng to track, trace, follow a trail or course.
gěng stem, smaller stalk of plant.
gēng to furrow.
gèng chà worse.
gèng dà more, larger size or extent.
gēng dì field, cultivated land.
gèng duō more, larger quantity.
gèng duō de else, more.
gěng gài gist, main idea.
gēng gǎi modification.
gèng gāo de higher.
gèng hǎo de better.
gèng huài worse.
gèng jìn yī bù de further, to a greater degree or extent.
gèng què qiè more accurately.
gèng shēn more, larger size or extent.
gèng xǐ huān to prefer. **wǒ gèng xǐ huān zhè ge.** I prefer this one.
gēng xīn renewal.
gěng yè to get choked up, sob.
gèng yuǎn further away.
gèng yuǎn de further, more distant.
gēng zhèng correction.

gēng zhòng to till.
gēng zuò farming; to till.
gǒng mercury.
gōng bù to declare formally.
gōng chǎng factory, mill, building for manufacturing, workshop.
gōng chéng project, responsibility.
gōng chéng shī engineer.
gōng dào de fair.
gǒng dǐng vault.
gōng duó to capture, gain control.
gòng fèng sacrifice, religious offering; to sacrifice, offer as sacrifice.
gōng gào notice, poster.
gōng gōng father-in-law.
gōng gòng jiāo tōng mass transit.
gōng gòng qì chē bus.
gōng gòng shì yè public service, utility. **fáng zū bāo kuò shuǐ diàn děng fèi yòng.** The rent includes utilities.
gōng gòng yòng dì public space.
gōng huì trade union.
gòng jǐ to contribute, supply, provide.
gōng jì merit, accomplishment, exploit.
gōng jǐ to furnish, give.
gōng jī strike, attack; to strike, attack, assault.
gōng jǐ pǐn supply, something supplied.
gòng jǐ wǔ qì to arm, equip with weapons.
gōng jìng de respectful.
gōng jù instrument, tool, means.
gōng kāi chéng rèn to profess, acknowledge.
gōng kāi zhǐ zé to denounce.
gōng kè lesson, something to be learned.
gòng kuǎn contribution, payment.
gǒng láng arcade.
gōng láo credit, merit, accomplishment.
gōng mín citizen.
gōng mù cemetery.
gōng néng function, what someone is meant to do.
gōng niú ox.
gōng píng de fair, just, evenhanded.
gōng píng de impartial, fair.
gōng rén worker.
gōng shì formula, statement.
gōng shùn de docile, obedient.
gōng sī company, corporation, firm.
gòng tóng de common, shared, mutual.
gōng wéi compliment; to compliment.
gōng wéi huà flattery, praise.
gōng wén document, official paper.
gōng wù yuán government employees, civil servants.
gòng xiàn to contribute, give, offer.
gòng xiàn act of or contribution itself.
gòng xiǎng to share with someone.
gōng xiào efficiency.
gōng yǎn to release for show in public.
gōng yè industry.
gōng yè de industrial, relating to industry.
gōng yè huà de industrial, developed.
gōng yè yòng de industrial, used in industry.
gōng yì shè shī public facility.
gōng yìng provision, supply, the act of supplying; to provide, equip, furnish, make available.
gōng yòng utility, being useful.
gōng yòng de public, used by the community.
gōng yòng shì yè public facility, utility.
gōng yù apartment.
gōng yuán public garden, park.
gōng zhèng de honest, equitable.
gōng zhèng de honest, equitable, fair, indifferent, impartial.
gōng zhèng de dài yù the upholding of what is fair, fair treatment.
gōng zhòng community, society in general.
gōng zhòng de public, concerning people.

gōng zī pay, wage, wages.
gōng zuò occupation, job, work, duty, function, service, task; to work.
gōng zuò liàng amount of work to be done.
gōng zuò zhě worker.
gǒu dog.
gōu ditch, trench.
gòu chéng constitution, makeup; to compose, constitute, make up.
gòu chéng act of formation.
gòu dào to touch or take by stretching.
gòu jià supporting structure.
gòu mǎi purchase, the act of purchasing; to purchase.
gòu mǎi de dōng xi purchase, item purchased.
gòu mǎi zhě buyer.
gōu qú ditch.
gòu wù shopping; to go shopping.
gòu xiǎng to picture, imagine.
gòu zào structure, physical thing that is built; to frame, build.
gōu zhuàng wù hooked, hook-like.
gōu zi hook (as a device).
gǔ bone; drum, musical instrument.
gǔ bā Cuba.
gǔ chuī to preach, urge.
gǔ dài de ancient, long ago.
gù dìng immobility; to set, attach firmly.
gù dìng shí jiān hours (as in hours store is open).
gǔ dòng to stir, provoke, stir up.
gǔ dǒng antique, relic.
gǔ dōng shareholder.
gū dú loneliness, solitude.
gū dú de alone, solitary, lonely.
gū ér orphan.
gǔ fèn stock, stock market.
gǔ fèn yǒu xiàn gōng sī corporation, incorporated company.
gū fù uncle, aunt's husband; to be disloyal to, to let down.
gǔ gé skeleton, bones.
gǔ guài de fantastic, bizarre.
gū jì estimate, approximation; to estimate.
gǔ jià skeleton, bones, frame of body.
gū jià appraisal, evaluation; to appraise, evaluate.
gù kè customer.
gǔ lǎo de ancient, old, antique.
gǔ lì encouragement; to encourage, support.
gū liang to measure, estimate.
gù lǜ scruple, worry, apprehension.
gū lu to mumble.
gù lǜ duō de scrupulous, with scruples.
gū mǔ aunt.
gū niang girl, woman who is not mature.
gū nong murmur, complaint; to mutter.
gǔ piào stock, stock market.
gǔ qǐ to collect or gather (as in courage).
gù shì story, tale.
gù tài fù méng relapse.
gù tǐ solid, not a liquid or gas.
gù tǐ de solid, with a definite shape.
gǔ tou bone.
gǔ wán curio, something uncommon.
gǔ wù antique, relic; grain.
gǔ wǔ to prompt, cause to take action.
gū xī to pacify.
gù xiāng hometown.
gù yì de deliberately, on purpose, willful; done deliberately.
gù yòng employment, being employed.
gù yōng to hire (as in employees).
gù yǒu de constitutional, inherent, innate.
gù yuán employee.
gǔ zhǎng applause; to applaud.
gù zhì tenacity.
gù zhì de obstinate, stubborn, tenacious, persistent.
gù zhǔ employer.
guà to hang, fasten.
guā to shave.
guā cā shēng scratch (as in sound).

guā chú to scrape, remove by scraping.
guā fēng de windy, with a lot of wind.
guǎ fu widow.
guà gōu hanger (as a device).
guā hào to register.
guà hào xìn registered mail.
guà niàn anxiety, worry; to worry, care, be anxious.
guà niàn de anxious, worried.
guā pò to scrape, put a scrape on a surface.
guǎi gùn walking stick.
guài rén nut, insane person.
guǎi wān chù turn, place where direction is changed.
guài wù monster, scary imaginary creature.
guǎi zhàng crutch.
guàn stork; can, metal container, pot, kettle; to pour.
guǎn tube, hollow cylinder.
guān bì to shut a door.
guān bì de closed, shut, without an opening.
guān cai coffin.
guān cè suǒ observatory.
guān chá observation, the act of observing; to observe, examine, watch.
guān chá zhě observer.
guàn cháng used to.
guàn cháng de habitual.
guān de shut.
guān diǎn idea, personal belief, point of view, opinion, conviction, perspective.
guān diào to turn off.
guān fāng de official, certified.
guān fū widower.
guān guāng to tour.
guān huái to care, be interested in.
guǎn jiā housekeeper.
guān jiàn hinge, influential circumstance, crucial component, crux.
guān jiàn de critical, essential, important.
guān jié joint.
guàn jūn champion, winner.
guàn lì convention, custom, tradition, routine.
guǎn lǐ management, rule, supervision, care, administration, operation; to care, conduct, operate, assist, supervise, watch over, manage, administer.
guǎn lǐ chù administrative office, agency.
guàn lì de customary, conventional, traditional, usual, normal.
guǎn lǐ rén manager.
guān lián to link, associate.
guàn mù bush, shrub.
guān niàn notion, idea.
guān niàn de ideal, imaginary, conceptual.
guān shàng to shut a door.
guàn tou can, tin, container. **kāi guàn qì** can opener.
guān xì connection, rapport, relationship; to connect, link. **yǒu hǎo guān xì** have a good rapport. **nán nǚ guān xì** sexual relationship; concern, importance. **guān xì zhòng dà de shì qíng** a matter of great concern.
guān xì dào to concern, be in relation to.
guàn xǐ shì washroom.
guǎn xián shì to meddle.
guǎn xián yuè duì orchestra.
guān xīn concern, care, consideration for someone; to care, be interested in.
guān yā to imprison.
guàn yú used to. **wǒ xí guàn zǎo qǐ.** I am used to waking up early.
guān yú about, concerning, with regard to.
guān yuán official.
guǎn zhì control, authority; to control, have authority over.
guān zhòng audience, spectator.
guǎn zi pipe, tube.
guǎng broad, wide, vast.

guǎng bō broadcast; to broadcast.
guāng cǎi splendor.
guǎng chǎng square, public space.
guǎng dà de ample, vast, extensive.
guāng dié compact disc.
guǎng dù extent, size, area, etc.
guǎng fàn de broad, of wide range.
guǎng fàn liú chuán de pandemic.
guāng huá de smooth (as with regular surface).
guāng huī glitter, splendor.
guǎng kuò width, being wide.
guǎng kuò de extensive, vast, large extent.
guāng míng de hopeful, promising.
guāng róng honor, glory.
guāng róng de glorious, honorable.
guāng xiàn ray.
guāng zé polish, glossiness.
guì chest, box.
guī dìng rule, regulation; to limit, fix absolutely, prescribe, stipulate, require.
guī gé yī zhì de uniform, following a standard.
guī gōng yú to owe, be obliged.
guī huán to give back.
guǐ jì track, trail left by something; ruse, trap, trick; to trick, attempt to fool.
guī jiù yú to place the blame.
guī ju precept, established practice.
guī ju de polite or genteel.
guī lǜ order.
guī lǜ de well-ordered.
guī mó dimension, extent, scale, degree or level. **shì àn bǐ lì huà de mā** Is it drawn to scale?
guī nà to induce, reason.
guì tái counter (as in check-in counter).
guī yú salmon (as a fish).
guī zé code, rules, guidelines, policies.
guī zé de even.
guī zhāng zhì dù rules and regulations.
guì zhòng de precious, valuable, valued, monetary.
guì zhòng wù pǐn valuables.
guì zú de noble, aristocratic.
gùn stick, piece of wood.
gùn bàng club, big stick.
gǔn dòng act of rolling; to roll.
gǔn dú to scroll down.
guǒ to wrap, fold something around as protection.
guò bàn shù de majority.
guò chéng process, procedure.
guò cuò fault, responsibility.
guò dào aisle, passageway.
guò dù de excessive, unrestrained, uncontrolled.
guò dù sǔn shāng strain, injury.
guò duō de superfluous, more than enough, too.
guó huì parliament.
guò huó to live, sustain.
guó jí nationality, belonging to a birth country.
guó jì de international.
guó jì guān xī international relations.
guó jiā country, nation, state.
guó jiā de national, relating to a nation.
guó jiā de shōu rù government's revenue.
guǒ ké shell (as in nut).
guó kù treasury, funds.
guò lái to come, approach.
guò liàng de excessive.
guò liàng fēn mì tuò yè to salivate.
guò liú fàng shēng huó in exile.
guō lú boiler.
guó mín citizen, national.
guó nèi de domestic, inland, within borders.
guò qù de shì history, in the past.
guò qù shí past tense.
guò shī fault.
guǒ shí fruit of plant.
guó tǐ state, type of government.
guó tǔ soil (as in country).
guó wài de foreign, overseas.
guó wáng king.
guò wǎng past.
guó yǒu de national, state-owned,

relating to government.
guó yǒu huà nationalization.
guǒ yuán garden, cultivated area of land, orchard.
guǒ zhī juice.
guǒ zi dòng jelly.

H

hǎi sea, ocean.
hǎi àn coast, seashore.
hǎi bá height (as in elevation).
hǎi bào poster; seal (as in animal).
hǎi bīn shore, seashore.
hǎi chuán ship (as for sailing).
hǎi de marine, relating to the sea.
hǎi gǎng harbor for ships.
hǎi guān guān yuán customs official.
hǎi jūn navy.
hǎi jūn de naval.
hǎi jūn shàng jiàng admiral.
hǎi jūn shàng wèi lieutenant.
hǎi jūn shì bīng marine, soldier.
hái kě yǐ de fair, just okay.
hǎi làng surf.
hǎi mián sponge used to clean.
hǎi mián tǐ sponge used to clean.
hài pà fear, dread; to dread, fear, be afraid.
hài rén tīng wén de hideous.
hǎi shì de marine, relating to maritime business.
hǎi tān beach, shore.
hǎi wài de overseas.
hǎi wān bay.
hài xiū de shy, withdrawn.
hǎi yáng sea, ocean.
hǎi zhé jellyfish.
hái zi child, kid; son, used as a familiar form of address for a young man.
hàn bīng xié roller skates.
hán chàn shiver.
hán guó Korea.
hán hu de vague, unclear.
hǎn jiào shout; to shout.
hán lěng coldness.
hán lěng de cold, chilly, icy. **tiān qì hěn lěng.** It's cold. **wǒ hěn lěng.** I'm cold.
hán yì meaning, implication.
hán yín de silvery, with silver.
hán yǒu de of, holding (as in bag of fruit).
hàn yǔ Chinese language.
hàn zì Chinese characters.
háng line or row.
hāng chéng distance of flight, voyage.
háng hái jì lù log, navigational journal.
háng kōng xìn airmail.
háng liè procession, march or parade.
háng qíng market, level of demand.
háng xíng sail, trip on a boat; to sail.
háng yè vocation, industry, division of manufacture.
hǎo chù benefit, advantage.
hǎo dǎi anyway, nevertheless, good or bad.
hǎo de good, pleasant.
hǎo duō le much better.
hào fèi to consume, expend.
hǎo gǎn favor, positive regard.
háo huá luxury, sumptuous living.
háo huá de luxurious, sumptuous.
hǎo jǐ gè de more than one.
háo jiào howl.
hào jiǎo horn, musical instrument.
hào jiāo jì de sociable (as in a person).
hào jìn to exhaust, drain of energy.
hào jìn de exhausting.
hǎo kàn de good looking, handsome.
hào kè de hospitable to guests.
háo kū to cry loudly.
hào mǎ number (as telephone number or zip code).
hǎo piào liàng How beautiful!
hào qí curious, wanting to know something; to wonder, feel doubt or curiosity.
hào qí xīn curiosity, desire to know something.

hǎo tīng de musical, pleasant to the ear.
háo wú gù jì de unscrupulous.
háo wú yí wèn de unquestionable; unquestionably.
hǎo xiàng to appear, seem.
hǎo xiào de amusing, funny.
hǎo xīn de benevolent.
hào xué de studious.
hǎo yì goodwill.
hǎo yùn good luck.
hǎo yùn de fortunate, auspicious.
hé and, as well as; river; case, container; with, in the company of, functional word showing agreement.
hē to drink, take soup or drink.
hé ǎi kind, amiable.
hé ǎi de gentle, considerate, soft, not strict.
hé bìng to incorporate, unite, combine, merge.
hè cǎi applause; to applaud, cheer.
hé chá to verify, test accuracy.
hè chì to snap, speak angrily.
hè cí congratulations.
hé diào in tune.
hé duì control, act of checking, verifying and correcting; to control, check.
hé fǎ de legitimate, lawful, legal, valid, rightful.
hé fǎn yìng duī nuclear reactor.
hé gǔ jaw.
hē guāng to drain, drink everything.
hé huǎn de mild, temperate.
hé jì together, in total.
hé lán Netherlands.
hé lán rén Dutch (person).
hé lán rén de Dutch.
hé lán yǔ Dutch (language).
hé lǐ de fair, legitimate, sensible, logical, reasonable.
hé liú stream, small river.
hé luó jì de logical, solid reasoning or ability to reason well.
hé mù unity, agreement, peace, accord.
hé néng nuclear energy.
hé píng peace, as opposed to war.
hé píng de peaceful.
hē qiàn yawn.
hè sè de brown.
hé shí control, act of checking, verifying and confirming; to control, check, verify.
hé shì to suit, fit, be appropriate.
hé shì de appropriate, suitable, becoming, fitting, proper, appropriate.
hé tóng contract, legal provision.
hé xié in tune.
hé xié de harmonious, in agreement.
hé yí de convenient.
hé zi box.
hé zǐ de nuclear.
hē zuì de rén drunken person.
hé zuò to collaborate, work together, cooperate. **yǔ dí gōu jié** to collaborate with enemy.
hé zuò zhě coworker.
hé... xíng chéng duì zhào to contrast.
hé ... bù xiāng shàng xià equal to something.
hé ... kāi wán xiào to joke.
hé ... xiāng bǐ to compare with.
hé ... yǒu guān xì to have a relationship with.
hēi àn night, dark, darkness.
hēi àn de dark, gloomy, obscure.
hēi pí fū de dark in complexion.
hēi sè de black. **hēi rén** black person.
hèn to hate, loathe.
hěn much, a lot, very, far.
hěn bào qiàn I am very sorry.
hěn cháng shí jiān a long time.
hěn dà very large, huge.
hěn dà chéng dù de particularly, especially.
hěn duō heap, much, too many.
hěn duō de great, large, many, numerous.
hěn gāo xìng to be glad.
hěn guì de too expensive.
hén jì trace, remaining evidence, track, trail left by something.
hěn jiǔ yǐ qián long ago.

hěn kě néng de likely, almost certainly.
hěn kuài de quickly. **kuài lái.** Come quickly!
hěn kùn huò to be puzzled.
hěn nán guò to be sorry.
hěn shǎo few, a small number; seldom.
hěn shǎo de little, scant.
hěn yí hàn to be sorry.
héng chuān to go across.
héng gān a horizontal bar.
héng guò across.
héng jì evidence, indicative of.
héng jiǔ de constant, invariable.
héng lù crossroads.
hóng dà de grand, large.
hōng dòng sensation, great excitement.
hōng dòng de sensational, very interesting or exciting.
hōng lōng xiǎng to thunder.
hōng kǎo to roast or the act of roasting. **hōng kǎo hòu de shí wù** roast food. **kǎo niú ròu** roast beef.
hōng kǎo to toast.
hōng lōng shēng crashing noise.
hǒng piàn to trick.
hóng sè de red.
hóng shuǐ deluge, flood.
hóng wěi de stately, superb, majestic.
hōng zhà to bomb, bombard, explode.
hòu biān de hind.
hòu bù hindquarters.
hòu de thick, not thin.
hòu dù thickness.
hòu guǒ end result, outcome, consequence.
hòu huǐ to regret, repent, rue, feel sorry.
hòu lái afterward.
hóu lóng throat.
hòu mén back door.
hòu miàn back.
hòu miàn de hind.
hòu qī de late, toward the end.
hóu shé voice, medium.
hòu tiān day after tomorrow.
hòu xuǎn rén candidate.
hòu yì descendant, posterity.
hòu zhě de latter, mentioned second.
hóu zi monkey.
hú kettle, pot; lake. **dòng tíng hú** Dongting Lake. **pó yáng hú** Poyang Lake. **qīng hǎi hú** Qinghai Lake.
hǔ tiger.
hù bǔ to complement.
hù fēng book jacket.
hù huàn to exchange, interchange.
hú jiāo pepper.
hū jiào exclamation, shout; to shout.
hú lí fox.
hū lüè neglect, abandonment; to neglect, ignore, forget, overlook, disregard.
hú nào prank.
hù nèi de indoors.
hū rán de sudden.
hù shì nurse, educated and trained.
hū shì condition of neglect; to ignore, neglect, fail to maintain.
hú shuō nonsense.
hù sòng to escort.
hú táo walnut.
hú táo mù walnut.
hù wèi duì guard, ceremonial.
hū xī breath; to breathe.
hū xì to breathe out, exhale.
hù xiāng each other; mutually.
hū yù to appeal, request, call on.
hú zhuàng wù paste (as in substance).
hú zi beard.
huá to slide, slip, move quietly.
huà painting, art piece; to draw, inscribe, scratch, make a line in something.
huā flowers.
huà ... de lún kuò to outline, draw.
huá bīng to skate.
huà chū to picture, symbolize visually.
huà chū cǎo tú to sketch.

huá dào slide, board.
huá dǎo to slide, slip.
huá de slippery, making someone slip.
huá dòng sliding motion; to slip, move quietly.
huá ěr zī waltz.
huá ěr zī wǔ qǔ waltz.
huā fèi expense, outlay; to lay out, spend, use up.
huà fēn dì dài to zone.
huá fū bǐng gān waffle.
huà hé to combine, mix.
huā huán garland, wreath.
huā huì flower.
huá jī de comic.
huà jiā painter.
huā jiàng gardener.
huà láng gallery (as for art).
huá lì de magnificent, impressive in appearance.
huá miàn slide, board.
huā píng flower vase.
huā qī blossom.
huà qù to cancel, delete.
huā quān wreath.
huá shèng dùn tè qū Washington, D.C.
huà tí topic of a discussion.
huà tǒng speaker (as in a stereo).
huà tú to plot (as in graph).
huà xiàn to line, cover with lines.
huà xiàng image, picture.
huá xíng sliding motion; to slide, move.
huá xuě to ski.
huà xué chemistry.
huà xué de chemical.
huà xué zuò yòng chemical effect.
huā yàng pattern (as in diagram).
huà yǔ word, something said.
huā yuán garden, cultivated area of land.
huà zhuāng made up, in disguise.
huài bù kān yán de very bad.
huài de bad.
huái guān jié ankle.
huái hèn mǒu rén to hold a grudge against.
huái niàn to cherish the memory of.
huài pí qì mood, bad temper.
huài pí qì de sour (as in temperament).
huài rén villain.
huái yí doubt, skepticism, suspicion; to dispute, doubt, be undecided, mistrust, suspect.
huái yí de skeptical.
huái yí zhě skeptic.
huái yǒu to cherish, think of, remember.
huái yǒu è yì de spiteful.
huái yǒu xī wàng de hopeful, possessing hope.
huái yùn pregnancy; to expect a child, be pregnant.
huái yùn de pregnant.
huán circle, ring, link in a chain, round object.
huàn to catch, contract.
huǎn chōng cushion (as in something that softens a blow).
huàn dēng piān slide, projected image.
huàn gǎn mào to catch a cold.
huǎn hé to soothe, ease, cushion, soften a blow, appease, put at ease.
huān hū hail, greeting; to applaud, cheer.
huán jié link, connected unit.
huán jìng surroundings.
huàn jué illusion, a false impression.
huān lè joy, happiness, pleasure.
huān lè de joyful, happy, jolly.
huǎn màn slowness.
huǎn màn de slow in motion, slowly.
huàn qǐ to arouse, excite, instigate, evoke.
huàn qǐ to prompt, bring about.
huán rào to circle, encircle.
huán rǎo around.
huān xǐ de gladly.
huàn xiǎng fancy, imaginary, fantasy, reverie.
huān xīn favor, positive regard.
huàn xǐng to awaken, arouse, wake up.

huán xíng de to make a circle.
huàn yǐng vision, mental image.
huān yíng to welcome; Welcome!
huàn zhě patient.
huáng dào dài zodiac.
huáng dì emperor.
huāng dì wild; wilderness.
huàng dòng to shake, move back and forth quickly.
huáng guān crown.
huáng hǎi Yellow Sea.
huáng hòu queen, king's wife.
huǎng hū in a trance, stupor.
huǎng huà lie.
huáng jīn gold.
huāng miù de ridiculous.
huáng sè yellow.
huáng sè de yellow; pornographic.
huāng táng de absurd.
huāng táng gù shì lie, absurd story.
huāng wú de infertile, sterile.
huāng wú rén yān de desolate.
huǎng yán fiction, tall tale, lie.
huāng yě wild; wilderness.
huāng yě de uninhabited.
huáng yóu butter.
huī ash.
huí bào to pay, compensate, reciprocate.
huí bì to avoid.
huī chén dust, dirt, something filthy.
huī chén zhuàng de dusty, like dust.
huí dá answer, reply; to answer, reply, respond.
huǐ diào to finish, destroy.
huī dòng swing, wave.
huì fèi membership dues.
huí fù answer.
huī fù restoration; to give back, undo, reverse, restore vitality, become or make healthy again.
huī fù tǐ lì to recover one's strength.
huī fù yuán zhuàng to revert to its original state.
huí gù to look back, reconsider.
huǐ guò penitence.
huǐ hèn remorse; to repent.
huì huà dialogue, conversation; painting, picture, the act of painting; to paint, make a painting.
huǐ huài to destroy, wreck, shatter, severely damage.
huī huáng de magnificent, splendid.
huī huò to squander.
huì jiàn to interview, meet for business.
huī jìn ash.
huí lai to come back.
huì lù to bribe. **xíng huì** to give a bribe. **shòu huì** to take a bribe.
huì lǜ exchange rate.
huǐ miè destruction; to destroy, completely ruin, perish, devour.
huǐ miè xìng de fatal, ruinous.
huī ní plaster.
huì piào money order.
huì qī session.
huí qù to go back.
huì sè de obscure, unclear.
huī sè de gray in color.
huí shēng echo.
huī shǒu zhì yì to wave, signal.
huì suǒ hall (as in building).
huì tang hall (as in building).
huī xié humor, comical aspect.
huī xié de witty.
huì xīng comet.
huì yǎn festival (as in art festival).
huí yì act of remembering; to remember, recall, recollect.
huì yì convention, assembly, meeting, session.
huí yīn echo.
huī zhāng badge, emblem.
huì zhǐ institute, buildings of an institution.
huì zhòng members in an assembly.
hūn dǎo to faint.
hùn dùn chaos.
hùn hé to mix.
hūn jué to faint.
hūn lǐ wedding ceremony.
hùn luàn chaos; upside down.

hùn luàn de untidy, lacking organization.
hùn rì zi to dawdle, idle.
hūn yīn shēng huó marriage, matrimony.
hún zhuó de muddy, not pure.
huǒ fire, burning flame.
huǒ bǎ torch, flaming stick.
huǒ bàn ally, partner, fellowship, association.
huò bì money, physical currency.
huǒ chái match for fire.
huò chē truck.
huǒ chē train, railroad cars.
huǒ chē tóu locomotive.
huò dé act of gaining or increasing; to get, obtain, gain, attain, achieve, acquire.
huǒ de fiery.
huò dé shèng lì to triumph, win.
huò dé shōu rù to generate revenue.
huò dé wù something gained.
huó dòng activity, social event, festival.
huó dòng movement, the act of moving.
huó dòng chǎng suǒ where something happens.
huó dòng de active, dynamic, moving.
huó dòng qī season, cyclical time.
huǒ hóng de fiery (as in color).
huǒ huā spark.
huǒ jī turkey.
huǒ jù torch, flaming stick.
huó lì energy, vigor, vitality, physical or intellectual strength.
huò lì to yield, give a return on investment.
huó pō de lively, vivacious, vivid, as if experienced directly.
huǒ shān volcano.
huò shèng de rén winner.
huǒ tuǐ ham.
huǒ tuǐ ròu ham.
huò wù freight, transported goods, merchandise.
huǒ xīng spark.
huǒ xīng jiàn luò to spark, give off sparks.
huò xǔ perhaps, probably.
huǒ yàn burning flame.
huó yè jiā folder, portfolio.
huó yuè de lively and alert.
huò yùn freight, transportation.
huó zhe to live, be alive, survive.
huó zhe de alive.

J

jí and, as well as; namely.
jǐ pressure, the act of pressing; to push against, squeeze, press together.
jī chicken, fowl; basis; stroke, act of striking.
jì ... zhī hòu to succeed, come after.
jī bài act or state of defeating; to beat, triumph over, defeat.
jí báo de sheer, transparent.
jī běn de essential, indispensable, elementary, fundamental.
jī běn yuán lǐ basic principle.
jí bìng disease, illness, sickness.
jì bù ... yě bù neither ... nor.
jī chǎng airport, airfield.
jí chāng shí qī eon.
jī chē locomotive.
jì chéng inheritance, the act of inheriting, succession; to inherit legally, to succeed, to replace in office.
jì chéng quán right of succession.
jì chéng rén heir, successor.
jì chū to forward to next location (as with new address).
jī chǔ basis, foundation.
jì cún wù deposit, something placed somewhere safe.
jí dà de without boundaries.
jí dì bīng guān polar ice cap.
jí dì de polar.
jī dòng excite, stir; power-driven.
jī dòng chē motor, automobile.
jī dòng de mobile; emotionally hot.
jì dù envy; to envy.

jí dù de extreme, intense, utmost, highest, greatest.
jì dù de envious.
jī dū jiào Christianity. **jī dū jiào de** of or relating to Christianity. **jī dū jiào tú** Christian, a believer in Christianity.
jí dù quē fá extreme shortage.
jí dù yàn wù nausea, repugnance.
jí duān extreme (as in to extremes).
jí duān de violent, intense; extremely.
jī è hunger, lack of food.
jī è de hungry for food.
jī fā to stimulate, motivate, excite, encourage.
jī fěng sarcasm.
jí gé to pass, succeed on a test.
jǐ gè several, more than a few.
jì gōng mechanic.
jī gòu agency, institution, facility, organization, foundation.
jī guāng laser.
jí hǎo de beautiful, great, excellent, wonderful.
jí hé assembly, mass, sum, group; to assemble, gather, group together.
jī hū almost, nearly.
jī hū bù hardly, to barely any extent, scarcely, almost not, seldom.
jī hū méi yǒu few, unspecified tiny number.
jì huà strategy, plan, undertaking, task, scheme; to devise, plan, propose, mean.
jì huà biǎo agenda.
jī huāng famine, lack of food.
jī huì chance, opportunity, prospect, likelihood; meeting.
jī huì chuāng kǒu window of opportunity.
jī huì zhī chuāng window of opportunity.
jī jí de positive, active.
jī jí xíng dòng to start eagerly.
jī jiàn fencing (as in sport).
jí jiāng lái lín de imminent.
jì jié season, time of year.
jǐ jìn to cram.
jī jīn funds, available money.
jī jīn de zèng yǔ grant, funding.
jì jìng silence; quiet. **bǎo chí sù jìng.** Keep quiet!
jì jìng de silent, having no sound, still, quiet.
jí jiù first aid.
jí jiù zhàn first aid station.
jí jù shēng jiàng de steep, quick.
jí kè de instantaneous, instantly, as soon as possible.
jī làng surf.
jī lěi to pile up.
jī lì to stimulate.
jí lì de fortunate, auspicious.
jí lì zhǔ zhāng to urge, push for something.
jì liàng dose.
jī liè intensity, violence; violent, impetuous, fiery.
jī liè de having a fiery disposition, heavy, intense, hot (as in emotion).
jī líng de ingenious.
jí liú rapids.
jì lù formal record, account; to register, record or write down an account.
jì lǜ discipline.
jì lù sù dù to time, record speed of.
jī mǐn promptness; tact.
jì mò loneliness.
jì mò de solitary, lonely.
jì néng skills, technique, way of doing something.
jì niàn bēi monument, structure.
jì niàn bēi de monumental, functioning as a monument.
jì niàn pǐn souvenir, something to honor a person or thing.
jì niàn zhāng medal.
jī nù to anger, enrage, irritate, annoy, provoke.
jì pǐn sacrifice, victim of offering.
jí pò urgency, being urgent.
jí qí extremely.
jī qì machine.
jī qǐ to awaken, arouse, excite, spark,

stir, provoke.
jī qì rén robot, automaton.
jì qiǎo skill, experience, training, technique, way of doing something.
jí qiè de desperate, driven.
jī qíng fervor, passion.
jì rán since, because.
jī ròu flesh of body, muscle.
jì rù to count, include.
jǐ rù to squeeze in.
jì shàn board.
jì shàng to fasten, tie up.
jí shǎo mere.
jí shǐ though, supposing.
jì shī engineer.
jí shí de prompt, hasty.
jí shǒu de troublesome, tricky, ticklish (as in a situation).
jì shù technique, systematic process; to count, find total.
jī shù odd number.
jì shù de technical, following a technique.
jì shù rén counter.
jì shù yuán zhù technical assistance.
jì suàn jī computer. **jì suàn jī yǔ yán** computer language. **jì suàn jī chéng xù** computer program.
jì suàn qì calculator.
jì tán altar.
jǐ tòng to pinch.
jī wěi jiǔ cocktail.
jí xí chuàng zuò to improvise, spontaneously create.
jì xià to memorize, note, record, write, express in writing.
jí xiáng de lucky, charm.
jī xiào to sneer.
jí xiǎo de tiny.
jī xiào zhe shuō to sneer.
jī xiè de mechanical, relating to machines; mechanically.
jī xiè gōng mechanic.
jī xiè xué de mechanical, relating to mechanics.
jí xīng capital punishment.
jī xíng deformity.
jí xìng de acute (as in disease).
jī xíng de deformed, scary appearance.
jí xū demand, pressing need.
jì xù to continue, persist, keep on, last; steadily.
jì xù cún zài to last.
jì xù shēng cún to live, continue living.
jǐ yā to press, push.
jì yì impression, memory, recollection; skill, something learned to do.
jì yì lì memory, ability to recall.
jī yǜ chance, opportunity.
jǐ yǔ shí wù to feed, give food.
jì yǔ xī wàng de dōng xī source of hope.
jì yuán era.
jí zào impetuosity; impatience.
jí zào de impatient, impetuous, impulsive, with a fiery disposition.
jí zēng to increase sharply.
jī zēng explosion, increase.
jí zhì top, peak.
jī zhì ingenuity, creativity, tact, wit, quickness in understanding.
jī zhì de smart, intelligent, tactful, witty; tactfully.
jí zhōng to collect, concentrate, focus.
jī zhòng to hit with weapons.
jī zhòng yào hài on target.
jí zhōng zhù yì focus one's attention on something.
jì zhù to impress, memorize, learn, remember.
jí zhuāng xiāng container used for shipping goods.
jī zǔ set (as in TV or radio).
jià to marry.
jiā home, residence; to add; to clip, grip.
jiǎ bàn to disguise, change look of something.
jiā cháng to stretch, lengthen.
jiǎ chēng to pretend, profess.
jiā chù domestic animal.
jiǎ de artificial, falsified, simulated,

sham.
jiǎ dìng to presume, suppose.
jiǎ dìng de hypothetical.
jiǎ fà wig.
jiā fǎ addition.
jià gé price (as in quantity).
jià gé biāo qiān price tag.
jià gé zhǐ shù price index.
jiā gōng to manufacture, process.
jiā gù to fasten, secure.
jiā hú jiāo fěn tiáo wèi to pepper.
jiā jù furniture.
jiā kuài to hasten, hurry, move hastily.
jiā kuān to widen.
jiā liào kào to iron, shackle.
jiǎ mào sham, deceptive quality.
jiā ná dà Canada.
jià qī vacation.
jiā qiáng to enforce, strengthen, reinforce.
jiā qín fowl.
jiā rè to heat, warm something up.
jiā rén flesh, family.
jià rì holiday.
jiā rù to join, enter, become a member, take part in.
jiā shàng plus, numerical addition; to attach.
jiā shàng chā tú to illustrate, decorate.
jiā shàng chèn diàn to pad.
jiā shàng yǐn yán to preface.
jiǎ shè hypothesis, something assumed true for the moment; to presume, suppose; if, granted.
jiǎ shè de hypothetical.
jiǎ shè de wèn tí hypothetical question.
jià shǐ to drive or fly a vehicle.
jiā shì domestic affairs.
jià shǐ yuán driver, person that drives.
jià shǐ zhí zhào driver's license.
jiā shǔ relatives.
jiā tíng house, household, family unit.
jiā tíng chéng yuán family, household.
jiā tíng de household.
jiā xiāng home, hometown, birthplace or place of lengthy residence.
jiǎ xiǎng de imaginary.
jiā xù stock, animals.
jiā yā lì yú to put ... under pressure.
jiā yán to salt.
jiǎ zào de false, fake.
jià zhí merit, worth, value, fair amount for something.
jià zhí guān philosophy (as in principles).
jiǎ zhuāng to pretend, feign.
jià zi frame, shelf, structure.
jiā zi clip.
jiàn splash, act or sound of splashing; to splash; sword.
jiǎn to clip, cut.
jiān shoulder.
jiān bǎng shoulder.
jiān bìng to acquire, incorporate.
jiān chá audit.
jiǎn chá check, inspection, examination, censorship; to check, examine, inspect.
jiān chí insistence, tenacity; to insist, persist, persevere. **tā qiáng diào zhè yī diǎn.** He insisted on this point.
jiān chí jǐ jiàn de opinionated.
jiǎn chú prune.
jiǎn dān simplicity, being simple.
jiǎn dān chén shù to communicate briefly.
jiǎn dān de plain, simple, uncomplicated, straightforward; simply.
jiǎn dāo scissors.
jiǎn dī to lower, reduce.
jiàn diě spy.
jiān dìng bù yí perseverance.
jiān dìng de steady, purposeful.
jiān dū supervision; to supervise.
jiān dū zhě director, supervisor.
jiān duān point, sharp tip.
jiǎn duǎn de brief.
jiàn duì fleet.
jiǎn fǎ subtraction (as in arithmetic).
jiān fáng ward (as in prison).

jiàn gé separation, space between.
jiàn gé de alternate, intermittent.
jiān gù de solid, sturdy, well built.
jiān guǒ nut (as a seed).
jiān guō frying pan.
jiān hù ward, guardianship.
jiān hù rén guardian (as in legal guardian).
jiǎn huǎn to alleviate.
jiǎn jià chǔ lǐ sale, discounted prices.
jiàn jiàn xiǎn lòu to unfold, be told over time (as in a story).
jiān jiào to scream.
jiān jiào shēng scream.
jiàn jiě belief, view, a perception.
jiǎn jiè profile, biographical summary.
jiàn jiē de indirect, roundabout; indirectly.
jiǎn jié de neat, arranged and exact.
jiān jù de strenuous.
jiān jué de firm, determined, resolute.
jiān jué yāo qiú to insist.
jiàn kāng health, physical fitness.
jiàn kāng de healthy, physically fit, wholesome.
jiàn kāng xìng fú welfare, well-being.
jiàn kāng zhuàng tài health.
jiàn lì institution, act of establishment; to develop, found, erect, set up, fix, set.
jiàn lì ... de jī chǔ to found, base on.
jiàn miàn to meet, come together.
jiān miè to annihilate, destroy.
jiǎn míng de concise, simple, straightforward.
jiān mò de mute, silent.
jiān nán de difficult.
jiān nán xíng jìn to wade.
jiǎn pǔ de simple, plain.
jiàn qǐ de yè tǐ splash, liquid mass.
jiān qiáng de strong mentally or morally.
jiǎn qīng to lighten, alleviate, mitigate, make more moderate.
jiǎn qīng bù shì to ease, minimize distress.
jiǎn qù to subtract.
jiàn quán de healthy.
jiān ruì de acute, pointed, harsh.
jiǎn ruò to soften, weaken.
jiǎn ruò de down, lessened intensity.
jiàn shǎng appreciation (as in aesthetic merit); to appreciate, admire.
jiàn shǎng lì eye, judgment, taste.
jiǎn shǎo decrease, reduction, subtraction; to decrease, lessen, reduce. **jiǎn shǎo de liàng** amount by which something is reduced.
jiàn shè to develop, build, construct.
jiān shēng de shrill.
jiān shēng hǎn jiào scream.
jiàn shi insight, act of discerning the truth; horizon, extent of experience, etc.
jiān shì to spy on someone.
jiàn shù fencing (as in sport).
jiǎn shù to sum up.
jiān tiāo to carry, bear.
jiàn wàng forgetfulness.
jiàn xiē xìng de periodic, occasional.
jiǎn xùn article, brief news.
jiàn yì proposal, suggestion, recommendation; to recommend, suggest.
jiǎn yì simplicity, being simple.
jiān yìng rigidity.
jiān yìng de unyielding, unbending, inflexible.
jiān yù prison.
jiǎn yuè inspection, formal examination, survey, review; to inspect, formally review.
jiàn zào to found, set up, frame, build, construct.
jiàn zēng to climb, steadily increase.
jiàn zhù to construct.
jiàn zhù shī architect.
jiàn zhù wù architecture, building.
jiàn zhù xué architecture.
jiàn zhuàng de sturdy, physically strong.

jiǎng oar; to tell, recount.
jiāng river; to will.
jiǎng dào tán pulpit.
jiàng dī to drop, lessen, fall, lower, move down.
jiàng hú paste, adhesive.
jiǎng huà statement, act of stating.
jiàng jià depreciation, diminished value.
jiǎng jīn award, bonus, reward.
jiāng jìn almost, nearly; approximately in time.
jiāng jūn general (as military rank).
jiāng lái in the future.
jiāng lái shí future tense.
jiàng liào sauce.
jiàng lín to fall (as in darkness fell).
jiàng luò drop, fall; to fall, drop, land, set down.
jiàng luò sǎn parachute.
jiǎng pǐn award, prize.
jiǎng shǎng prize, reward.
jiǎng shù to relate, tell, narrate.
jiāng tòng de lame, marked by pain.
jiàng xià to lower, bring down.
jiǎng xián huà to gossip.
jiàng xuě snowfall; to snow.
jiǎng yǎn delivery, utterance, speech.
jiāng yìng de stiff.
jiǎng yǔ to award.
jiǎng zhāng medal.
jiāng zhī piào duì xiàn to cash a check.
jiào to call loudly, scream, shout; cellar.
jiǎo foot (as a body part); horn of an animal; to stir, wring, squeeze, twist.
jiāo to convince, demonstrate, teach.
jiāo ào de proud, arrogant, self-satisfied, haughty.
jiǎo bó zi ankle.
jiǎo bù step, footstep.
jiāo cǎo píng to water the lawn.
jiāo chā dào lù crossroads.
jiào chà de less (as in esteem or rank).
jiǎo chū to wring out liquid.
jiāo chū to yield, give over.
jiào dǎo instruction, act of instructing.
jiǎo dǐ sole, bottom of foot.
jiǎo dī de underneath.
jiǎo dòng to stir (as in a drink).
jiào fù father, clergyman.
jiāo fù to commit, entrust, bequeath, deliver to, relinquish, hand over.
jiào hǎn cry, shout; to cry, shout.
jiào hòu de latter, later.
jiǎo hòu gēn heel.
jiāo hù de reciprocal.
jiǎo huá de cunning, sly.
jiǎo huá de rén fox, sly person.
jiāo huàn swapping, exchange; to trade, switch, swap.
jiāo huàn wù something exchanged.
jiào huí to call back.
jiǎo lì to wrestle.
jiǎo liàn hinge (as a device).
jiào liàng to measure, compare.
jiāo liú process of communication; to communicate, exchange, transmit.
jiāo lǜ anxiety; to worry, feel concern. **bié dān xīn!** Don't worry!
jiāo mèi de charming.
jiào mǔ yeast.
jiāo pèi to couple, engage in sexual intercourse.
jiāo piàn film, photography.
jiǎo qiào shell (as in found on a beach).
jiào qīng wēi de minor, less dangerous.
jiāo qū outskirts, suburb.
jiào shǎo de minor, less in quantity.
jiào shī teacher, instructor.
jiào shòu professor.
jiāo shòu to instruct, teach.
jiāo shū to teach, be a teacher.
jiāo shuǐ to water, add water.
jiǎo sǐ to hang, execute.
jiào suō to solicit, ask for something illegal, instigate.

jiāo tán talk, exchange, conversation; to talk, converse.
jiào táng church.
jiāo tì to alternate, do something by turns.
jiāo tì de occurring alternately.
jiào tiáo doctrine.
jiāo tōng traffic, people or vehicles; to communicate, exchange.
jiāo tōng gōng jù vehicle, something that transports.
jiāo wǎng to interact socially with.
jiào xǐng to awake from sleep.
jiào xué dān yuán academic unit.
jiào xùn lesson, experience or example.
jiāo yì trade, dealing, business; to deal, do business, trade.
jiāo yóu tar.
jiào yù education, instruction, teaching; to educate, teach.
jiǎo zhà de sly.
jiào zhèng correction; to correct, remedy.
jiǎo zhǐ toe.
jiǎo zhǐ jiǎ toenail.
jiào zhí yuán gōng teachers and staff.
jiǎo zhuàng wù horn, horn-shaped.
jiào zhǔn shí jiān to time, adjust for time.
jié knot.
jiè to abstain from, forgo, quit; to borrow, loan (distinction made in context).
jiě sister, sibling.
jiē street, road.
jiē ba stammer, stutter; to stutter, stammer.
jiē ba zhe shuō to stammer, stutter.
jiē bīng to freeze.
jié chū to distinguish (as in distinguishing oneself).
jiě chú to discharge, release.
jiē chù to touch, be in contact.
jié chū de exceptional, extraordinary, eminent, distinguished; exceptionally, extraordinarily.
jiě chú fù dān to unload, relieve of something.
jiě chú tòng kǔ fán nǎo to ease, have no worry or fear, etc.
jiè chū wù loan, item lent.
jiě dá solution, answer; to solve.
jiē dài reception.
jiē dào street, road.
jiě dòng thaw; to thaw, make thaw.
jiē duàn stage, time.
jiē fā to expose, reveal information, etc.
jiè fāng debit.
jiě fàng free from binds.
jiē fèng seam, ridge or indentation made where two things meet.
jiè gěi to lend, loan.
jié gòu structure, way something is built.
jiě gù to dismiss (as in from a job).
jiē guǒ end, effect, fate, result, outcome, consequence; then, consequently.
jié hé combination, union; to combine, unite.
jiē hé chù place of connection.
jiē hūn marriage, lawful union, wedding; to marry.
jiē jí (social) stage, class.
jié jiǎn prudence, careful supervision, thrift.
jiē jiàn audience granted by a monarch or superior; to interview.
jiē jiāo to get acquainted and interact with.
jiě jie older sister.
jiē jìn proximity; near, close to; to verge on.
jiē jìn de near, close in time or space. **zhè jiù zài fù jìn.** It's near here.
jiē jìn yú on the verge of.
jié jìng cleanliness.
jiě jiù deliverance, rescue, setting free.
jié jú fate, outcome.
jiē jú outcome.
jiě jué settlement, decision, arrangement, solution; to

crack, solve, find a solution, settle, decide.
jiě kāi to disentangle, untie, unfasten, loosen, undo, unravel, take apart, come undone.
jiē kāi to open a lid.
jiě kāi ... de niǔ kòu to unbutton.
jiē kāi gài zi to uncover, take cover off.
jiè kǒu disguise, pretense, excuse, evasion, pretext, reason.
jiē lián fā shēng succession, sequence.
jiē lù disclosure, revelation; to disclose, uncover, unmask, expose, reveal.
jié lüè stealing or carrying away; to steal or take away.
jié máo eyelash.
jié miàn cross section.
jié mù program, television show.
jié mù ān pái programming.
jié mù biǎo program, list.
jiē nà to initiate, give membership.
jiè qián to lend, monetary loan.
jiē qù to peel, strip off.
jiē qū community, block (as in an area of buildings).
jiē qū jū mín community residents.
jié rì festival, celebration, holiday.
jiě sàn dismissal.
jiè shào introduction, the act of introducing; to introduce, present someone, induct, meet, make an acquaintance.
jié shěng to economize.
jiě shì explanation, clarification, justification, interpretation; to explain, clarify, interpret, simplify wording.
jiě shì de explanatory.
jiē shí de sturdy.
jiě shì zhě interpreter, one who analyzes.
jiē shòu acceptance, consent to receive; to believe, take, accept, consent to receive.
jiē shōu to receive or the act of receiving.
jiē shōu qì receptor.
jié shù to end.
jié suàn to wind up.
jiē tōng to switch on.
jiě tuō to disentangle.
jiē wěn to kiss.
jiě xī analyze.
jiè xiàn limit, line, boundary, verge.
jì xù to continue, extend.
jiè yì to mind, oppose. **wǒ bù jiè yì.** I don't mind.
jié yù birth control; temperance.
jié yuē economy, thrift; to economize, save. **jīng jì cāng** economy class.
jié yuē de economical, thrifty.
jiē zhe fā shēng to succeed, replace in an office.
jié zhì control, restraint, temperance; to control, restrain.
jiè zhǐ ring (as in jewelry).
jiè zhì medium, substance.
jiè zhù to invoke.
jìn dip, temporary immersion; to dip into liquid, steep.
jīn gold.
jìn biàn de handy, accessible.
jǐn biāo sài tournament.
jìn bù improvement, progress, steady advancement; to progress, advance.
jìn bù de positive, increase or advancement.
jìn dài de modern, contemporary.
jìn de close, near.
jǐn de tight, secure, fast, securely fastened.
jīn de golden, of gold.
jīn é sum.
jǐn fáng precaution.
jìn gōng xìng de offensive, in attack mode.
jǐn guǎn despite, although, in spite of.
jǐn guǎn rú cǐ nevertheless, yet.
jīn hòu in the future.
jìn hu to verge on.
jǐn jí urgency, being urgent.
jǐn jì to keep in mind.
jǐn jí de urgent.

jǐn jí qíng kuàng emergency.
jǐn jí shì jiàn urgency, something very necessary.
jǐn jǐn simply, only, hardly, barely.
jīn jīn yǒu wèi de chī to eat with great enjoyment.
jìn jù lí close quarters.
jìn kě néng de to do whatever is possible.
jìn kǒu import, item of trade; to import, bring in from trade.
jìn kǒu mén entrance door.
jìn kǒu shuì import tax.
jīn kù treasury, storage of funds.
jìn lái to enter, come in; lately.
jìn lì endeavor, exertion; to endeavor.
jǐn lín de next.
jìn lìng prohibition (as in law).
jīn nián this year.
jīn qián de pecuniary, economic.
jīn róng de financial.
jìn rù entry, entrance; to enter, come in, go in.
jìn rù quán entrance, allowed to enter.
jīn sè de golden (as in color).
jìn shàn jìn měi perfection, excellence.
jǐn shèn prudence, being prudent.
jǐn shèn de careful, cautious.
jǐn shēn de skintight.
jǐn shèng de last, only one remaining.
jìn shí to eat.
jīn shǔ metal.
jīn shǔ de metallic.
jīn shǔ sī wire, metal strand.
jīn shǔ xiàn wire, metal strand.
jīn shǔ zhì pǐn metal.
jīn shǔ zhì zào de metallic.
jīn tiān today, this day.
jìn tóu end, extremity, far limit.
jìn tòu to become saturated.
jìn tóu de extreme, outermost.
jīn wǎn tonight, this night.
jìn xíng process, progression.
jìn xíng cè shì to test, take an exam.
jìn xíng gǔ piào jiāo yì to trade, stock.
jìn xíng mào yì huò jiāo yì to transact.
jìn yè dip.
jǐn yī cì once, one time.
jìn zhǎn march, progression, development; to evolve, go (as in fruit had gone bad).
jǐn zhāng tension, nervousness, strain, being strained.
jǐn zhāng bù ān de nervous, anxious.
jǐn zhāng de tense, nervous, tight, constricted, intense, of extreme effort.
jǐn zhāng jú shì tension between people.
jìn zhǐ prohibition, the act of prohibiting; to prohibit.
jǐng neck; well.
jīng whale; stem, main stem of a plant.
jǐng bào alarm, warning, a sign or signal.
jǐng bào qì alarm device.
jǐng chá policeman.
jīng cháng bài fǎng to frequent.
jīng cháng chū rù to frequent.
jīng cháng de frequently.
jīng è emotional shock.
jǐng gào to warn of a danger.
jǐng guān sergeant (as in the police).
jīng guò passage, migration; to pass, move by, move ahead, travel along a route; through, by way of, via.
jīng huá essence, extract.
jīng huá soul, most important part.
jīng huāng panic, fear.
jìng jì athletics, competition.
jīng jí thorn.
jīng jì de economical.
jīng jì guǎn lǐ economic administration.
jīng jì zhì dù economic system.
jīng jiào exclamation; to exclaim.
jǐng jiè staying alert.
jǐng jiè de watchful.
jìng jiǔ to toast.
jǐng jù axiom, idiom.

jǐng jué alertness.
jīng kǒng panic.
jìng kuàng circumstances, situation.
jìng lǐ salute, honorable recognition; to salute, greet with respect.
jīng lì experience, occurrence, energy, vigor, sap; to experience, undergo, live through, survive.
jīng lì chōng pèi de vigorous, robust, highly energetic.
jǐng liàn act of refining.
jìng mǎi to bid.
jǐng měi delicacy, being delicate.
jǐng měi áng guì de wù pǐn luxury, something rare or costly.
jǐng měi de delicate, pleasing.
jǐng mì dù precision.
jǐng míng de smart, shrewd.
jǐng pí lì jié state of exhaustion.
jìng piàn eyeglasses.
jǐng qí amazement, surprise, wonder; to amaze, surprise.
jǐng qiǎo delicacy, elegance.
jǐng qiǎo de ingenious.
jǐng què precision.
jǐng què de exact, precise, accurate, totally factual.
jǐng rén de incredible, astonishing, stupendous.
jǐng rén de wonderful, causing wonder.
jǐng sài game, competition.
jǐng sè perspective, view, scenery.
jǐng shén spirit, mind.
jǐng shén de spiritual, of the spirit.
jǐng shén jiàn quán de sane.
jǐng shòu to experience.
jǐng suǐ essence, extract, soul, most important part.
jǐng tì jealousy against; precaution.
jǐng tì de watchful.
jǐng tǐ guǎn transistor.
jǐng tōng to master, gain skill in.
jǐng tōng de with skill.
jǐng tōng ... de familiar, acquainted.
jìng wèi fear, reverence.
jǐng wèi guard, lookout or defender.
jìng wù still life.
jǐng xì de delicate, exquisite, refined.
jǐng xià to fear, be afraid.
jǐng xiàng scene, what you see, spectacle.
jìng xuǎn to run for office.
jǐng xuǎn selection, the chosen few.
jǐng yà surprise, act of surprising.
jǐng yàn lesson, experience or example.
jǐng yì wonder (as in emotion).
jǐng yí chuán dé dào to inherit genetically.
jǐng yíng management; to conduct, operate, manage, administer; selection, the best of something.
jǐng yíng fāng shì operation method (as in business).
jǐng yíng shēng yì to conduct business.
jǐng yíng zhě manager.
jǐng yóu at, by, through, via.
jìng zhēng battle, competition, rivalry; to compete, vie.
jìng zhēng duì shǒu rival.
jìng zhēng mǒu wù to vie for.
jìng zhǐ to be dormant, inactive.
jìng zhí de direct, undeviating course.
jìng zhǐ de still, immobile, motionless. **bǎo chí bù dòng!** Keep still!
jǐng zhì de exquisite.
jìng zhòng veneration, act of venerating; to worship, show adoration and devotion.
jìng zi mirror.
jiǒng jìng predicament.
jiù barn, stable; to save, rescue.
jiǔ nine; wine, alcoholic drink.
jiǔ bā bar, pub, tavern.
jiǔ bēi drinking glass.
jiù cān to dine.
jiū chán to tangle, get tangled up.
jiù de old, created a long time ago.
jiǔ guǎn inn, restaurant.
jiù hù chē ambulance, emergency vehicle.

jiù jì public assistance, relief or aid.
jiù jì zhě savior.
jiù jīn shān San Francisco.
jiǔ jīng yǐn liào liquor.
jiǔ jīng alcohol.
jiù jiu uncle, mother's brother.
jiù lǐ de suǒ yǒu dòng wù stable, group of animals.
jiù mǔ aunt, mother's brother's wife.
jiǔ píng decanter.
jiù shì de old-fashioned.
jiù yuán rescue.
jiǔ yuǎn de distant in time.
jiǔ yuè September.
jiū zhèng to correct, get rid of error, mend, improve, set right.
jiù zhí to inaugurate, install into office.
jiù zhù salvation; to help, provide relief.
jiù zhù zhě savior.
jù biàn upheaval, violent disruption.
jú bù de in part, specific.
jú cù bù ān fidget, embarrassment.
jú cù de fidgeting.
jù dà greatness.
jù dà de enormous, giant, great, large, infinite, immeasurable, mighty, monstrous, vast.
jù dà xióng wěi de remarkably big.
jù hào period in punctuation.
jú huáng sè de orange (as in color).
jù huì party, social celebration.
jù jí to gather, assemble, form or be part of a group.
jù jué denial, refusal, rejection; to deny, refuse, reject, decline.
jǔ jué to chew.
jù lè bù club.
jù lí length, spatial distance.
jǔ lì shuō míng to illustrate, show.
jù liè de severe, violent, intense, uncomfortable.
jū liú to detain, confine; to stay over as a guest.
jú miàn situation, circumstances.
jū mín inhabitant.
jù pà fear, reverence.
jǔ qǐ upheaval, being heaved upward; to lift, uphold.
jù rén giant, monster.
jǔ sàng depression, dejection; to sink emotionally.
jū sāng in mourning.
jù tǐ de concrete.
jù tǐ shuō míng to specify.
jù tòng pang.
jù wù monster, something enormous.
jū xiān to precede, come before.
jǔ xíng rectangle.
jù yǒu to possess a trait.
jù yuàn theater (as for plays).
jǔ zhǐ conduct, behavior. **jǔ zhǐ dé tǐ** conduct oneself properly. **shǒu guī jǔ** conduct properly.
jū zhù to dwell, reside, live, occupy.
jū zhù zài to inhabit.
jú zi orange, tangerine.
jù zi sentence, group of words.
jú zi pí orange peel.
juàn volume, one of more than one book.
juǎn to wind (as in string).
juǎn fà curl.
juǎn qǐ de dōng xi something rolled up.
juǎn qū to curl.
juǎn rù to involve, get to participate.
juàn shù duō de voluminous, able to fill many volumes.
juān zèng to contribute, give, donate.
juǎn zhóu scroll.
jué to dig (as with shovel).
jué bù scarcely, definitely not.
jué dé ... kě yí to feel that something is feasible.
jué de kě lián to pity.
jué dìng decision, determination, resolution, will, purpose; to decide, resolve to do something.
jué dìng xìng de decisive, power to make decisions; fatal, critically significant, final, irrevocable.
jué dìng yú to depend on.
jué duì simply, absolutely.
jué duì bì yào de indispensable.

jué duì de absolute.
jué jì stunt, daring feat.
jué jiàng de stubborn.
jué miào de cool, excellent, great.
jué qǔ to snatch.
jué wàng despair, hopelessness; to despair.
jué wàng de desperate, despairing, hopeless.
jué xǔn decision, determination, resolution, will.
jué xǐng awakening.
jūn bèi armaments.
jūn duì army, military force.
jūn fēi neither.
jūn guān officer (as in armed forces).
jūn rén soldier.
jūn rén de military.
jūn shì equilibrium, being balanced; sergeant in the army.
jūn xū pǐn munitions.
jūn yún de even, uniform.
jūn zhǔ emperor, king, lord, ruler, sovereign.
jūn zhǔ guó monarchy.
jūn zhǔ tǒng zhì rule by monarchy.
jūn zhǔ zhèng zhì monarchy.

K

kǎ card.
kā chā zhé duàn to snap, break with a snap.
kǎ chē truck.
kā fēi coffee.
kǎ piàn card.
kāi opening, the act of becoming open.
kāi ... de wán xiào to play a prank on.
kāi chē to motor, drive.
kāi chuàng to inaugurate, institute, start, cause to begin.
kāi dēng to turn on the light.
kāi dòng to start, put in motion or operation, cause to run.
kāi duān dawn, beginning.
kāi fā to develop, help fulfill or grow.
kāi guān switch, electric.
kāi huà to civilize.
kāi huā blossom; to bloom, blossom.
kāi kǒu opening, passageway.
kāi kuò de spacious.
kāi míng de liberal, open-minded.
kāi mù opening (as in performance); to inaugurate, formally begin.
kāi piào rén illustrator, person who draws.
kāi qǐ to flip the switch on an electrical appliance.
kāi shì to exculpate.
kāi shǐ start, beginning; to institute, start, initiate, begin.
kāi shǐ de initial, beginning, initiative, relating to initiation.
kāi tóu to begin, start.
kāi xīn fun, enjoyment.
kāi yào to prescribe (as in medicine).
kāi zhāng to open a new store.
kāi zhe de open, not closed.
kǎi zhī expense, money.
kàn the act of looking; to look, see, view, look at.
kǎn to chop, cut.
kàn bù jiàn de invisible, imperceptible, unseen.
kàn bù qǐ to despise, look down upon.
kǎn chéng shù zhuāng to stump.
kàn chū, shí bié to identify from previous knowledge.
kàn dài to treat, look at, consider a certain way.
kàn dào perceive.
kàn de jiàn to be able to see.
kàn dé jiàn de able to be seen.
kàn fǎ attitude, state of mind, viewpoint, opinion, perspective.
kǎn fá to stump.
kàn fǎ bù tóng de wèn tí a matter of opinion.
kàn hù to care, assist, watch over, look after.
kàn qǐ lái xiàng to seem, look like.
kān shǒu to guard, watch over.

kān tàn to explore.
kàn zhòng to value, regard highly.
kàn zuò to see, consider, regard.
kāng fù to mend, recover health.
kāng kǎi generosity.
kāng kǎi de lavish, generous.
kàng yì to protest, object.
kào to lean, be supported.
kǎo to bake, broil, roast, toast. **miàn bāo shī fu** baker. **qǔng biàn kǎo xiāng** portable oven. **miàn bāo gāo diǎn pù** bakery.
kào bù zhù de treacherous, unreliable, untrustworthy.
kǎo chá consideration, account, survey, inspection.
kǎo chá duì expedition, group of explorers.
kǎo chá guò chéng survey, surveying.
kǎo lú oven.
kǎo lǜ consideration, thought; to consider, ponder, think about, deliberate.
kǎo miàn bāo piàn toast.
kǎo shì examination, test; to examine, test.
kǎo shú to bake.
kǎo yàn trial, test, painful experience.
kè class, course, lesson; to cut out the shape of something; to print, mark, stamp, scratch, make a line in something.
kě thirst (as for drink).
kē chin.
kě ài de lovely, sweet in personality.
kě ài de rén angel, a lovely person.
kě bēi de sad, causing unhappiness.
kè běn textbook.
kě biàn tōng de flexible, adaptable.
kě chǐ de ignoble, immoral, shameful.
kě chǐ de rén huò shì shame, someone or something that causes shame.
kě chù sǐ xíng de deserving capital punishment.
kè dù scale, system of measurement.
kè dù pán dial.
kè fú to conquer, overcome, surmount, vanquish.
kè guān de objective, external, not from mind; objectively.
kè guān shì shí objectivity, reality.
kè guān xìng objectivity, the state of being objective.
kè hù customer, client.
kè huà to engrave.
kě jiàn de visible, possible to see.
kě jiàn jù lí visibility, extent to which you can see.
kě jiàn xìng visibility, being visible.
kě jìng de good, admirable, honorable, worthy of honor.
kě jué chá de sensible, able to be sensed.
kě kào de faithful, reliable, loyal.
kè kǔ de industrious.
kè kǔ xué xí to study hard.
kě lián de pathetic, pitiful, sad, vile, poor.
kě néng maybe, perhaps; possibility.
kě néng de possible, probable.
kě néng de shì wù possibility, something possible.
kě néng xìng likelihood, possibility, tendency.
kě pà de awesome, terrible, dreadful, ghastly, hideous, awful.
kě rěn shòu de tolerable.
kě róng de soluble.
kě róng jiě de soluble.
kě shì though, however. **kě shì zhèng zài xià yǔ.** Though it was raining.
kè shuì taxation.
kè shuì jī shù tax base.
kè shuì jiǎn miǎn tax deduction.
ké sou cough.
kè tīng living room.
kě wàng yearning, hunger, craving, longing; to aspire, long for, yearn for, desire.
kě wàng de hungry, eager, thirsty

for, desirous.
kě wù de hateful.
kě xǔ de regrettable; regrettably.
kě xiào de foolish, funny, ridiculous.
kě xìn lài de reliable, trustworthy, dependable.
kē xué science, scientific inquiry.
kē xué de scientific.
kē xué jiā scientist.
kē xué yán jiū science, scientific inquiry.
kě yí de doubtful, suspicious, arousing suspicion.
kě yí dòng de mobile, movable.
kè zhàn inn, small hotel.
kè zhàn lǎo bǎn innkeeper.
kè zhì to subdue, lessen, weaken, restrain, contain.
kěn qǐng to beg, plead.
kěn qiú plea, appeal; to invoke, appeal to, plead, beg.
kǒng hole, opening, socket, hollow space.
kòng bái void (as in open space).
kòng bái de blank, empty. **tián xiě kòng bái biǎo gé** fill in a blank form.
kǒng bù horror, terror, feeling of terror, ability to cause fear.
kǒng bù de horrible, leading to feeling of horror.
kǒng bù de yuán yīn terror, something that causes fear.
kōng de bare, hollow, empty, vacant, without covering, open.
kòng dì space, empty space.
kōng dòng de hollow, containing no truth.
kòng gào to charge, accuse, sue.
kǒng hè threat, danger; to terrify, intimidate.
kōng jiān place, space, room, openness. **méi dì fāng le.** There's no room. **wèi ... téng chū kōng jiān** make room for somebody or something.
kōng jiān jiàn gé interval in space.
kǒng jù dread, fear, horror, feeling of terror.
kōng jūn air force.
kōng qì atmosphere, air.
kōng qì wū rǎn air pollution.
kòng quē available job.
kòng quē de vacant, unoccupied.
kōng tán empty words.
kòng xián de spare, available, idle, at leisure, not busy, without any activity.
kòng xián shí jiān leisure.
kōng xiǎng reverie.
kōng xiǎng de fantastic, fanciful.
kōng xiǎng jiā visionary.
kōng xū de purposeless.
kōng xū gǎn void, loneliness.
kòng zhì control, authority; to control, dominate, govern, manage, operate.
kǒng zǐ Confucius.
kǒu mouth.
kǒu bù de oral, relating to the mouth.
kǒu cái eloquence.
kǒu chǔ stammer; to stammer.
kòu chú to subtract; to take a toll on.
kǒu dài pocket.
kǒu hào slogan.
kǒu kě de thirsty, wanting to drink.
kòu shàng to button, fasten.
kǒu shào whistle that you blow into.
kǒu shì oral examination.
kǒu shù dictation, transcription; to dictate, speak for the record.
kǒu shuǐ saliva.
kǒu tóu de oral, verbal, by word of mouth.
kǒu wù slip, small mistake.
kǒu xiāng táng chewing gum.
kǒu xìn communication, verbal message.
kǒu yì to interpret, translate.
kǒu yì zhě interpreter, translator.
kǒu yīn accent (as in dialect).
kǔ de bitter.
kǔ gàn to toil.
kǔ nàn affliction, distress, tribulation.
kǔ nǎo suffering, trouble, distress,

feeling subjugated.
kǔ nǎo de yuán yīn trouble, source of distress.
kū qì to cry, weep.
kū shēng cry, whimper.
kǔ wèi bitterness.
kū wěi to wither.
kū zào de boring, dull, not interesting.
kù zi pants, trousers.
kuā dà to dignify, elevate status of something, exaggerate.
kuā jiǎng compliment, flattery; to compliment, flatter.
kuà xìng bié zhě transvestite.
kuā yào to boast, show off.
kuā zhāng exaggeration; to exaggerate.
kuài block, lump, mass.
kuài de quick, fast moving.
kuài huo de cheerful, joyful.
kuài jì accountant.
kuài lè happiness.
kuài lè de happy, joyful, merry.
kuài sù quick action.
kuài sù de speedy, express (as in express train).
kuài sù qián jìn to trot.
kuài sù xuán zhuàn to spin, rotate swiftly.
kuài tǐng yacht.
kuài yào almost, nearly.
kuài zhào snapshot.
kuài zi chopsticks.
kuān bù hip.
kuān chǎng de wide, spacious.
kuān dà bigness, generosity.
kuǎn dài treat, something paid for by someone else, act of entertaining; to entertain, have guests.
kuān de wide, from side to side.
kuān dù width, measurement from side to side.
kuān hóng dà liàng de generous.
kuān hòu de kind, sympathetic.
kuān kuò width, being wide.
kuān kuò de wide, from side to side.
kuān róng tolerance; to tolerate, respect.
kuān róng de understanding, tolerant.
kuān shù forgiveness, pardon; to excuse, forgive, pardon, hold back.
kuān sōng de loose, baggy.
kuàng mine, underground excavation site.
kuāng basket.
kuáng bào de furious, appearing to be angry.
kuàng gōng miner.
kuáng hǒu roar in a frantic manner. **dà shēng hǎn jiào** to roar or shout in a loud voice.
kuàng jǐn mine, underground excavation site.
kuáng nù fury.
kuáng nù de furious, very angry, livid.
kuáng rè enthusiasm, madness, fervor.
kuáng rè ài hào zhě fan (as in of a sport).
kuàng wù mineral.
kuáng xǐ rapture. **huān tiān xǐ dì** in a rapture.
kuàng yě field, plain, open land.
kuì yáng ulcer.
kǔn to secure by tying, bundle, fasten, be attached.
kūn chóng insect, bug.
kùn jìng extremity, extreme distress, predicament.
kùn jiǒng de yuán yīn source of embarrassment.
kùn nan difficulty, matter, problem.
kùn nan de hard, difficult to bear, involving great effort.
kùn rǎo to spite.
kùn zhù to hold down.
kuò bù stride.
kuò dà growth, increase, expansion; to grow, increase, expand, enlarge.
kuò dà qì amplifier.
kuò yīn qì amplifier, speaker; microphone.
kuò zhǎn to develop, enlarge.

kuò zhāng act of expansion.

L

là wax.
lā to draw, drag, pull, tug.
lǎ ba trumpet, horn.
là cháng sausage.
lā chū to draw, pull out.
lā jī garbage, trash, rubbish.
lā jī tǒng garbage receptacle.
lā jǐn strain, act of pulling or stretching, tension; to strain, pull.
lā jǐn de tense, stretched.
lā liàn zipper.
lā shāng to strain, injure.
lā ta de slovenly.
lā zhí to stretch from one place to another.
là zhú candle.
là zhuàng wù wax-like thing.
lái to come, approach.
lái fǎng zhě visitor.
lài há ma toad.
lái yuán source, where something comes from.
lái zì of, come from.
lán basket.
lǎn duò indolence.
lǎn duò de idle, lazy, indolent.
lán gān banister.
lǎn sǎn indolence.
lán sè de blue.
lǎn shéng rope.
lán tiān blue sky.
làn yòng misuse, abuse; to misuse.
láng wolf (as an animal).
láng bèi awkward, embarrassing.
lǎng dú to read aloud.
làng fèi waste, act of wasting; to waste, use carelessly, squander.
làng fèi de extravagant.
làng màn de romantic. **luó màn dì kè de** characterized by romantic sentiments. **làng màn zhǔ yì** romanticism.
láng tou hammer.
láng tūn hǔ yàn to devour, eat, glut.
lǎo bǎn boss, employer.
lǎo de elderly.
lǎo dé zhǎng chū zhòu wén to wrinkle with age.
láo dòng work, mental or physical effort, labor, exertion; to work, to put forth an effort to accomplish something.
lǎo fù rén old woman.
láo gù immobility; to fix in place, fasten.
láo gù de firm (as in post was fixed firmly in place).
lǎo hǔ tiger.
láo jià to pardon, excuse, forgive.
láo kào de sturdy.
lǎo liàn de experienced.
lǎo nán rén old man.
lǎo nián old age.
lǎo nián rén senior citizen.
lǎo shì always, at all times.
lǎo shī teacher.
láo shí de fast, securely fastened.
lǎo shǐ rat.
lǎo yī tào off the beaten path.
lè guān de optimistic.
lè guān zhǔ yì optimism.
lè qù enjoyment, something enjoyable.
lè shì something pleasurable.
lè yì de glad, willing, capable. **wǒ hěn lè yì qù.** I'm willing to go.
lè yú zhù rén de obliging.
lèi bié class, category, type.
lèi gǔ rib.
léi shēng thunder.
lèi sì similarity, being similar.
lèi sì de similar.
lèi xíng category, type, class.
lěng dàn coldness, indifference, slight.
lěng dàn de icy, indifferent, distant, uninterested, aloof.
lěng de cold.
lěng jìng de cool, calm, collected.
lěng kù de cold and cruel, unkind.
lěng kù wú qíng de merciless.

lěng què to cool.
lí plow; to furrow.
lì strength, being strong.
lí ba fencing, barrier, fence, hedge.
lì chǎng position, situation.
lì chéng process similar to traveling.
lí dì to plow.
lì dù strength, intensity.
lì fǎ legislation, the act of legislating.
lǐ fà diàn barbershop.
lì fǎ jī guān legislature.
lǐ fà shī barber, hairdresser.
lì fǎ zhě legislator.
lí hūn to divorce, terminate marriage.
lí hūn de divorced.
lì jí instant, immediate; immediately.
lì jí de immediate, soon, at once, instantly.
lǐ jié courtesy.
lǐ jiě to conceive, understand, comprehend, get, grasp.
lǐ jiě lì qiáng de intelligent, smart.
lì jīng for (as in for three hours).
lí kāi departure, leaving; to depart, go away, leave, take off. **zǒu kāi.** Go away. **qù** get out; from, off, aside.
lì kè immediately, now, at once.
lì kè de immediate, prompt, hasty.
lì liàng force, might, influence, strength, energy.
lǐ lùn theory, scientific explanation.
lǐ lùn de theoretical, theoretically.
lǐ lùn shàng de theoretical, theoretically.
lǐ lùn tǐ xì system, ideas or beliefs.
lǐ mào courtesy, manners.
lǐ mào de courteous, polite.
lǐ miàn inside, interior.
lǐ miàn de inside, interior.
lí míng dawn, sunrise, daybreak.
lǐ páo robe.
lí qí yǒu qù de quaint.
lí qù to exit, to go from somewhere.
lì rú for example.
lì rùn profit, business earnings.
lì shí gravel.
lì shǐ jì shì history, recorded events.
lì shǐ shàng de historic, historical.
lì shǐ shàng yǒu míng de historic, historically influential.
lì shǐ xué history as a study.
lì shǐ xué jiā historian.
lí shù pear tree.
lì shù oak.
lǐ shù plum tree.
lì shǔ ... zhī xià under control of.
lì wài act of exception.
lì wài de exceptional, unusual; exceptionally, unusually.
lǐ wù gift, present.
lì xī interest, monetary loan.
lǐ xiǎng ideal, something flawless.
lǐ xiǎng de ideal, perfect, optimal.
lǐ xiǎng zhǔ yì idealism.
lǐ xiǎng zhǔ yì zhě idealist.
lǐ xìng de rational.
lì xíng gōng shì to do the routine things.
lì yì sake, benefit, self-interest.
lǐ yí manner, politeness.
lì yòng to utilize, use for an end or purpose.
lǐ yóu ground, basis, reason, excuse, sake, purpose.
lǐ yù de courteous, showing respect.
lì yuē rén contractor.
lì zhèng instance, example; act of standing upright and paying full attention.
lǐ zhì rationality or logical thought.
lǐ zhì de intellectual, logical, rational.
lì zhì yào to aspire, be resolved to.
lí zi pear.
lì zi example, representative, instance; chestnut.
lǐ zi plum.
lián company (military unit).
liàn chain.
liǎn face (as a body part).
lián bāng de federal government.
lián bāng zhì de federal government system.
lián bìn hú zi sideburns.
lián hé uniting; to unite, combine, join forces, bring people together into a whole.
lián hé de united, combined.

lián hé guó United Nations.
liǎn hóng blush.
lián jià de cheap.
lián jié binding.
lián jiē connection; to connect, join, fasten, link, unify.
lián méng alliance, union, a group made by uniting.
lián mǐn pity, compassion.
lián mù curtain.
lián suǒ chain.
lián tōng to connect, join.
lián xì tie, something that connects.
liàn xí exercise (as in gym or for homework), practice, learning through repetition; to exercise (as in exercise your mind), practice, do repeatedly.
lián xiǎng to connect, associate.
lián xù succession, sequence.
lián yīn bond of family, marriage, etc.
lián zì hào hyphen.
liǎng bèi twice, doubled.
liǎng cì twice, two instances.
liǎng gè two.
liǎng gè xīng qǔ two weeks.
liáng hǎo de fine, relating to health.
liáng hǎo xíng wéi good conduct.
liǎng jí de polar.
liáng jiǎo qì protractor.
liàng jiě to understand, sympathize with.
liáng shuǎng de cool.
liáng tǐ wēn to take one's temperature.
liáng xié sandal.
liáng xīn conscience.
liàng yóu polish, substance for shining.
liǎng zhě dōu bù neither.
liǎo bù qǐ de stupendous.
liáo cǎo de shū xiě to scribble.
liáo cǎo de xiě to scratch, write sloppily.
liáo cǎo de zì tǐ bad handwriting.
liǎo jiě to get, understand, know well.
liáo kuò de expansive, broad.
liào lǐ tái counter (as in kitchen counter).
liáo tiān to chat, gossip.
liè column, line, row.
liè biǎo to list, create a list.
liè chē train, railroad cars.
liè fèng crack, break, tear, rip.
liè jǔ to name, list by name, enumerate.
liè kāi to split, become broken.
liè quǎn dog.
liè rén hunter (as in person).
liè rù to list, add to a list.
liè rù jì huà to program, include in an event.
liè wéi mì jiàn to classify as confidential.
liè wù prey, hunted animal.
lín jiē adjoining.
lín jìn proximity.
lín jìn de rén huò shì wù neighbor, something adjacent.
lín jū neighbor, person next door.
lìn sè de stingy (as with money).
lìn sè guǐ miser.
lín shí de temporary.
lín shí qì yuē temporary binder (in law).
lín shí zhǔn bèi to improvise, be resourceful.
lìn xǔ grudge, unwillingness to do something.
lín yù shower (as in the bathroom).
líng zero; bell.
lǐng dài tie, necktie.
lǐng dǎo head, leader, helm, leadership.
lǐng dǎo néng lì leadership, ability to guide.
lǐng dǎo rén leader.
lǐng háng to pilot.
líng hún soul, spirit.
líng jiǔ coffin.
lǐng kǒu neckline.
líng máo feather.
líng qián change (money).
líng qiǎo de skillful.
lǐng qǔ to collect, gather.
lìng rén bù kuài de dreadful, unpleasant, offensive, disgusting.

lìng rén jīng qí de marvelous, producing amazement.
lìng rén jīng qí de shì miracle.
lìng rén jué wàng de yuán yīn source of despair.
lìng rén kǒng jù de frightening.
lìng rén mǎn yì de good, satisfactory.
lìng rén máo gǔ sǒng rán de thrilling.
lìng rén tǎo yàn de rén huò dōng xī nuisance.
lìng rén tóng qíng de pitiful.
lìng rén wéi nán de embarrassing.
lìng rén yàn juàn de tiresome.
lìng rén yàn juàn de weary, making tired.
lìng rén yàn wù de revolting.
lìng rén yàn wù de offensive.
lìng rén yí hàn de without intended result, feel sorry.
lìng rén yú kuài de grateful, pleasant.
lìng rén yú kuài de pleasant, causing pleasure.
lìng rén zhèn jīng de shocking emotionally.
lìng rén zuò ǒu de nauseous, sick with disgust.
líng shēng bell sound.
lǐng shì consul.
lǐng shì guǎn consulate.
líng shòu retail.
lìng shōu fèi de extra charge.
lǐng tóu wèi zhì lead, first place.
lǐng tǔ territory (as area under authority of a country).
lìng wài in addition, moreover, else, also.
lìng wài de different than first.
lǐng wù insight, act of discerning the truth; to understand clearly.
líng xíng diamond, rhombus.
lìng yī one more, another.
lìng yī gè other, being the additional one.
líng yòng qián pocket money.
lǐng yù scope, subject area, sphere, realm of dominance.
liú to flow, move.
liù six.
liū to slip, move easily.
liū bīng to skate.
liū bīng xié ice skates.
líu chǎn miscarriage.
liú chū discharge, emission; to come out, pour, stream.
liú chuán to go, pass around, circulate, spread.
liú dòng flow; to flow, move, circulate, stream.
liú dòng de mobile.
liú fàng to exile.
liú lǎn to scan, look at quickly.
liú làng to rove, wander.
liú lèi to cry, weep, shed tears.
liú shén look out.
liú shì to elapse (as in time).
liù shí sixty.
liú shuǐ flow of water (as in small river).
liú shuǐ zhàng blotter, running log.
liú sū decorative fringe.
liú tǐ fluid.
liú tōng to circulate, flow.
liú xià to be left behind, cause to remain.
liú xīn act of paying attention to, to heed, mind, be cautious.
liú xíng de current, prevalent, popular, fashionable.
liú xíng gē qǔ popular song.
liú xíng wù vogue, fashion or style.
liú xíng xìng de epidemic.
liú xíng xìng jī bìng epidemic.
liú xuè to bleed.
liú yán rumor.
liú yán fēi yǔ gossip, rumor.
liú yì careful attention.
liù yuè June.
liú zhì quán lien.
liū zǒu to move quietly.
lóng cage.
lóng de deaf, not able to hear.
lǒng duàn monopoly, exclusive commercial control.
lǒng duàn zhě monopoly, company with such control.
lóng tóu faucet.

lóng zhòng de solemn, ceremonious.
lǒu basket. **fèi zhǐ lǒu** wastepaper basket.
lóu céng story, floor.
lòu chū to escape, leak out.
lòu kàn to overlook, fail to observe.
lóu shàng upstairs.
lóu shàng de upstairs.
lòu shuì tax evasion.
lóu tī stair(s).
lòu xià to drip, fall, drop.
lòu zhe yá chǐ xiào to grin.
lóu zuò balcony, gallery of a theater.
lù deer; road. **dà jiē** main street or avenue. **dào lù** main road or thoroughfare. **gàn dào** thoroughfare. **tiě lù** railroad. **zhōng dào** middle of the road. **zhōng yōng** the middle way.
lǔ oar.
lǚ chéng act of traveling, journey, voyage.
lù chū to appear, become visible.
lǚ cì de frequent.
lù dì land, earth's ground.
lú gǔ skull.
lǚ guǎn inn, small hotel.
lǚ guǎn zhǔ rén innkeeper.
lù jìng track, path.
lù jūn army, as opposed to air force or navy.
lǚ kè passenger.
lǚ lì resume or CV.
lǔ mǎng imprudence, impetuosity.
lǔ mǎng de presumptuous, rude, rash.
lù miàn appearance.
lǜ sè de green in color.
lǚ shè hotel.
lǜ shī lawyer.
lǜ shī yè bar, legal profession.
lù shuǐ dew.
lù tái balcony, terrace.
lú wěi reed.
lù xiàn route, road, direction, way, migratory route. **àn zhǐ dìng lù xiàn yùn song** deliver or transport according to a predetermined route.
lù xiàng dài video, videotape.
lù xiàng de video, videotaped.
lù xiàng jī VCR.
lǚ xíng act of traveling, voyage; to travel; to fulfill, bring about, perform.
lǚ xíng shè tourist agency.
lǚ xíng tuán excursion, group trip.
lǚ xíng zhě traveler.
lù yǔn to tape, record (as in music or voice).
lù yīn dài tape, recording.
lù yīn dài hé cassette.
lù yīn jǔ tape recorder.
lǚ yóu travel.
lǚ yóu zhě tourist, traveler.
lú zi stove, furnace.
luán shēng de twin, being born together.
luàn xiě to scribble.
luàn zāo zao de not kept up.
lüè duó to plunder.
lüè tú sketch, drawing.
lún bān gōng zuò shí jiān shift, work schedule.
lún bān zhí gōng shift, group of workers.
lùn diǎn point or rationale for the argument, main function or idea.
lún dūn London.
lùn jí concerning.
lùn jù ground or rationale for the argument.
lún kuò figure, outline, shape, silhouette, profile.
lún lǐ xué jiā moralist.
lún líu to alternate.
lún líu de occurring alternately.
lùn shù formal discussion; to discuss, reflect on particular subject.
lún tāi tire.
lùn tí thesis, proposition.
lùn wén thesis, dissertation.
lún zhuàng wù wheel-like thing.
luò drop, fall.
luǒ de bare, nude, naked.
luó dīng screw.
luò hòu to trail, lag behind;

developmentally delayed.
luó jì the study of logic.
luǒ mài rye.
luó sī qǐ zi screwdriver.
luǒ tǐ de naked, nude, unclothed.
luò xià to drop, fall.
luó xuán screw, spiral.
luó zi mule.

M

mà to curse, scold, verbally abuse.
mǎ horse; yard, measure of length.
má bì paralysis.
má fan trouble, matter, problem.
má fán de troublesome.
má fan de shì inconvenience, something inconvenient.
mǎ jiá vest.
mǎ jiù stable (as for animals).
mǎ kǒu tiě guàn tóu tin can.
mǎ líng shǔ potato.
mā ma mother, mom.
má mù de numb, unable to feel.
má què sparrow.
mǎ shàng immediately, any minute now.
mǎ tóu dock.
mài sale, selling; to sell.
mǎi to buy, purchase, shop.
mài bó pulse.
mài bù to stride.
mài de to fetch.
mǎi dōng xi shopping; to go shopping.
mǎi fāng buyer.
mài fāng shì chǎng seller's market.
mǎi fāng shì chǎng buyer's market.
mài gǎn straw.
mài guó zhě traitor.
mài kè fēng microphone.
mǎi mai dealings, trade, marketing.
màn bù amble, walk; to stroll, move slowly, linger, walk in public.
màn cháng de slow (as in time).
màn de slow (as in motion).
mǎn de full (as in full basket).
mán hèng de outrageous.
màn mà to revile, scold.
mǎn shì huī chén de dusty, coated in dust.
màn yán to overrun, infest.
màn yóu tour; to tour, rove.
mǎn yuè full moon.
mǎn zú contentment, satisfaction; to satisfy, to meet needs.
máng blind; busy, occupied.
máng lù busy; rush, busyness. **hěn fán máng** in a rush, very busy. **shǐ cāng cù xíng dòng** to make someone move quickly. **shǐ cōng máng wán chéng** to do something quickly.
máng mù blindness.
máng mù de blindly.
máng yú to occupy, be busy.
máo anchor; wool, hair of a sheep.
māo cat.
mào chōng mockery, sham.
máo dùn friction, conflict, contradiction, discrepancy.
máo dùn de contradictory, discrepant, incompatible.
máo fà hair.
mào fàn offense, the act of offending; to sin, do something offensive.
mào fàn de offensive (as in comment).
mào fēng xiǎn to take a risk, take chances.
máo jīn towel.
mào kǒu shuǐ to foam from mouth.
máo pí fur, pelt.
mào shé visor.
mào shèng to flourish, grow abundantly.
mào shī de rash, abrupt.
mào sì de seeming.
mào xiǎn dangerous enterprise, risky business; to gamble, risk, venture.
mào xiǎn yī chì to take a chance.
mào yān to smoke, give off smoke.
mào yì trade, business; to trade, buy

and sell.
máo zhī de woolen, made of wool.
máo zhī pĭn wool, material or article of clothing.
máo zhuàng wù hair.
mào zi hat.
méi coal.
mèi sister, female sibling.
mĕi beauty; each, every.
mĕi chēng honor, positive reputation.
mĕi cì each time, every time.
mĕi dāng whenever, every time that.
mĕi de beautiful, pretty, handsome.
mĕi dé virtue, moral example.
mĕi gè each, every, apiece.
mĕi gè de every, everyone in group.
méi gui rose (as in plant). **méi gui huā** flowers of a rose plant.
mĕi guó United States of America. **mĕi guó de** of or relating to the United States of America. **mĕi guó rén** person from the United States of America.
mĕi hăo de fine, beautiful, perfect, superior.
méi huā păi club (cards).
mĕi jiàn shì everything.
méi jiè medium, means of accomplishment.
méi jīng dă căi de inanimate.
mèi lì attraction, beauty, charm.
mĕi lì de fair, beautiful, pretty, fine, superior, magnificent, picturesque, photographic.
mĕi lì jiān hé zhòng guó United States of America.
méi lĭ mào bad manners.
méi máo eyebrow.
mèi mei younger sister.
mĕi miào de shēng yīn music, harmonious sounds.
mĕi nián every year, per year.
mĕi niăn de annual, yearly.
méi niăn yī cì de annually, happening once a year.
méi qĭ míng zi de nameless, anonymous.
méi rén nobody, no one, none.
mĕi rén everybody; beauty, beautiful woman; apiece.
mèi rén de attractive, charming.
mĕi rì de daily, everyday.
mĕi róng yuàn beauty parlor.
mĕi shù art.
mĕi shù guăn art museum.
mĕi shù jiā artist, painter.
méi tĭ the press, the media.
mĕi tiān de everyday.
mĕi tiān yī cì de daily, once a day.
mĕi wèi delicacy, yummy.
mĕi wèi de dainty, delicious.
mĕi wèi de shí wù dainty, something delicious.
mĕi xué de aesthetic.
méi yān soot.
méi yŏu without, not with.
méi yŏu băo zhèng de unwarranted.
méi yŏu de devoid.
méi yŏu gēn jù de unwarranted.
méi yŏu jià zhí de vain, worthless.
méi yŏu jiē guŏ de vain, without desired outcome.
méi yŏu jué chá de unaware.
méi yŏu shòu shāng de unhurt.
méi yŏu xī wàng de hopeless.
méi yŏu yī diăn none, not any.
mĕi yuè de monthly.
mĕi zhōu weekly, every week; America. **bĕi mĕi zhōu** North America. **nán mĕi zhōu** South America. **zhōng mĕi zhōu** Central America. **mĕi zhōu de** of or relating to America; weekly, happening once a week. **mĕi zhōu rén** person from America.
mén door, gate.
mén chā xiāo latch.
mén kăn threshold, wood in doorway.
mén ling doorbell.
mèn mèn bù lè de moody, sulking, sullen.
mēn xī to smother a fire.
mèng dream in sleep.
mĕng chōng to dash, move quickly.

mĕng liè vehemence, intensity (as in a storm).
mĕng liè de fierce, intense, impetuous, violent, vehement.
mĕng liè jī dă to hit.
mĕng liè pèng zhuàng to knock against.
mĕng liè shēng crashing noise.
mèng măi Mumbai (Bombay).
mĕng rēng to fling, throw.
mĕng xī assault.
mèng xiăng dream, aspiration, desire; to dream, aspire, desire.
méng yá germ, seed, beginning of growth.
mĕng yăo snap, bite; to snap, bite at.
mĕng zēng to explode, increase.
mĕng zhăng to jump, increase rapidly.
mĕng zhì to dash, throw against violently.
mĕng zhuā snap, bite.
mĕng zhuàng to dash, throw against violently, smash, hit into.
mí mystery, riddle, something partially understood; ether.
mĭ rice.
mí bŭ to make up for.
mì dù density.
mì fēng to seal, close tightly.
mì fēng de tight, sealed.
mì jí de close, compact, dense, crowded.
mì jué secret, special method.
mí liàn crazy about.
mí liàn de crazy, fond of.
mí lù to lose, become lost, stray.
mí lù de lost, disoriented, stray.
mí màn to steam, steam or fog up.
mì mì confidence, secret.
mì mì mystery, something partially understood, secret, something kept hidden.
mì mì de hidden, secret, private, restricted, underground.
mì móu to plot, contrive.
mì qiè de related.
mì qiè zhù shì watch, examine or observe.
mí rén de charming, attractive.
mì shū secretary, person doing clerical work.
mì tàn spy.
mí xìn superstition.
mí xìn de superstitious.
mí yŭ riddle.
mí zhù to cast a spell on.
mián cotton.
miàn side (as a surface).
miàn bāo bread.
mián bù cotton cloth.
miàn bù face, part of something's surface.
miăn chú freedom from something, exemption; to excuse, exempt, dispense with, forgive a debt.
miăn diàn Burma.
miàn duì to face forward.
miăn fèi de free, at no cost.
mián huā cotton.
miàn jù mask for disguise.
miàn mào feature, facial appearance.
miăn qiăng mere, just sufficient.
miàn shā veil.
miàn shì interview, formal appointment.
miăn shuì de duty-free, tax-exempt.
miăn shuì shōu rù tax-free income.
miàn tán to meet (as in business).
miăn tiăn de shy, timid, withdrawn.
mián yáng sheep (animal).
miàn zhào veil.
miăn zhí to let go from office.
miào temple.
miăo second, 1/60 of a minute.
miáo huì to depict or describe.
miăo shì to spurn.
miáo shù description; to describe, depict, tell, recount.
miáo tiáo de slender, delicate.
miáo xiĕ to describe
miáo zhŭn to aim, target.
miè jué extinction.
miè jué de extinct, no longer existing.
miè shì defiance, disdain; to disdain,

look down upon, disrespect, spurn.
miè shì de scornful.
miè wáng to die, no longer in existence.
mǐn gǎn de perceptive, sensitive, susceptible, vulnerable to others' feelings.
mǐn gǎn xìng sensibility, sensitivity, susceptibility.
mín jiān de non-government.
mǐn jié quick, sharp-witted, promptness.
mǐn ruì delicacy, sharpness, sensitivity.
mǐn ruì de acute, quick and sharp.
mǐn ruì de delicate, sensitive, subtle, making fine distinctions.
mín zhǔ guó jiā democracy (country).
mín zhǔ zhì dù democracy (system).
mín zú nationality, nation, a people.
mín zú de national, representative of a people.
míng first name.
míng bái to be conscious, understand someone's meaning.
míng cí noun.
míng jìng de clear, without obstruction. **jīn tiān tiān qì qíng lǎng wú yún.** The sky is clear today.
míng kè inscription.
míng liàng de light, luminous.
mìng lìng decree, dictation, command, order; to command, dictate, direct, order, impose, instruct.
míng lù directory, list.
mìng míng to entitle, name.
míng què de unmistakable, definite, possessing limits; positive, indicating yes.
míng shèng sight, attraction.
míng shēng reputation, fame.
míng tiān tomorrow, day after today.
míng tiān jiàn. Good night, see you tomorrow.
míng wǎn tomorrow evening.
míng wén inscription, epigraph.
míng xiǎn visibly.
míng xiǎn de visible, obvious, evident, apparent, distinct, easy to distinguish.
míng xiǎn de apparent, obvious.
míng xiǎng meditation; to make a sound.
míng xìn piàn postcard.
míng xīng star, celebrity.
míng yán idiom.
míng yù honor, good name, positive reputation; simile.
mìng yùn destiny, fate, luck, one's lot in life, one's possessions and fortune.
míng zhì de sensible, sage, sapient.
mìng zhōng zhù dìng de shì qíng fated events.
míng zi name, designating word. **nín jiào shén me?** What is your name?
mó to whet.
mō to feel, experience by touching.
mó cā friction, rubbing; to grate, rub.
mǒ diào to erase, remove.
mò duān end, extremity, limit.
mó ěr sī mì mǎ Morse (code).
mó fàn model, example.
mó fǎng imitation, the act of imitating; to imitate, echo, mimic, simulate, mock.
mò fáng mill, building for breaking up grain.
mó gu mushroom.
mó guāng to polish, shine, finish.
mó guǐ devil.
mó hu de faint, dim, obscure, indistinct, vague.
mó hu de guān niàn impression, hazy remembrance.
mó kuài to whet.
mó lì attraction.
mó nàn trial, painful experience, tribulation.
mó nǐ to simulate, make a model.

mǒ qù to wipe, remove by rubbing.
mǒ shàng to smear, stain.
mò shēng de strange, unknown, unfamiliar.
mò shēng rén stranger, unknown person.
mò shuǐ ink.
mò sī kē Moscow.
mó suì to grind.
mó sǔn to wear, damage.
mō suǒ to grope, feel around.
mó tè model, artistic subject.
mò xī gē Mexico.
mò xiǎng to meditate, busy with reflection.
mó xíng model, smaller representation.
mǒu gè certain, some, a.
mǒu gè shí hòu sometime, at indefinite time.
mǒu rén somebody, someone, one, you, people in general.
móu shā murder; to commit murder.
mǒu shì wù something, unspecific thing.
mǒu xiē certain, some.
mǒu yī some, unknown.
mǒu zhǒng certain, some, certain kind of.
mǒu zhǒng chéng dù de partially.
mǒu zhǒng chéng dù shàng to some extent.
mù act of a play.
mù biāo target, objective, end, goal, purpose, reason.
mù cái wood, log, tree, timber.
mù chǎng meadow, range.
mù dì goal, intention, motive; cemetery, graveyard, churchyard.
mǔ fāng de maternal, mother's side of family.
mù gōng carpenter.
mù jī to witness, have direct personal knowledge.
mǔ jī hen.
mù jī zhě witness, firsthand observer.
mù jiàng carpenter.
mǔ lì oyster.
mù liào timber.
mù lù list.
mù lù xué bibliography.
mǔ niú cow.
mù qián present, current time; at the moment, yet, for the present.
mù qín xylophone.
mǔ qīn mother, old woman.
mǔ qīn de maternal, relating to motherhood.
mù qún herd.
mù shī priest.
mù sī lín Muslim.
mù tou wood.
mǔ xì de maternal, mother's side of family.
mǔ xìng de maternal, relating to motherhood.
mù xuàn to get blinded, dizzy.
mù yáng rén shepherd.
mù yù bath, shower.
mǔ yǔ native language.
mǔ zhǐ thumb.
mù zhì de wooden, made of wood.
mù zhì pǐn woodwork.

N

ná to get (as in managed to get directions).
nà ér yǒu there is, there are.
nà ge that, the, the thing that, any, what, which. **jiù shì zhè ge!** That's it!
nà ge rén that person.
ná huí to fetch, retrieve.
nǎ lǐ where, in what place.
nà me then, in that case.
ná qǐ to pick up.
nà shí then, at that time.
nà yī ge which, the one just mentioned.
nǎ yī xiē which, which one.
ná zhù to hold, grasp.
nǎi milk.
nài xǐ washable.
nài xīn patience.

nài yòng to last, stay in good condition.
nǎi yóu cream from milk.
nán bàn de difficult.
nán bù south (as in region).
nán de difficult to do.
nán duì fù de wèn tí a hard nut to crack.
nán fāng south (as in direction).
nán fāng de south, southern, in or toward the south.
nán hái boy.
nán jí South Pole.
nán jí zhōu Antarctica.
nán jiě de obscure, unclear.
nán kàn de ugly.
nán kòng zhì de obstinate, hard to control.
nán nán zì yǔ to mumble.
nán nòng de difficult to satisfy.
nán shì difficulty, something not easy to do.
nán shǐ yòng de awkward, difficult to handle.
nán tí puzzle, problem, difficulty.
nán wàng de unforgettable.
nán xǐ shǒu jiān men's room.
nán xiāng chǔ de disagreeable, difficult.
nán xìng male sex.
nán xìng de male, masculine.
nán yǎn yuán actor.
nán yǐ lǐ jiě de incomprehensible.
nán yǐ rěn shòu de unbearable.
nán yǐ xíng róng de inexpressible.
nán yǐ yú yuè de insuperable.
nán yǐ zhì xìn de unbelievable, unthinkable, improbable.
nán yǐ zhuō mō de subtle, slight.
nán yú lǐ jiě obscurity, ambiguity.
nán zhǔ jué male leading role, hero, literary or theatrical.
nán zǐ qì de male, masculine.
nán zǐ qì gài de masculine, male characteristic.
náo hén scratch, line in something.
nǎo nù irritation, the condition of being irritated.
nào zhōng alarm clock.
nèi bù within, inner area or place.
nèi bù de interior, relating to the inside, known only by a few.
nèi cè inside, interior.
nèi dì de inland, relating to a land's interior.
nèi gé ministry, group of governmental ministers.
nèi háng expert.
nèi jiù guilt, feeling remorse.
nèi kē yī shēng physician.
nèi lù de inland, relating to a land's interior.
nèi róng contents, matter, topic, substance, solid part of something.
nèi róng fán duō de long (as in menu or line).
nèi xīn inside, emotions.
nèi xīn de intimate, inner, of the deepest nature, relating to the spiritual.
nèi zài de innate, inherent, not learned.
nèi zàng inside, organs.
nèi zhèng domestic affairs.
nèi zhèng de municipal, relating to internal affairs.
nèn de tender (as in meat).
néng to be able, capable.
néng gòu capable; to be able, can. **wǒ néng.** I can. **wǒ néng gòu.** I am able.
néng jiàn dù visibility, able to provide a view.
néng lì ability, faculty, innate gift, capability, might, power, strength.
néng liàng energy, power.
néng shèng rèn de equal (as in equal to the task).
néng yuán energy, source of energy.
néng yuán wēi jī energy crisis.
ní mud.
nǐ you, person or people spoken to.
nì ài de fond, indulgent.
nǐ běn rén yourself.
nì chēng nickname.
nǐ de your.
nǐ de dōng xi yours.

ní gū nun.
nǐ men you (plural), persons or people spoken to.
nǐ men de your (plural).
nǐ men de dōng xi yours.
nì míng de anonymous.
ní nìng mud.
ní nìng de muddy, mud-covered.
nǐ shēn tǐ zěn yàng? How are you?
ní tǔ dirt, soil.
nì zhuǎn to reverse.
nǐ zì jǐ yourself.
nián year, time it takes Earth to revolve around the sun.
niǎn to twist, wind.
nián dù year, calendar year.
niǎn dù de annual, once a year.
nián jì year, age.
nián lǎo de old, elderly.
nián líng year, age.
nián qīng youth, condition of being young.
nián qīng de young, related to youth.
niǎn suì to grind.
niān tiē to paste.
nián yòu de junior, younger in age.
nián zhǎng de elder, older, senior.
nián zhǎng zhě elder.
niān zhù to stick, stay attached.
niào urine.
niǎo bird.
niǎo tí to warble.
niē pinch, the act of pinching; to pinch.
niē zào invention, lie; to invent, imagine.
niē zào de false, purposely false.
nǐng to wring, squeeze or twist.
nǐng gān to wring out liquid.
níng gù to freeze.
níng jié to condense, become condensed.
níng jìng tranquility.
níng jìng de peaceful.
nìng kě preferably. **wǒ nìng kě zǒu.** I'd rather go.
níng méng lemon.
níng méng qì shuǐ lemonade.
níng shì to stare.
nìng yuàn to choose, prefer.
niú cattle.
niǔ to twist, wind.
niǔ dài tie, something that connects.
niǔ dòng to twist, wriggle, twist the body.
niǔ kòu button.
niǔ kòu zhē bù fly (as in zipper area on clothes).
niú lán stable (as for animals).
niú pái steak.
niǔ qū twist, facial twist; to twist, wriggle, change.
niú ròu beef.
niǔ shāng to strain, injure, sprain, twist (as in an ankle).
niú shì bull market.
niǔ yuē New York.
niǔ zhuǎn twist, reversal.
nóng chǎng farm of agriculture.
nóng chǎng zhǔ farmer, owner or manager of farm.
nóng cūn country, rural areas.
nóng cūn de rural.
nòng cuò to mistake, misunderstand.
nòng fān de upset, upside down.
nóng fū farmer, worker on farm, peasant.
nóng hòu de dense, nearly impenetrable.
nòng huài to damage.
nóng lì Chinese lunar calendar.
nòng qīng to ascertain, check out, clarify.
nòng shàng bān diǎn to put a spot on.
nòng shī to wet.
nóng suō to condense, become condensed.
nóng wù thick fog.
nòng xiǎng to sound, make something sound off.
nòng xǐng to wake up.
nóng yè agriculture, farming.
nóng yè de agricultural.
nòng zāng to soil, stain, make dirty.
nòng zhí to straighten.
nù anger, rage.
nǚ cè suǒ ladies' room.

nǚ chèn shān blouse.
nǚ ér girl, daughter.
nǚ hái girl, woman who is not mature.
nù hǒu howl.
nǚ huáng queen, female ruler.
nǚ lǎo bǎn hostess (as in hotel).
nú lì slave.
nǔ lì effort, endeavor, exertion; to endeavor, to strive, try very hard.
nǔ lì de hard, with much work.
nú lì shēn fèn slavery, servitude.
nú lì zhì dù slavery as a system.
nǚ pú maid, female servant.
nǚ rén women as a group.
nǚ rén jù yǒu de feminine, female qualities.
nǚ rén sì de feminine, effeminate.
nǚ shì lady, Ms.
nǚ wū witch.
nǚ xǐ shǒu jiān ladies' room.
nǚ xìng female sex.
nǚ xìng chéng rén woman (as an individual).
nǚ xìng de feminine, female.
nǚ xìng jì chéng rén heiress.
nǚ xu son-in-law.
nǚ yǎn yuán actress.
nǚ yīng xióng heroine, notable female.
nǚ zhǔ chí hostess (as in entertainment emcee).
nǚ zhǔ jué female leading role, heroine, literary or theatrical.
nǚ zhǔ rén hostess (as for guests).
nǚ zhuāng dress, female outfit.
nǚ zhuāng cái feng dressmaker.
nuǎn egg.
nüè dài persecution, poor treatment; to mistreat, misuse, maltreat.
nuó wēi Norway.
nuò yán pledge, oath, promise, vow.

O

ǒu ěr now and then, once in a while.
ǒu rán de by accident, by chance, occasionally.
ǒu rán fā shēng to happen by chance.
ǒu rán fā shēng de shì qíng happening.
ǒu tù to vomit.
ōu zhōu Europe. **ōu zhōu de** of or relating to Europe. **ōu zhōu rén** person from Europe. **ōu zhōu rén de** of or relating to person from Europe.

P

pá to climb, go up.
pá gāo to climb, go up steadily.
pà yǎng de ticklish, sensitive to tickling.
pài to send on a mission; side (as in teams).
pāi to slap.
pái chú to eliminate, except, expel, discharge.
pái chū to drain, gradually empty, discharge, emit.
pái chú to exclude, not allow inclusion.
pāi dǎ to clap.
pái huái to linger, delay departing, wander.
pái kōng act of exhaustion.
pái liàn practice for performance.
pái liè to place, arrange, put in order.
pāi mài auction.
pái niào to urinate.
pài qiǎn to send on a mission, detach (as in troops).
pái tā de exclusive, excluding.
pái xiè to void, excrete.
pāi zhào piān to take a photograph.
pài ... zuò dài biǎo to delegate, designate representative.
pān mount, the act of mounting.
pān dēng to climb, go up, mount.
pàn duàn estimate, opinion, estimation, verdict, conclusion.

pàn duàn lì discretion, ability to make judgment, reasoning.
pàn guó zhě traitor.
pàn guó zuì treason, toward a government or country.
pàn jué criminal sentence, verdict; to decide, sentence, determine, influence end result.
pàn jué ... yǒu zuì to convict.
pàn nì de treasonous.
pán shān to stumble, move with difficulty.
pàn wàng to wish something on someone.
pán zi dish, container, pan, plate, tray.
páng bái aside.
páng dà de enormous.
pào bubble; dip, temporary immersion; to soak, steep, make very wet.
pāo to toss, throw casually.
pāo chū to shoot out.
pāo chū lái rush out of.
pào dàn shot (as in bullets).
pǎo dào racetrack.
pāo guāng to finish (as in polish).
pāo jìn qù rush into.
pào mò foam, bubbles.
pào mò cái liào foam (as in foam mattress).
pāo qì to desert, abandon, forsake, dispose of, discard, throw over.
páo xiào to roar.
pāo yìng bì to toss a coin.
péi bàn to accompany.
pèi bèi to equip with, prepare, supply.
péi bǔ shì to apologize.
pèi fāng formula (as in ingredients).
pèi hé to couple, join, combine, join forces.
pèi ǒu couple (husband or wife), spouse, partner.
péi tóng to escort; with, in the company of.
pèi xiāo to distribute to retailers.
péi yǎng to foster, cultivate, teach, train, coach, promote, grow, raise.
péi zhí to raise plants or animals.
pēn to spray.
pēn chū to gush.
pén dì basin (as in land).
pēn jiàn to spray.
pēn quán fountain.
pēn shè jet.
pēn shè jī jet plane.
pēn shè liú tǐ pressured liquid.
pēn tì sneeze.
pèng to strike, crash into.
pèng bù dào de untouchable, not in reach.
pēng jī to attack, criticize.
pèng jiàn to meet with.
pèng qiǎo chance.
pèng shāng to bruise.
pēng tiáo to cook.
péng yǒu fellowship, association of people, friend.
péng zhàng inflation, the act of inflating; to swell, become bigger.
péng zhàng de expansive, able to expand.
pèng zhuàng to crash, badly bump into.
pí peel, skin on fruit or body.
pí dài belt, strap.
pǐ dí to compare, match up.
pī fā wholesale.
pī fā de wholesale, related to sales.
pī fā shāng diàn warehouse, large wholesale store.
pí fū skin (as on a body).
pí gé leather.
pí gé zhì pǐn leather product.
pì gǔ buttocks.
pí jiā wallet.
pí jiǔ beer.
pí juàn weariness; to tire, become tired.
pí juàn de weary, physically or mentally.
pī kāi to split, break apart.
pí láo weariness.
pí láo de tired, exhausted.
pī pā shēng snap (as in sound).
pí pa tǒng barrel.
pī pā zuò xiǎng to snap, make a

snapping sound.
pǐ pèi to match, find a counterpart to.
pī píng criticism; to criticize, find fault.
pī píng de critical, finding many errors.
pī píng de duì xiàng target (as in criticism).
pī píng zhě critic.
pí xiāng luggage.
pǐ xìng usual practice.
pí yǔ fur clothing.
pì yuǎn de remote.
pī zhǔn to permit, approve, give permission.
pī zhǔn rèn kě to approve, give permission.
piān ài favor; partiality; to favor, be partial.
piān chā variance between expectation and actual occurrence.
piàn duàn fragment.
piān hào tendency, general predisposition; to like, have a tendency toward.
piān jiàn prejudice.
piàn kè minute, short amount of time.
piān lí to stray morally.
piān tǎn favor, partiality; to favor, be partial, take sides.
piān tǎn de partial, preferring.
piān xiá de intolerant.
pián yi de cheap, inexpensive.
piàn zi shark, swindler, ruthless person.
piào ticket, slip of paper.
piāo fú to float in or on liquid.
piāo fú de afloat.
piào liàng de beautiful, stylish, handsome, pretty.
piǎo qīng to rinse.
piǎo xǐ to rinse.
piē kāi aside, apart.
pǐn cháng to taste (as in food).
pǐn dé morality.
pín fá de barren, poor and needy.
pín fán de frequent, frequently.
pín jí de sterile, barren land.
pín kùn need, a condition of poverty.
pín kùn de needy.
pín qióng poverty, the state of being poor.
pín qióng de needy, poor, destitute.
pǐn wèi taste, tasteful manner.
pīn xiě to spell, say or write letters.
pīn xiě fǎ spelling.
pìn yòng employment, being employed; to employ.
pǐn zhì quality, value.
pǐn zhǒng type.
pīn zì spelling.
pīn zuò to spell, make up a word.
píng cháng de usual, not special.
pīng còu to fix.
píng dàn wú qí de ordinary.
píng děng equality.
píng dì area, bounded surface.
píng dǐ guō pan.
píng fán mediocrity.
píng fēng screen, portable divider.
píng gū evaluation.
píng gū de jiē guǒ estimation.
pīng guǒ apple.
píng héng balance, equilibrium, being balanced.
píng huá de smooth (as with regular surface).
píng jià appraisal, evaluation; to appraise, evaluate.
píng jiè via, by means of.
píng jìng peacefulness, mental equilibrium, inner tranquility; to calm, pacify, subside, weaken.
píng jìng de calm, quiet, serene, still, tranquil.
píng jūn average.
píng jūn de on average.
píng jūn shù average.
píng lùn criticism, observation, judgment; to critique, comment.
píng lùn jiā critic.
píng mín citizen, civilian.
píng mù screen at movies.
píng pàn to criticize, judge.

píng píng ān ān de unharmed.
píng tái terrace, platform (as for performance).
píng tǎn de even, flat.
píng wěn de smooth, not bumpy (as in a ride).
píng xī to subside, weaken, appease, make quiet.
píng xíng de parallel, same distance apart.
píng xíng yú to parallel, be parallel to.
píng yōng mediocrity.
píng yuán plain.
píng zhǎn de lying flat.
píng zi bottle, vase.
pō splash, act or sound of splashing; to splash.
pò bù piece of torn cloth. **mā bù** cloth for cleaning or dusting. **pò jiù yī fú** old, torn clothing. **yī shān lán lǚ de** ragged.
pò chǎn bankruptcy, economic crash.
pò chú to get rid of, tear, rip.
pò hài persecution; to persecute
pò huài destruction; to destroy, completely ruin, murder, obliterate, shatter, wreck.
pò jiě to crack, solve.
pò làn de shabby, in poor condition, weakened by rot.
pó po mother-in-law.
pò qiè de imminent, urgent.
pò suì to shatter, smash, break apart, crumble.
pò suì de fractured, cracked.
pù to come, approach.
pū to pave, spread over a surface.
pǔ biàn to prevail, abound.
pǔ biàn de universal, for all situation.
pù bù waterfall.
pù guāng to make public.
pú rén servant.
pū shè to lay, set down.
pǔ sù simplicity, plainness.
pǔ sù de simple, plain.
pú tao grape.
pú táo gān raisin.
pú táo shù vine.
pú táo téng vine.
pú táo yá Portugal.
pú tao yòu grapefruit.
pǔ tōng de common, ordinary, general, not limited, mediocre, moderate, of average quality.
pǔ tōng huà Mandarin.
pū zhāng extravagance.

Q

qí navel; act of riding.
qǐ opening, the act of becoming open.
qī seven; lacquer.
qí bù qián jìn to march, walk.
qì cái equipment, instrument.
qǐ cǎo to draft, compose initial version of.
qì chē automobile, vehicle.
qì chē xiū lǐ chǎng garage, car care.
qǐ chéng departure (as in begin a journey).
qǐ chōng tū to oppose, contest.
qǐ chū beginning.
qǐ chū de initiative, relating to initiation.
qī dài act of expectation, anticipation; to expect, hope, anticipate, look forward to.
qī dài zhī wù something expected.
qǐ dǎo prayer; to pray.
qì dí whistle, device that whistles by steam.
qǐ diǎn threshold, beginning.
qī diǎn bàn half past seven.
qǐ fā to stimulate, remind, excite, initiate a new interest.
qǐ fā xìng de luminous, intelligent.
qì fèn atmosphere.
qǐ fú to wave back and forth.
qī fu to spite.
qǐ gài beggar.
qǐ gǔ lì zuò yòng de dōng xī encouragement, something encouraging.
qí guài de odd, unusual, strange,

abnormal.
qì guān organ, kidney or wing.
qì hòu weather, climate.
qí jì marvel, miracle, wonder.
qí jì bān de marvelous, miraculous.
qī jiān meantime, meanwhile, period, era.
qì jù tool, utensil.
qǐ jū shì living room.
qī kān magazine, periodical, journal.
qǐ lái up, upright.
qì lěi discouragement.
qì lěi de to be discouraged.
qì liú draft, air, wind.
qī mǎn to expire, end.
qǐ méng to initiate, introduce to a new interest.
qí miào de wonderful, causing wonder.
qì mǐn utensil, ware.
qí nà jiào Jainism.
qǐ pào mò to foam, emit foam.
qǐ pǎo xiàn starting line (as in a race).
qī piàn deceit, cheat, fraud; to deceive, cheat, fool, trick.
qí qiú to ask, appeal, beg, expect, plead, pray for, request zealously.
qì qiú balloon.
qǐ qiú bǎo yòu to invoke spiritually.
qí shàng to mount a horse.
qí shàng mǎ to mount a horse.
qǐ shēn to get up, leave.
qí shí in fact.
qī shí seventy.
qí tā else, also.
qí tā de else, other.
qí tán story.
qì tǐ gas (as in substance).
qì tǐ rán liào gas (as for fuel).
qǐ tú attempt; to attempt, try, intend, plan.
qī wàng to desire.
qì wèi smell, odor.
qí wén anecdote.
qì xī breath.
qī xiàn term (as in time).
qí xiǎng conceit, idea.
qí xiǎng de conceited, fanciful.
qǐ yè enterprise, undertaking.
qǐ yì uprising, revolt.
qí yì de fantastic, bizarre.
qì yóu gas, gasoline.
qí yù adventure, strange or stimulating experience.
qí yú de other, those that remain.
qǐ yuán origin, source.
qǐ yuán yú to stem from.
qì yuē deed, document, contract.
qī yuè July.
qī zhà deceit, cheat, fraud.
qī zhà de crooked, dishonest.
qí zhì flag.
qī zǐ wife.
qǐ zuò yòng to work, produce the desired outcome.
qiā to pinch.
qià dàng fitness, appropriateness.
qià dàng de fit, appropriate.
qià hǎo de opportune; very.
qiǎ zhù to become caught or obstructed.
qián money, physical currency.
qiàn to owe, be indebted.
qiān thousand.
qiān bǎn stereotype.
qián bāo purse, wallet.
qiān bēi de humble, modest.
qiān bǐ pencil.
qián chéng de pious, religious, believing in God.
qiǎn de shallow, not deep.
qián é forehead.
qián fāng front (as in take a spot in front).
qiān gōng humility.
qián jìn progress, increasing, improving; to proceed, move forward, resume after pause.
qián jǐng foreground, future, prospects or expectations.
qiān jiù to indulge, give in to desires.
qiàn kǎo lǜ de thoughtless.
qiān lián to involve, implicate.
qián miàn face, front part of something's surface.
qián miàn de forward, front part.

qiān míng signature; to sign one's name.
qiǎn pán tray.
qiān piān yī lǜ monotony.
qiān ràng humility.
qián rèn predecessor.
qiǎn sè de pale (as in color).
qiān shǔ to sign name.
qián shuǐ to dive into water.
qián tí hypothesis, unconfirmed explanation.
qián tiān day before yesterday.
qián tīng hall (as a room).
qián tú promise, potential, prospects, future.
qián xī eve.
qián xiàn front (as in battle front).
qiān xū de modest, humble.
qiān xùn modesty.
qián yán preface.
qián yè eve.
qiān yí to transfer.
qiǎn zé to condemn, reprehend, denounce.
qiàn zhài to owe, be in debt.
qiàn zhài de due, owed.
qián zhě de former (as in relates to the former, not the latter).
qián zi tongs.
qiǎng to rob.
qiáng bì wall.
qiáng dà de mighty, strong.
qiáng dào robber.
qiáng diào emphasis, stress, importance, insistence; to emphasize, stress.
qiáng diào de emphatic, emphasizing something.
qiáng dù depth, intensity in heat, light, or sound.
qiǎng duó to snatch.
qiáng guò to be superior to.
qiáng jiā to impose.
qiáng jiān rape; to rape.
qiǎng jié robbery; to plunder.
qiáng liè de ardent, intense, fervent, emphatic, forceful.
qiáng liè de chéng dù intensity, power.
qiáng pò to force, compel, drive, goad, oblige.
qiáng yìng de tough, strong, sturdy.
qiǎng xiān to precede, come before.
qiáng zhì to oblige, compel.
qiáng zhì xìng de obligatory, binding.
qiáng zhuàng de hardy, strong, robust, healthy.
qiáo bridge.
qiáo bù qǐ to disdain, look down upon.
qiāo kāi hé tao to crack a nut.
qiǎo kè lì chocolate.
qiáo liáng bridge.
qiào mén trick, skill.
qiāo mén to knock at the door.
qiǎo miào de ingenious.
qiǎo miào de huí dá fencing, clever answer.
qiǎo miào jìn xíng to insinuate, introduce subtly.
qiáo pái bridge (as in the card game).
qiāo qiāo zǒu to slip, move easily.
qiāo suì to crack, split, break.
qiāo zhōng stroke as in a bell.
qiē to chop, cut, penetrate.
qiē chéng báo piàn to slice, cut into pieces.
qiē duàn to switch off.
qiē gē to carve, cut.
qiē kāi to slice, cut off, split, break apart.
qiē kǒu cut (as wound).
qiē miàn cross section.
qiè nuò de fearful, not brave.
qiè qǔ to steal.
qiē xià to slice, cut off.
qīn ài de dear, loved, precious, cherished.
qín fèn de studious.
qīn jìn intimacy.
qīn jìn de intimate, in close association.
qín láo de industrious.
qīn lüè invasion, the act of invading; to invade, forcefully enter.
qīn mì intimacy.

qīn mì de close, intimate, familiar.
qīn pèi admiration; to admire, esteem.
qīn qi relative, family member, kin, kinship.
qīn qi guān xì kinship tie.
qīn qiè goodwill, kindness, warmth, friendliness.
qīn rè de kind and caring.
qǐn shì bedroom.
qīn shǔ flesh, family, relatives.
qīn shǔ de related.
qīn wěn to kiss.
qīn xí invasion, an infestation.
qīn zì oneself.
qīn zì de personal, a personal appearance.
qǐng please.
qīng bái innocence, purity, virtue.
qīng bái de innocent, virtuous, clean, pure, spotless.
qíng bào intelligence, classified data.
qīng chá cún huò to take stock of.
qīng chè de clear, highly visible.
qīng chǔ de clear, without confusion. **zhè hěn qīng chǔ.** This is clear.
qīng chǔ guǔ dìng to define, specify, prescribe.
qīng chūn qǔ youth (as time of life).
qīng dān list, printed table.
qīng de light in weight.
qìng diǎn celebrate.
qīng diǎn to count, find total.
qīng fú frivolity.
qíng gǎn emotion.
qíng gǎn de emotional.
qīng hēi sè de livid, bruised.
qīng jī to hit gently.
qíng jié plot, story line.
qīng jié to clean.
qīng jié de clean, sanitary.
qīng jié gōng cleaner.
qǐng kè to dine a guest.
qíng kuàng case, event, situation, instance, example, circumstance.
qīng lǐ to sweep, use a broom.
qīng miè scorn; to scorn, handle with contempt.
qīng nián youthfulness; youth, young person.
qīng nián de youthful, relating to youth.
qīng pāi to clap, pat.
qǐng qiú plea, request.
qǐng qiǔ to ask, appeal, apply, beg, expect, plead.
qīng shì depreciation, disparagement; to despise, look down upon, underestimate.
qīng shì to disrespect.
qīng shuài indiscretion, imprudence, haste, acting impetuously.
qīng shuài de frivolous, silly, rash, impudent.
qīng shuài de yán xíng indiscretion.
qīng sōng de easily.
qīng sù to pour (as in words or funds).
qīng tiào frivolity.
qīng tóng xiàng bronze statue.
qīng wā frog.
qīng wān dòu green pea.
qīng wēi de feeble, ineffective, weak, etc.
qīng wēi de slight.
qīng xǐ to wash, cleanse.
qīng xī de clear-cut.
qīng xī míng bái de plain, apparent.
qīng xiàng to lean, tend to prefer.
qīng xié to tilt.
qīng xiè to pour (as in words or funds).
qīng xié de oblique, tilted.
qíng xíng circumstances, situation.
qīng xǐng de sober, not drunk.
qíng xù feeling, emotion, mood, sentiment, attitude, spirit.
qíng xù de emotional.
qìng zhù to celebrate with activities, observe holidays.
qìng zhù huó dòng celebrating activities.
qìng zhù shèng lì to triumph, enjoy a victory.

qīng zuì misdemeanor.
qiú ball, sphere; to ask, appeal, beg, expect, plead.
qiú fàn prisoner.
qiú hūn proposal of marriage; to propose marriage.
qiū jì autumn, fall.
qiū qiān swing, seat to ride on.
qiú tǐ sphere (as in shape).
qiū tiān autumn, fall.
qiú xíng qì mǐn globe, container.
qiú xué study, research or reading.
qiū zhěn zit.
qiú zhuàng wù globe, something spherical in shape.
qú trench.
qù to go.
qǔ to marry.
qū bié distinction, being distinct; to distinguish, perceive.
qù chú to strip, take away clothes.
qǔ chū to draw, pull out.
qū chú to chase, drive away.
qǔ dài substitution.
qǔ dé to get, obtain, gain, acquire.
qǔ diào tune, melody.
qù diào miàn jù to unmask, take off a mask.
qù diào yú to go fishing.
qū fēn to distinguish among.
qū fú submission; to subdue, yield, give in.
qū gàn trunk (as of a body).
qǔ huí to get back, fetch, retrieve.
qù nián the previous year.
qū shì tendency, general direction.
qū shǐ to provoke, cause deliberately.
qǔ wù to fetch, retrieve.
qū xī to kneel.
qū xiàn curve.
qū xiàng trend, tendency.
qǔ xiāo to cancel, annul, call off, revoke, undo, reverse.
qǔ yàng to sample.
qù yě cān to have a picnic.
qū yù district, area, section, zone; area of expertise, range.
qǔ yuè to flatter, satisfy someone's ego.
qū zhú expulsion, exclusion; to chase, drive away, expel, exclude, push out, banish, oust.
quán spring, water; all, completely, entirely, totally.
quàn ticket, slip of paper.
quǎn dog.
quān round object or shape.
quán bù entire, whole, gross (as opposed to net); throughout.
quán bù de all, total, entire, whole, complete.
quán bù fú zhuāng wardrobe (as clothing).
quán bù xiāng tóng de uniform, same as others.
quàn gào to counsel, give advice or recommendation.
quán héng to weigh options or choices.
quán jī sài fight (as with boxing).
quán jǐng panorama.
quán lì power, authority, right, something granted by law or tradition.
quán miàn de thorough, exhaustive.
quán rán de sheer, complete.
quán rén lèi human race.
quán shì influence, power.
quán shì jiè universe, all things on earth.
quán shì jiè de universal, worldwide.
quán shuǐ fountain.
quàn shuō to persuade, influence.
quān tào trap, trick.
quán tǐ totality, whole.
quán tǐ de universal, involving all members of a group.
quán tǐ gōng zuò rén yuán staff.
quán tǐ jū mín all the people.
quán tǐ xué shēng school (as student body).
quán tǐ yī zhì unanimity.
quán tǐ yī zhì de unanimous; unanimously.
quán tóu fist.
quán wēi authority, power or person in power.

quàn wèi to calm down, console.
quàn yòu to induce, convince.
quē diǎn defect, fault, weakness, imperfection that leads to problems.
què dìng to ascertain, affirm, determine.
què dìng ... dē wèi zhì to locate, specify the location of.
què dìng de certain, indisputable, doubtless.
què dìng fāng xiàng to orient, establish one's bearings.
què dìng xìng certainty.
quē fá want, lack of something; to lack, be deficient in.
quē fá de devoid, short of, poor, lacking, insufficient, scanty.
quē qín absent, not attending, not present.
què rèn confirmation; to confirm, affirm.
què shí de positive, indicating yes.
què shí kě kào de infallible, foolproof.
quē xí absent, not attending.
quē xiàn fault, physical imperfection.
què xìn self-confidence; certain, sure; to believe to be true.
què xìn de confident, sure, positive, certain.
qún group, team, gathered people or things.
qún huā flowers.
qún jū de living together.
qún luò society, group of living creatures.
qún tǐ society, group of living creatures.
qún zhòng crown.
qún zi skirt as in clothing.

R

rán ér but, however, while, whereas, yet, nevertheless.
rán hòu then, next.
rán liào fuel.
rǎn liào dye, substance that colors.
rǎn sè dye; to dye.
rán shāo into flame.
rán shāo de fiery.
ràng to allow, let or cause to happen.
ràng yǔ to surrender, give up one thing for another.
rào to wind (as in string), wind along a path or road.
rào ... xuán zhuǎn revolve around something.
rào guò to go around.
rǎo luàn to annoy, disturb, upset.
ráo shé zhě gossip (as in person).
rè heat, hot.
rè ài passion, zeal.
rè de hot (as in heat).
rè liè vehemence.
rè liè de ardent, enthusiastic, passionate, vehement.
rè mén de currently important.
rě nǎo to annoy, irritate, infuriate.
rè néng heat, energy.
rě qǐ to incur.
rè qiè ardent.
rè qiè de eager.
rè qíng enthusiasm, fervor, zeal, zest, enjoyment.
rè qíng de enthusiastic, fervent.
rè wàng strong desire, aspiration; to aspire, desire.
rè xīn zeal, zest, enjoyment.
rè xīn de ardent, enthusiastic, passionate.
rén person, people, human being; who, the person that.
rèn edge of blade.
rèn chū to recognize, spot, detect.
rén cí mercy, kindness, compassion.
rén cí de humane, compassionate, merciful, humanitarian.
rèn cuò to apologize; to mistake, misidentify.
rén gōng de artificial, man-made.
rèn hé any, whatever, of any sort.
rèn hé dì fāng anywhere.
rèn hé dōng xī anything.
rèn hé rén anyone, anybody, whoever.

rèn hé shì wù anything.
rèn kě to recognize, acknowledge, approve.
rén kǒu zǒng shù population, number of people.
rén lèi human, human being, homo sapiens, humanity, people, man, mankind.
rén lèi de mortal, human.
rén lèi shè huì world, humans, society.
rén men who, people.
rèn mìng appointment, designation; to appoint, designate, name, assign.
rěn nài patience, to be patient.
rěn nài de patient, tolerant of pain.
rén pǐn personality, unique traits.
rén qíng humanity, attribute of humans.
rén qún crowd.
rén shēng guān philosophy of life.
rèn shi to meet, make an acquaintance.
rén shì bù xǐng stupor, unconsciousness.
rèn shi dào to experience, learn, understand, realize.
rěn shòu to tolerate, endure, bear, suffer, stand, put up with.
rèn wéi to expect, think, consider, believe, feel, find.
rén wù figure, person, character.
rèn wù mission, purposeful task, undertaking.
rén xiàng portrait.
rén xìng human nature, humanity, attribute of humans.
rén xíng dào pavement, sidewalk.
rèn xìng de arbitrary, capricious, whimsical, random, rash.
rèn yī either.
rèn yì de arbitrary, random or rash.
rén zào de artificial, man-made.
rèn zhēn de serious, diligent, earnest; seriously.
rèn zhēn sī kǎo de thoughtful, careful.
rén zhǒng human race.
rěn zhù to suppress, keep down.
rēng to throw, send into air.
réng jiù to continue, remain same.
réng rán all the same, still.
rěn shòu to tolerate, allow.
rì bào daily newspaper.
rì běn Japan.
rì běn shén dào jiào Shinto.
rì cháng de everyday.
rì chéng biǎo calendar, schedule.
rì chéng jì huà schedule, program.
rì chū sunrise.
rì guāng sunshine, sunbeam.
rì jì diary, record.
rì jì běn personal diary.
rì lì calendar.
rì luò sunset, sundown; to set.
rì nèi wǎ Geneva.
rì qī date.
rì zhì diary.
róng huà thaw; to thaw, warm, melt, liquefy.
róng jiě solution, process of breaking down and mixing; to melt, dissolve, pass into solution.
róng lú furnace.
róng mào feature, facial appearance.
róng nà to hold, contain.
róng qì container, vessel.
róng qià harmony.
róng rěn tolerance.
róng rěn de tolerant.
róng xǔ to let happen, tolerate.
róng yào de glorious, possesses glory.
róng yào de shì something that gives glory.
róng yè solution, broken down mixture.
róng yì facility, with ease.
róng yì de easy; easily.
róng yù glory, distinction, honor.
róng zī to finance.
ròu meat, flesh of body.
ròu diàn butcher shop.
ròu dòng jelly.
róu hé de gentle, mild.
ròu lèi meat.
róu lìn to trample, treat poorly.
róu ruǎn de flexible, bendable,

limp, soft.
rú Confucianism; such, of a specific kind.
rǔ milk.
rù chǎng piào admission ticket.
rú chóng worm.
rú cǐ so, to a certain degree, thus, this way.
rú cǐ de such, extremely.
rú dòng to wriggle, twist the body.
rǔ fáng breast.
rú guǒ if, in the event that.
rú guǒ bù unless.
rú hé how (as in How do you do this?).
rú huà de picturesque, photographic.
rú jiā xué shuō Confucianism.
rú jiào Confucianism.
rú jīn nowadays.
rù kǒu threshold, entrance.
rǔ lào cheese.
rǔ mà to revile.
rù mén de elementary, basic in a subject.
rú qī de punctual.
rù qīn invasion, the act of invading.
rú shí de prosaic.
rú tong as, as if.
rǔ zhào brassier.
ruǎn diàn cushion, pillow.
ruǎn máo fur (as in animal).
ruǎn pán floppy disk.
ruǎn ruò de faint, limp, weak; weakly.
ruì diǎn Sweden.
ruì shì Switzerland.
ruò diǎn vulnerability, weakness, personal defect.
ruò gān some.

S

sǎ to sprinkle, spread over a surface.
sā huǎng to tell a lie.
sǎ shuǐ to water, add water.
sǎ yán to salt.
sài pǎo to run in a competition.
sāi rù to cram.
sǎn umbrella for the rain.
sān three.
sān bèi de triple, three times.
sān bèi de shù triple, multiplied by three.
sàn bō to circulate, spread, scatter.
sàn bù amble, stroll, walk; to walk, to take a stroll; to scatter, spread loosely, propagate, distribute.
sān bù fēn de triple, in three parts.
sān jiàn tào three-piece suit.
sān jiǎo xíng triangle.
sàn kāi de stray, spread out.
sān míng zhì sandwich.
sān nián jí de third year of school.
sān shí thirty.
sǎn wén prose.
sān yè cǎo clover.
sān yuè March.
sàng shī to lose, be bereaved.
sǎng yīn voice, quality of a sound.
sǎng zi voice, quality of a sound.
sāo dòng big commotion, tumult, disturbance, turmoil, uproar.
sāo luàn disturbance, being disturbed; civic disorder, riot.
sǎo shì glance, look; to glance, look.
sāo yǎng to tickle, make laugh through touching.
sào zhou broom.
sǎo zi sister-in-law, older brother's wife.
sè diào color tone.
sēn lín forest, woods.
sēng lǚ monk.
shā sand; yarn, woven strand.
shā bù sponge (as in medical).
shā de sandy.
shā diào to end a life, kill, destroy.
shā dīng yú sardine.
shǎ guā idiot.
shā hài to kill, murder.
shā jūn to sterilize, clean completely.
shā lā salad.
shā lì gravel.
shā lòu hourglass.
shā mò desert.

shā sǐ to kill, murder.
shā tān sand, sandy area.
shā xiàn yarn, woven strand.
shā yǎ de hoarse.
shā yú shark (as in fish).
shā zhì de sandy.
shā zhōu sand, sandy area.
shǎ zi fool.
shā zi sand, material on a beach.
shài bān sunburn.
shài shāng sunburn.
shāi xuǎn to screen, separate out.
shāi zi filter, sieve.
shān mountain.
shān bēng landslide.
shān chú to erase (as in erase a disk).
shǎn diàn flash of lightning.
shān dǐng peak (as in mountain).
shān dòng to instigate.
shān gǔ valley.
shǎn guāng gleam, flash of light; to sparkle, give off light.
shàn lí zhí shǒu to desert, leave post.
shān lín forest.
shān qù to cancel, delete.
shǎn shuò to gleam, glow, glitter.
shàn sù room and board.
shàn sù gōng yù boardinghouse.
shǎn xiàn to gleam, briefly shine.
shàn xíng act of kindness.
shǎn yào de splendid, bright or colorful.
shàn zi fan (as a device).
shàng to come, approach, climb.
shāng bā scar.
shàng chuán to board a ship or a plane.
shàng děng de superior, better.
shàng dì divine being, God.
shāng diàn outlet, store, shop.
shāng dìng to arrange, reach an agreement.
shàng fā tiáo to wind (as in a clock).
shàng fú to rise (as in price).
shàng gè yuè last month.
shàng guāng jì polish, substance for shining.
shāng hài damage, harm, injury, wound; to harm, hurt.
shāng háng firm.
shāng hào firm.
shāng hén scar.
shàng jí superior.
shàng jí de superior, higher in rank.
shàng kě de adequate, passable, sufficient.
shāng kǒu cut (as wound).
shāng pǐn merchandise.
shāng pǐn xiāo shòu marketing.
shāng pǐn xíng xiāo dì qū market, geographic area for sales.
shàng qù to go up.
shāng rén businessperson.
shāng rén merchant.
shàng shēng act of rising, going up; to mount, go up.
shàng sī boss.
shàng sù to appeal.
shāng tǎo to deliberate, discuss.
shāng tuǒ to arrange, reach an agreement.
shàng wèi captain (as in military rank).
shàng wǔ morning.
shāng wù tiáo yuē commercial treaty.
shàng xiàn upper limit.
shàng xiào captain (as in naval rank).
shàng xué to attend school.
shāng yè jiāo yì business transaction.
shāng yè xìng de commercial.
shāng yè zhōng xīn commercial center.
shāng yì to negotiate.
shàng yǐn an addiction.
shàng zhǎng to climb, rise, steadily increase.
shāo to burn, boil, cook.
shǎo de little, small in size.
shāo huài to cause damage by burning.
shǎo jiàn de scarce, very uncommon.
shāo jiāo to burn to an excessive

degree.
shāo kǎo to roast or barbecue.
shǎo liàng bit, a few, a little, dot tiny quantity.
shào shēng whistle, sound made by lips.
shǎo shù tiny but indefinite amount.
shǎo shù de few, composed of small amount, minor.
shǎo shù mín zú minority, distinctive faction.
shǎo shù pài minority, smaller group.
shāo wēi any, somewhat.
shǎo xǔ any, a few, bit, a few, a little.
shǎo yú less than.
shào zhuàng youthfulness.
sháo zi spoon.
shé snake; tongue (as in the mouth).
shè bèi facility, equipment, set (as in TV or radio).
shē chǐ extravagance.
shē chǐ de luxurious, lavish, extravagant, sumptuous.
shē chǐ pǐn luxury, something unnecessary but pleasurable.
shè fǎ to try to go.
shè fǎ zuò dào to manage, cope and accomplish something.
shè hùi community, society in general.
shè huì de social (as in society).
shè huì dì wèi social rank.
shè huì jiē céng rank in society.
shè huì tuán tǐ club, accociation.
shè jí to concern, involve, implicate, be in relation to.
shè jì device, contraption, art of design; to devise, conceive, design.
shè jī shooting, shot.
shè jì fāng àn design (as in clothing design).
shè jì shī architect, designer.
shè jì tú design, visual depiction.
shè jiāo de social, friendly.
shè jiāo xìng de sociable (as in atmosphere).
shè lì institution, the act of instituting; to institute, formally found, be founded.
shè miǎn pardon, absolution of a convict; to pardon, release, set free.
shě qì to forsake, give up.
shè qì lěi to discourage, dishearten.
shè qū community (neighborhood).
shè qún community (people).
shè shāng to shoot, hit with a gun.
shé shén zombie.
shè shuǐ to wade through water.
shè xiàn ray.
shè xiàn jǐng to trap, set traps, catch.
shè xián rén suspect.
shè xiǎng to imagine, conceive, suppose.
shè yǐng jī video camera.
shè zhòng to shoot, hit with a gun.
shén divine being, god; line, rope, wire.
shēn ào depth, profundity.
shēn ào de deep, hard to understand.
shēn biān side, next to someone.
shěn chá censorship.
shēn chū to stretch, reach out.
shēn de deep, extending far.
shén de ēn huì divine grace.
shén diàn shrine.
shēn dù depth, something deep.
shén fù father, clergy.
shēn gāo height (as in stature).
shén huà fable, legend, myth.
shén huà chuán shuō myth.
shén jīng nerve, many neurons.
shén jīng jǐn zhāng anxiety.
shén jīng xì tǒng de nervous, relating to the nervous system.
shēn kè depth, profundity.
shēn kè yìn xiàng de effective, impressive.
shén me any, what, question word. **zhè shì shén me?** What is it?
shén me dōu whatever, everything or anything that.
shén me shí hòu when.

shén me yě méi yǒu nothing.
shén mì mystery, puzzling trait.
shén mì de secret, mysterious.
shěn mǔ aunt.
shěn pàn trial, act of judging.
shěn pàn yuán xí tribunal, judge's bench.
shēn qǐng application, request; to ask, request.
shēn qū frame (as in body).
shèn rù to seep in.
shén shèng de divine, sacred, holy, venerable, worth of veneration, historical or religious.
shěn shì to scan, examine carefully.
shēn shì gentleman.
shēn sī to ponder.
shēn sī de thoughtful, pensive.
shēn sī shú lǜ de mature, idea.
shēn sù to formally complain.
shén tài expression, manner.
shēn tǐ body.
shēn tǐ cán jí de disabled, physically impaired.
shēn tǐ de physical, relating to the body.
shěn wèn interrogation; to question, interrogate.
shēn yín to groan.
shēn yín zhe shuō to groan.
shēn yú out of the reach.
shēn yuān abyss.
shēn yuǎn de to make a deep impression.
shēn zhǎn to stretch out over a distance.
shèn zhòng discretion, circumspection.
shèn zhòng de discreet, cautious.
shèn zhòng zuò chū to mature, develop an idea or make a discrete decision.
shéng band, rope.
shěng province.
shēng to give birth.
shēng bìng sickness, state of being sick; to be or get sick.
shēng bìng de sick, ill.
shēng chǎn output, production, yield; to produce, make, yield, produce a return on investment, give birth.
shēng chǎn de productive, able to produce.
shēng chǎn xìng de productive, able to produce.
shēng chēng claim, assertion; to claim, assert truth, declare, allege.
shēng chù cattle, livestock.
shēng cún existence, life, subsistence; to exist, to live, subsist.
shēng cún fāng shì existence, way of life.
shèng dàn jié Christmas.
shēng de raw, uncooked.
shèng dì resort; shrine.
shēng diào intonation, tone, pitch of a word.
shēng fèn place, role or purpose.
shèng guò to outdo, exceed, surpass, overcome, beat, prevail, triumph.
shēng huó existence, life.
shēng jì subsistence, means of subsisting, sustenance, keeping healthy.
shēng jiàng jī elevator.
shēng kǒu animal.
shèng lì triumph, victory, win; to win, triumph.
shèng lì de victorious.
shèng lì jì niàn wù trophy.
shèng lì zhě victor.
shēng míng protest; to protest, vow.
shēng mìng life, state of existence.
shēng míng láng jí de infamous.
shēng mìng lì vitality, ability to live and grow.
shēng píng biography.
shēng píng de biographical.
shēng qì to get angry, get mad, sulk.
shēng qǐ act of rising; to go higher.
shēng qì bó bó de lively, vivacious.
shēng qì de mad, furious.
shěng què to dispense with.
shèng rén saint.

shèng rèn to be worth one's salt.
shēng rì birthday.
shěng shí jiān to save time.
shēng shǒu stranger, someone new to something.
shèng shuāi tide, particular level of ocean.
shéng suǒ rope, tie, cord.
shèng suǒ sacred place.
shèng táng temple.
shèng tú saint.
shēng wàng fame.
shēng wù creature, living being.
shèng xíng to prevail, abound.
shēng yì dealings.
shēng yīn sound, noise.
shēng yīn voice, sound produced.
shēng yīn de vocal (as in the voice).
shēng yìng de gruff.
shèng yú to be left over; rather than.
shèng yú bù fen remainder.
shèng yú wù remainder.
shēng zhǎng process of growth; to grow in size.
shēng zhí generation, production, procreation.
shéng zi rope, string, cord.
shí ten.
shì yes; to be; to attempt, try; to sting like a bee; to wipe, rub.
shī poem, verse.
shǐ ... ān xīn reassure.
shǐ ... biàn zhǎi to narrow, constrict.
shǐ ... cān jiā jìng sài to make compete (as in horses).
shǐ ... guó yǒu huà to nationalize.
shǐ ... mǎn zú de shì wù satisfaction, source of fulfillment.
shǐ ái è to starve, make starve.
shǐ ān jìng to hush, quiet, silence.
shǐ ān xīn to assure or make somebody at ease.
shí bā eighteen.
shí bài crash (as in crash of economy).
shī bài defeat, failure to win; to fail, lose, be unsuccessful.
shī bài de unsuccessful.
shǐ bǎi tuō to rid.
shī bài zhě loser.
shí bǎn slate.
shǐ bào liè to burst.
shǐ bào lù to expose, reveal to sight.
shǐ bào zhà to burst, explode.
shǐ bēi āi to sadden.
shǐ bēi shāng to grjeve, sadden.
shǐ biàn àn to make dark.
shǐ biàn cū to thicken, make thick.
shǐ biàn hòu to thicken, make thick.
shǐ biàn huà to turn, alter.
shǐ biàn nóng to thicken, make thick.
shǐ biàn xiǎo to lessen.
shǐ biàn xíng to distort, alter or warp.
shǐ biàn yìng to harden, stiffen, make firm or solid.
shì bīng soldier.
shǐ bù ān to trouble, cause distress.
shǐ bù biàn to trouble, annoy. **qǐng bù yào fèi shì le!** Don't trouble yourself!
shǐ bù kuài to displease, offend, sting emotionally.
shǐ bù néng yí dòng to paralyze by fear.
shì bù shì whether, used in indirect questions to introduce one alternative. **bù lùn shì xià yǔ hái shì xià xuě, wǒ dōu dǎ suàn qù.** I intend to go whether it rains or snows.
shǐ bù yùn to sterilize, make unable to reproduce.
shǐ cān jiā to engage, involve.
shì chá visit (as a professional).
shī chá oversight, mistake.
shí chā fǎn yìng jet lag.
shǐ chǎn shēng piān jiàn to prejudice.
shì chǎng market, marketplace.
shì chǎng dì wèi market position.
shì chǎng fèn é market share.
shì chǎng jià market price.
shì chǎng jià zhí market value.
shì chǎng lì liàng market forces.

shì chǎng qū shì market trends.
shì chǎng zhàn yǒu lǜ market share.
shì chǎng zhǐ shù market index.
shǐ cháo shǔ to moisten.
shǐ chén mò to silence.
shǐ chéng juǎn xíng to scroll, roll up.
shǐ chéng shú to mature, bring to maturity.
shǐ chéng xíng to shape, give form to.
shǐ chéng yī tǐ to unify.
shǐ chéng yuán xíng to make round.
shǐ chéng z zì xíng yí dòng to zigzag.
shǐ chí dùn to dull.
shǐ chī jīng to astonish, surprise.
shǐ chū hàn to sweat.
shǐ chū xiàn to originate, start off.
shǐ chǔ yú to put in a mood.
shì chuān fitting for clothes.
shǐ cóng shǔ to subordinate, give in to power.
shǐ dà chī yī jīng to stun, amaze.
shí dài age, era, period in time.
shì dài lace, ornamentation.
shì dàng fitness, appropriateness.
shì dàng de correct, right, fitting, proper, merited; properly.
shì dāng de due, appropriate.
shí dào de found.
shǐ dào zhì to invert.
shī de wet, not dry.
shǐ dēng àn to land, arrive.
shí diǎn ten o'clock.
shǐ diān bō to throw around.
shǐ diān dǎo to invert, turn around.
shǐ diē dǎo to trip, make fall.
shǐ diū liǎn to humiliate, shame, dishonor, make someone lose face.
shì dù de moderate, reasonable, modest.
shǐ dǔ sè to clog.
shǐ duì bǐ to contrast.
shǐ duì zhào to contrast.
shǐ duō yàng huà to vary, make various.
shī ēn yú to accommodate.
shí èr twelve.
shí ér bù shí from time to time.
shī èr gè dozen.
shí èr gōng tú zodiac.
shí èr yuè December.
shǐ fā chū shēng yīn to sound, make something make a sound.
shǐ fā shēng to cause, produce, make, lead to, be reason for.
shǐ fā yán huǒ téng tòng to irritate, physically chafe.
shǐ fān dǎo to upset, tip over.
shǐ fán nǎo to tease, trouble, worry, cause pain, bother, disturb, upset, annoy.
shì fàng discharge, releasing someone or something; to discharge, release, free.
shǐ fàng sōng to loosen.
shǐ fàng xīn to assure or make somebody at ease.
shǐ féi wò to fertilize, cause to become fertile.
shí fēn quite, very or utterly.
shǐ fēn jiě to dissolve, break apart.
shǐ fēn kāi to part, separate.
shǐ fēn lí to cut off, split, separate.
shǐ fēn liè to split, separate, divide.
shí fēn liú xíng to be in vogue.
shǐ fēng lì to sharpen.
shì fǒu whether, used in indirect questions to introduce one alternative.
shī fu master, teacher of apprentices.
shǐ fú cóng to subject, have authority over, subjugate, subordinate, subdue; to submit, give in to someone.
shì fǔ dà lóu city hall.
shǐ fù dān to inflict a debt, burden, etc.
shǐ fú hé to put into a shape.
shǐ fù xīng to bring back to use.
shǐ fù zá to perplex, complicate, make too detailed.
shǐ fù zhòng to load, burden.
shǐ gǎi biàn to turn, alter.

shǐ gǎi biàn xìn yǎng to convert (as in religious conversion).
shǐ gǎn dào xiū chǐ to shame, make feel shame.
shǐ gǎn dòng to impress, make an impression.
shǐ gǎn jǐn to hasten, bring about haste.
shí gāo plaster.
shǐ gāo xìng to please.
shǐ gāo yǎ to make sophisticated.
shī gē poetry, poems.
shī gē de poetic.
shǐ gé lí to isolate.
shǐ gēng xīn to make new.
shì gù accident.
shǐ gù dìng to fix, fasten, attach.
shǐ gū lì to isolate.
shì hào love, intense emotional connection, fondness.
shì hé to become, fit (as in clothes), suit, pertain, be relevant; pertaining to.
shǐ hé huǎn to moderate.
shǐ hé jiě to reconcile or cause to make up.
shǐ hé xié to tune, make harmonious.
shí huà truth, a true statement.
shǐ huá dòng to slip, slide.
shǐ huī fù to heal, rectify.
shǐ hùn luàn to distract, emotionally disturb, tangle, intertwine.
shǐ huó qǐ lái to animate, make alive.
shǐ huó yuè qǐ lái to cheer up.
shí jì fact, true event or information; real.
shí jī opportunity.
shì jì century.
shī jí poetry, poetic works.
shí jì de actual; actually, indeed.
shǐ jī dòng to excite, thrill.
shǐ jì qǐ to remind.
shí jì shàng in fact, actually.
shí jī zhǎng wò timing.
shì jià market value.
shǔ jiā to exert, wield, or exercise.
shǐ jiā bèi to double.
shǐ jiā rù to enroll, join in or be part of an organization.
shí jiān time (as in past, present, future).
shì jiàn event, incident. something that occurred.
shí jiàn de practical, learned through practice.
shí jiān fēi shì to fly (as with time).
shí jiān jiàn xiē interval in time.
shǐ jiān qiáng to harden, make able to endure difficulties.
shǐ jiǎn shǎo to lessen.
shí jiān xuǎn zé timing.
shí jiàng mason.
shí jié season, rainy or dry half of year.
shǐ jiě chú to rid.
shì jiè de international.
shǐ jiē hé to yoke, join (as with a yoke).
shǐ jiě tuō free from binds.
shǐ jǐn mì xiāng lián to join or connect closely.
shǐ jìn tòu to soak, make very wet.
shǐ jìn tòu xiāng qì to perfume.
shǐ jīng qí to astound, surprise.
shǐ jīng yà to astonish, surprise, amaze.
shǐ jīng yà de shì qíng surprise, something that surprises.
shǐ jiù zhí to induct, install in office.
shǐ jiù zuò to seat, sit someone down. **qǐng jiù zuò.** Please be seated.
shī jù verse.
shǐ jǔ sàng to depress, dispirit.
shǐ jù tǐ huà to substantiate, give form, embody, visualize.
shǐ jù yǒu zī gé to qualify. **yǒu ... de zī gé** to be qualified for ...
shì jué vision, sight.
shì jué de visual, of or relating to sight.
shǐ jué xǐng to awaken.
shí kè time (as in minutes or hours). **xiàn zài jǐ diǎn le?** What time is it?
shí kè biǎo schedule, list, like at a train station.

shǐ kě néng to enable.
shǐ kǒng bù to terrify.
shǐ kōng chū to void, empty.
shǐ kǒng jù to frighten.
shì kǔ mèn to sting emotionally.
shǐ kuài lè to please.
shǐ kuài sù xuán zhuàn to spin, make rotate.
shǐ kùn huò to perplex, confuse.
shǐ lěng kù wú qíng to harden (as in harden heart against).
shì lì influence, power, clout; instance, example; sight, ability, vision.
shì lì de visual, of or relating to sight.
shǐ lí kāi to dismiss, permit or ask to depart.
shǐ lián hé to associate, combine, unite.
shí lìng season, cyclical time.
shí liù sixteen.
shǐ lòu chū to leak.
shī lúò to sink emotionally.
shǐ mǎn yì to satisfy.
shǐ mǎn zú to indulge, gratify, satisfy.
shí máo fashion, prevalent style, vogue, popularity.
shí máo de fashionable, stylish, modern, current, trendy.
shǐ mí huò to puzzle.
shǐ miǎn yú tòng kǔ to take away pain.
shǐ miǎn zāo to spare, save from something.
shì mín citizen, resident (as in a city).
shǐ mìng errand.
shī míng blindness.
shī míng de blind.
shǐ míng jì to impress.
shì nèi de indoors.
shǐ néng gòu to enable.
shí nián ten years.
shǐ niǔ dòng to wriggle, move with wriggling motion.
shǐ pái chū tǐ yè to sap.
shǐ péng zhàng to swell, make something bigger.
shǐ pèng zhuàng to cause to smash together.
shǐ pí fá to exhaust.
shǐ pí juàn to tire, make weak.
shī piān verse.
shǐ pín jí to sterilize, make land barren.
shí pǐn shāng grocer.
shí pǐn zá huò diàn grocery store.
shǐ píng huá to smooth, make level, smooth out.
shǐ píng jìng to soothe, make calm.
shí qǐ to pick up.
shí qī seventeen; period, era, time.
shì qì morale.
shǔ qì damp, humidity.
shǐ qiǎ zhù to clog.
shì qíng affair, thing, deed.
shǐ qīng sōng relieve from stress.
shǐ qīng xié to tilt.
shǐ qīng xǔn to freshen up.
shí qū time zone.
shì qū commercial center.
shī qù to waste (as in an opportunity).
shǐ rán shāo to combust, set on fire.
shì rén people as a whole.
shī rén poet.
shǐ rén gāo xìng de shì delight, something pleasurable.
shǐ rén jīng shén zhèn zuò de refreshing.
shǐ róng jiě to dissolve, cause to pass into solution.
shǐ róng yì to facilitate, make easier.
shǐ róu ruǎn to soften, tenderize.
shǐ rù mén to induct, introduce.
shí sān thirteen.
shǐ sàn kāi to scatter, separate.
shǐ sàng shī to deprive.
shí shàng trend, style, vogue, popularity.
shì shāng sting (as if by a bee).
shǐ shàng shēng to make rise.
shǐ shāng xīn to grieve.
shǐ shēng qì to displease.
shǐ shēng zhǎng to grow, raise.
shí shī to enforce (as in enforce

rules).
shì shí fact, true event or information.
shǐ shì hé to suit, make suitable.
shǐ shī qù guāng zé to tarnish, make dull.
shì shí shàng in fact.
shǐ shí tǐ huà to substantiate, give form.
shǐ shī wàng to disappoint, not satisfactory.
shǐ shòu cuò to thwart.
shǐ shòu jīng to fertilize sexually.
shǐ shòu shāng hài to wound.
shǐ shòu yǐng xiǎng to expose oneself to something.
shǐ shòu yùn to fertilize sexually.
shǐ shú xī to orient, familiarize.
shǐ shuāi dǎo to throw off.
shǐ shùn cóng to cause to accept.
shǐ shùn dang to facilitate, make easier.
shí sì fourteen.
shì sú de worldly.
shǐ sū xǐng to bring back to life.
shǐ suì liè to separate, break, shred.
shí tài tense.
shǐ tān huàn to paralyze, cause paralysis.
shǐ tǎng xià to lay, cause to lie down.
shī tǐ corpse.
shī tiáo disorder, ailment.
shǐ tíng zhǐ to stop, make halt.
shǐ tòng kǔ to pain, torment, vex, cause distress.
shí tóu stone, pebble, rock.
shì tú to try, attempt.
shǐ tū chū to project, push outward.
shì tú yǐng xiǎng to press (as in pressure).
shǐ tuō xià yī fú undress.
shǐ wán měi to perfect, round off, make complete.
shǐ wán shàn to improve.
shì wēi demonstration, public rally; to demonstrate, take part in public rally.
shǐ wéi nán to puzzle.
shǐ wěn dìng to steady.
shǐ wěn gù to steady.
shǐ wēn shùn to tame.
shí wù nourishment, food, sustenance.
shí wǔ fifteen.
shì wù pursuit (as in hobby).
shǔ wù error.
shí wù liáo fǎ regiment.
shǐ wú xiào to void, invalidate, nullify.
shì wù yuán clerk.
shí xiàn making real; to make, accomplish or produce.
shí xiàn de jiē guǒ result of making real.
shǐ xiàn rù to involve, get to participate.
shǐ xiàn rù kùn jìng to trap, corner or trick.
shǐ xiǎng qǐ to remind, create a mental image.
shǐ xiàng zhe dōng fāng to orient toward the East.
shǐ xiāo tiáo to depress, weaken.
shí xīn de solid, not hollow.
shǐ xīn fán yì luàn to upset emotionally.
shī xìn yú to be disloyal to.
shí xíng to administer, formally perform something; to invoke.
shí xīng fashion, prevalent style.
shǐ xīng fèn to excite, warm someone's heart.
shí xīng huò pǐn fashion (as in outfit that follows latest trend).
shǐ xíng xiàng huà to visualize.
shī xiū de shabby, in poor condition.
shǐ xiū xi to give rest to.
shǐ xū ruò to weaken.
shí yán to retract or go back on one's word.
shì yán pledge, oath, promise, vow.
shì yàn trial, testing; to test, give someone an exam, sample a taste, prove.
shǐ yán cháng to lengthen.
shǐ yàn fán to tire, make someone disinterested.
shǐ yǎn huā liáo luàn to dazzle in

vision.
shǐ yǎn sè wink, act of winking; to wink.
shí yàn shì laboratory.
shǐ yàn wù to disgust, repel.
shǐ yáo bǎi to sway, make swing.
shǐ yáo dòng to wave, cause to move.
shì yè cause, endeavor, enterprise.
shì yě sight, view, field of vision.
shī yè de unemployed, without a job.
shí yè jiā businessperson, entrepreneur.
shí yì billion.
shí yī eleven.
shì yí decency, being decent.
shǐ yī bān huà to generalize, simplify into something general.
shǐ yì chū to spill, make something come out of a glass, for example.
shì yí de hospitable, good for growth.
shī yì de pleasing. **kě tóng yì de** to one's liking.
shǐ yí dòng to move.
shǐ yī liàn to cling to emotionally.
shì yì tú draft.
shī yī yàng de zuò pǐn poem.
shí yī yuè November.
shǐ yī zhì to cause to be compatible.
shì yìng adjustment, orientation; to adjust, familiarize with new surroundings.
shì yìng xìng flexibility.
shì yòng to apply.
shǐ yòng use, act of using; to use, put into service, employ, exercise.
shí yòng de practical, viable.
shǐ yòng fāng fǎ way of using.
shǐ yòng zhōng de engaged, occupied.
shǐ yǒu guāng zé to varnish, finish smoothly.
shǐ yǒu lián xì to connect two things.
shǐ yǒu shēng jī to animate, make alive.
shǐ yǒu xìng qù to entertain, amuse.
shǐ yǒu zhǔn bèi to prepare.
shí yù appetite.
shí yuè October.
shì yuē vow, promise.
shǐ yùn xíng to work, operate.
shǐ yùn zhuǎn to make something run or function.
shǐ zàn chéng to sell, convince someone.
shǐ zāo shòu to cause, compel, subject, expose to something.
shǐ zēng jiā to gather, gain, multiply, increase.
shì zhǎng mayor.
shǐ zháo huǒ to combust, set on fire.
shì zhě waiter.
shǐ zhě messenger.
shǐ zhèn dòng to vibrate.
shǐ zhèn jīng to shock emotionally.
shì zhèng dāng jú municipality, local officials.
shǐ zhěng jié to trim, clip, or prune.
shǐ zhěng qí to trim, clip, or prune.
shì zhèng tīng city hall.
shí zhì substance, essence.
shí zhǐ index finger.
shí zhì de substantial, true.
shǐ zhí lì to erect, raise up.
shǐ zhì xī to smother, suffocate.
shǐ zhī xiǎo make known.
shǐ zhí zhuó to cling to single-mindedly.
shí zhōng clock.
shǐ zhōng at all times, always.
shǐ zhòu qǐ to wrinkle, make wrinkles.
shǐ zhù yì to interest.
shí zì cross (as an x-shaped form or object).
shī zi lion (as an animal).
shī zi louse.
shí zì jià cross (as an x-shaped frame).
shí zì jiē kǒu crossing.
shí zì lù crossroads.
shǐ zì yóu to free.

shǐ zǒu dòng to walk, bring someone somewhere by walking.
shí zú de sheer, complete.
shǐ zūn róng to dignify, honor or distinguish.
shì zuò to think of, try.
shǐ zuò ǒu to disgust, sicken.
shǐ zuò xià to seat, sit someone down.
shǐ ... chéng nuò to commit, obligate.
shǐ ... chōng mǎn to charge (battery), fill.
shǐ ... dà chī yì jīng to astound.
shǐ ... dān xīn to concern, worry.
shǐ ... duò luò to corrupt, morally debase.
shǐ ... fā liàng to make brighter.
shǐ ... fā shēng xìng qù to interest.
shǐ ... fǔ làn shuāi bài to cause decay.
shǐ ... gān gā to embarrass. **wǒ hěn gān gā.** I was embarrassed.
shǐ ... gāo xìng to amuse, make happy.
shǐ ... guà niàn to concern, worry.
shǐ ... guān xīn to concern, worry.
shǐ ... hé shì to fit, make suitable.
shǐ ... jiǒng pò to embarrass.
shǐ ... juǎn qū to curl.
shǐ ... lěng què to cool.
shǐ ... luò kōng to defy, resist being affected.
shǐ ... shòu sǔn shī to damage, spoil.
shǐ ... wán mǎn to complete, make perfect.
shǐ ... wān qū to curve.
shǐ ... wén míng huà to civilize.
shǒu hand (as a body part).
shòu ... yǐng xiǎng undergoing.
shǒu biān de handy, accessible.
shǒu biǎo wristwatch.
shǒu cái nú miser.
shōu cáng collection.
shōu chéng crop.
shòu chóng jìng de worshiped.
shōu dào to receive, get; having received.
shòu de thin, not fat; to fetch.
shǒu diàn tǒng torch, flashlight.
shǒu dū capital.
shǒu duàn medium, means of accomplishment, policy, rule.
shōu fèi to charge, take a toll on.
shòu fēng de windy, open to the wind.
shòu gǎn rǎn de influenced.
shǒu gǎo manuscript.
shōu gē harvest, act of picking crops.
shòu hài to suffer, be in pain.
shòu hài rén victim (as in another person).
shòu huān yíng de welcome.
shōu huí withdrawal, retreat; to withdraw, take back.
shōu huò harvest, act of picking crops; to harvest.
shòu huò tíng stand, counter or booth.
shōu huò wù harvest (as in crops).
shǒu jī mobile phone, cell phone.
shōu jí collection, assembly; to assemble, gather, group or collect together.
shōu jù voucher, receipt or slip.
shòu kǔ suffering, pain; to suffer, be in pain.
shǒu líng wake.
shǒu lǐng commander, leader, chief.
shǒu nǎo head, leader.
shǒu pà handkerchief.
shòu piàn zhě victim, someone taken advantage of.
shòu piào chuāng kǒu ticket window.
shòu piào yuán conductor (bus).
shǒu qiǎo de handy, skillful.
shòu quán to authorize, warrant, grant power.
shòu qún herd.
shòu rén ēn huì de indebted, held in someone's favor.
shōu róng suǒ asylum.
shōu rù income.
shōu rù shuì income tax.

shōu rù zǒng shuì é tax allowance.
shòu shāng de wounded.
shòu shěn on trial.
shǒu shì gesture, motion, sign.
shōu shí to tidy up.
shǒu shù surgery, operation.
shōu suō to shrink, constrict.
shǒu tào glove.
shǒu tí bāo handbag.
shǒu tí jīng tǐ guǎn shōu yīn jī portable transistor radio.
shǒu wàn wrist.
shǒu xiān de first (as in first person in line).
shōu xiào dà de efficient, minimizing waste and effort.
shǒu xù fèi fee (as in handling fee).
shǒu yǎn opening (as in performance).
shōu yǎng to adopt, take in and rear somebody.
shǒu yào first, in status or occurrence.
shǒu yào de principal.
shǒu yè wake.
shòu yì to profit, benefit from, be beneficial.
shōu yì income.
shōu yì chà de lean, not prosperous.
shòu yǐ róng yù to dignify, honor or distinguish.
shòu yǔ to grant, award, invest, give power to.
shǒu zhǎng palm.
shǒu zhǐ finger on hand.
shòu zhī chí sustenance, being sustained.
shǒu zhuó bracelet.
shǒu zì mǔ de initial, first letter.
shù tree.
shǔ mouse (as in the animal); to enumerate.
shū book. **jiào kē shū** textbook. **shū shāng** bookseller. **shū jià** bookshelf. **shū diàn** bookstore.
shǔ biāo mouse, computer.
shū cài vegetable.
shū chū export; to export.
shū fáng study (as a room).
shù fù binding; to imprison.
shù gàn trunk (as in a tree).
shū hu neglect (as in appearance of a building), abandonment, oversight, mistake.
shú huí to redeem or get in exchange for something.
shú jīn price paid for release.
shù jù data.
shù jù chǔ lǐ qì data processor.
shù lí hedge (as in plants).
shū lǐ to comb.
shù lì de upright, vertical.
shú liàn de skillful.
shù liàng quantity, amount.
shū miàn de written.
shū miàn xíng shì writing, written form.
shǔ míng signature.
shù mù timber, tree; count, total number.
shū mù bibliography, list of works.
shú rén acquaintance, somebody known.
shū rù to import, bring in from trade; to enter, write in.
shú shēn releasing someone for a price.
shū shì comfort, ease.
shū shì de comfortable, comforting.
shū shu uncle, form of address for an older man, especially by children.
shú shuì slumber.
shú xǔ ... de familiar, acquainted.
shū xìn communication, letters, mail.
shù xué mathematics.
shù yè foliage; sap (as in a plant).
shù yǔ jargon.
shǔ yú to belong to.
shǔ yú zì jǐ de own.
shù zhí sum.
shù zhuāng stump.
shù zì figure, number.
shū zi comb.
shuā shàng qīng qī to varnish, put on varnish.

shuā zi brush.
shuāi bài decay, deterioration; to decline, deteriorate.
shuāi dǎo to fall, stumble, misstep.
shuāi jiāo wrestling; to wrestle.
shuāi jiāo yùn dòng yuán wrestler.
shuāi luò decay, deterioration.
shuāi ruò to fail, decline.
shuāi tuì to decay, fall into ruin, fail, decline.
shuāi wáng to decay, fall into ruin.
shuài xiān initiative, introductory step.
shuān to tie, attach with cord.
shuān jǐn to fasten, attach.
shuāng frost; couple, pair.
shuāng bāo tāi zhī yī twin, born together.
shuāng chéng piào round-trip fare.
shuāng dòng frost.
shuāng fāng both.
shuāng guān yǔ double entendre, pun.
shuí who, whom, which person.
shuì toll, fee, duty, government tax.
shuǐ water, liquid itself.
shuǐ bà dam.
shuǐ bēi drinking glass.
shuǐ cáo sink.
shuí de whose.
shuǐ de gōng yìng water, water supply.
shuǐ guǒ fruit, edible part.
shuì jiào sleep; to sleep.
shuì jīn tax.
shuǐ lòu hourglass.
shuì mián rest, sleep or relaxation.
shuǐ mǔ jellyfish.
shuǐ ní cement.
shuǐ pào bubble, blister.
shuǐ pén basin, washbowl.
shuǐ píng level, degree.
shuǐ píng de horizontal, lying flat.
shuǐ píng miàn flat surface.
shuì wǔ jiào to take a nap.
shuǐ yín mercury.
shuǐ yuán water, water supply.
shuǐ zāi flood.
shuǐ zhá water gate, floodgate.
shuì zhe to sleep.
shuǐ zhēng qì steam, vapor.
shùn cóng compliance, obedience; to resign oneself to, comply with, obey.
shùn cóng de submissive, yielding, obedient; obediently.
shùn jiān flash, second, moment, short interval of time. **děng yǔ huì!** Just a moment!
shùn jiān de instantaneous, immediate.
shùn lì de smooth, unobstructed.
shùn xù order, organization.
shuō to say, speak, tell.
shuō chū to speak, say out loud, voice.
shuō fǎ version, a particular description.
shuō fú to persuade, influence, reason with.
shuō hú huà to speak without reason.
shuō huà to talk, discuss, utter.
shuō huà zhě speaker (as a person).
shuō huǎng to lie, deceive.
shuō huǎng dē rén liar.
shuō míng description, statement, explanation; to illustrate, show, explain, clarify.
shuō míng de explanatory.
shuō mǒu zhǒng yǔ yán to speak, use a language. **nín shuō yīng yǔ ma?** Do you speak English? **wǒ shuō zhōng wén.** I speak Chinese.
shuō qǐ mention; to point out.
shuō shí huà to tell the truth.
shuō xiào hua to crack a joke.
sì four; temple.
sǐ to die.
sī silk; tear, act of tearing; to tear apart.
sī chóu silk.
sì chù màn yóu to wander.
sī dài ribbon.
sǐ de dead, not alive.
sī fǎ law administration.
sī fǎ de relating to justice.
sì fēn zhī yī quarter (as in

proportion).
sì hū to seem.
sī jǔ driver, person who drives.
sī jiàn conceit, opinion.
sī kǎo to speculate, think about.
sī kǎo lì thought, reasoning.
sī kù treasurer.
sī lì self, what is in one's interests.
sī lǐ lán kǎ Sri Lanka.
sī liè to tear apart.
sī lìng guān commander.
sì lún mǎ chē wagon.
sī mì de confidential, private, personal.
sì miàn around.
sǐ qù to perish, die.
sī rén de intimate, personal, private.
sī róng velvet.
sì shí forty.
sī suǒ meditation, thinking, contemplation; to meditate, contemplate.
sǐ wáng death, end of life; to die, depart, expire.
sǐ wáng shì gù fatal accident.
sǐ wáng zhuàng tài death, being dead.
sì wú jì dàn de unscrupulous.
sī xiǎng idea, thought.
sī xīn self, what is in one's interests.
sǐ xíng capital punishment.
sī yǎ de hoarse.
sì yǎng chǎng farm of livestock.
sì yín de looking like silver.
sī yǒu de private, non-government.
sì yuè April.
sǐ zhě dead person.
sòng to send, put someone on his or her way.
sōng chí to loosen.
sòng gěi to give, present.
sōng jǐn dài elastic.
sōng kāi to undo, untie, come open.
sǒng rén tīng wén de sensational, very interesting or exciting.
sōng sǎn de loose, not tied up.
sōng shù pine.
sōng shǔ squirrel.
sōng xiè to lessen.
sǒng yǒng to tempt, try to lead astray.
sōu suǒ search; to search, hunt for, examine carefully.
sōu xún search.
sù dù speed, rate of motion, velocity.
sù jì shorthand, stenography.
sù jì fǎ stenography.
sù jì yuán stenographer.
sù kǔ to complain, show discontent.
sù liào de plastic.
sù lǜ velocity.
sú qì worldliness.
sù shí de instant, prepared food.
sù sòng lawsuit.
sù xiàng statue.
sū xǐng to wake, remain awake.
sù yíng to camp.
sù zào to form, shape, mold.
suān acid.
suān de sour, acidic.
suàn fǎ arithmetic.
suàn shù arithmetic.
suàn tóu garlic.
suàn zuò to consider.
suì decorative fringe.
suí biàn tí dào to glance, refer to briefly.
suì dào tunnel.
suì diào to crash into pieces.
suí jìng to pacify.
suì piàn chip, fragment.
suī rán although, though, despite, in spite of.
suí shí any minute now.
suì shú asleep.
suì xiè crumb.
suì zháo asleep, sleeping.
sǔn hài damage, injury, harm; to harm, hurt.
sǔn huài to damage, harm, ruin, corrupt, spoil.
sǔn huài de damaged.
sūn nǚ granddaughter.
sǔn shī expense, sacrifice.
sǔn shī cǎn zhòng de disastrous.
sǔn shī de dōng xī loss (as in dead person).
sǔn shī de shù liàng loss (as in quantity).
sūn zi grandson.

suǒ lock; line, rope or wire; station, place of service.
suō duǎn shorten.
suō huí to pull back in.
suō jiǎn to make less.
suǒ qǐ lái to lock.
suǒ shàng to lock.
suǒ shì trifle, something of little value.
suǒ shòu chéng fá punishment (as in fine or sentence).
suǒ suì de petty, minor, frivolous, trivial.
suō xiǎo to diminish, shrink, lessen.
suō xiě abbreviation; to abbreviate.
suǒ yǐ therefore.
suǒ yǐn index, list.
suǒ yǒu de all, every, entire, total, whole.
suǒ yǒu rén owner.
suǒ yǒu zhě master, one in control.

T

tà to trample with feet.
tǎ pagoda.
tā he, she, him, her, it. **tā zài zhè ér.** It's here. **yǐ jīng hěn chí le.** It's late. **tā de** its. **tā zì jǐ** itself. **tā běn shēn** itself.
tà bǎn pedal.
tā běn rén herself, himself.
tā de her, hers, his.
tā fāng landslide.
tā men they, them.
tā men běn shēn themselves.
tā men de their, theirs.
tā men zì jǐ themselves.
tā qīn zì by herself, himself.
tā zì jǐ herself, by herself, himself, by himself.
tái platform (as for performance); to lift, carry physically.
tái běi Taipei.
tài dù attitude, state of mind.
tài duō too many.
tái gāo to uphold, hold high.
tài guì de too expensive.
tài guó Thailand.
tái jiē tà bǎn step, like stairs.
tài kōng space, outer space.
tài píng de peaceful.
tài píng yáng Pacific Ocean.
tái qǐ upheaval, being heaved upward; to become higher, to rise.
tài shǎo de scanty.
tái wān Taiwan.
tài yáng sun.
tài yáng néng solar energy.
tǎn bái de frank. **lǎo shí shuō.** Let me be frank.
tàn cè to explore.
tān chī de greedy, gluttonous.
tán huà conversation, talk; to converse, talk, discuss.
tān huàn paralysis.
tán huáng spring, coiled metal.
tàn jiū to dig, discover after much work, investigate.
tǎn kè tank, armored vehicle.
tān lán de greedy, always wanting to acquire.
tān lán de rén shark, ruthless person.
tán lùn to point out.
tán pàn negotiation.
tàn qì sigh; to sigh.
tàn suǒ to grope (as in grope for meaning).
tàn wàng to visit, be with to help or console.
tàn xī sigh; to sigh.
tán xìng flexibility.
tǎn zhí de frank.
tǎn zi blanket.
táng sugar.
tǎng to lie, recline.
tāng soup.
táng guǒ candy, sweets.
táng jiāng syrup.
tǎng xià to lie down.
táng xiōng dì jiě mèi cousin (on paternal side).
tào covering.
táo bì evasion; to evade, avoid.
táo hóng sè de peach (as in color).
tǎo jià to ask price.

tǎo lùn discussion, account, conversation about something; to discuss, talk about.
tǎo lùn huì workshop, meeting or seminar.
táo pǎo to run away, flee, escape.
táo pǎo de loose, free.
táo pǎo de shǒu duàn way to escape.
táo qì mischief, practical jokes.
táo qì de mischievous, naughty.
tǎo rén xǐ huān de pleasant, agreeable.
táo shù peach tree.
táo shuì tax evasion.
táo tuō to escape, break free, get away, run away.
táo wáng zhě fugitive.
tǎo yàn to hate, dislike, have an aversion to something.
tǎo yàn de hateful, horrible, unpleasant, nauseating.
tào zhuāng suit, clothes.
táo zi peach tree.
táo zuì de drunk with emotion.
tè bié especially.
tè bié dài yù privilege.
tè bié de out of the ordinary, individual, special, distinct, particular, noteworthy; particularly, specifically.
tè bié kuài chē express train.
tè bié xǐ huān de rén favorite person.
tè bié xǐ huān de shì wù favorite thing.
tè diǎn feature, distinguishing quality.
tè dìng yǐn shí diet (as in for losing weight).
tè jì stunt, daring feat.
tè jí de superior.
tè quán privilege.
tè sè personality, characteristic behavior.
tè shǐ ambassador, envoy.
tè shū de individual, particular, specific, distinct.
tè xìng character, attribute, property, quality, trait.
tè xǔ license, lawful authorization.
tè yǒu de peculiar, belonging to particularly, innate.
tè zhēng distinction, distinctive attribute, feature, nature, distinguishing quality.
téng tòng pain, ache, physical distress.
téng tòng de sore.
tí hoof; to lift, carry physically.
tì to shave.
tī to kick.
tí cái subject, work of art.
tí chū proposal, submission; to interpose, intervene, introduce, present for consideration, submit, offer.
tí chū ... zuò wéi fǎn duì lǐ yóu to raise an objection on the grounds that ...
tí chū sù sòng to sue.
tí chū yì yì to protest, oppose.
tí cí inscription, motto, product slogan.
tì dài to substitute.
tì dài pǐn substitute.
tì dài zhě substitute.
tì dāo razor.
tí gāng outline, summary of text.
tí gāo to exalt, elevate to higher status, raise, lift, increase.
tí gāo dì wèi to lift (as in condition or rank).
tí gōng offering, contribution; to contribute, offer, present.
tí gōng bǎo hù de giving protection.
tí gōng de dōng xi offering, object presented.
tí gōng huò wù to stock, provide with.
tí gōng jī jīn to fund, provide funding.
tí gōng zuò wèi to sit, provide a seat for.
tì huàn shift, type change.
tǐ huì realization; to realize.
tí jí to mention. **bié kè qì.** Don't mention it.
tǐ jī volume (as in amount of space).

tī jí step (as in stairs).
tǐ jī dà de voluminous, having great volume.
tí jiāo to submit, offer (as in a theory).
tí kuǎn to withdraw, take out money.
tǐ lì sinew.
tí liàn to make pure.
tǐ liàng consideration (as in concern for someone); to consider, show consideration.
tí míng nomination, proposal for candidacy; to nominate, offer as candidate, to entitle, name.
tí mù title (as in a book).
tí qián ahead.
tí qián de early, before anticipated time.
tí qǔ wù extract (as in vanilla extract).
tí shén act of refreshing.
tí shén wù that which refreshes.
tí shēng exaltation; to exalt, elevate to higher status.
tǔ shēng to promote.
tǐ tiē de thoughtful, considerate.
tí wèn to question, pose a question.
tǐ wēn guò dǔ hypothermia.
tǐ xì structure, system of parts.
tǐ xiàn to interpret, embody.
tí xǐng to help remind.
tì xū dāo razor.
tǐ yàn experience; to experience, undergo.
tǐ yàn dào to experience, learn.
tí yì proposal, suggestion; to propose, offer, suggest.
tǐ yù athletics, physical education.
tǐ yù chǎng stadium.
tǐ yù jiā athlete.
tí zi hoof.
tì ... xuě chǐ to avenge.
tiǎn to lick.
tiān sky.
tián cài beet.
tiān cái genius, talent, endowment.
tián chōng to fill, fill up, stuff.
tián de sweet, like sugar.
tiān é swan.
tiān é róng velvet.
tiān fèn genius, gift, talent.
tiān huā bǎn ceiling.
tiān jiā to add, attach.
tiān kōng heaven, sky.
tián mǎn to stuff.
tián mì something pleasant, sweetness.
tiān nà heavens.
tiān píng scales.
tiān qì weather.
tiān rán de natural, genuine.
tiān shēng de inborn, inherent, innate.
tiān shǐ angel.
tiān táng heaven, divine.
tiān wén tái observatory.
tiān xiàn antenna.
tián xiě to write, fill in or cover with writing.
tiān xìng nature, inherent traits.
tián yuán de rural.
tiān zhēn de naïve, innocent and inexperienced.
tiān zhǔ jiào de Catholic.
tiān zī genius, high ability; instinct, innate ability.
tiáo band, strap; bar.
tiào to spring, leap.
tiáo gēng spoon.
tiào guò to leap, jump over.
tiáo hé agreement; to temper, change.
tiáo jiàn condition, prerequisite.
  tiáo jiàn shì on the condition that.
tiáo jiě to adjust, mediate.
tiǎo jiě rén intermediate, mediator.
tiáo kuǎn article or clause in a contract, item, provision, term of an agreement.
tiáo lì statute, rule.
tiáo lǐ order.
tiào qǐ the act of jumping.
tiào shuǐ to dive, plunge.
tiáo tíng to mediate.
tiào wàng to overlook, survey.
tiáo wèi liào spice.
tiáo wèi pǐn flavor, flavoring, food condiments.

tiáo wèi zhī sauce.
tiáo wén stripe.
tiào wǔ to dance, move to music.
tiǎo xìn challenge, defiance.
tiāo xuǎn selection, choice; to pick, choose, elect, select.
tiāo xuǎn chū to sort out.
tiáo yīn to tune, put in right pitch.
tiáo yuē treaty.
tiào yuè jumping, leap; to bound, leap, jump around, spring off.
tiǎo zhàn challenge, defiance; to challenge.
tiáo zhěng to tune, make harmonious, correct, remedy.
tiě iron, metal.
tié guǐ railroad tracks. **huǒ chē zhàn** railroad station. **tiě lù** railroad.
tiě qiāo shovel, spade.
tiē shàng to attach, add to.
tiē yóu piào to stamp, put on postage.
tiē zhǐ tag.
tíng to cease, stop.
tīng to hear, listen.
tíng chē parking; to park.
tíng chē chǎng parking space, parking lot.
tíng chē wèi (allotted) parking space, taxi stand.
tīng cóng to follow, obey, act dutifully.
tīng dǒng understand someone's meaning.
tǐng ér zǒu xiǎn de desperate, reckless.
tíng fàng to park.
tīng jiàn to hear.
tīng jué hearing, one of five senses.
tīng lì hearing, ear for something.
tíng liú stay.
tíng liú chù stop, place where one stops.
tīng qǐ lái xiàng to sound, give an impression.
tīng rèn to allow, let happen, resign oneself to.
tīng shuō to hear, be informed through hearing or by being told.
tíng xià lái to stop.
tīng xiě dictation, transcription.
tíng yè to shut, stop a machine.
tíng yuàn courtyard.
tīng zhèng huì hearing, witness testimony.
tíng zhǐ stopping, discontinuation; to quit, stop, cease, discontinue, desist.
tíng zhì de dead, stagnant.
tīng zhòng audience, listeners.
tóng and, as well as.
tòng ache; to ache.
tǒng barrel, pail.
tóng bàn companion.
tóng bàn de fellow.
tōng bào to notify.
tōng cháng in general, mostly, typically.
tōng cháng de usual, common.
tǒng chóu to organize, sort out.
tòng dǎ to thrash.
tōng dào passage, passageway; to go, stretch from here to there.
tòng de sore.
tóng děng equality.
tōng fēng ventilation.
tōng fēng shè bèi ventilator.
tōng guò passage, migration; to pass, succeed on a test; through doing something, by means of.
tóng háng people working in an industry.
tòng hèn horror, much dislike.
tóng huà fable, fairytale, often moral.
tōng huò péng zhàng inflation (as in economy).
tǒng jì de statistic.
tòng kǔ pain, suffering, misery.
tòng kǔ torment, great pain, torture.
tòng kǔ de miserable.
tóng méng alliance, union, a group made by uniting.
tóng méng guó ally (as in countries).
tóng méng tiáo yuē agreement between alliance members.
tóng méng zhě ally (as in people).

tóng qíng pity, compassion, sympathy; to pity.
tōng qíng dá lǐ de understanding.
tóng qíng de sympathetic, with sympathy.
tóng qíng xīn sympathy.
tóng shí together, at the same time.
tóng shì co-worker.
tóng shí dài de contemporary, of same period.
tóng shí dài de rén contemporary, person of same period.
tóng shí dài de rén somebody of the same generation, contemporaries.
tóng shí de simultaneous.
tóng shì de fellow, colleague.
tóng shí fā shēng de simultaneous.
tǒng shuài to command, have authority.
tōng sú de popular, reflecting the general public.
tòng xī to deplore.
tōng xiǎo to understand clearly.
tōng xìn correspondence, writing letters; to communicate, exchange letters, correspond with.
tóng xìng liàn homosexual.
tóng xìng liàn de gay, homosexual.
tōng xíng zhèng pass, ticket.
tōng xùn yuán correspondent.
tóng yàng also.
tóng yàng de identical, same; likewise, so, this way. **wǒ zhè yàng rèn wéi de.** I think so.
tóng yì agreement, accord, consent, approval; to agree, come around, change opinion, grant.
tóng yī sameness.
tǒng yī unity, uniformity; to unify.
tóng yī de identical, same, one, united; uniformly.
tóng yī rén same person.
tóng yī wù same thing.
tǒng zhì rule; to govern, rule.
tōng zhī notice, public announcement, information; to announce publicly, inform, notify.
tǒng zhì zhě ruler, ruling class, monarch.
tóng ... dòu zhēng to fight, strive.
tóng ... yī yàng as.
tōu to steal.
tóu bù head (as in body).
tóu děng de first class.
tóu fa méi shū de unkempt, not combed.
tóu fa péng luàn de unkempt, not combed.
tóu gǔ skull.
tóu hūn yǎn huā dizziness.
tóu jī venture as in business; to gamble, risk.
tóu jīn hood, scarf.
tòu míng de sheer, transparent, see-through, clear.
tóu nǎo intellectual ability.
tóu nǎo qīng chǔ de sane.
tóu piào vote, choice of candidate; to vote.
tóu piào shù number of votes cast.
tōu qiè thievery.
tóu rù investment of time or energy; to engage in, throw oneself into, devote.
tóu sù formal complaint.
tóu tòng headache.
tóu xiáng surrender; to surrender, give up control of.
tóu yìng to project, show an image.
tōu yùn to smuggle.
tóu yūn yǎn huā de dizzy.
tóu zhì to project, propel, shoot out.
tóu zī investment, the act of investing; to invest in stocks.
tóu zī é investment, money.
tú àn pattern (as in diagram).
tú biǎo scheme, diagram.
tù chū to spit out of mouth, vomit.
tū chu dì wèi foreground.
tǔ dòu potato.
tú dú yú to poison something.
tǔ ěr qí Turkey.
tū fā to explode, burst out.
tū fā shì jiàn incident.
tú fū butcher. **ròu diàn** butcher

shop.
tú hù butcher.
tú huà picture.
tú jiě illustration, scheme, design, visual matter.
tú jìng door, way, means, strategy.
tú láo in vain.
tú liào paint.
tú piàn graphics.
tū rán all at once, suddenly.
tū rán de sudden, sharp, acute.
tū rán shuō chū to spit, emit quickly.
tū rán tiào chū to spring, move suddenly.
tū rán xí jī to overtake, assail abruptly.
tǔ rǎng land, soil.
tú shàng to smear, stain.
tú shì illustration, visual matter.
tú shū guǎn library.
tù tuò mò spit, act of spitting.
tú zǎi slaughter, killing animals; to slaughter animals.
tú zhāng stamp, impression.
tù zi rabbit.
tuán lump, mass, military regiment of soldiers.
tuán jié unity, agreement, accord; to unite for a common purpose.
tuán jié yī zhì de united, harmonious.
tuán tǐ group connected in some way.
tuì to move back.
tuǐ leg.
tuī shove; to push against, shove.
tuī cè guess, estimation; to guess, estimate, speculate, jump to conclusions.
tuī chí to put off.
tuì chū to withdraw, stop participating, exit.
tuī dòng to push, move.
tuī duàn inference, the act of inferring; to infer, conclude.
tuī duàn de jiē guǒ inference, something inferred.
tuī fān to overthrow.
tuī guǎng to introduce, set up new fad, promote.
tuī jiàn act of recommending; to recommend, nominate.
tuī jìn to advance or promote, push through.
tuī kāi shove.
tuī lǐ inference, the act of inferring, reason; to infer, conclude.
tuī lǐ fāng shì logic, reasoning.
tuī lùn to refer from.
tuì què act of withdrawing; to withdraw or retreat.
tuì suō to recoil or shrink back (as in fear or disgust), to move back.
tuī xíng to enforce (as in enforce rules).
tuì xiū to stop working, retire.
tuì xiū jīn pension.
tuì yǐn to go somewhere to rest.
tún bù buttocks, hip.
tūn mò to devour, destroy.
tūn shì to swallow, use up.
tūn yàn act of swallowing; o swallow, take into stomach.
tuō to drag, haul.
tuō bǎ mop.
tuō cháng to drag, tiresomely draw out.
tuō ér suǒ nursery.
tuō fù to trust, put in another's care.
tuō guǐ departure, deviation.
tuō lí to move away from a group; from (as in prevent someone from doing something).
tuō luò to peel, paint or bark.
tuō qù miàn jù to unmask, take off one's mask.
tuō shuǐ bǎo cún to dry for preservation.
tuǒ xié slipper; compromise, concession; to compromise, come to terms.
tuò yè spit, saliva.
tuō yè to trail, drag behind.
tuō yī fú undress.
tuǒ yuán xíng oval.
tuǒ yuán xíng de oval.

W

wǎ tile.
wā to scratch with claws or nails, to dig as with a shovel.
wā kǔ to mock, tease.
wā kǔ de sarcastic.
wà lèi hosiery.
wǎ piàn tile.
wǎ tè watt.
wài biǎo look, face, appearance.
wài biǎo de external, superficial.
wài bù outside, exterior.
wài bù de external, exterior, outer.
wài céng kōng jiān outer space.
wài dì de foreign, something that is not native.
wài dì rén foreigner, outsider.
wài guān face, outward appearance.
wài guó de foreign, something that is not native.
wài guó rén foreigner, from another place.
wài jiāo diplomacy.
wài jiāo bù Ministry of Foreign Affairs, (US) State Department.
wài jiāo guān diplomat.
wài kē xué surgery, branch of medicine.
wài kē yī shēng surgeon.
wài lái de foreign to body.
wài mào face, outward appearance; foreign trade.
wài miàn outside, exterior.
wài miàn de exterior, external.
wài pí skin, peel, external layer of something.
wāi qū to distort, be misleading.
wài sheng nephew.
wài sheng nǚ niece.
wài tào coat, overcoat.
wài xíng figure, outline, silhouette, shape.
wài yī coat.
wài yòng jiǔ jīng rubbing alcohol.
wài zài de exterior, from outside source.
wán to play, have fun.
wàn wrist.
wǎn bowl.
wǎn ān Good evening./Good night.
wán bì to finish, end.
wǎn cān supper.
wán chéng perfection, completion; to accomplish, get done, complete, carry out, finish.
wán chéng de complete, carried out.
wǎn de tardy, late.
wān dòu pea.
wàn gǔ eon.
wán gù de stubborn.
wán hǎo de whole, unhurt.
wǎn huí to redeem.
wǎn jiān evening.
wǎn jiù to save, rescue.
wǎn jiù fāng fǎ help, relief.
wán jù toy.
wǎn jù to decline.
wǎn le late.
wān lù detour.
wán měi perfection, excellence; to improve.
wán měi de ideal, optimal, perfect, faultless; perfectly.
wǎn nián sunset, decline.
wán ǒu doll.
wán pí mischief, practical jokes.
wán pí de disobedient, naughty.
wán qiáng de unyielding, not to be persuaded.
wān qū to bend, curl, curve, twist.
wān qū de crooked, not straight.
wán quán all, complete, entire, total; quite, very, completely.
wán quán de complete, total, entire, pure, sheer; fully, utterly, completely.
wán shàn increasing or improving.
wǎn shàng hǎo Good evening.
wán shuǎ to play in a recreation.
wān wù toy.
wǎn xī to regret or a feeling of loss.
wān yán qián jìn to wind along a path or road.
wán zhěng de integral, complete.
wán zhěng de whole, undivided.
wǎng net, woven threads; for (as in left for home).
wǎng ... kàn to look, direct one's

glance.
wàng ēn fù yì ingratitude.
wàng ēn fù yì de ungrateful.
wǎng fǎn piào round-trip fare.
wáng guó loss of one's country.
wáng hòu queen, king's wife.
wàng jì to forget, not remember.
wǎng lóu shàng upstairs, up the stairs, the higher floor.
wáng mìng zhě fugitive.
wáng pái trump.
wǎng qiú tennis.
wáng quán majesty, throne, royal rank or power.
wǎng shì past, former experiences.
wáng shì de of or relating to the royal family.
wǎng wài de out (as in direction).
wǎng xī de toward west.
wèi stomach; for (as in do something for someone).
wēi to stew.
wèi ... jǔ xíng hūn lǐ to wed, officiate at a marriage.
wèi ... pèi zhì gōng zuò rén yuán to staff, give workers.
wèi ... què dìng shí jiān to time for an event.
wèi ... zuò zhǔn bèi to set the stage for.
wěi ba tail of an animal.
wèi bèi chéng rèn de unrecognizable.
wēi bēi de rén annoying person.
wéi bèi nuò yán to break a promise.
wèi bèi shǐ yòng de unused, unoccupied.
wēi bī to intimidate.
wēi bō microwave.
wēi bù zú dào de trifling.
wèi chéng nián rén minor, under 18 years of age.
wéi chí maintenance, endurance; to maintain, persist, stay a certain way, last, endure.
wéi chí shēng mìng suǒ bì xū de vital, necessary for life.
wèi chū xí to miss, skip an event.
wěi dà greatness.
wèi dá dào to miss, fail to hit.
wěi dà de giant, great, very important.
wèi dào taste as in sweet, salty, etc.
wéi fǎ offense, misdemeanor.
wèi fā biǎo guò de unpublished.
wéi fǎn to break a rule, violate, disobey, sin, do something offensive.
wéi fǎn mǒu rén de yì yuàn against one's will.
wēi fēng breeze.
wēi fēng lǐn lǐn de awesome, powerful, fearful.
wéi gān mast.
wèi gǎn shàng to miss, fail to hit.
wéi gōng siege.
wèi gōng kāi chū bǎn de unpublished.
wēi guāng twilight, dimness.
wéi guī tíng chē fá dān parking ticket.
wēi hài mischief, damage. **wèi hūn de** single, unmarried. **wèi hūn nǚ zǐ** maid, unmarried female. **wēi jī** crisis. **wēi jí de** critical, dangerous. **wèi jī zhòng** to miss, fail to hit. **wēi jí zhuàng tài** critical condition. **wèi jiā gōng de** unprocessed. **wèi jiě jué de** undecided.
wéi jīn scarf.
wèi jué taste, sense.
wèi jué dìng de undecided.
wěi jūn zi hypocrite.
wèi kāi huà de savage, uncivilized.
wèi kàn dào to miss, overlook.
wèi kǒu appetite. **shī qù wèi kǒu** to lose one's appetite.
wèi lái future, in the future.
wēi làn to stew.
wèi le for, on order to, for the sake of.
wèi lǐ jiě to miss, overlook.
wēi liàng hint, little bit of something.
wèi mǎn zú de unsatisfied.
wēi miào subtlety.
wēi miào de subtle, slight, delicate,

tactful.
wēi miào de jú shì a delicate situation.
wēi miào zhī chù subtlety.
wēi nàn distress, urgently in need of aid.
wéi nán zhī chù inconvenience, something inconvenient.
wěi pài appointment, designation; to appoint, designate.
wéi qiáng wall.
wéi qiáng mén gate.
wéi qún apron.
wéi rén to conduct, behave.
wěi rèn commission, official clearance, authorization; to authorize somebody to do something, appoint.
wěi rèn zhuàng power of attorney, letter of appointment.
wēi ruò feeble, ineffective, weak, etc.
wěi shàn hypocrisy.
wěi shàn zhě hypocrite.
wèi shén me how, why.
wéi shēng sustenance, keeping healthy, cleanliness, sanitation.
wèi shēng de sanitary.
wèi shēng jiān toilet, bathroom or stall.
wèi shēng jīn sanitary napkin, tampon.
wèi shēng mián sanitary napkin.
wēi shēng wù germ (as in biological).
wèi shòu shāng hài de unharmed.
wèi shòu sǔn de unhurt.
wèi shuō chū de silent, unspoken, tacit.
wèi suō to shrink from fear.
wěi tuō to authorize, entrust, grant power.
wěi tuō to commit, entrust to, delegate, put in one's care.
wèi wán chéng de incomplete.
wēi wàng prestige.
wēi xiǎn peril; in danger.
wēi xiǎn de dangerous, unsafe.
wēi xiǎn wù danger, something dangerous.
wēi xiào smile; to smile.
wēi xiǎo de slight, small, tiny, unimportant.
wēi xié threat, danger; to threaten, show a threat.
wěi xiè de filthy, obscene.
wēi xìn authority, power, prestige.
wéi xiū to maintain, keep in good condition; upkeep, maintenance.
wéi yī de only, lone, singular, unique, sole; solely.
wèi yì shī dào de unaware.
wèi yú to be located, stand, be standing.
wèi yú gāo dì de elevation of ground.
wèi yú ... zhī cè to flank, located at flank.
wěi yuán huì commission, group of people, committee.
wéi zhe around.
wèi zhì position, location, station.
wèi zhī de unknown, not known.
wèi zhì jiǎo gāo de upper in position or rank.
wéi zhù enclosure, being enclosed; to enclose, surround.
wěi zhuāng in disguise.
wěi zhuāng mask, something that conceals; in disguise; to pretend, fake.
wèi ... bào chóu to avenge.
wèi ... bǎo xiǎn to insure, give insurance. **wèi ... biàn hù** to exculpate. **wèi ... fú wù** to favor, act with kindness. **wèi ... jiā miǎn** to crown. **wèi ... tí gōng dì fāng** to harbor, supplies with home, dwelling, etc. **wèi ... tí gōng fǎ lǜ yī jù** to reason legally. **wèi ... xià dìng yì** to define, state meaning.
wén smell, act of smelling; to smell, use sense of smell.
wèn to question, ask, query.
wěn kiss.
wēn dài temperate zone.
wén dào to smell something.
wěn dìng de steady, unchanging.

wēn dù temperature.
wēn dù jì thermometer.
wěn gù de steady, sturdy, firm, solidly in place.
wēn hé mildness.
wēn hé de mild, easy-going, peaceful, moderate, temperate, sympathetic.
wèn hòu salutation, greeting; to salute, greet.
wèn jià to ask price.
wén jiàn document, official paper.
wén jiàn jiā file, container.
wén míng civilization.
wén míng de well-known, famous.
wēn nuǎn mildness, warmth, slight heat.
wēn nuǎn de warm, slightly hot.
wēn quán hot spring.
wēn rè de tepid, warm.
wēn róu de tender, gentle.
wèn tí problem, math question, query; difficulty.
wēn xí to review, repeat study.
wén xiàn references, resources, detailed bibliography, literature on a specific field.
wén xiàn xué bibliography.
wén xué literature, general body of writing.
wén xué de literary, relating to writers.
wén yǎ de elegant.
wén zhāng article, writing or written work.
wén zhāng essay.
wén zi mosquito.
wén zì chǔ lǐ ruǎn jiàn word processor.
wén zì de literary, relating to literature.
wǒ I, me.
wō nest of a bird.
wǒ běn rén myself.
wō cáng to harbor (as in harbor criminal).
wǒ de my, mine.
wǒ de míng zi shì My name is …
wǒ jiào My name is …
wǒ men we, us.
wǒ men de our, ours.
wǒ rèn wéi in my opinion.
wò shì bedroom.
wò zhù to grasp.
wǒ zì jǐ myself.
wù fog; thing, substance of something.
wǔ five.
wù bì without fail.
wú biān de without boundaries.
wú biàn huà de monotonous.
wú biàn huà de same, alike.
wú biān mào cap, skullcap.
wǔ cān lunch.
wú cháng uncertainty.
wú chǐ de shameless.
wú chù nowhere.
wǔ dǎo act of dance.
wū diǎn stain on one's character.
wū dǐng roof of a house or building.
wú dìng xíng de shapeless.
wú dòng yú zhōng de numb, unresponsive, untouched.
wú è yì de harmless.
wú fǎ biǎo dá de inexpressible.
wú fǎ gǎi biàn de unchangeable.
wú fǎ mí bǔ de irreparable.
wú fǎ miáo huì de unspeakable, not describable.
wú fǎ rěn shòu de intolerable, unbearable.
wú fǎ shuō míng de inexplicable.
wú fǎ xiǎng xiàng de unthinkable, impossible to imagine.
wú fǎ yù jiàn de unforeseen.
wú fèng de seamless.
wú gǎn jué de dead, unresponsive, insensitive.
wú gù without cause.
wú guān jǐn yào de indifferent, not mattering.
wú hài de harmless.
wū hé zhī zhòng mob.
wǔ huā bā mén de miscellaneous.
wú huā guǒ fig, fruit and its plant.
wú huā guǒ shù fig, fruit and its plant.
wù huì to misunderstand.
wǔ huì dance, social event, ball.

wū huì de filthy, dirty.
wū jì stain, spot.
wú jī zhī tán lie.
wú jià zhí de worthless.
wù jiě mistake, misunderstanding, mix-up; to misunderstand.
wǔ jīn diàn hardware store.
wǔ jīn qì jù hardware, supplies that are metal.
wú jīng yàn de green, inexperienced.
wú jū shù de without restraint.
wǔ kě zhēng biàn de undeniable.
wú lì incapacity.
wú lǐ impertinence.
wǔ lì force (as in used force to stop someone).
wú lì de weak, faint, feeble, not having strength.
wú lǐ de rude, offensive, impertinent, impolite.
wù lǐ de physical (as in science).
wù lǐ xué physics.
wú liáo de silly, not serious.
wú lùn whatever, no matter what.
wú lùn hé chù anywhere, wherever.
wú lùn nǎ gè any, whichever.
wú lùn nǎ lǐ wherever.
wú lùn rú hé in any case, however.
wú lùn shén me shí hòu whenever, at whatever time that.
wú lùn shuí whoever.
wú lùn yòng shén me bàn fǎ anyway, however possible.
wú lùn zài shén me dì fāng wherever.
wū miè to smear reputation.
wú míng de anonymous.
wú míng zhě unknown, that which isn't known.
wú néng incapacity.
wú néng lì disability, incapacity.
wú néng lì de incapable, unable.
wú pèi duì de odd (as in number).
wù pǐn item, goods, ware.
wū pó witch.
wǔ qì arms, weapon.
wú qíng de relentless.
wú qióng dà infinity.
wú qióng de infinite, limitless.
wú qióng wú jìn de inexhaustible, unlimited, unfailing.
wú qù de boring, dull.
wū rǎn pollution; to poison, contaminate.
wú rén de empty, without occupants.
wú rén shòu huò de self-service check out.
wú rén xìng de inhuman.
wú rén yān de uninhabited.
wǔ rǔ insult, outrage, offensive act; to outrage, affront, insult.
wú shēng qì de inanimate.
wǔ shí fifty.
wǔ shì warrior.
wú shì de not busy.
wú sī xīn de unselfish.
wú sǔn de safe, unhurt.
wù tǐ object, thing.
wú tiáo jián de unconditional.
wú wèi de fearless, unflinching, gallant.
wū wù dirt, filth, soil, dirty material.
wú xiàn infinity.
wú xiàn de infinite, limitless.
wú xiàn diàn huà cordless phone.
wú xiàn diàn tōng xùn telecommunications.
wú xiàn tōng xùn communication with radio waves. **guǎng bō diàn tái** broadcasting company. **wú xiàn diàn guǎng bō** radio broadcast.
wú xiàn zhì de unlimited, without restrictions.
wú xiàn zhì de unrestricted.
wú xiàn zhì rù kǒu unrestricted access.
wú xīn de unintentionally.
wú xíng de invisible, imperceptible.
wū yā crow.
wú yǎn shì de naked, bare of covering.
wǔ yè midnight.
wū yè sobbing; to sob, whimper.
wú yè de naked, bare of vegetation.
wū yè zhe shuō to whimper.

wú yí de sure, doubtless, certainly; surely.
wú yì de involuntary; useless, in vain.
wú yì shī de unconscious, knocked out.
wú yì yì unanimity.
wú yì yì de insignificant, senseless, without meaning.
wú yì zhōng unconsciously.
wù yòng misuse, vanity, worthlessness; to misuse, use improperly.
wú yòng de useless.
wú yǒng qì de not brave.
wú yōu de no worry or fear, etc.
wú yǔ lún bǐ de incomparable, fabulous beyond comparison.
wǔ yuè May.
wú yùn shī blank verse.
wú zhē gài de open, without cover.
wú zhī innocence, purity, naïveté, ignorance.
wù zhì matter, substance, what something is made of.
wú zhī de ignorant.
wù zhì de physical, worldly.
wú zhī jué de senseless, unconscious.
wú zhì xù disorder, no order.
wú zhòng dà shì gù de uneventful.
wú zhòng dà shì jiàn de uneventful.
wú zuì innocence.
wú zuì de innocent, pure.

X

x guāng x-ray.
xì faculty, college department; to tie, attach with cord.
xǐ wash, process of cleaning; to wash, cleanse.
xī tin, as in metal; west; to cease, stop; to take in (as in water).
xǐ ài fondness, liking; to be fond of, to like.
xǐ ài de favorite.
xī bān yá Spain.
xī běi northwest (as in direction).
xī běi bù northwest (as in region).
xī běi de northwestern.
xī bó lì yà Siberia.
xī bù west, western area or region.
xì chá to scan, examine carefully.
xì cháng de slender, thin.
xì dài lace, tie.
xì de thin in diameter.
xī de thin, not dense.
xǐ dí jì product used to wash.
xǐ dōng xi to wash with liquid.
xī fāng west, western area or region.
xī fāng de western (as in or toward the west).
xī gài knee.
xí guàn habit, repeated behavior; to accustom. **shǐ ... xíng chéng yī zhǒng xí guan** to make a habit of.
xī guǎn straw (as for drinking).
xí guàn de habitual.
xí guàn yú to perform consistently.
xī hóng shì tomato.
xǐ huān fondness; to be fond of, like, enjoy.
xǐ huān de fond (as in fond of literature).
xí jī assault; to hit, beat or use blows.
xì jié detail.
xì jù theater, performing arts, drama, play, stage performance.
xǐ jù comedy.
xǐ jù xìng de comic.
xǐ jù yǎn yuán comedian.

xí juǎn to sweep, drive away.
xī kè jiào Sikhism.
xī là Greece.
xì liè chain, series.
xǐ lín yù to take a shower.
xī liú brook.
xī miè to extinguish, put out, go out, go out.
xī miè de extinct, not active anymore.
xī nán bù southwest (as in region).
xī nán fāng southwest (as in direction).
xī nán fāng de southwest, toward the direction.
xì nòng to tease, make fun of.
xǐ nù wú cháng de moody, capricious.
xī qí strange.
xǐ qù to wash with liquid.
xī qǔ to absorb.
xī shēng sacrifice, letting one thing go to save another; to sacrifice.
xī shēng pǐn prey, victim.
xī shōu to absorb, take in, such as water.
xǐ shǒu jiān rest room. **xǐ shǒu jiān zài nǎ lǐ?** Where is the rest room?
xì sī thread.
xí sú custom, convention, tradition.
xí sú de customary, conventional.
xí tí exercise (as in at gym or for homework).
xì tǒng system, parts that form a whole.
xī wàng desire, wish, hope, promise, potential, will, intention; to desire, wish for, hope for, will something to happen.
xī wàng dé dào to wish for.
xì wén wrinkle in a smooth surface.
xì xiǎng to consider, ponder, think over.
xì xié dài to tie one's shoes.
xí xìng habit, usual practice.
xī yān cigarette smoke; to smoke cigarettes.
xī yáng setting sun.
xī yǐn attraction, gravitation; to attract, draw in, engage, fix, capture, hold someone's attention. **yǒu xī yǐn lì de** having the ability to attract.
xī yǐn rén de appealing, attractive.
xǐ yuè delight, pleasure, joy, happiness.
xǐ zǎo bath. **xǐ zǎo** to bathe. **xǐ ge zǎo** to take a bath.
xǐ zǎo jiān bathroom.
xì zhì de careful.
xì zhǔ rèn head of a department in a university.
xì zhuāng costume, attire for event or season.
xí zi mat.
xià to scare.
xiā shrimp.
xià ba chin.
xià bǎi tail, back end of something.
xià bīng báo to hail (as in precipitation).
xià chén to go down, set (as in the sun), sink, fall to bottom, drop down, become lower.
xiá cì stain on one's character.
xià cì de next, subsequent.
xià de yào mìng to be frightened.
xià děng de mean, lower.
xià diē to fall, lessen.
xià è jaw.
xiá fèng slot.
xià gè yuè next month.
xià guì to kneel.
xià hu to frighten.
xià jí subordinate.
xià jì summer.
xià jí de inferior, lower in rank.
xià jiàn de humble, of low status.
xià jiàng descent, fall; to fall, lessen.
xià lái to descend, go down.
xià liú nasty, ethically distasteful.
xià liú de vulgar, dirty, indecent.
xiá lù passage.
xià luò to sink, drop down.
xià miàn de inferior, located under, underneath, lower-level.
xià qù to go down.
xià shuǐ dào sewer (as for waste).
xià tiān summer.

xià wéi yí Hawaii.
xià wǔ afternoon.
xià wǔ hǎo. Good afternoon.
xià xīng qī next week.
xià xuě to snow.
xià xuě de snowy.
xià yī gè de immediate, close in relation.
xià yī gè rén huò wù next person or thing.
xià yǔ tiān rainy weather.
xià yuàn lower house of legislature of a state.
xiá zhǎi de narrow (as in width).
xiàn line, rope, string, cord, thread, wire, geometric drawing.
xiàn bǐng pie.
xiàn chǎng scene, place of action.
xiàn chǎng zhí bō de live (as in broadcast).
xiàn chéng de available, existing.
xiàn dài de modern, contemporary.
xián de salty.
xiǎn de to appear, seem.
xiàn dìng to restrict.
xiàn dù extent, degree.
xiàn é ration.
xiǎn è de bad, evil, sinister.
xiǎn ér yì jiàn de apparent, easy to see, obvious, transparent.
xiàn fǎ constitution, as in national constitution. **xiàn fǎ de** having to do with constitution. **fú hé xiàn fǎ de** constitutional, adhering to constitution.
xián guàng to linger, stray, wander, move sluggishly; to swap.
xiǎn hè de eminent.
xiàn jì sacrifice, religious offering.
xiān jiàn foresight.
xiàn jīn cash, funds, available money.
xiàn jǐng trap, snare for animals.
xiǎn jìng extremity, extreme distress.
xiān lì example, similar instance.
xiǎn lù to emerge.
xiàn lù line (as in train).
xián míng de wise, having wisdom.
xiàn mù envy, grudge; to envy, be jealous of, resent.
xiàn mù de envious.
xiān qián de previous.
xiǎn rán visibly.
xiǎn rán de obviously, evident.
xián ròu bacon.
xiān ròu sè salmon (as in color).
xiān shēng Mr., gentleman, sir. **xiè xie nín, xiān shēng.** Thank you, sir.
xiàn shí reality.
xiǎn shì display, demonstration; to display for evidence, direct thoughts, show, display.
xiǎn shì chu to be revealed.
xiàn shí de current, present time.
xiàn suǒ hint, trace, remaining evidence.
xián tán to chat, converse, talk.
xiān wéi guāng xué de fiber-optic.
xiǎn wēi jìng microscope.
xián xiá leisure.
xiǎn xiàn to uncover, show, appear, become visible.
xiàn xiàng phenomenon.
xiàn xiàng de phenomenal, miraculous.
xiān yàn de brightly colored.
xiǎn yào de important, of high position.
xián yí fàn suspect.
xiān yú to precede, take place before.
xiàn zài present, current time; now, nowadays, presently; today's.
xiàn zài de present, current; now, presently, currently.
xiàn zài shí present tense.
xiàn zhì limit, restriction; to limit, confine, narrow, restrict.
xiǎn zhù de exceptional; visible, clear, illustrious, prominent.
xiàng elephant; as, like, such, of a specific kind; to, toward, for (as in leave for home).
xiǎng to think, use the mind, feel, believe.
xiāng chest, box, case, container.
xiàng ... fā xìn hào to signal,

make a signal.
xiāng bǐ to match, compare.
xiǎng bù dào de unexpected.
xiāng cǎo vanilla (as plant).
xiāng cǎo wèi de vanilla flavored.
xiāng cháng sausage.
xiǎng chū to conceive.
xiāng cūn de rural, rustic, country-like.
xiāng dāng to correspond, be similar; quite, reasonably.
xiāng dāng bù cuò rather good.
xiāng dāng dà de generous, fairly large.
xiāng dāng de considerable, large, pretty, fairly, to a certain extent; equal, equivalent.
xiāng děng de equal, equivalent.
xiàng dōng toward the east.
xiàng dōng nán toward the south-east.
xiāng duì de opposite; relative.
xiǎng fǎ thought, something held in mind.
xiāng fǎn on the contrary, opposite.
xiāng fǎn de opposite, contrary, completely unlike.
xiāng gǎng Hong Kong.
xiàng gāo chù up, from lower to higher.
xiāng guān de relevant.
xiàng hǎi zhōng tóu qì huò wù to jettison, throw something overboard into the sea.
xiàng hòu backward.
xiàng jiāo rubber. **xiàng jiāo jiāo shuǐ** rubber cement. **xiàng pí tú zhāng** rubber stamp.
xiāng jiāo banana.
xiāng jiē to touch, meet without passing.
xiàng liàn necklace.
xiāng liào spice.
xiàng mù project, responsibility; item, unit.
xiàng nán fāng de toward the south.
xiàng nèi in.
xiǎng niàn to miss, long for.
xiāng pèi to match, look like.
xiāng pèi de rén huò wù match, similar counterpart, person or thing.
xiāng pèi hé to fit, correspond or agree.
xiàng pí eraser.
xiàng pí dài elastic.
xiǎng qǐ to recall.
xiāng qì fragrance.
xiàng qían ahead.
xiàng qián de forward, toward the front.
xiàng qián fáng de forward (as in movement).
xiáng qíng detail, in-depth account.
xiàng quān necklace, ring-like.
xiàng shàng de up, facing upward, directed toward up.
xiàng shàng fāng de upward, to a higher place.
xiǎng shòu to enjoy.
xiǎng shòu ... de lè qù to enjoy, like.
xiáng shù repetition; to describe in detail, expand (as in expand upon an idea).
xiāng shuǐ perfume.
xiāng sì similar; similarity, being similar.
xiāng sì de similar, like, parallel, similar.
xiāng sì zhī chù similarity, something similar.
xiāng tóng sameness.
xiāng tóng de same, the one, twin, identical.
xiàng wài de out (as in direction).
xiàng wǎng to yearn.
xiāng wèi fragrance.
xiáng xì de in detail, express, explicit.
xiàng xī de toward the west.
xiàng xī nán de toward the south-west.
xiāng xià country, rural areas.
xiàng xià de down, from above to below.
xiāng xià de rural, rustic, country-like.
xiàng xià qīng xié to decline,

slope.
xiāng xià rén countryman.
xiǎng xiàng to dream, conceive of, picture, imagine, fancy.
xiǎng xiàng chū de shì wù imagination, image itself.
xiǎng xiàng de ideal, imaginary.
xiāng xiàng de like, twin, identical.
xiǎng xiàng de chǎn wù fancy, imaginary fantasy.
xiāng xiàng de rén huò wù twin, so similar as to be identical.
xiǎng xiàng lì imagination, the ability to have a mental picture.
xiāng xìn to accept, believe, trust.
xiāng xìn de trusting.
xiāng yān cigarette.
xiàng yàng de decent, meeting standards.
xiǎng yào to intend, want, expect, like. **wǒ xiǎng zǒu le.** I intend to go. **nǐ xiǎng qù ma?** Would you like to go?
xiǎng yào de dōng xi wish, something desired.
xiàng yín de silvery, silverish in color.
xiǎng yìng to answer, respond.
xiāng yìng to correspond in agreement.
xiǎng yǒu to enjoy, able to benefit from.
xiǎng yǒu jiǎng xué jīn de xué shēng student who has a scholarship.
xiàng yòu zhuǎn to turn right.
xiàng zhēng image, personification, symbol; to indicate, signify, symbolize, stand for.
xiàng zhēng de symbolic.
xiāng zi box.
xiǎng zuò mǒu shì to want to do something.
xiàng zuǒ zhuǎn to turn left.
xiàng ... zhǎ yǎn jīng to wink at.
xiào act of laughing, laughter; to laugh, chuckle.
xiǎo bāo parcel, package.
xiǎo bēi bāo satchel.
xiǎo biàn urine; to urinate.
xiào bǐng mockery, laughing stock.
xiǎo cè zi pamphlet.
xiāo chén de low, dejected.
xiāo chú to eliminate, exterminate, weed, smooth over.
xiāo chú zhàng ài to smooth, ease the passage of.
xiǎo dào path, walkway.
xiǎo dǎo isle, small island.
xiǎo de aware; petty, minor, little, small in size.
xiāo dú to sterilize, clean completely.
xiǎo é xiàn jīn petty cash.
xiǎo fā guāng wù glitter, tiny bits of material.
xiǎo fèi tip, extra money.
xiào guǒ result.
xiào huà funny story, joke.
xiǎo huǒ zi youth, young person.
xiāo jí de negative, pessimistic.
xiǎo jiào táng chapel. **xiǎo jiě** Miss, Ms. **xiǎo kǒu hē** to sup. **xiǎo kǒu xiǎo kǒu de hē** to sip. **xiǎo kuài tǔ dì** plot (as in land). **xiào láo** to serve, work for. **xiào liào** laughing stock. **xiào lǜ** efficiency. **xiǎo lǜ** path, walkway. **xiāo lǜ** market, level of demand. **xiào lǜ gāo de** efficient, effective. **xiāo lù hǎo** to be in demand. **xiǎo mài** wheat. **xiāo miè** to annihilate, destroy, terminate, extinguish, perish, die. **xiǎo niú** calf. **xiǎo niú ròu** veal. **xiǎo pǎo** to trot. **xiǎo péng** shed. **xiǎo qì** stinginess.
xiǎo qì chē car.
xiǎo qì de stingy (as with money).
xiāo qiǎn amusement, recreation, game.
xiǎo rén wù nobody, unimportant person.
xiào róng smile.
xiāo sàn to vanish, vaporize.
xiǎo shān hill, small mountain.
xiào shēng laughter, laugh, laugh-

ing sound.
xiǎo shēng bào yuàn murmur (as in muttering a complaint).
xiǎo shēng shuō to murmur.
xiǎo shí hour as in day.
xiǎo shì statement not to be taken seriously, trifle, something of little value.
xiāo shī disappearance, extinction; to disappear, vanish, die out.
xiāo shòu sale, selling.
xiāo shòu de lean, thin.
xiāo shòu é sales volume.
xiāo shòu fēn xī sales analysis.
xiāo shòu pèi é sales quota.
xiāo shòu qū yù sales territory.
xiāo shòu rén yuán sales force.
xiāo shòu yù cè sales estimate.
xiǎo shù diǎn dot, decimal point.
xiǎo shuì nap.
xiǎo shuì piàn kè to take a nap.
xiǎo shuō novel, fiction, work of literature.
xiǎo tí qín violin.
xiāo tiáo economic depression.
xiāo tiáo qī winter, cold or miserable period of time.
xiǎo tōu thief.
xiāo wáng to perish, cease to exist.
xiǎo xī stream, small river.
xiāo xī lái yuán source, informant.
xiǎo xiā shrimp.
xiāo xiàng image, picture, portrait.
xiǎo xīn. Beware. Look out!
xiǎo xīn de discreet, careful, wary.
xiǎo xīn tōng guò to go carefully.
xiǎo xué elementary school.
xiǎo yáng lamb, baby sheep.
xiào yòng advantage, utility, being useful.
xiǎo yú less than.
xiāo zhǎng rise and fall, tide, particular level of ocean.
xiǎo zǔ distinct part of a whole.
xié to lean, bend; shoe. **nín chuān jǐ hào xié?** What is your shoe size?
xiè socket, hollow space.
xiě writing, activity of a writer; to write, make letters with a pen, etc.
xié dǐ sole, bottom of shoe.
xiè dú shén wù sacrilege.
xié è de evil, immoral, wicked.
xié huì club, institute, organization.
xiè huò to unload, take away a load.
xié kào zài to lean against.
xiè lù disclosure, revealing something; to disclose.
xiè lòu to leak.
xiè lù mì mì to tell a secret.
xiè lù to accidentally reveal, let out.
xié miàn slope.
xié pō hill, incline, slope.
xiè qì discouragement.
xiè qì de to be discouraged.
xiě rì jì to keep a diary.
xié shāng to negotiate.
xiě shàng dì zhǐ to put an address on.
xié tiáo harmony.
xiè xià discharge, act of unloading; to discharge, unload.
xiě xià to write in.
xiě xià lái to put in writing.
xiè xie to thank. **xiè xie nǐ.** Thank you.
xiě xìn to write, communicate by written correspondence.
xiē xíng wù wedge.
xié yì settlement, decision or arrangement, covenant.
xiè yì thankfulness, gratitude.
xié yóu shoe polish.
xié zhù to aid, assist.
xié zi shoe.
xiē zi wedge.
xiě zuò writing, activity of a person who writes.
xìn letter, mail.
xīn heart, organ, lit. and fig.
xīn chǎn shēng de fresh, newly created or produced.
xīn chóu wage.
xīn de new, recent.
xīn fā míng invention, new creation.
xīn fán yì luàn disturbed, upset, unsettled.
xīn fán yì luàn de upset emotion-

ally.
xìn fèng to follow (as in follow political leader).
xìn fēng envelope.
xīn gān qíng yuàn de willing, acting gladly.
xìn hào signal.
xīn jiā pō Singapore.
xīn jiào tú Protestant.
xín jìn march, troops.
xīn jìn de late, recent.
xín jūn march, troops.
xīn kǔ effort, toil.
xīn kǔ láo dòng to toil.
xīn là de hot, spicy.
xìn lài trust, reliability; to trust. **suǒ xìn lài de rén** a reliable trustworthy person.
xīn láng bridegroom.
xīn láo toil.
xīn lǐ psychology, mental qualities.
xīn lǐ de psychological, mental.
xīn lǐ xué field of psychology.
xīn lǐ xué de psychological, relating to psychology.
xīn líng de interior, relating to the spiritual.
xìn niàn belief, faith.
xīn niáng bride.
xīn qí novelty, newness.
xīn qí de new, novel, strange.
xīn qí de shì wù novelty, something new.
xīn qíng mood, disposition, humor
xīn qíng bù cuò in a good mood.
xīn qíng bù hǎo in a bad mood.
xīn qíng hǎo in good humor.
xīn rán de willingly.
xìn rèn confidence, trust, faith, trustworthiness; to trust, rely on, have confidence in.
xìn rèn de trusting.
xīn shǎng appreciation of aesthetic value; to appreciate, admire, take pleasure in.
xīn shǎng lì sense, understanding, logic.
xīn shén bù ān emotional disturbance.
xīn shì secret.
xīn shì wù new occurrence.
xīn shǒu stranger, someone new to something.
xīn shuǐ salary, service fee (as in for medical).
xìn tiáo faithfulness, loyalty.
xīn tiào to throb.
xīn wén news, article, report, story.
xīn wén gōng zuò journalism.
xīn wén gōng zuò zhě journalist.
xīn wén jiè press, all media.
xīn wén shì yè press (as in news).
xìn xī information, knowledge, message, transmitted communication.
xīn xǐ to rejoice.
xīn xī lán New Zealand.
xīn xiān de fresh experience.
xìn xīn confidence, faith in ability.
xīn xuě lái cháo whim.
xìn yǎng belief, faithfulness, loyalty; to believe, have firm faith.
xīn yǐng novelty, newness, originality.
xìn yòng credit, faith, belief in something.
xīn zàng heart, organ, lit. and fig.
xīn zhì de fresh, newly created or produced.
xīn zhì lì liàng mental energy.
xìng family name, last name; grammatical gender, sex.
xǐng awakening or being awake.
xìng bié gender, sexual identity.
xíng chéng act of formation; distance or route walked.
xíng chéng dǐng bù to top, be or give a top.
xíng chéng wù formation, something formed.
xíng chéng zhòu wén to wrinkle, become wrinkled.
xìng cún zhě survival, something that has survived.
xìng de sexual.
xíng dòng deed, act or behavior; to act, perform.
xíng dòng huǎn màn de tardy, slow moving.
xíng fá torment, torture.

xīng fèn excitement, fever, great activity, exaltation, exhilaration.
xìng fú happiness.
xìng fú de happy, lucky.
xíng hào model, style or type.
xīng jiàn to found, set up.
xíng jìn procession; to go, move, march, walk purposefully.
xǐng lái to wake up, stop sleeping.
xíng lǐ baggage, luggage; salute, honorable recognition; to salute (as in military).
xíng lǐ bān yùn gōng porter.
xīng lóng to prosper.
xìng miǎn yú to survive, live through.
xīng qī week.
xīng qī èr Tuesday.
xīng qī liù Saturday.
xīng qī rì Sunday.
xīng qī sān Wednesday.
xīng qī sì Thursday.
xīng qī tiān Sunday.
xīng qī wǔ Friday.
xīng qī yī Monday.
xìng qíng temper.
xìng qù interest, inquisitiveness, liking, preference, zest, favor.
xīng qún galaxy.
xíng rén pedestrian, someone walking.
xíng rén de pedestrian, relating to pedestrians.
xíng róng to describe, depict.
xíng róng cí adjective.
xíng shì form, type, shape, version, mode, particular variety.
xíng shǐ practice.
xìng shì surname; something fortunate.
xíng shì de external, superficial.
xíng tài form, structure.
xīng wàng to flourish.
xīng wàng de thriving.
xíng wéi behavior, conduct, deed, action.
xíng wéi jǔ zhǐ manner, behavior.
xíng wéi zhǔn zé morals.
xīng xì galaxy.
xíng xiàng image, public reputation.
xíng xiàng de causing a mental image.
xīng xīng star.
xīng xíng wù star (as in shape or figure).
xìng yùn de fortunate, lucky; fortunately.
xìng yùn de lucky, having good luck.
xíng zhèng qū territory (as part of a country).
xíng zhuàng form, structure, shape, visual character.
xíng zōng trail, course marked by a trail.
xióng bear.
xióng biàn eloquence.
xióng biàn de eloquent.
xióng biàn shù oratory.
xiōng bù chest, breast.
xiōng dì brother. **gē ge** older brother. **dì dì** younger brother. **jiě fu** brother-in-law, older sister's husband. **mèi fu** brother-in-law, younger sister's husband. **nèi xiōng** brother-in-law, wife's older brother. **nèi dì** brother-in-law, wife's younger brother. **dà bó** brother-in-law, husband's older brother. **xiǎo shū** brother-in-law, husband's younger brother. **lián jīn** brother-in-law, husband's brother or wife's brother. **xiōng zhǎng** older brother (respectful form for an older man).
xiōng měng de fierce, ferocious, savage, menacing.
xiōng pú chest.
xiōng shā to murder, kill.
xióng shì bear market.
xiōng xiǎn de sinister.
xióng xìng de male (as in gender).
xióng xìng dòng wù male animal.
xiōng yá lì Hungary.
xiù rust. **tiě xiù** iron rust. **shēng xiù** to rust. **shēng xiù de**

rusty.
xiū chǐ shame; ashamed.
xiū cí xué rhetoric, study of rhetoric. **huā yán qiǎo yǔ de** rhetorical or deceitful in words.
xiū cí xué de rhetorical. **fǎn wèn** rhetorical question.
xiū dào shì monk.
xiū dào yuàn convent, monastery.
xiū dìng act of editing or revising; to edit.
xiū dìng bǎn new version.
xiū fù restoration.
xiū gǎi to change.
xiū jià on leave; leave of absence, vacation; to take a vacation.
xiū jiǎn trim, clipping; to trim, clip, prune, cut off excess.
xiù jué smell (as a sense).
xiù kǒu wristband.
xiū kuì shame (as in emotion).
xiū lǐ to mend, repair, put in working order.
xiū lǐ gōng zuò repairing work.
xiū nǚ sister, nun.
xiū qiè timidity.
xiū rǔ to humiliate.
xiū xi recreation, recess, rest, relief from stress.
xiū zhèng modification; to amend, correct.
xiù zi sleeve (as in clothes).
xù introduction, preface, preamble or speech.
xǔ duō de many, numerous.
xǔ duō rén a lot of people.
xū gòu fiction, invention, lie, something imaginary.
xū huàn de unreal.
xū jiǎ de sham, artificial, not real or genuine.
xǔ kě approval, license, lawful authorization, permission; to allow, permit, consent, grant, agree to carry out.
xǔ kě rù chǎng admittance; to allow to enter. **bù xǔ kě rù chǎng**. No admittance.
xǔ kě wén jiàn permit, authorization.
xǔ nuò to pledge, swear, promise.
xū qiú demand, pressing need.
xū róng vanity, too much pride.
xū ruò weakness, being weak.
xū ruò de feeble, frail, weak.
xù shù act of narrating.
xū wěi hypocrisy.
xū xīn modesty.
xǔ xǔ rú shēng de vivid, creating strong mental images.
xù yán preface.
xū yào necessity, dearth of; to need, lack, be in need of.
xū yào de shí jiān time needed to do something.
xǔ yuàn wish, expression of longing.
xuán chord, string.
xuǎn bá to draft, choose, select.
xuān bù to proclaim, announce, state publicly.
xuān bù wú xiào to overrule, nullify and void.
xuān chēng to state.
xuán diào suspense, being suspended physically; to hang, fasten, suspend.
xuǎn dìng to assign, appoint, elect.
xuán ér wèi jué suspense, uncertainty; to be in doubt.
xuán fú to float as if by liquid.
xuān gào to usher, introduce, proclaim.
xuǎn gòu to shop.
xuán guà suspense, being suspended physically; to swing, suspend, hang.
xuān huá tumult, noise of a crowd.
xuān huá de loud (as in sound).
xuǎn jǔ election; to elect, vote.
xuǎn jǔ quán vote, right to vote.
xuǎn mín group of voters.
xuān nào discord.
xuān nào de noisy.
xuán niàn anxiety.
xuān shì oath, solemn vow; to take an oath, swear, vow.
xuān xiāo uproar.
xuān xiāo de tumultuous.
xuān yán statement, something

stated.
xuān yáng to preach, urge.
xuàn yào to parade, flaunt.
xuǎn zé choice, selection; to choose, select.
xuán zhuǎn twist, act of twisting; to circle, revolve.
xuè blood; bird's nest.
xuě snow (as substance itself).
xué fēn credit (school).
xuè guǎn vein, blood vessel.
xuě huā snow (as substance itself).
xué huì social or academic group, society, association, institution, organization.
xuě jiā yān cigar.
xuě jiā yān diàn cigar store.
xuē jiǎn cut, decrease, reduction; to cut, reduce.
xué kē subject (as in school).
xué qī term (as in school).
xuě qiāo sled.
xuē ruò to weaken.
xué shēng student.
xué shí learning.
xué shù xìng de relating to academics.
xué shuō doctrine, theory, assumption.
xuè tǒng blood, lineage, descent.
xué wèi academic degree.
xué wèn education, learning, body of learning over time.
xué xí study, research; to study, learn, gain understanding, use the mind. **wǒ zhèng zài xué xí pǔ tōng huà.** I'm learning to speak Mandarin.
xué xiào school (as an institution).
xué xiào jiào yù education process.
xuè yè blood.
xué yuàn college, a division in a university, institute.
xué zhě scholar, learned person.
xún cháng de common, ordinary.
xùn chì to reprimand.
xùn dǎo precept; sermon, long speech.
xūn fēi yú red herring.
xùn huà to tame.
xùn huà de tame, domesticated.
xún huán circle, cycle; to circulate, follow circular course, flow, circulate.
xún huán de circular, ring-like.
xùn jiè sermon, long speech.
xún kāi xīn to have fun.
xùn liàn discipline, training; to educate, learn, train, teach, coach.
xùn sù rapidity, quick action.
xùn sù de fast, quick, rapid, swift.
xùn sù shēng zhǎng to sprout, grow quickly.
xùn sù zhuǎn huàn to leap, change quickly.
xún wèn inquiry, the act of inquiring; to inquire, ask, question.
xùn yǎng de domestic, tame.
xún zhǎo to look, search, seek.
xún zhe according, following.
xūn zhì to smoke meat or fish.

yá bud, sprout.
yā pressure, the act of pressing; to squeeze, press together.
yá chǐ tooth.
yā dǎo to overpower, overshadow, prevail, triumph.
yǎ de mute, incapable of speech.
yá gāo toothpaste.
yā lì pressure, influence, stress.
yà má bù linen.
yà má zhì pǐn linen.
yā pò oppression, the act of oppressing; to oppress.
yá qiān toothpick.
yá shuā toothbrush.
yā suō to condense, make something condense.
yá tòng toothache.
yā tòng to pinch.
yá yī dentist.
yā yì oppression, feeling subjugated; to oppress.
yā yùn rhymes (as in poetry).

yā zhà to squeeze, manipulate for information.
yā zhà jī press (as in machine).
yǎ zhì delicacy, being delicate.
yā zhì control, restraint; to control, restrain.
yà zhōu Asia. **yà zhōu de** of or relating to Asia. **yà zhōu rén** person from Asia.
yā zi duck.
yán salt.
yān smoke (as from a fire).
yǎn biàn change, evolution, transition.
yān cǎo tobacco (as plant).
yān cǎo zhì pǐn tobacco (as smoking products).
yán cháng to continue, extend.
yán chí delay; to delay, defer, postpone.
yān cōng chimney.
yān dǒu pipe (as for smoking).
yàn fán to tire, become impatient or bored.
yàn fán de disgusted.
yàn fán de tired, bored.
yǎn gài to cover, conceal, mask, disguise.
yán gé severity.
yán gé de strict, sever, harsh, stern, exact, according with standards.
yān gē huò qiē chú nuǎn cháo to neuter.
yān gōng niú to neuter an ox.
yān hóu throat.
yàn huì banquet, dinner party, feast.
yān huī soot.
yàn huǒ fireworks.
yǎn jiǎn eyelid.
yǎn jiǎng speech, public talk; to speak, give a speech.
yǎn jiǎng jiā orator.
yǎn jiǎng shù oratory.
yǎn jiè scope, range, sight, field of vision, horizon, extent of experience, etc.
yán jǐn de scrupulous, conscientious.
yǎn jìng spectacles, glasses.
yǎn jīng eye (as a body part).
yán jiū research, study, careful examination; to study, research, examine carefully.
yàn juàn de weary, tired of.
yán jùn de harsh.
yán jùn de kǎo yàn ordeal.
yán kù de unpleasant, tough, severe.
yǎn lèi tear (as in crying).
yán lì severity.
yán lì de severe, harsh, stern, strict, rigorous.
yàn mài oat.
yān mò to flood, submerge, drown, drench, overwhelm, overpower, engulf.
yǎn pí eyelid.
yàn pǐn imitation, reproduction, sham, something that's not genuine.
yán qī respite; to put off.
yán sè dye, color.
yǎn sè look, expression.
yán shēn bù fēn expansion, section that has been expanded.
yán shí rock.
yǎn shì pretext, ruse; to supply with disguise, veil, smooth over.
yán shí de of or relating to rock.
yǎn shuō zhě orator.
yān sǐ to drown, kill in water.
yán sù solemnity.
yán sù de grave, somber, serious.
yàn wù disgust, dislike; to dislike, detest.
yān wù fog, smoke.
yàn wù de nauseated, disgusted.
yán xià zhī yì meaning, something to express.
yán xíng dé tǐ de tactful; tactfully.
yán xù to continue, extend.
yǎn yì shì yè stage, acting profession.
yán yòng to adopt the use of, embrace an idea.
yán yǔ speech, something spoken.
yàn yǔ proverb.
yán zhe according, following.
yán zhe guǐ dào zǒu to track,

move on a course.
yán zhòng de serious, important, severe.
yàn zi swallow (as in bird).
yǎn zòu to play an instrument.
yǎng oxygen.
yǎng chéng to develop.
yáng cōng onion.
yáng fān chū hǎi to set sail.
yǎng fù foster father.
yáng gāo ròu lamb (as in meat).
yáng guāng sunshine, sunbeam.
yáng guāng chōng zú de sunny. **jīn tiān tài yáng hěn hǎo.** It's a sunny day.
yǎng liào food, something nourishing.
yáng máo wool, hair of a sheep.
yáng máo de woolen.
yáng máo xiàn wool yarn.
yǎng mù worship.
yǎng mǔ foster mother.
yǎng nǚ foster daughter.
yàng pǐn sample, part that represents a whole.
yǎng qì oxygen.
yáng qún flock of sheep.
yáng ròu mutton.
yǎng shēng fǎ regiment.
yáng shēng qì speaker (as in a stereo).
yáng tái balcony.
yáng wá wa doll.
yǎng yù to foster, bring up, nourish, feed.
yǎng yù yuàn asylum.
yǎng zǐ foster son.
yáng zǐ jiāng Yangtze River.
yào drug, medication, medicine, pill.
yǎo to bite; to dip, scoop up.
yāo waist.
yáo bǎi to swing, sway, vacillate, wag.
yāo bù waist.
yào cǎo herb.
yáo chuán rumor.
yào diàn pharmacy, drugstore.
yào diǎn message, substance of message.
yáo dòng to rock, shake, wag. **yáo yǐ** rocking chair. **gǒu zài yáo zhe wěi ba.** The dog is wagging its tail.
yào fáng pharmacy, drugstore.
yào hài crucial component.
yáo huàng to waver, move unsteadily.
yào jì shī pharmacist.
yào jǐn to matter, have meaning.
yáo kòng de remote controlled.
yáo kòng qì remote control.
yáo kòng shè bèi robot-like device or machine.
yáo lán cradle.
yào lǐng main function or idea.
yào me ... yào me whether, either.
yāo qǐng invitation; to invite, request attendance.
yāo qiú claim, demand, desire, request; to claim, ask for, request, require.
yāo qiú wù something asked for.
yào sài fort, military garrison.
yǎo shāng wound made by a bite.
yào shi key.
yào sù element, component.
yào wán pill.
yāo wō flank.
yào wù medicine, drug.
yáo yán talk, rumor.
yào yè medicine.
yáo yuǎn de distant in space or time, remote, far.
yè page.
yě also, too, as well, either.
yě cān picnic.
yè jiàn audience granted by a monarch or superior.
yě jiù shì namely.
yě mán wildness.
yě mán de ferocious, savage, inhuman.
yè miàn page, leaf of paper.
yè piàn blade (as in grass).
yě shēng wildness.
yě shēng de wild, living in nature.
yě shòu animal, beast.
yè tài liquid.
yè tǐ fluid, liquid.
yě tù hare.

yè wǎn night, nighttime.
yè wù business, practice (as in law or medical).
yě xīn bó bó de ambitious.
yě xìng de savage, wild, untamed.
yě xǔ maybe.
yě yíng to camp.
yè zi foliage, leaf (as in plant part).
yì limb, body appendage, wing.
yǐ to lean, be supported.
yī one (as a number).
yī ... jiù when, as soon as.
yǐ ... wéi yè to be in the profession of.
yī bǎ handful, amount that can fit in hand.
yī bā zhǎng slap, smack.
yī bǎi hundred, number.
yī bàn half.
yì bān biāo zhǔn average, standard.
yì bān de average, general, ordinary.
yī bān de general, not limited.
yī bèi generation, family.
yī bēi chá a cup of tea.
yī bēi kā fēi a cup of coffee.
yì biàn de unstable, changing greatly, variable, ticklish, offended easily.
yì biàn de dōng xi variable, something that varies.
yí biǎo instrument, scientific tool.
yī bù step, footstep, pace, stride.
yī bù fen percent, portion, piece, installment, slice, share, episode.
yī cān meal.
yí chǎn inheritance, heritage.
yì cháng de strange, abnormal, different.
yì chù value, usefulness or importance.
yì chū to spill, overflow, come out of a container.
yī chú wardrobe (as furniture).
yí chuán inheritance, genetic transmission; to descend from an ancestor.
yī chuàn string, things arranged in a string.
yī cì once.
yī cuō pinch, smidgen.
yī dá dozen.
yì dà lì Italy.
yī dài generation, family; pocket.
yī dāo cutting, one-time movement.
yī děng de first class.
yī dī drop (as in drop of water).
yí diǎn doubt (as in have doubts about), hint.
yī diǎn bit.
yī diǎn any, a little.
yī diǎn diǎn nearly invisible indication.
yī diǎn yě bù none, nothing.
yī dìng de definite, certain; surely.
yǐ dìng hūn de engaged, betrothed.
yí dòng move, the act of moving or removing; to move, shift in location, remove, shift, follow a course.
yí dòng diàn huà mobile phone, cell phone.
yī duàn episode.
yī duàn jù lí distance.
yī duàn lóu tī stair(s).
yī duàn shí jiān spell, short while.
yī duì pair, two things; heap, pile, stack; troop, group, line moving together.
yī duì huá xuě bǎn a pair of skis.
yī dùn fàn meal.
yī duǒ stack.
yǐ fáng against.
yī fāng side (as in teams).
yī fèn share, portion.
yí fù uncle, aunt's husband.
yī fu clothes.
yī fu de zhé biān hem.
yī fū yī qī zhì monogamy.
yī fū yī qī zhì de monogamous.
yì gǎn xìng susceptibility.
yī gè one, a, an. **yǒu yī gè rén.** There is a man. **tā shì yī gè jǐng chá.** He is a policeman.
yī gè de one entity.
yī gè rén you, people in general.
yī gòng all, all told, total.
yǐ gù de deceased, late, dead.

yī guàn pot (as in container and contents).
yī guàn de not changing.
yī guàn zhèng què de infallible, faultless.
yì guò mǐn de sensitive, easily upset.
yǐ guò zhōng nián de elderly.
yí hàn expression of regret (as in declining an invitation).
yí hàn de regret; sorry; regrettable; regrettably.
yí hàn de shì qíng pity, shame. **zhēn kě xī!** What a pity!
yī háng row.
yǐ hòu de later.
yī hú pot (as in container and contents).
yì huá luò de slippery, prone to slipping.
yì huài de weak, likely to break under pressure.
yì huì parliament.
yí huò doubt, uncertainty.
yì huò or.
yí huò de doubtful about something.
yí jì relic, ruins.
yī jià hanger (as for clothes).
yī jiā rén household.
yì jiàn opinion, belief, judgment, observation.
yì jiàn bù tóng to differ, disagree, not have same opinion.
yì jiàn bù yī disagreement, dispute.
yì jiàn fēn qí difference, disagreement.
yī jiàn jiù at a glance.
yǐ jiàn lì de shì wù something established.
yī jiàn yì shù zuò pǐn piece, creative work.
yí jiāo to hand over.
yī jié kè class time.
yǐ jīng already.
yǐ kào to resort to, rely on.
yī kào to lean, rely on financially.
yī kè zhōng quarter (as 15 minutes).
yī kuài dì lot, land.
yī kuài tǔ dì parcel (as in territory).
yī lā kè Iraq.
yī lài to depend on, rely on.
yī lài de dependent, needing or wanting someone's help.
yī lǎng Iran.
yī lián chuàn stream, steady flow, train as in train of thought.
yī liáo de medical.
yī liè row, series, line moving together.
yī lǐng collar (as in clothing).
yī lǜ de uniform, following a standard.
yì mí ether.
yǐ mǒu zhǒng fāng shì ever, at all.
yí mǔ aunt.
yī niǎn twist, something twisted.
yī nián yī cì once a year. **yī nián yī cì de** yearly.
yì nù de ticklish, offended easily, touchy.
yī pái row, group, series. **yī pái de** in a row. **lián xù de** in a row, continuously. **shǐ chéng pái** put in a row.
yī pāi slap, smack.
yī pán shí pǐn dish, food.
yì péng zhàng de expansive, able to expand.
yī piē glance, look; to glance, look.
yí qì instrument, scientific tool; to forsake, desert.
yǐ qián ago, before; formerly, once upon a time.
yī qiān thousand.
yǐ qián de former, in the past, previous.
yī qiān nián millennium.
yī qiē cutting, one-time movement.
yī qiè dōu zhǔn bèi jiù xù le. Everything is all set.
yì qū fú de yielding.
yī qún lot, quantity, troop, group.
yí rén de hospitable, good for growth.
yǐ sè liè Israel.
yī shǎn glance (as in light).
yī shān lán lǚ de shabby, poorly dressed.
yī shēng doctor, physician; lifetime.
yí shì ceremony, rite.

yí shī to lose possession.
yì shi realization, mind, consciousness.
yì shì anecdote.
yì shī feeling, impression.
yì shi dào to learn, realize.
yí shì de ritual.
yī shí de xìng zhì whim.
yī shí xīn xuě lái cháo on a whim.
yì shòu ... yǐng xiǎng de liable, at risk.
yì shòu gǎn rǎn de susceptible, likely to be affected.
yì shòu jīng xià de shy, skittish.
yì shòu shāng de vulnerable, easily injured.
yì shòu yǐng xiǎng de susceptible, easily influenced.
yì shòu zé nàn de vulnerable, open to criticism.
yì shù art.
yì shù de artistic.
yì shù jiā artist.
yì shù jiā de artistic, of or relating to an artist.
yì shù pǐn work of art.
yī shuāng pair, two things.
yī shuāng shǒu tào a pair of gloves.
yì si meaning, gist or importance.
yī sī lán jiào Islam.
yì si shì to mean.
yì suì de frail, fragile.
yī táng kè lesson, class.
yī tào set, group, suit.
yī tào fáng jiān apartment, suite.
yī tiān day, 24 hours.
yì tú intention, goal.
yī tuán twist, something twisted.
yī tuī push.
yì wài accidental, unexpected.
yì wài de accidental, unexpected, accidentally, unexpectedly.
yī wàn ten thousand.
yì wèi to mean, intend, import, bear meaning.
yǐ wéi to consider, believe, think.
yì wèi shēn cháng de significant, with meaning.
yǐ wéi ... shì chǐ rù ashamed.
yì wén translation, text in translation.
yī wǒ kàn lái in my opinion.
yí wù something given in inheritance; effects.
yì wù debt, duty, required action, obligation, being relied upon.
yī xì liè series, succession.
yì xiǎng tiān kāi de fantastic, fanciful.
yī xiǎo kǒu bit, morsel.
yī xiē any, some, indefinite number.
qǐng gěi wǒ xiē shuǐ. Give me some water, please.
yǐ xìn hào gào zhī to signal, tell with signals.
yì xíng deformation, monstrosity.
yì xìng de heterosexual.
yì xìng liàn qíng de heterosexual.
yī xué medicine (as science).
yī xué de medical.
yī yàng same.
yī yàng de very, same.
yì yì import, importance, significance, meaning, gist; objection.
yī yì one hundred million.
yì yì zhòng dà de significant, important.
yì yuàn will, purpose or desire; lower house of legislature of a state.
yī yuàn hospital.
yī yuè January.
yí zèng to bequeath, bequest.
yī zhēn stitch (as in thread).
yí zhǐ monument, something of historical importance.
yì zhì control, restraint, will, choice; to control, restrain, hold back, subdue, suppress, prohibit.
yì zhǐ to infer, suggest.
yī zhí always, ever, at all times.
yī zhì concert, agreement, correspondence, concord, uniformity; to correspond in agreement; to treat (as a doctor).
yì zhì bó ruò de weak (as in character).
yī zhí dào as far as.

yì zhì de foreign body.
yǐ zhī de known.
yī zhì de consistent; uniformly.
yī zhì tóng yì de unanimous; unanimously.
yī zhōu de weekly, related to a week.
yī zhōu yī cì de weekly, once a week.
yǐ zi chair.
yī zǔ set, group, suit.
yǐ ... dǎ dǔ to bet something.
yǐ ... shēn fèn as, in the role of.
yǐ ... wéi zhí yè to do, what your job is.
yín silver.
yìn to print, mark or stamp; to water, make an animal drink.
yǐn to drink, swallow.
yǐn ... qù qiú zhù direct for information.
yīn àn de gloomy, dark, gray, dull.
yǐn bì to veil, conceal.
yǐn cáng to hide, stow or hide away.
yīn cǐ so, because of, therefore, thus, thereupon.
yǐn dǎo to guide, steer, lead, usher.
yīn dào vagina.
yín de made of silver.
yīn diào intonation.
yìn dù India.
yìn dù jiào Hinduism.
yìn dù ní xī yà Indonesia.
yìn dù yáng Indian Ocean.
yǐn hán de tacit, understood.
yín háng bank. **yín háng zhàng hù** bank account. **yín háng yú é** bank balance. **yín háng shōu fèi** bank charge. **yín háng zhī piào** bank check. **yín háng xìn yòng zhèng** bank letter of credit. **yín háng dài kuǎn** bank loan. **yín háng piào jù** bank note. **yín háng zhǐ bì** bank note. **yín háng yuè jié dān** bank statement. **yín háng jiā** banker. **yín háng zhí yuán** bank clerk.
yǐn háng to pilot.
yìn hén impression, physical mark.
yìn jì impression, stamp, physical mark.
yǐn jiàn to present, introduce.
yīn jiān de infernal, relating to hell.
yīn jié syllable.
yǐn jìn to initiate, give membership.
yīn jīng penis.
yǐn lì attraction, gravitation.
yīn liàng volume (as in sound).
yǐn liào drink, beverage.
yǐn mán to hide (as in attempt to hide truth), to disguise.
yǐn mì de secret, hidden, ulterior.
yìn mó stamp, tool to make impressions.
yīn móu conspiracy, scheme, secret plan.
yín mù screen at movies.
yín qì silverware.
yǐn qǐ to arouse, excite, stir up, draw attention, cause, be reason for, evoke, induce, stimulate.
yǐn qǐ bù kuài de objectionable.
yǐn qǐ fǎn duì de objectionable.
yǐn qǐ tòng kǔ de painful, causing or feeling pain.
yǐn qǐ yì fèn to outrage, enrage.
yīn qín de hospitable to guests.
yǐn qíng engine.
yǐn rén zhù mù to distinguish (as in distinguishing oneself).
yīn sè tone, sound.
yín sè de silver, silverish in color.
yǐn shí diet, nourishment.
yìn shuā to print, publish.
yìn shuā cuò wù misprint.
yín sòng to recite.
yǐn tuì withdrawal.
yǐn tuì chù retreat or hermitage.
yīn wéi because, since; because of.
yìn xiàng feeling, impression, effect.
yīn yǐng shade, shadow.
yǐn yòng citation, quotation; to cite, quote, extract, excerpt. **yǐn yòng shū mù** works cited.
yǐn yòng shuǐ drinking water.
yǐn yòng yǔ quotation, citation.
yǐn yòu temptation; to attract, entice, lure, seduce.

yīn yù de gloomy.
yīn yuè music, songs.
yīn yuè de musical.
yīn yuè huì concert, musical performance.
yīn yuè jiā musician.
yìn zhāng seal, tool used to make a stamp in wax (as on a letter).
yǐn zhèng to quote, cite.
yín zi silver.
yǐn zuò yuán usher.
yīn ... ér jī dòng to get excited.
yīng eagle; fly, insects.
yīng bàng pound, money of the United Kingdom.
yìng bì coin.
yīng chǐ foot (as in measurement).
yīng cùn inch.
yíng dé to capture, draw attention, enlist, get support, gain audience with, win a prize.
yìng de stiff, hard to bend.
yīng dé de merited, deserved.
yīng dé de dōng xī something due.
yíng dì camp, encampment.
yīng ér newborn, infant. **yīng ér qī** infancy, early childhood. **yīng ér shí dài** infancy.
yīng fù fá jīn de pecuniary, entailing payment.
yīng gāi kǎo lǜ de considerable, significant.
yīng guó England, Great Britain. **bú liè diān** transliteration of Britain. **yīng gé lán** England. **yīng guó de** of or relating to England. **yīng guó rén** person from England or Britain. **yīng yǔ** English language.
yíng hé to fill, satisfy.
yīng jìn ... dào yì to owe, have a moral commitment.
yīng míng de wise, having wisdom.
yīng shòu to deserve.
yīng táo cherry.
yǐng xiǎng influence, affect; to influence, sway.
yīng xióng hero, notable male.
yīng xióng de heroic.
yīng xióng shì jì deed, exploit.
yíng yǎng sustenance, something that keeps alive or healthy.
yíng yǎng pǐn nourishment, food.
yíng yè shuì sales tax.
yìng yòng application; to adapt for use.
yìng yòng chéng xù application (as a computer program).
yīng yǒng de heroic, valiant.
yìng yǒu de quán lì claim.
yìng yǔn consent, approval.
yǐng zi shadow.
yòng use, act of using; to use, put into service; with, by means of.
yōng bào to embrace, hug, envelop.
yòng bèng chōu to pump, produce flowing.
yòng chē jiē sòng to drive (as in drive someone somewhere).
yǒng chū to pour out, gush, issue, come out.
yòng chuán yùn shū to ship, transport by ship.
yòng dà tóu dīng gù dìng to tack, fasten.
yòng diàn bào chuán sòng to wire, send by telegraph.
yòng fú hào biǎo shì to symbolize, use a symbol to identify.
yǒng gǎn bravery, courage.
yǒng gǎn de brave, fearless, courageous, valiant, gallant.
yǒng héng eternity.
yǒng héng de eternal, immortal, never forgotten.
yòng huán lián jiē to link, connect.
yōng jǐ to be crowded, to jam.
yòng jiǎng huá chuán to row, use oars to propel a boat.
yòng jìn to exhaust.
yòng jīn commission, broker fee.
yòng jīn shǔ xiàn kǔn zhā to wire, connect or tie with wire.
yǒng jiǔ de eternal.
yǒng qì nerve, courage.
yòng qì chē yùn sòng to motor, transmit by vehicle.
yòng rén servant.
yǒng shì courageous person, warrior.

yōng sú de vulgar, lacking taste or refinement.
yòng tú purpose.
yòng wán de depleted.
yòng yì to mean, have particular intentions. **zhè shì shén me yì si?** What does it mean?
yòng yǐ biǎo shì qū bié from, indicating difference between.
yòng yìn shuā tǐ shū xiě to print, write neatly.
yōng yǒu possession, property; to have, possess, own, guard possession of.
yòng yóu jiān to fry.
yōng yǒu wù possession, something possessed.
yòng yóu zhá to fry.
yǒng yuǎn at all times, forever.
yòng zuǒ shǒu de left-handed.
yóu oil; uranium; through, by way of.
yòu again, once more; right as opposed to left.
yǒu to have, possess.
yǒu ... de cái chǎn worth, having wealth equal to.
yǒu ... de jià zhí worth in value.
yǒu ... de xī wàng to promise, bodes well.
yóu ... zhì chéng made of.
yǒu bǎ wò certain, sure.
yǒu bān diǎn de spotted.
yǒu bāng zhù to help out.
yǒu bāng zhù de helpful.
yǒu běi fāng tè sè de northern, typical of northern areas.
yǒu bì yào to need, be essential.
yòu biān de right, opposite of left.
yǒu cái huá de gifted.
yǒu chéng jiù de successful.
yōu chóu unhappiness, worry.
yǒu chuàng zào lì de creative, innovative.
yóu chuō postage stamp.
yǒu dào dé de virtuous, having virtue.
yǒu dé xíng de virtuous, having virtue.
yǒu dí yì de hostile (as in aggressive or unsympathetic).
yōu diǎn virtue, merit, praiseworthy quality.
yǒu dú de poisonous, toxic, venomous.
yòu ér infant.
yōu fán to care, be worried.
yǒu fán zhí néng lì de fertile (as in reproduction).
yǒu gǎn qíng de affectionate, tender, loving.
yǒu gǎn rán lì de appealing, contagious.
yǒu gēn jù de valid, well grounded, reasonable.
yǒu guān bēi jù de of or relating to tragedy.
yǒu guān de relevant.
yǒu guān lián to pertain, refer.
yǒu guān xi to matter. **méi guān xi.** It doesn't matter.
yóu guò to swim across.
yǒu hài de injurious, harmful, detrimental.
yǒu hài jiàn kāng de harmful to the health.
yǒu hǎo de friendly.
yòu huò to attract, entice, lure, tempt.
yòu huò wù temptation, something tempting.
yóu jì to mail.
yǒu jià zhí de valuable, important, worthy.
yóu jiàn mail, letters.
yǒu jiào yǎng de gentle, polite.
yǒu jié zhì de temperate, restrained.
yóu jú post office.
yóu kè tourist, visitor.
yǒu kě néng de possible, likely.
yǒu kòng de free, unoccupied.
yǒu kǒu cái de eloquent.
yóu lǎn tour; to tour.
yǒu lì de favorable, advantageous, powerful.
yǒu lǐ mào good manners, politeness. **yǒu lǐ mào de** polite.
yǒu lián xì to relate, have a relation.
yǒu liáng xīn de conscientious.

yōu lǜ anxiety, worry, mental distress. **yōu lǜ de** anxious, worried. **yōu lǜ de shì** worry, a concern.
yōu měi grace (as in poise or charm). **yōu měi de** dainty, exquisite, graceful.
yǒu míng yù de honorable (as in someone who is honorable).
yōu mò humor (as in she didn't find any humor in that).
yōu mò de dōng xī humor, something that brings about laughter.
yǒu mǒu zhǒng qì wèi to smell, have an odor.
yǒu nán fāng tè sè de southern, of the South.
yōu niàn to care, be worried.
yóu piào postage stamp.
yóu qí especially.
yóu qī paint; to paint.
yóu qī jiàng painter.
yǒu qián de wealthy, having wealth.
yǒu qíng friendship.
yǒu qù de funny, amusing, interesting.
yǒu quán to have a right.
yǒu quē diǎn de imperfect.
yòu rén de tempting.
yōu róu guǎ duàn indecision.
yōu róu guǎ duàn de indecisive, wavering.
yòu ruò de tender, young.
yǒu shàn de friendly, kind, gentle, considerate.
yǒu shén xìng de divine, having to do with deity.
yǒu shēng jī de animate, vivid.
yǒu shēng mìng to exist, live.
yǒu shēng mìng de animate, alive, vital, full of life.
yǒu shí from time to time.
yōu shì advantageous position, superiority.
yōu shì de superior, greater than.
yǒu shí hòu sometimes.
yóu shǒu hào xián to dawdle, idle.
yǒu shōu huò to yield, produce a return on investment.
yóu tài de Jewish.
yóu tài jiào Judaism.
yóu tài rén de Jewish.
yǒu tán xìng de elastic.
yǒu tán xìng de flexible, bendable.
yǒu tiān cái de rén talent, person or group.
yǒu tiān fù de gifted.
yóu tǐng yacht.
yǒu tóng qíng xīn de merciful.
yǒu wù de foggy.
yóu xì sport, pastime.
yǒu xī fāng tè diǎn de western, native to the west.
yǒu xī wàng de hopeful, promising.
yǒu xī wàng de likely, promising.
yǒu xiàn zhì de narrow, focused.
yǒu xiào to work, produce the desired outcome.
yòu xiǎo de small, immature.
yǒu xiào de effective, producing anticipated effect, powerful, valid, bringing about right results. .
yǒu xiào de bàn fǎ trump.
yǒu xiào xìng validity.
yóu xíng parade, public march, procession, moving forward.
yǒu xìng bié de of a certain sex or gender.
yōu xiù excellence; to excel. **tā yīng yǔ tè bié hǎo.** She excels in English.
yōu xiù de excellent, superior.
yǒu xū yào to be in demand.
yōu yǎ grace, poise, charm, politeness
yōu yǎ de graceful, polite.
yǒu yán wèi de salty.
yòu yī one more, another.
yǒu yí fellowship, friendship.
yóu yí bù dìng to vacillate, be indecisive.
yǒu yì de helpful, useful.
yǒu yì jiàn kāng de wholesome.
yǒu yì shí de conscious, alert.
yǒu yī xiē somewhat.
yǒu yì yú to profit, be helpful to.

yǒu yǐng xiǎng to press on something.
yǒu yǐng xiǎng de rén huò wù influence, powerful person or thing.
yóu yǒng to swim.
yǒu yòng to help out, be of use.
yǒu yòng de useful, important.
yǒu yòng de dōng xi utility, something useful.
yóu yǒng yī swimsuit, bathing suit.
yōu yōu qiú yo-yo.
yóu yú by reason of, as a result of.
yóu yù scruple; to hesitate, be slow.
yóu yù bù jué indecision; to waver, be indecisive.
yōu yù de gloomy, displaying gloom.
yǒu yuǎn jiàn de rén person of insight.
yōu yuè de important, of high position.
yōu yuè xìng superiority.
yǒu zé rèn de liable, legally accountable.
yóu zhèng post, mail.
yóu zhèng xì tǒng mail, mail system.
yóu zhī grease, fat.
yòu zhì de green, inexperienced, naïve, ignorant.
yǒu zhì gāo quán lì de sovereign, with supreme power.
yǒu zhī jué de sensible, with sensation.
yǒu zhì yú to aspire, set one's mind to.
yǒu zhòng yào xìng to have meaning or importance.
yǒu zhǔ jiàn de independent, variable.
yóu zī postage.
yǒu zuì guilt, responsible for something.
yǒu zuì pàn jué conviction.
yóu ... chǎn shēng to issue, stem forth.
yóu ... lián xiǎng dào to associate with something, relate two things.
yǒu ... zhè yàng de xiǎng fǎ be under the impression that.
yóu ... zǔ chéng to comprise, consist of, make up.
yú fish; and, as well as; at.
yǔ rain, raindrops. **cǎi hóng** rainbow. **rú yǔ diǎn bān luò xià** fall like raindrops. **xià yǔ de** rainy. **yǔ jì** a rainy season. **yǔ tiān** a rainy day, rainy weather. **zhèng zài xià yǔ.** It's raining.
yǔ ... fēn shǒu to part with.
yǔ ... jiē hūn to wed, marry.
yǔ ... lèi sì to parallel, correspond.
yǔ ... lí bié to part from.
yǔ ... shú xī to be familiar with.
yǔ ... xiāng bǐ compared with.
yù bèi preparation; to prepare.
yù bèi de preliminary; instead of another.
yú chuán fishing boat.
yú chǔn stupidity.
yú chǔn de foolish, silly, without sense.
yú cǐ tóng shí meantime, meanwhile.
yù dào to encounter.
yǔ diàn yǒu guān de of or relating to electricity.
yǔ diào intonation.
yù dìng to reserve something, e.g., a table in a restaurant.
yǔ fǎ grammar.
yǔ fǎ xiàn xiàng grammar.
yǔ fǎ xué grammar.
yù fáng prevention.
yù fù to pay in advance.
yù fù de prepaid.
yǔ hāng yuán astronaut.
yǔ jì rainy season.
yù jiàn foresee; to meet, encounter.
yú kuài fun, enjoyment, happiness, joy.
yú kuài de joyful, happy, merry, nice, pleasant.
yú lè amusement, recreation, entertainment, game, sport, pastime; to amuse, entertain, have fun.

yú lè chǎng suǒ place for vacation, entertainment facility.
yú lèi fish.
yù liào to foresee, anticipate, expect.
yǔ máo feather.
yú mèi ignorance.
yú mèi de ignorant.
yú mín fisherman, person who fishes.
yù nàn to wreck, be ruined.
yú nòng to fool.
yù qī to foresee, anticipate, expect.
yǔ qì tone, way of speaking or writing.
yú ròu fish.
yū shāng bruise.
yù shěn hearing, preliminary hearing in law.
yú shì thereupon.
yù shì bathroom; to threaten, show a warning.
yù shì de ominous, ill-omened.
yù suàn budget.
yù wàng appetite, desire.
yù xiān tōng zhī to warn, give advance warning.
yù yán fable, fairytale, often moral.
yǔ yán language, tongue.
yǔ yǐ to inflict.
yú yuè pleasure.
yù yuē appointment; to make an appointment.
yù zhī to pay in advance.
yǔ zhí yè xiāng guān de professional, relating to a profession.
yǔ zhòu universe, cosmos.
yǔ zhòu fēi chuán spacecraft.
yú ... at.
yǔ ... bù tóng to differ from.
yǔ ... dǎ zhàng to fight in combat or physically.
yǔ ... máo dùn to contradict.
yǔ ... yī zhì to fit, correspond or agree.
yǔ ... zhàn dòu to fight in combat or physically.
yuán circle.
yuàn faculty, college department.
yuǎn dào as far as.
yuán de circular, round.
yuán dì garden (as in vegetable garden).
yuán dīng gardener.
yuán gǎo manuscript.
yuán gù sake, purpose.
yuàn hèn resentment, spite; to resent.
yuàn hèn de resentful.
yuǎn jù lí de long (as in distance).
yuán kuò hào parenthesis.
yuǎn lí off, aside; distance, remoteness.
yuǎn lí zhōng xīn de outer, far from center.
yuán liàng pardon, forgiveness; to excuse, forgive. **qǐng yuán liàng.** I beg your pardon.
yuán pán disk.
yuán quán mine, rich source.
yuán shǐ de savage, uncivilized.
yuán shǐ qī initial stage.
yuán tóu source, point of origin.
yuàn wàng wish, desire.
yuān wang to wrong, treat unjustly.
yuán wén text, printed words.
yuán wū dǐng dome.
yuàn yán complaint, discontent.
yuán yě field, open land.
yuàn yì de willing, inclined.
yuán yīn vowel; cause, reason for result.
yuán yú of, come from.
yuán zé principle, essential rule, general statement.
yuǎn zhēng expedition, trip.
yuàn zhǐ institute, buildings of institution.
yuán zhōu circumference.
yuán zhù aid, assistance, help; to aid, assist, help; column, round pillar
yuán zì to stem from.
yuàn zi yard, garden or area around building.
yuán zǐ néng atomic energy.
yuán zǐ néng de nuclear.
yuè month; to spring, leap.
yuē to invite.
yuē dìng promise, guarantee; to

appoint (such as time or date), to make a promise.
yuè dú act of reading.
yuè duì band.
yuè duì zhǐ huī conductor (orchestra).
yuè ěr de sweet or harmonious (as in sound).
yuè fèn month.
yuè fù father-in-law.
yuè guāng moonlight.
yuè guò to overrun, outrun.
yuē huì date, appointment, engagement, meeting.
yuè jīng menstruation.
yuè jīng lái cháo menstruation.
yuè jīng mián sāi tampon.
yuè jīng qī menstrual period.
yuè liang moon.
yuè mǔ mother-in-law.
yuè qì musical instrument.
yuè qiú moon.
yuè qǔ music, musical arrangement.
yuē shù to bind, restrain, restrict; having restrictions.
yuè tái platform (as in train).
yún cloud.
yún chèng symmetry.
yūn chuán seasickness.
yùn dòng motion, movement, the act of moving; sport, physical activity.
yùn dòng chǎng ball park, stadium.
yùn dòng yuán athlete.
yùn dǒu iron, wrinkle-remover.
yùn fèi fare for transportation.
yùn jiǎo rhyming word.
yǔn nuò to promise, vow.
yùn qì chance, fortune, luck.
yùn qì bù hǎo bad luck.
yùn shū transport, transportation; to transport.
yùn shū gōng jù transportation, way of moving around.
yùn shū xì tǒng transportation system.
yùn shū yè transportation, business of moving things or people.
yùn sòng transport, transportation; to transport.
yùn tàng to iron, remove wrinkles.
yùn xíng to work, function.
yǔn xǔ to allow, let, permit, approve, give permission.
yǔn xǔ permission; to permit, let.
yùn yòng exercise, use, application, practice; to adapt for use, exert, use energy.
yùn zhuǎn to run something, e.g. a machine, a company.

Z

z zì xíng tú àn zigzag shape.
zá cǎo weed.
zá huò grocery, what is sold at store.
zá huò diàn grocery, store.
zá huò shāng grocer.
zá zhì magazine.
zài again, once more; at.
zài ... fàn wéi nèi within a time or distance.
zài ... fàn wéi nèi biàn dòng to vary within a certain range.
zài ... fù jìn in the vicinity of.
zài ... lǐ miàn within, in the inner portion of.
zài ... qī jiān in the meantime.
zài ... shàng fāng on top of. **tā zài zhuō shàng.** It's on the desk.
zài ... shàng miàn zuò jì hào to make a mark on.
zài ... shí when, at the time that.
zài ... tóng shí while, at the same time that.
zài ... wài outside.
zài ... xià miàn under, below, underneath.
zài ... xià miàn huá xiàn to underline, draw a line under.
zài ... zhī nèi within.
zài ... zhī qián until, before.
zài ... zhī shàng on top of, upon.
zài ... zhī wài without, toward or on the outside.
zài bèi miàn qiān zì to endorse,

sign.
zài bié chù elsewhere.
zài dì xià underground, below ground.
zài dōng nán southeast, in or from the southeast.
zài fù jìn around, about, close by, near by.
zài fù jìn nearby.
zài guó wài abroad, in another country.
zài hǎi wài abroad, overseas.
zài hěn dà chéng dù ever (as in best ever).
zài hòu after, behind.
zài hòu miàn behind, after.
zài hù wài de out, outside.
zài huì good-bye, so long.
zài jí dà chéng dù shàng for the most part.
zài jiàn good-bye.
zài jīn tiān today, on this day.
zài jīn wǎn tonight, on this night.
zài jǐn yào guān tóu in a pinch.
zài lóu shàng upstairs, higher floor.
zài máng to be occupied.
zài míng tiān tomorrow, on the day after today.
zài mǒu chù somewhere, indefinite place.
zài nà lǐ there, in that place; where, in what place.
zài nà yī diǎn shàng there, in that matter.
zāi nàn disaster, calamity, catastrophe.
zài nán fāng de south, in or from the south.
zāi nàn xìng de disastrous, catastrophic.
zài páng biān aside, apart, nearby, beside, next to.
zài qían ahead.
zài qián de preceding.
zài shàng fāng de upward, to a higher place.
zài shàng miàn above.
zài shēng chǎn reproduction; to produce again.
zài tóng děng shuǐ píng at the same level as.
zài tú shàng biāo chū to mark on the chart.
zài wài bù without, on the outside.
zài wài miàn de outside, outdoors.
zài xī bù de west.
zài xī nán southwest, in or from the southwest.
zài xià fāng below, beneath, under.
zài xià miàn under, beneath, below, underneath.
zài xiān de preceding.
zài xiàng qián further on.
zài xìn shàng xiě shàng dì zhǐ to address a letter.
zài yì biān aside, apart.
zài yī cì once more.
zài yī qǐ together, in one group or place.
zài yuǎn diǎn de farther, remote.
zài zhè lǐ here, at place.
zài zhōng jiān between.
zài zhōu wéi around.
zài zuò to be occupied.
zài zuò de present, here attending.
zài ... bù zài de shí hòu during one's absence.
zài ... dǎ gōu hào to check, mark with check sign.
zài ... de qī jiān during.
zài ... de shí hòu during.
zài ... fāng miàn at, in the aspect of.
zài ... fù jìn beside, near, next to.
zài ... guò chéng zhōng in, while.
zài ... lǐ in, within limits.
zài ... lǐ miàn inside, within.
zaì ... páng next to.
zài ... shàng sǎ fěn mò to dust, sprinkle.
zài ... zhī jiān among.
zài ... zhī qián before.
zai ... zhī xiān before.
zài ... zhī zhōng among.
zàn chéng to approve, endorse, favor, second a motion.
zàn huǎn respite.
zàn měi to admire, praise or regard with respect, celebrate.
zàn shí for the present time.

zàn shí de temporary.
zàn sòng praise; to praise, honor.
zàn tíng pause, suspension; to pause, temporarily halt, suspend.
zàn tóng to endorse, back something, sympathize, understand one's feelings.
zàn tong de sympathetic, inclined in one's favor.
zàn yáng to exalt, praise.
zàn zhù to patronize, support; stay; to stay over as a guest.
zàn zhù zhě patron, supporter.
zāng de dirty, squalid, filthy.
zāng de xià rén de nasty, filthy.
zǎo cān breakfast.
zǎo chén morning.
zào chéng to work, cause or effect.
zǎo de early, close to beginning.
zào fǎn rebellion or struggle against a government.
zào fǎn zhě rebel.
zāo gāo de terrible, unpleasant.
zāo nàn zhě victim (as in circumstances).
zǎo shàng hǎo. Good morning.
zāo shòu to suffer, sustain, undergo, endure.
zǎo yǐ already.
zào yīn noise, loud and disagreeable sound.
zāo yù to encounter.
zé bèi blame; to blame, criticize or look down on.
zé mà to scold.
zé rèn duty, required action, responsibility, liability, obligation.
zé rèn zhòng dà de heavy responsibility.
zéi thief.
zěn yàng how (as in condition).
zēng bǔ supplement; to supplement.
zēng bǔ de supplementary.
zēng dà to grow, intensify, increase, swell, increase in number.
zēng duō to increase.
zèng hèn resentment, hatred; to resent, detest, hate.
zēng jiā to accrue, add, increase.
zēng jiā increase, gain; to accrue, add, increase, gain, multiply.
zēng jìn nourish, help develop.
zēng kān supplement (as in a newspaper).
zèng pǐn gift, present.
zēng qiáng to grow, intensify, reinforce, become stronger.
zèng sòng to give.
zēng wù disgust; to hate, loathe.
zèng yǔ to give, present.
zèng yǔ wù something granted.
zēng zhǎng growth, increase; to grow or increase, raise, lift, intensify.
zhá brake.
zhà to bomb, bombard, explode; to squeeze, press together.
zhà dàn bomb.
zhà lan fence, fencing, barrier.
zhà měng grasshopper.
zhà qǔ to press (as for juice).
zhǎ xiàn to gleam, briefly shown.
zhǎ yǎn wink, act of winking; to wink.
zhǎ yǎn shì yì to wink, signal by winking.
zhǎi kǒng slot.
zhāi lù extract, excerpt; to extract, excerpt.
zhāi qǔ to pick, harvest.
zhài quàn financial certificate.
zhài quán rén creditor.
zhài wù debt, something owed, obligation.
zhài wù rén debtor.
zhāi yào summary.
zhàn station, place of service.
zhàn chǎng field of battle.
zhǎn chū to show, display.
zhàn dì field of battle.
zhàn dòu battle, conflict, fight, confrontation; to fight physically or armed.
zhàn jù to hold (as in hold someone's attention).
zhǎn kāi to expand, increase, roll out, spread, open up, unfold.
zhǎn lǎn act of exhibition, public display; to exhibit, present

publicly, display for viewing.
zhǎn lǎn guǎn art gallery.
zhǎn lǎn huì show, exhibition.
zhǎn lǎn pǐn exhibition, something exhibited, objects on display.
zhàn lì to stand, stand up; thrill; to tremble, be afraid.
zhàn lì pǐn trophy.
zhàn lǐng dì conquest.
zhān shàng wū jì to become marked or spotted.
zhàn shèng victory; to defeat, win.
zhǎn shì display, exhibition; to show, display, picture, symbolize visually.
zhàn tái stand, place where one stands.
zhǎn xiàn to unfold, tell over time (as in a story).
zhàn zhēng war, armed conflict, warfare.
zhàn zhēng qī jiān war, time or period of war.
zhàn zhēng zhuàng tài warfare.
zhāng leaf (as in paper).
zhàng ài obstacle.
zhǎng bèi superior.
zhǎng chéng to get, become.
zhàng dān financial statement.
zhǎng duò to steer, guide or drive.
zhàng fū man, husband.
zhǎng gù anecdote, allusion.
zhǎng guǎn to demonstrate authority.
zhǎng guān chief, commander, superior.
zhǎng jī to slap.
zhāng jié chapter, paragraph, section of writing.
zhāng kāi de wide, open wide.
zhàng mù account.
zhàng peng tent.
zhāng tiē to paste.
zhǎng wò to master, gain skill in, understand, grasp.
zhào mask for head protection.
zhǎo chū to locate, track down.
zhāo dài entertainment, invitation, treat, something paid for by another; to have the care of; food service; to serve in a restaurant.
zhǎo dào to find after searching.
zhǎo dào de found.
zhào gù consideration, concern, favor, kind act.
zhào guǎn supervision; to tend, care for.
zhào huàn to summon.
zhāo huí to recall.
zhào jí to summon.
zhǎo jī huì xiàng ... bào chóu to seek opportunity to avenge oneself against somebody.
zhào kàn rén tender, person who tends.
zhào liàng to light, provide light.
zhào liàng dē zhuàng tài lighting, the state of being lighted.
zhào liào to care for, assist, watch over, look after.
zháo mí de mad, having strong liking.
zhào míng shè bèi lighting, lamp.
zhào piàn photograph.
zhāo qì péng bó de youthful, having characteristics of youth.
zhāo tiē huà poster.
zhào xiàng jī camera.
zhāo yáng rising sun.
zhào yàng de likewise.
zhào yào to shine.
zhǎo zé swamp.
zhào zhe shuō to mimic.
zhāo zhì to provoke, cause deliberately, incur, invite, attract.
zhào zi cover, seal.
zhè this, not that.
zhē to sting.
zhē bì to screen, hide from view, shelter.
zhē bì wù shelter, protection.
zhē dǎng to shade, screen from sun.
zhé dié to fold (as in fold in half).
zhé duàn to separate, snap.
zhé fèng hem.
zhē gài to hide, not visible.
zhè gè this, this one, the, having just been mentioned.
zhè gè yuè this month.

zhé héng fold line, crease.
zhé kòu discount.
zhé mó affliction, agony, torment, torture, great pain; to torment.
zhē péng shade, screen that blocks the sun.
zhé rén philosopher.
zhē shāng wound made by a sting.
zhè shí here, at time.
zhè xiē these.
zhè xīng qī this week.
zhé xué philosophy, philosophical query.
zhé xué de philosophical.
zhé xué jiā philosopher.
zhé xué tǐ xì philosophy, philosophical query.
zhè yàng so, thus. **shì zhè yàng de.** It is so.
zhè yàng de such, this kind.
zhè yàng de rén huò wù such.
zhé yáng wù shade, screen that blocks the sun.
zhè yī diǎn here, at aspect, point, etc.
zhé zhōng compromise, settlement.
zhèn town, between a village and a city.
zhēn needle.
zhēn bǎo treasure, beloved person.
zhēn cáng to treasure, gather and keep.
zhēn cāo virtue, chastity.
zhēn chá to spot, see from air.
zhēn chéng sincerity.
zhēn chéng de earnest, sincere, true, genuine; sincerely, truly.
zhēn de genuine, authentic, true, real.
zhèn dìng to calm.
zhèn dìng de calm, collected.
zhèn dòng to vibrate.
zhěn duàn to examine (as in doctor's examination).
zhēn fǎ stitch, type of needle work.
zhēn jiǎo stitch (as in thread).
zhēn jié de virtuous, chaste.
zhèn jīng emotional shock. **zhè zhēn ràng wǒ chī jīng.** It was a shock to me.
zhèn jìng jì tranquilizer.
zhēn lǐ truth, actuality.
zhēn pǐn curiosity, something uncommon, gem (as in gem of a movie).
zhēn shí truthfulness.
zhēn shì to treasure, prize, consider very valuable.
zhēn shí de true, truthful; truly, truthfully.
zhěn suǒ surgery, doctor's office.
zhēn tàn detective.
zhēn tàn de detective.
zhēn tàn xiǎo shuō detective story.
zhěn tou pillow.
zhēn xiàng truth, actuality.
zhèn yā to suppress, quench, end with force.
zhèn yǔ shower, short rain.
zhēn zhèng de substantial, true; indeed, truly.
zhēn zhī knitting.
zhēn zhī pǐn hosiery.
zhēn zhū gem, jewel, pearl.
zhēng to steam, put into steam.
zhèng cān dinner, meal.
zhèng cè policy (as in government or business).
zhèng cháng de normal, standard.
zhēng chǎo fight, quarrel; to argue, dispute, quarrel.
zhèng cí evidence, testimony.
zhèng dǎng political party.
zhèng dāng righteousness.
zhèng dāng de just or moral.
zhèng dé plus, positive; to win, achieve by effort.
zhěng duì to line up.
zhěng dùn arrangement; to sort out and collect one's thoughts.
zhēng duó mǒu wù to vie for something.
zhēng fā to steam, turn into steam.
zhèng fāng xíng square, with four equal sides.
zhèng fǔ government (as in federal government).
zhēng fú act of conquest; to conquer, overpower, vanquish,

defeat, master, overwhelm, subjugate.
zhèng fǔ bù mén office (as in government branch).
zhěng gè de all, entire, total, whole.
zhèng jiàn document, something that can provide evidence.
zhěng jié neatness.
zhěng jié de tidy, trim.
zhěng jiù salvation.
zhèng jù proof, evidence, voucher.
zhěng lǐ arrangement, trimming, tidying up; to arrange, put in order, sort, tidy up, trim off excess.
zhēng lùn debate, dispute, argument; to dispute, argue, debate.
zhēng lùn de wèn tí issue, problem.
zhēng lùn diǎn question, uncertainty.
zhèng miàn face, front surface.
zhèng míng evidence, verification, proof; to demonstrate, prove, validate, exhibit, verify.
zhèng míng ... wéi zhèng dāng to vindicate, justify.
zhèng míng shì to prove, be revealed.
zhèng míng ... yǒu zuì to convict.
zhēng mù to enlist.
zhèng pài de decent, respectable.
zhèng pǐn de genuine, authentic.
zhěng qí in order.
zhēng qì steam, vapor.
zhěng qí de tidy, trim.
zhēng qì jī steamer.
zhèng quàn jiāo yì suǒ stock exchange.
zhèng què de correct, right, appropriate.
zhèng què de niàn to pronounce, enunciate.
zhèng què xìng validity.
zhèng rén witness, firsthand observer.
zhèng shí confirmation, proof, substantiation, verification; to confirm, prove, substantiate, verify, uphold truth.
zhèng shì de official, certified, formal.
zhèng shì tí chū to tender, make an offer.
zhèng shì tōng zhī notice, formal announcement.
zhèng shì xuān dú public recitation.
zhēng shōu to collect, gather.
zhèng shū certificate, diploma, license.
zhēng shuì taxation; to levy a tax.
zhěng shùn to arrange, put in order.
zhèng tǐ government.
zhěng tǐ mass, unified group of individual parts; entire.
zhèng wén text, words other than title.
zhèng wù voucher, evidence.
zhèng wǔ noon, midday.
zhèng yì righteousness, moral conformity.
zhēng yì issue, problem, controversy.
zhèng yì de done with virtue.
zhēng zhá to struggle, use muscles.
zhèng zhāng badge.
zhēng zhào symptom.
zhèng zhí honesty.
zhēng zhí argument, confusion.
zhèng zhì cè lüè politics, political strategies.
zhèng zhí de honest, having integrity, moral, upright.
zhèng zhì de political.
zhèng zhì huó dòng politics, political activities.
zhèng zhì wēi jī political crisis.
zhèng zhì xué politics, political science.
zhèng zhòng xuān gào to tell in a formal way.
zhèng zhuàng symptom.
zhì to toss, throw casually.
zhǐ paper; toe.
zhī limb, body appendage, branch of a tree.
zhì ān societal stability.
zhǐ bì bill, paper money, note.

zhǐ biāo index, pointer.
zhì cái tribunal, something that can judge.
zhī chēng support; to support, bear weight of.
zhī chēng wù support, something that supports.
zhī chí encouragement; to encourage, support, endorse, back something, carry, bear, patronize.
zhī chí zhě patron, supporter.
zhǐ chū to mark, indicate, show direction, point out.
zhì cí speech, a verbal presentation.
zhí dào until, to, up to the time when.
zhǐ dǎo direction, guide, something informative; to guide, exercise command over.
zhī dào aware; to be conscious.
zhī dào rú hé zuò mǒu jiàn shì qíng to know how to do something.
zhí de straight, not curving; to deserve, merit; worth, deserving of.
zhí dé de worthy, with enough worth.
zhí dé jìng zhòng de venerable, commanding respect.
zhí dé xìn rèn de trustworthy.
zhí dé yǒu de desirable.
zhí dé zūn zhòng de reverend.
zhǐ diǎn tip, hint.
zhì dìng to institute, formally found.
zhǐ dìng appointment; to appoint, assign, designate, specify, limit, fix absolutely.
zhì dòng qì brake.
zhì dù institution, norm of society, system (as in political, economic, or social).
zhì fú uniform; to overpower, conquer, overwhelm, master, subdue, vanquish.
zhī fù payment, the act of paying; to pay, purchase.
zhī fù shù é payment amount (as in money).
zhì gāo wú shàng de supreme, most powerful.
zhí gōng employee.
zhì huì intellectual ability, wisdom, understanding of truth, wit, understanding.
zhǐ huī command, direction over; to command, have authority, give orders, direct, guide, lead.
zhǐ huī guǎn xián yuè duì to conduct an orchestra.
zhǐ huī zhě commander.
zhǐ jia nail, finger or toe.
zhí jiē de direct, immediate, express.
zhí jìng diameter.
zhì jìng salute, greeting.
zhí jué intuition.
zhī jué sensation, feeling.
zhí jué de innate, inherent, not learned, instinctive.
zhǐ kě to quench one's thirst.
zhǐ kòng to accuse.
zhí lì to rear up, like a horse.
zhì lì Chile; intellect, intelligence, mind, ability to know; to devote, dedicate, commit.
zhí lì de upright, vertical.
zhì lì de intellectual, relating to the intellect.
zhì lì zhèng cháng de normal (as in intelligence or development).
zhì liàng chā de quality not acceptable.
zhì liáo treatment, remedy, medical attention; to treat (as a doctor), to provide relief.
zhǐ lìng instruction, command.
zhī liú branch of a river.
zhí mín de colonial.
zhí mín dì colony.
zhǐ míng to indicate, show direction.
zhì mìng de fatal, mortal, causing death.
zhì mìng de jí bìng fatal disease.
zhì mìng shāng fatal wound.
zhǐ nán directory, guide book, instructions.
zhì néng xíng de intelligent, of computers or robots.

zhī pèi control, command, authority; to control, govern, command, dominate, have authority over.
zhī piào check.
zhǐ píng fēng paper screen.
zhí quán power of office.
zhì shǎo at least.
zhì shǐ to cause, compel.
zhǐ shì direction, instruction, command; to order, command, direct.
zhī shi knowledge, science, body of learning over time.
zhī shi fèn zǐ intellect, great thinker.
zhǐ shì ... de indicative.
zhí shuài de direct, straightforward, honest.
zhì tú to plot (as in graph).
zhì tú xué graphics.
zhǐ wàng to depend on, have hope or confidence in; to aim at, strive for, look forward. **wǒ jiù zhǐ wàng nǐ le.** I'm relying on you.
zhí wèi position, job.
zhí wèi jiǎo gāo de upper in position or rank.
zhí wù plant, tree or flower; function, duty.
zhí wù shàng de official, relating to position of authority.
zhì xī to choke, suffocate, smother.
zhǐ xiàng to direct, aim, point, indicate.
zhí xíng performance; to exercise, perform duties, fulfill, carry out.
zhì xù order, organization.
zhǐ yào while, as long as.
zhí yè employment, occupation, profession, vocation; pursuit (as in hobby).
zhì yí to challenge, question, dispute, doubt.
zhì yì greeting, salutation, good wishes; to salute, greet.
zhǐ yǐn to show, lead, bring.
zhǐ yǒu only.
zhí yù simile.
zhì yù to heal, cure.
zhí yuán clerk.
zhì yuàn de voluntary, done without expecting money.
zhì yuàn zhě volunteer, person who volunteers.
zhì zào production, the act of producing; to produce, make, manufacture, work to create.
zhì zào chǎng factory.
zhì zào shāng manufacturer.
zhí zé duty, function, task, responsibility.
zhǐ zhǎng to assume, take the role of.
zhí zhào license, physical license.
zhǐ zhēn hand (as on clock).
zhí zhì till.
zhì zhǐ to restrain or stop.
zhǐ zhù stop; to stop.
zhī zhū spider.
zhǐ zhuàng wù finger, looks like finger of hand.
zhí zi nephew.
zhì zuò to produce, make, work to create.
zhòng weigh, heavy.
zhōng bell.
zhōng chǎn jiē jí middle class.
zhōng chéng loyalty.
zhōng chéng de loyal.
zhòng dà de grave, serious, weighty.
zhòng de heavy, possessing good amount of weight.
zhōng děng de mediocre, medium, average; secondary (as in school).
zhòng diǎn emphasis, stress, importance, particular attention or focus given to.
zhòng dú to stress a syllable; poisoning.
zhōng duàn interruption; to discontinue, halt, quit, stop.
zhōng duàn de interrupted.
zhōng duì squadron.
zhòng fēng stroke, brain injury.
zhōng guó China. **zhōng guó de** of or relating to China. **zhōng**

guó rén person from China.
zhōng hé to compromise, reconcile and consolidate.
zhōng jí de ultimate, best or greatest.
zhōng jiān de intermediate, between extremes, medium, middle.
zhōng jiān guó neutral country.
zhōng jiān lì chǎng middle ground.
zhōng jiān wù intermediate, person in between extremes.
zhōng jié to destroy, end.
zhōng kōng de hollow, possessing empty space.
zhǒng lèi form, type, sort, kind.
zhòng lì weight, force.
zhōng lì de neutral (as in war).
zhōng lì zhě neutral person.
zhòng liàng weight (as in measure).
zhōng shāng to slander.
zhōng shēn bǎo xiǎn life insurance.
zhōng shēng toll, sound of a bell.
zhòng shì to prize, value, regard highly.
zhōng shí de faithful, loyal, true.
zhōng shì jì Middle Ages.
zhòng suǒ zhōu zhī de public, not private knowledge.
zhōng wǔ noon, midday.
zhōng xīn heart, center, metropolis, core of activity.
zhōng xīn de central; loyal.
zhōng yāng de middle, central.
zhōng yāng gòng nuǎn central heating.
zhòng yào de considerable, significant, important, fundamental, serious, valued.
zhòng yào de rén huò shì wù somebody or something important or remarkable.
zhòng yào rén wù somebody, someone important.
zhòng yào shì jiàn occasion, important event.
zhòng yào xìng import, importance.
zhòng yào xìng significance, import, importance.
zhòng yì de favorite.
zhōng yǒu yī sǐ de mortal, able to die.
zhōng yú finally.
zhōng yú de finally.
zhōng zhēn loyalty.
zhōng zhēn de faithful, loyal.
zhòng zhí to plant, sow seeds, grow, cultivate.
zhōng zhǐ off, turned off; suspension; to end, pause, halt.
zhǒng zi seed (as in a plant).
zhǒng zú human race.
zhǒu elbow.
zhōu state, territory; week.
zhǒu bù elbow.
zhōu mò weekend.
zhōu nián jì niàn anniversary.
zhōu qī de periodic, cyclic.
zhōu qī xìng de periodical, periodic.
zhōu suì anniversary.
zhōu wéi around.
zhōu wéi huán jìng surroundings.
zhòu wén wrinkle in the skin.
zhōu yóu on tour.
zhòu yǔ spell, magic.
zhòu zhě fold line, crease.
zhù pole, long rod; to live, reside.
zhǔ to cook.
zhū pig.
zhū bǎo jewelry.
zhù cáng stock, store, supply, reserves.
zhù cè to enroll in.
zhǔ chí president, one presiding over a group; to preside, chair.
zhǔ chí huì yì to preside over a meeting.
zhǔ chí rén host (as in entertainment emcee).
zhú chū expulsion.
zhù chù quarters, residence.
zhù cún to stock up.
zhǔ dòng jīng shén initiative, control or ambition.
zhǔ fèi to boil.
zhù fú prayer to divine; to give

divine favor, to intercede.
zhǔ fù housekeeper.
zhǔ guǎn superintendent.
zhǔ guān de subjective.
zhù hè congratulations, greeting; to congratulate.
zhú jiàn de by degrees.
zhú jiàn fā zhǎn to grow (as in light grew nearer).
zhú jiàn pī lù to unfold, tell over time (as in a story).
zhú jiàn tíng zhǐ to end gradually.
zhú jiàn xíng chéng to develop, gradually create.
zhǔ jiào bishop.
zhù lǐ assistant.
zhù míng de eminent, famous.
zhù mù act of paying attention to.
zhǔ quán de sovereign, autonomous.
zhǔ rén host (as for guests).
zhū ròu pork.
zhù rù to pump, draw or flow out.
zhū rú dwarf.
zhù shè to shoot (as with needle).
zhù shì comment; to look, see, eye.
zhù shǒu assistant, aid, helper.
zhù suǒ residence.
zhǔ tí subject of a work of art, theme or topic of an essay or speech.
zhǔ tǐ mass, majority.
zhǔ xí president, one presiding over a group, chairperson.
zhù xiāo annul, cross out, void.
zhǔ yào dào lù main road.
zhǔ yào de major, elementary, fundamental, chief, principal, central.
zhù yì attention, notice; wary; to heed, pay attention to, notice. **zhí dé zhù yì de** noteworthy.
zhù yì dào to mind, know, notice.
zhù yì lì attention, focus, mental concentration.
zhù yuàn to wish, show wishes for.
zhǔ zǎi dominance.
zhù zhǎng to help, improve, facilitate, be useful.
zhǔ zhāng to maintain, argue.
zhǔ zhǐ matter, topic.
zhù zi mast, pillar, post, sign post.
zhú zì de word for word.
zhuā to scratch, with claws or nails.
zhuā dào to catch, capture.
zhuā hén scratch, line in something.
zhuā shāng scratch, minor cut.
zhuā zhù to hold, grasp, seize, capture, take hold of.
zhuān brick.
zhuǎn biàn switch, transition; to switch, transfer.
zhuǎn biàn shí qī turn, turning point in time.
zhuàn dé to earn.
zhuàn dòng to turn, cause to turn around.
zhuǎn dòng orbit, turn, act of turning.
zhuān hèng de despotic.
zhuǎn huà to convert, transform.
zhuǎn huàn shift, type change, switch, exchange; to convert, transform.
zhuàn jì biography.
zhuàn jì de biographical.
zhuān jiā expert, master, specialist.
zhuān jiā jiàn dìng opinion, judgment.
zhuǎn jiāo to forward to next location (as with new address).
zhuān kē faculty, college department.
zhuān kuài brick.
zhuān lán column (section in a newspaper).
zhuān lì quán patent.
zhuān mén de only, solely, special, of a certain person or thing.
zhuǎn ràng transfer.
zhuǎn sòng transfer.
zhuǎn xiàng shift, change of direction; to turn, change position of something.
zhuān xīn act of paying attention; to concentrate, pay attention to.
zhuǎn xué to transfer schools.
zhuān yè de technical, of a particu-

lar subject.
zhuǎn yí transfer; to transfer, move something.
zhuān yǒu de peculiar, belonging to particularly.
zhuǎn zhé hinge, influential circumstance.
zhuān zhì tyranny, absolute ruler.
zhuān zhí de professional, not amateur.
zhuàng to strike, crash into.
zhuāng to pretend.
zhuāng bèi equipment, being equipped; to equip, prepare, furnish.
zhuāng dìng to bind.
zhuàng guān splendor.
zhuàng guān de splendid, grand.
zhuāng huò shipment.
zhuàng jī to hit, run into, shock physically.
zhuāng jia crop.
zhuāng jia rén peasant.
zhuàng kuàng condition, mode of functioning.
zhuàng kuàng liáng hǎo in order.
zhuāng mǎn to fill, fill up.
zhuāng pèi putting parts or things together.
zhuāng shàng dǐng bù to top, be or give a top.
zhuāng shì to dress up, decorate.
zhuàng tài state, condition.
zhuāng yán solemnity.
zhuāng yán de solemn, serious, stately.
zhuāng yùn shipment.
zhuāng zǎi huò wù to load, insert.
zhuāng zǎi liàng load, quantity carried.
zhuāng zhòng de grave, somber and serious.
zhuī to pursue, chase.
zhuī gǎn to follow, chase, pursue.
zhuì huǐ to crash, fall down hard.
zhuī jiā de supplementary.
zhuī qiú pursuit; to follow, chase, pursue, seek, try to achieve.
zhuī sù to trace a history.
zhuī sù dào to trace back to.
zhuī zhú pursuit, the act of pursuing.
zhuī zōng to track, monitor progress.
zhǔn bèi preparation; to make, prepare.
zhǔn bèi jiù xù de prepared.
zhǔn bèi tuǒ dàng de ready.
zhǔn jià leave (as in absence).
zhǔn què accurate.
zhǔn què de exact, totally factual, proper, correct.
zhǔn què xìng accuracy.
zhǔn shí on time.
zhǔn shí de punctual.
zhǔn xǔ permit, warrant, authorization.
zhǔn zé code, rules of conduct.
zhuō bù tablecloth.
zhuō liè de poor, of inadequate quality.
zhuó shǒu to begin, start, commence, undertake.
zhuó yuè excellence.
zhuó yuè de excellent, great, distinguished, major, extraordinary, sublime.
zhuó zhòng emphasis, particular attention or focus given to.
zhuó zhòng yú to stress, emphasize.
zhuō zhù to seize, take hold of.
zhuó zhuàng chéng zhǎng to thrive, grow well.
zhuō zi desk, table.
zì word, character, sound or written word.
zì ... yǐ lái since.
zì bái confession, admission.
zī běn capital, fund.
zī chǎn asset, wealth.
zì cóng since.
zì cóng ... yǐ hòu since.
zì dà egotism.
zǐ dàn shot, bullets.
zǐ dàn ké shell (as in a gun).
zì diǎn dictionary. **yīng hàn zì diǎn** English-Chinese dictionary. **hàn yīng zì diǎn** Chinese-English dictionary.

zì dòng de automatic; willingly.
zì dòng fú tī escalator.
zì fā de spontaneous.
zì fù de conceited, vain.
zī gé to entitle to something.
zī gé lǎo de elder.
zì háo pride, satisfaction.
zì háo de proud, feeling satisfied.
zì jǐ self, oneself.
zì jǐ de own.
zì jǐ zhī dào de conscious, self-aware.
zī jīn finance, fund.
zì jué de conscious, self-aware, alert.
zī lì jiǎo qiǎn de lower in rank.
zī liào data.
zǐ luó lán violet.
zǐ luó lán sè de violet.
zì mù subtitle.
zì mǔ character, letter of alphabet.
zì rán chǎn shēng de spontaneous.
zì rán guī lǜ de physical (as in science).
zì rán jiè nature, physical world. **zì rán jiè de** natural, relating to nature.
zì rán zhuàng tài nature, primitiveness.
zì shā suicide; to commit suicide.
zì shēn self, oneself.
zī shì gesture, motion. **zì shí qí lì de** independent, self-sufficient.
zì sī de selfish.
zì sī xiǎo qì de mean, unkind.
zì sī zì lì selfishness.
zǐ sūn descendant, offspring, posterity.
zī tài posture, gesture, act of courtesy.
zī wèi flavor, taste.
zì wǒ zhōng xīn egotism.
zǐ xì jiǎn chá to scrutinize, survey, inspect.
zì xìn self-confidence.
zì xìn de confident.
zì xíng chē bicycle, bike.
zī yǎng nourishment, the act of nourishing; to nourish, feed.
zǐ yè midnight.
zì yóu freedom, liberty.
zì yóu de free, not in confinement, liberal, without constraint.
zì yóu shī free verse.
zī yuán supplies, resources.
zì yuàn de voluntary, of free will.
zì yuàn zhě de volunteer, done by volunteers.
zì zhì self-restraint (as in behavior).
zì zhì qū municipality, community self-government.
zì zhì shì municipality, community self-government.
zì zhǔ independence.
zī zhù to fund, provide funding.
zì zhǔ de independent, free.
zǒng diàn head office.
zǒng é total amount, gross, sum of addition.
zǒng gōng sī head office.
zòng háng column (as formed by two vertical lines).
zǒng hé total amount.
zōng hé tǐ complex, compound.
zōng hé xìng dà xué university (as in college).
zǒng jì to number, total.
zōng jiào religious beliefs or institutions.
zōng jiào de religious, concerning religion.
zōng jiào xìn yǎng belief in supernatural power.
zòng lǎn survey, overview; to survey, take an overview.
zòng róng to indulge, give in to desires.
zòng róng de indulgent.
zōng sè de brown.
zǒng shì always, at all times.
zǒng shù sum (as in addition).
zǒng tǐ totality.
zǒng tǐ de total, whole.
zǒng tǒng president, leader of a country.
zǒng zhī in all, in general, in any case
zǒu to go, move, step, walk.
zǒu kāi to go away.

zǒu láng aisle, passageway.
zǒu sī to smuggle.
zú foot (as a body part).
zǔ group, team.
zǔ ài to discourage, persuade against doing something.
zǔ chéng to compose, constitute, make up, spell, form a word.
zǔ dǎng to obstruct, prevent.
zǔ fù grandfather.
zú gòu de enough, sufficient, adequate.
zǔ guó homeland.
zǔ hé combination.
zū hù tenant.
zú jì trace, track, trail.
zū jiè to rent.
zū jīn rental.
zǔ mǔ grandmother.
zǔ náo to thwart.
zú qiú football.
zú qiú yùn dòng football.
zǔ sè to jam.
zǔ xiān ancestor, forefather.
zú yǐ dì bǔ to cover, be sufficient.
zū yòng to rent.
zú zhǎng chief, group leader.
zǔ zhǐ to stop, prevent, interrupt, check, restrain, detain, stop from happening.
zǔ zhī organization, group, the act of organizing; to organize, coordinate.
zú zhì duō móu de ingenious, resourceful.
zǔ zōng ancestor, forefather.
zuàn shí diamond, jewel.
zuì sin.
zuǐ mouth.
zuì bù zhòng yào de least (as in significance or rank).
zuì chà de worst.
zuì chū de initial, beginning.
zuǐ chún lip.
zuì dà most, largest in amount or degree.
zuì dà chéng dù de farthest; full (as in at full volume).
zuì de drunk.
zuì dī minimum, lowest quantity.
zuì dī xiàn dù minimum, lowest limit allowed by law.
zuì duō most, greatest quantity.
zuì è sin.
zuì gāo jí bié summit, highest level.
zuì gāo jì lù the highest score or performance on record.
zuì gāo quán wēi majesty.
zuì gāo tǒng zhì zhě sovereign, supreme power.
zuì hǎo de best.
zuì hòu ultimately, finally.
zuì hòu de final, ultimate, last, end result; last, finally.
zuì hòu de fāng fǎ last resort.
zuì huài de worst.
zuì jī liè de jiē duàn heat (as in during heat of fight).
zuì jiā de best.
zuì jiē jìn de immediate, next, closest.
zuì jìn lately.
zuì jìn de current, most recent, last.
zuì nián zhǎng de oldest.
zuì qīng wēi de least, miniscule.
zuì shēn most, largest in amount or degree.
zuì shì dàng de perfect, well-suited.
zuì xiǎo minimum, lowest quantity.
zuì xiǎo de least (as in scale or degree).
zuì xiǎo zhí minimum, smallest number.
zuì xíng crime, guilt.
zuì yōu xiù de best, classic, excellent.
zuì yuǎn de extreme, outermost, farthest.
zuì zǎo de first, earliest.
zuì zhōng ultimately.
zuì zhōng de final, end result, ultimate, last.
zuì zhòng yào de main, supreme, most important.
zuì zhuàng count, charge.
zūn guì dignity.
zūn jìng respect, esteem, reverence, honor, veneration, homage; to respect, honor, hold in high

regard, esteem, venerate, show deference.
zūn shǒu obedience; to obey, carry out a command, follow a rule or law.
zūn shǒu nuò yán to keep a promise.
zūn shǒu zhě observer.
zūn zhòng esteem, respect, consideration; to esteem, respect, honor, show consideration.
zuò to sit, be seated; to do, execute.
zuò bàn company, fellowship.
zuò bì to cheat.
zuò bǐ jì to note, record.
zuǒ biān left.
zuò biāo jì to mark, make a mark.
zuò cái pàn to umpire.
zuǒ cè de left (as in side or direction).
zuò chéng to form, give form.
zuò chū tí gāng to sketch.
zuò chū xī shēng to make a sacrifice.
zuò cuò to err.
zuò diào chá to make a survey.
zuò dōng to host.
zuò fǎ conduct.
zuò fàn to cook.
zuǒ fāng left.
zuò fēng style, personal flair.
zuò guǎng gào to advertise. **fēn lèi guǎng gào** classified ad. **guǎng gà** advertisement. **guǎng gào yè** advertising.
zuò hǎo shì to do good deed.
zuò huì yì zhǔ xí to preside, chair.
zuò jì mount, way of riding.
zuò jiā author, writer, creator.
zuò jiàn dié to spy, commit espionage.
zuò lǐ bài to worship, perform worship.
zuò mǎi mai to trade, buy and sell.
zuò mèng to dream in sleep.
zuò mèng de rén dreamer, person that dreams.
zuò mó xíng to model, make a model of.
zuò ǒu nausea, queasiness.
zuò ǒu de nauseated. **wǒ jué de ě xīn.** I feel nauseated.
zuǒ piě zi left-handed.
zuò pǐn artistic work.
zuò qǔ composition.
zuò qǔ jiā composer.
zuò shí yàn to experiment.
zuò shǒu shì to sign, communicate using a sign.
zuò shǒu shù to operate (as in surgery).
zuó tiān yesterday.
zuó tiān yesterday.
zuó wǎn yesterday evening, last night.
zuò wèi seat, place to sit.
zuò wěi as.
zuò wéi shí wù gōng jǐ to feed (as in food that can feed an entire family).
zuò wéi xiàng zhēng to symbolize, be a symbol of.
zuò wéi zhǔ rén to master, behave as master.
zuò wén theme, written composition.
zuò xiàng dǎo to guide, act as guide.
zuò yǐ seat, chair.
zuǒ yì de left (as in political).
zuò yòng function, what someone is meant to do.
zuò yòu míng motto, guiding maxim.
zuò zhàn to war.
zuò zhě writer.
zuò zhèng to vouch for, provide evidence, testify (as in court), be a witness.
zuò zuo de affected, assumed or forced.

English–Chinese

A

a, an yī gè (number one, not indefinite article). **There is a man.** yǒu yī gè rén. **He is a policeman.** tā shì yī gè jǐng chá.
abbreviate (to) suō xiě.
abbreviation suō xiě.
ability néng lì (abilities); cái néng (talents); jì néng (skills).
able (to be) néng (can); néng gòu.
able adj. néng (can); néng gòu (capable).
abolish (to) fèizhǐ (make obsolete); qǔ xiāo (annul).
abortion líu chǎn (miscarriage); dǎ tāi (intentional medical procedure); shī bài (failure).
about guān yú (pertaining to); dà yuē (almost).
above zài shàng miàn (above); zài … zhī shàng (on top of).
abroad zài guó wài (in another country); zài hǎi wài (overseas).
absence quē xí (not in class, etc.); bǔ zài (generally, not here); quē qín (absence from work).
absent quē xí de (not in class, etc.); bǔ zài de (not here, generally); quē qín de (absent from work).
absolute jué duì de (absolute); wán quán de (complete); wú tiao jiàn de (unconditional).
absorb (to) xī shōu (take in); xī yǐn (draw in).
abstain (to) jiè (quit); fàng qì (give up).
abstract adj. chōu xiàng de.
absurd huāng táng de.
abundant dà liàng de (a lot of); fēng fù de (rich in).
abuse (to) làn yòng (misuse); mà (curse at someone); nüè dài (mistreat).
abuse n. làn yòng (misuse); mà (curse); nüè dài (poor treatment).
abyss shēn yuān.
academy xué yuàn (as in university); xué huì (as in society or group).
accent (to) zhòng dú (stress sound in speech); qiáng diào (emphasize something).
accent n. yīn diào (intonation); kǒu yīn (as in dialect).
accept (to) jiē shòu (consent to receive); chéng rèn (acknowledge).
acceptance jiē shòu (consent to receive); chéng rèn (recognition).
accident shì gù (event); yì wài (unexpected); bù xìng (harm). **by accident** yì wài de (unexpectedly); pèng qiǎo (by chance).
accidental yì wài de.
accidentally yì wài de (unexpectedly); óu rán de (by chance).
accommodate (to) shì yìng (adjust); gòng yìng (provide).
accommodation shì yìng (adjustment); gòng yìng (provisions); shàn sù (room and board).
accompany (to) péi bàn.
accomplish (to) wán chéng (get done); dá dào (achieve).
accord n. hé xié (harmony); tiáo hé (agreement).
according to àn zhào.
account n. zhàng mù.
accountant kuài jì.
accrue (to) zēng jiā.
accuracy zhǔn què xìng.
accurate zhǔn què.
accuse (to) qiǎn zé (denounce); zhǐ kòng (charge).
accustom (to) xí guàn.
ache (to) tòng.
ache n. tòng.
achieve (to) wán chéng (accomplish); dá dào (realize).
achievement chéng jiù.
acid suān.
acknowledge (to) chéng rèn (admit); gǎn xiè (thankful).

acknowledgment chéng rèn (recognition); xiè yì (thankfulness).
acquaintance shú rén (person); zhī shi (knowledge).
acquire (to) qǔ dé (obtain); yǎng chéng (develop).
across héng guò. **come across** fā xiàn (discover); pèng jiàn (meet with). **go across** héng chuān.
act (to) xíng dòng (action); bàn yǎn (as in theater); zhuāng (pretend).
act n. xíng dòng (deed or behavior); fǎ àn (law); mù (theater).
active huó dòng de (dynamic); huó yuè de (lively and alert); huó xìng de (as in ingredients).
activity huó dóng.
actor nán yǎn yuán.
actress nǚ yǎn yuán.
actual shí jì de.
actually shí jì de.
acute jiān ruì de (pointed); mín ruì de (sharp-witted); jí xìng de (disease).
adapt (to) shì yìng (adjust); gǎi biān (modify for fit).
add (to) jiā (sum); zēng jiā (increase).
addition jiā fǎ (math); fù jiā (part added on).
address (to) xiě shàng dì zhǐ (letter); zhì cí (speech). **to address a letter** zài xìn shàng xiě shàng dì zhǐ.
address n. dì zhǐ (location); zhì cí (verbal).
adequate zú gòu de (enough); shàng kě de (passable).
adjective xíng róng cí.
adjoining lín jiē.
administer (to) guán lǐ (manage); shí xíng (formally perform task).
admiral hǎi jūn shàng jiàng.
admiration qīn pèi.
admire (to) qīn pèi (esteem); zàn měi (view with respect).
admission yǔn xǔ jìn rù (permission to enter); chéng rèn (acknowledgement given voluntarily).
admit (to) jiē shòu (accept); xú kě rù chǎng (let enter); chéng rèn (confess).
admittance xǔ kě rù chǎng. **No admittance.** bù xǔ rù chǎng.
adopt (to) cǎi yòng (plan, path); yán yòng (embrace an idea); shōu yǎng (family).
adult chéng rén.
advance (to) v.t. tuī jìn; tíshēng (promote); yù zhī (pay).
advanced technology xīan jìn jì shù.
advantage yōu shì (good position); lì yì (benefit); hǎo chù (beneficial factor).
adventure mào xiǎn (dangerous enterprise); qí yù (strange or stimulating experience).
adverb fù cí.
advertise (to) zuò guǎng gào.
advertisement guǎng gào. **classified ad** fēn lèi guǎng gào.
advertising zuò guǎng gào.
advice quàn gào (opinion); jiàn yì (recommendation); tōng zhī (notice).
advise (to) quàn gào (counsel); jiàn yì (recommend).
aesthetic měi xué de.
affair shì qíng (something done); shì wù (business); ài mèi guān xì (romantic).
affect (to) yǐng xiǎng (influence); gǎn rǎn (attack); jiǎ zhuāng (pretend).
affected shòu gǎn rǎn de (influenced); zuò zuò de (artificial).
affection gǎn qīng (feelings); aì mù (admiration).
affectionate yǒu gǎn qīng de (tender).
affirm (to) kěn dìng (declare);

zhèng shí (uphold truth).
affirmation duàn yán.
afloat piāo fú de.
afraid hài pà.
Africa fēi zhōu.
African adj. fēi zhōu de (of Africa); n. fēi zhōu rén (person).
after adv. zài hòu; prep. zài … hòu miàn.
afternoon xià wǔ.
afterward hòu lái.
again yòu, zài (once more); cǐ wài, lìng wài (moreover); ér, dàn, yǐ huò (and, but, or).
against dùi; dùi zhe; yǐ fáng; fǎn dùi.
age n. nián líng (as in number of years alive); lǎo nián (old age); shí dài (period).
agency dài lǐ (business); jī gòu (government).
agent dài lǐ rén (representative); jiàn dié (spy).
aggravate (to) è huà.
ago yǐ qián.
agree (to) tóng yì.
agreeable shī yì de (pleasing); kě tóng yì de (to one's liking).
agreement tóng yì (accord); xié yì (convenant); qì yuē (contract).
agricultural nóng yè de.
agriculture nóng yè.
ahead zài qían, xiàng qían, tí qián.
aid (to) bāng zhù, yuán zhù, xié zhù.
aid n. yúan zhù (assistance), zhù shǒu (assistant), fǔ zhù shè bèi (device). **first aid** jí jiù. **first aid station** jí jiù zhàn.
aim n. mù biāo (target); mù dì (goal). **aim at (to)** miáo zhǔn (target); zhǐ wàng (goal).
air kōng qì; tiān kōng (sky).
airfield jī chǎng.
airforce kōng jūn.
airmail háng kōng xìn.
airplane fēi jī.
airport jī chǎng.
aisle zǒu láng (church); guò dào (theater).
alarm n. jīng huāng (fear); jǐng bào (warning); jǐng bào qì (device).
alarm clock nào zhōng.
alcohol jiǔ jīng.
alike yī yàng (same); xiāng sì (similar).
all suǒ yǒu de, quǎn bù de, zhěng gè de (total); jí dù de, jìn kě néng de (any).
alliance tóng méng, lián méng (nations or groups); tóng méng tiáo yuē (agreement); lián yīn (bond of family, marriage, etc.).
allow (to) zhǔn xǔ (permit); xǔ kě (allow presence of); róng xǔ, tīng rèn, ràng (let happen).
ally n. tóng méng zhě, tóng méng guó, huǒ bàn.
almost chā bù duō, jī hū, jiāng jìn, kuài yào.
alone dān dú de, gū dú de (solitary); zhǐ yǒu, jǐn jǐn (only).
along yán zhe, xún zhe (pursue similar course).
Alps ā ér bēi sī shān.
already yǐ jīng, zǎo yǐ (before).
also yě, tóng yàng.
altar jì tán.
alter (to) biàn gēng, gǎi biàn, gǎi jiàn.
alternate (to) jiāo tì, lún líu.
alternate adj. jiāo tì de, lún líu de (occuring alternately); gé yī de, jiàn gé de (sequence); bèi yòng de, yù bèi de, bǔ chōng de (instead of another).
although jǐn guǎn, suī rán.
altitude gāo, gāo dù; hǎi bá gāo dù.
altogether quán, wán quán (completely); yī gòng (all told); zǒng zhī (in general).
always yǒng yuǎn, shǐ zhōng (at all times); zǒng shì, lǎo shì, yī zhí.
amaze (to) chī jīng, jīng qí.
amazement jīng qí, chà yì.
ambassador dà shǐ, tè shǐ, dài biǎo.
ambitious yě xīn bó bó de, bào fù bù fán de.
amble (to) màn bù, sàn bù.
ambulance jiù hù chē.
amend (to) v.t. dìng zhèng, gǎi

zhèng, xiū zhèng; v.i. gǎi guò, gǎi liáng (correct).
America měi zhōu. **Central America** zhōng měi zhōu. **North America** běi měi zhōu. **South America** nán měi zhōu.
American adj. měi guó de (of U.S.A.); měi zhōu de (of America or Americas); n. měi guó rén (person from U.S.A.); měi zhōu rén (person from Americas).
among zài ... zhī zhōng, zài ... zhī jiān.
amount n. zǒng hé, zǒng é (the total amount); shù zhí, jīn é (sum).
ample guǎng dà de, kuān chǎng de (size); fēng fù de, chōng zú de (sufficient).
amplifier kuò dà qì, kuò yīn qì (electronic device); fàng dà jìng, fàng dà qì (person or thing that amplifies).
amuse (to) yú lè, shǐ ... gāo xìng, dòu ... xiào.
amusement yú lè, xiāo qiǎn.
amusing yǒu qù de, hǎo xiào de.
analyze (to) fēn xī, fēn jiě, jiě xī.
ancestor zǔ xiān, zǔ zōng.
anchor máo.
ancient gǔ lǎo de (old); gǔ dài de (long ago); jiù shì de (old-fashioned).
and hé, yú, jí, tóng.
anecdote zhǎng gù, yì shì, qí wén.
angel tiān shǐ, ān qí ér, kě ài de rén.
anger (to) jī nù, cù nù.
anger n. nù, fèn nù.
angry fā nù de, fèn nù de (infuriated); xiōng měng de (menacing). **to get angry** fā nù, shēng qì.
animal dòng wù, yě shòu, shēng kǒu, chù sheng.
animate (to) shǐ huó qǐ lái, shǐ yǒu shēng jī.
animate adj. yǒu shēng mìng de, yǒu shēng jī de.
ankle jiǎo bó zi, huái guān jié.
annex (to) fù jiā, tiān jiā, fù dài (attach); hé bìng, jiān bìng (incorporate).
annihilate (to) xiāo miè, jiān miè.
anniversary zhōu nián jì niàn, zhōu suì.
announce (to) gào zhī, tōng zhī (publicly); xuān bù, xuān gào (proclaim).
annoy (to) rě nǎo, dǎ jiǎo.
annual měi nián de, nián dù de, měi nián yī cì de.
annul (to) qǔ xiāo, zhù xiāo.
anonymous nì míng de, wú míng de.
another yòu yī, lìng yī (one more); bié de, lìng wài de (different than first).
answer (to) huí dá, dá yìng, xiǎng yìng.
answer n. huí dá, dá fù, huí fù, dá àn.
Antarctica nán jí zhōu.
antenna tiān xiàn, chù jiǎo.
anticipate (to) yù qī, yù liào (foresee); qī dài, zhǐ wàng (look forward); yù zhī, yù fù (in advance).
antique n. gǔ wù, gǔ dǒng.
anxiety xuán niàn, guà niàn, yōu lǜ.
anxious guà niàn de, yōu lǜ de. **to feel anxious** gǎn dào dān yōu.
any adj. shén me, yī xiē, yī diǎn; pron. nǎ gè, wú lùn nǎ gè, rèn hé; adv. yì xiē, shǎo xǔ, shāo wēi.
anybody rèn hé rén.
anyhow zǒng zhī, wú lùn rú hé (in any case); wú lùn yòng shén me bàn fǎ (however possible); hǎo dǎi (nevertheless).
anything rèn hé shì wù, rèn hé dōng xī.
anywhere rèn hé dì fāng, wú lùn hé chù.
apart fēn lí, fēn bié (distance); chú le (except).
apartment gōng yù, yī tào fáng jiān.

apiece měi rén, měi gè, gè.
apologize (to) dào qiàn, rèn cuò, péi bú shì.
apparent míng xiǎn de, xiǎn ér yì jiàn de (easy to see); mào sì de, biǎo miàn de (seeming).
apparently xiǎn rán de (obviously); biǎo miàn shàng (in appearance).
appeal (to) hū yù, yāo qiú (request); duì ... yǒu xī yǐn lì (attractive); shàng sù (court of law).
appealing yǒu gǎn rǎn lì de, xī yǐn rén de.
appear (to) xiǎn xiàn, lù chū (visible); chū xiàn (begin existence), xiǎn de, hǎo xiàng (seem).
appearance chū xiàn, lù miàn, chū chǎng, dēng tái (sight); wài mào, wài guān (outward appearance).
appease (to) píng xī, huǎn hé, quàn wèi (quiet); ān fǔ, gū xī, suí jìng (pacify); mǎn zú (satisfy).
appendix fù lù.
appetite shí yù, wèi kǒu, yù wàng. **to lose one's appetite** shī qù wèi kǒu.
applaud (to) gǔ zhǎng, hè cǎi, huān hū, chēng zàn.
applause gǔ zhǎng, hè cǎi.
apple píng guǒ.
application yìng yòng, yùn yòng, fū yòng; shēn qǐng (request); yìng yòng chéng xù (computer).
apply (to) v.t. yìng yòng, yùn yòng (adapt for use); zhì lì (devote); v.i. shì yòng (pertinent); shēn qǐng (ask).
appoint (to) wěi pài, rèn mìng (designate); zhǐ dìng, yuē dìng (as in set date).
appointment rèn mìng, wěi pài; zhǐ dìng, yù yuē (meeting).
appreciate (to) gū jià, píng jià (value); tǐ huì, dǒng de (realize); xīn shǎng, jiàn shǎng (admire); gǎn jī, gǎn xiè (gratitude).
appreciation gū jià, píng jià (value or significance); tǐ huì, yì shi (realization); xīn shǎng, jiàn shǎng (aesthetic merit); gǎn jī, gǎn xiè (gratitude).
appropriate adj. shì dàng de, hé shì de.
approve (to) pī zhǔn, rèn kě, zàn chéng.
April sì yuè.
apron wéi qún.
arbitrary rèn yì de, rèn xìng de (random or rash); bà dào de, zhuān hèng de, dú duàn de (despotic).
arcade gǒng láng.
architect jiàn zhù shī, shè jì shī.
architecture jiàn zhù xué, jiàn zhù wù.
ardent rè xīn de, rè liè de (passionate); qiáng liè de (fervent); chì rè de (fiery).
area píng dì, dì miàn (bounded surface); dì qū, dì fāng (section); qū yù, fàn wéi (area of expertise).
argue (to) biàn lùn, zhēng lùn (debate); shuō fú, quàn shuō (persuade or influence); zhèng míng, biǎo míng (give evidence).
argument zhēng lùn, biàn lùn (debate); lùn jù, lùn diǎn (rationale); gēng gài, dà gāng (literary).
arithmetic suàn shù, suàn fǎ.
arm (to) gòng jǐ wǔ qì (assault weapons).
arm n. bì.
armaments jūn bèi, jūn duì.
arms wǔ qì.
army jūn duì, lù jūn; bù duì.
around adv. zhōu wéi, sì miàn, wéi zhe, huán rào; prep. zài zhōu wéi, zài fù jìn, dào chù.
arouse (to) huàn xǐng (awaken); huàn qǐ, yǐn qǐ (excite).
arrange (to) zhěng lǐ, zhěng shùn (position); shāng dìng, shāng tuǒ (as in marriage, agreement, etc.); zhǔn bèi, ān pái (prepare).

arrangement zhěng dùn, zhěng lǐ, bù zhì; ān pái, chóu bèi, yù bèi (preparation).
arrest (to) dài bǔ (law); zhǐ zhù, zǔ zhǐ (stop); xī yǐn (attract, as in gaze).
arrest n. zhǐ zhù, zǔ zhǐ (stop); dài bǔ (detainment).
arrival dào dá, dǐ dá.
arrive (to) dào dá, dǐ dá.
art yì shù, měi shù.
article wén zhāng (writing); wù pǐn (item), tiáo kuǎn (contract).
artificial rén gōng de, rén zào de (man-made); bù zì rán de, xū jiǎ de (not genuine); jiǎ de (simulated).
artist yì shù jiā, měi shù jiā.
artistic yì shù de, yì shù jiā de, fēng yǎ de.
as adv. tóng … yī yàng; conj. rú tóng, xiàng, àn zhào; prep. zuò wěi, yǐ … shēn fèn; dāng zuò (same as); lì rú (for example).
ascertain (to) què dìng, chá mīng, nòng qīng.
ash huī, huī jìn.
ashamed xiū chǐ, cán kuì, yǐ wéi … shì chǐ rù.
Asia yà zhōu.
Asian adj. yà zhōu de (of Asia); n. yà zhōu rén (person).
aside adv. zài páng biān, zài yì biān, dào páng biān; piē kāi (apart); n. páng bái (theater).
ask (to) wèn, xún wèn (question); qiǔ, qǐng qiú, qí qiú (expect); yuē, yāo qǐng (invite); wèn jià, tǎo jià (ask price).
asleep suì zháo, suì shú.
aspire (to) rè wàng, kě wàng, yǒu zhì yú, lì zhì yào.
aspirin ā sī pí līn.
assault n. gōng jī (attack); měng xī, xí jī (military); qiáng jiān (rape).
assemble (to) shōu jí, jí hé (group together); zhuāng pèi (parts).
assembly jí hé; huì zhòng (group of people); yì yuàn, xià yì yuàn (legislature); zhuāng pèi (product).
asset zī chǎn, cái chǎn.
assign (to) fēn pèi (task); zhǐ dìng, xuǎn dìng (appoint); bǎ … guī yīn yú (attribute).
assist (to) bāng zhù, yuán zhù, xié zhù.
assistant zhù shǒu, bāng shǒu, zhù lǐ, diàn yuán.
associate (to) v.t. shǐ … lián hé, shǐ … jiā rù (unite); yóu … lián xiǎng dào (mental); v.i. jiāo wǎng, jiē jiāo (socially).
assume (to) zhí zhǎng, chéng dān, dān rèn (duties); chéng dān (take on, such as debt); jiǎ zhuāng (feign).
assurance báo zhèng, dān báo (pledge); què xìn, zì xìn (self-confidence).
assure (to) bǎo zhèng, dān báo, què gào, zhèng zhòng xuān gào (guarantee); shǐ ān xīn, shǐ fàng xīn (make sure).
astonish (to) shǐ … chī jīng, shǐ … jīng yà.
astound (to) shǐ … dà chī yì jīng, shǐ jīng qí.
astronaut yǔ hāng yuán.
asylum shōu róng suǒ, yǎng yù yuàn (institution); bì nàn suǒ (sanctuary).
at zài, yú, dào, jīng yóu (position); zài …, yú … (time or age); cóng shì (present); zài … fāng miàn (as in good at something).
athlete yùn dòng yuán, tǐ yù jiā.
athletics tǐ yù, jìng jì.
atmosphere dà qì, kōng qì, qì fèn.
attach (to) fù shàng, jiā shàng (add); tiē shàng, jì shàng (fasten); shǐ yī liàn, shǐ zhí zhuó (emotional).
attack (to) gōng jī (assault); fēi nàn, pēng jī (criticize); dòng shǒu, tóu rù (engage).
attain (to) dá dào, huò dé (achieve); dào dá (reach).
attempt (to) shì, qí tú.

attend (to) chū xí, dào chǎng, cān jiā (present); péi, bàn, bàn suí (accompany).
attention zhù yì, zhù mù, liú xīn, zhuān xīn, zhù yì lì (as in paying attention to); lì zhèng (military).
attic dǐng lóu, gē lóu.
attitude zī tài, shén tài (posture); tài dù, kàn fǎ (state of mind).
attorney lǜ shī (lawyer), dài lǐ rén, dài yán rén (representative). **power of attorney** wéi rèn zhuàng.
attract (to) xī yǐn (draw in), yǐn yòu, yòu huò (can and does attract).
attraction xī yǐn, yǐn lì, mèi lì.
attractive yǒu xī yǐn lì de (possesses ability to attract); mèi rén de, biāo zhì de (aesthetic).
audience tīng zhòng, guān zhòng, dú zhě (as in listeners); yuè jiàn, jiē jiàn (hearing).
audit n. chá zhàng, jiān chá; shén jì.
August bā yuè.
aunt bó mǔ, shěn mǔ, yí mǔ, gū mǔ, jiù mǔ.
Australia ào dà lì yà.
Australian adj. ào dà lì yà de (of Australia); n. ào dà lì yà rén (person).
Austria ào dì lì.
Austrian adj. ào dì lì de (of Austria); n. ào dì lì rén (person).
author zuò zhě, zuò jiā (writer); chuàng zào zhě, fā qǐ rén (creator).
authority quán wēi, wēi xìn, qúan lì, zhí quán (power or person in power); guán lǐ chù (agency); zhèng fǔ, guān fāng.
authorize (to) shòu quán, wěi tuó, wěi rèn (grant power); pī zhǔn rèn kě, yǔn xǔ (give permission).
automatic zì dòng de.
automobile qì chē.
autumn qiū tiān, qiū jì.
avenge (to) wèi ... bào chóu; tì ... xuě chǐ.
average n. pīng jūn, pīng jūn shù (math); yì bān biāo zhǔn (intermediate); adj. pīng jūn de; yì bān de (ordinary).
avoid (to) bì miǎn, huí bì, táo bì, fáng zhǐ.
awake (to be) jiào xǐng, huàn xǐng (from sleep); jī qǐ, jī fā, qǐ fā (excite).
awaken (to) shǐ ... jué xǐng, huàn xǐng.
awakening xǐng, jué xǐng.
award jiǎng pín, jiǎng jīn.
award (to) shòu yǔ, gěi yǔ, jiǎng yǔ.
aware zhī dào, xiǎo de, fā jué.
away lí kāi (from something); ... qù, ... diào (on the way); bù duàn, jì xù, ... xià qù (steadily); lì kè (immediately). **Go away.** qù, zǒu kāi.
awful adj. kě pà de (terrible); wēi fēng lǐn lǐn de (awesome); adv. fēi cháng, jí qí (extremely).
awkward nán shǐ yòng de, bù chèn shǒu de (difficult to handle); jí shǒu de, má fán de (troublesome); bèn zhuō de, bù yǎ guān de (clumsy); gān gà, láng bèi (embarrassing).

B

baby yīng ér (newborn); bǎo bèi (sweetheart).
back bèi (body part); bèi miàn, bèi hòu (side or surface).
background bèi jǐng.
backward adj. xiàng hòu; dào tuì (done backward); luò hòu (developmentally delayed).
bacon xián ròu.
bad huài de, bù hǎo de, zhì liàng chā de (not acceptable); xián è de, bù dào dé de (evil); wán pí de, bù tīng huà de (disobedient); è

lüiè de (weather).
badge huī zhāng, zhèng zhāng (membership); biāo jì, biāo shí (mark).
bag bāo, dài.
baggage xíng lǐ.
bake (to) kǎo, kǎo shú.
baker miàn bāo shī fu (someone who bakes); qīng biàn kǎo xiāng (portable oven).
bakery miàn bāo gāo diǎn pù.
balance píng héng.
balcony yáng tái, lù tái (building); lóu zuò (theater or auditorium).
ball qiú.
balloon qì qiú.
banana xiāng jiāo.
band dài, shéng, tiáo (as in belt, strap, etc.); qún, bāng (group); yuè duì (musical).
bandage bēng dài.
banister lán gān.
bank yín háng. **bank account** yín háng zhàng hù. **bank balance** yín háng yú é. **bank charge** yín háng shōu fèi. **bank check** yín háng zhī piào. **bank letter of credit** yín háng xìn yòng zhèng. **bank loan** yín háng dài kuǎn. **bank note** yín háng piào jù (note); Yín háng zhǐ bi (currency). **bank statement** yín háng yuè jié dān.
banker yín háng jiā, yín háng zhí yuán.
bankruptcy pò chǎn.
banquet yàn huì.
bar tiáo, bàng (as in pole); jiǔ bā (alcohol); lǜ shī yè (law).
barber lǐ fà shī.
barbershop lǐ fà diàn.
bare luǒ de, kōng de (no covering); miǎn qiǎng, jí shǎo (mere).
barefoot chì jiǎo.
barn cāng (for farming materials); jiù (for livestock).
barrel tǒng, pí pa tǒng (container); pí pa tǒng (liquid measure).
barren huāng wú de (infertile); pín fá de (not lively).
basin shuǐ pén (washbowl); pén dì (land).
basis jī, jī chǔ.
basket lán, kuāng, lǒu. **wastepaper basket** fèi zhǐ lǒu.
bath n. mù yù, xǐ zǎo. **to take a bath** xǐ ge zǎo.
bathe (to) xǐ zǎo.
bathroom yù shì, xǐ zǎo jiān, xǐ shǒu jiān. **Where is the bathroom?** xǐ shǒu jiān zài nǎ lǐ?
battle zhàn dòu, dòu zhēng, jìng zhēng.
bay hǎi wān.
be (to) shì, cún zài (exist); fā shēng (occur).
beach hǎi tān.
bean dòu, cán dòu.
bear (to) chéng shòu (hold up); rěn shòu (tolerate).
bear n. xióng.
beard hú zi.
beat (to) dǎ; jī bài, chāo guò.
beautiful měi de, piào liàng de; jí hǎo de.
beauty měi; měi rén (woman). **beauty parlor** měi róng yuàn.
because yīn wéi.
become (to) biàn chéng, chéng wéi (as in become available, known, etc.); shì hé (appropriate).
becoming adj. hé shì de, dé tǐ de.
bed chuáng.
bedroom wò shì, qǐn shì.
beef niú ròu.
beer pí jiǔ.
beet tián cài.
before zài … zhī qián, zài … zhī xiān.
beg (to) qǐ qiú, kěn qǐng.
beggar qǐ gài.
begin (to) kāi shǐ, zhuó shǒu.
beginning kāi tóu, qǐ chū.
behave (to) jǔ zhǐ, biǎo xiàn (conduct); jǔ zhǐ dé tǐ, shǒu guī

ju (proper conduct).
behavior xíng wéi, jǔ zhǐ, biǎo xiàn.
behind adj. zài hòu, zài hòu miàn; chí le, wǎn le (late); n. tún bù (buttocks).
Beijing běi jīng.
belief xìn yǎng, xìn niàn.
believe (to) xiāng xìn (accept); xìn rèn (trust); xìn yǎng (have firm faith); rèn wéi, yǐ wéi (expect or think).
bell zhōng, líng.
belong to shǔ yú.
below zài xià miàn, zài xià fāng.
belt dài, pí dài, dài zhuàng; dì dài (geographic).
bench n. cháng dèng (seat); gōng zuò tái (worktable); tì bǔ duì yuán (sports).
bend (to) wān qū; qū fú (subdue).
beneath zài xià fāng.
benefit (to) yǒu yì yú (helpful); shòu yì (beneficial).
benefit n. lì yì, hǎo chù.
bequeath (to) yí zèng.
bequest n. yí zèng (handing over something); yí chǎn, yí wù (something given, as in inheritance).
beside zài páng biān, zài … fù jìn (next to); hé … xiāng bǐ (comparison); hé … bù xiāng shàng xià (equal).
besides adv. ér qiě, bìng qiě (moreover); cǐ wài hái (also); prep. chú … zhī wài.
best zuì hǎo de, zuì jiā de, zuì yōu xiù de.
bet (to) yǐ … dǎ dǔ (place something at stake while betting); dǎ dǔ (make a bet); duàn dìng (confidently believe).
bet n. dǔ (placing a bet); dǔ zhù (wager).
betray (to) bèi pàn (help enemy); shī xìn yú, gū fù (disloyal); xiè lù, bào lù (accidentally reveal).
better gèng hǎo de. **better than** bǐ … gèng hǎo.
between zài zhōng jiān.
beware (to) v.i. xiǎo xīn; zhù yì, dī fang (wary).
beyond zài … yǐ wài (far side); shēn yú, chāo chū (out of reach); chú … zhī wài (in addition).
bibliography shū mù, wén xiàn (list of works); mù lù xué, wén xiàn xué (detailed bibliography that includes edition information, etc.).
bicycle zì xíng chē.
bid (to) biǎo shì (give greeting); chū jià, jìng mǎi (price).
big dà de (large); zhǎng dà de (grown-up); zhí wèi gāo de, míng qì dà de (as in prominent figure).
bill (to) gěi … kāi zhàng dān.
bill n. zhàng dān (financial statement); chāo piào, zhǐ bì (paper money); fǎ àn (law).
billion shí yì.
bind (to) kǔn, bǎng (secure); zhuāng dìng (as in bookbinding); yuē shù (legally).
binder huó yè jiā (notebook); lín shí qì yuē (legal contract).
biographical zhuàn jì de, shēng píng de.
biography zhuàn jì, shēng píng.
bird niǎo.
birth chū shēng, dàn shēng, chǎn shēng. **to give birth** shēng, shēng chǎn, fēn miǎn.
birthday shēng rì, dàn chén.
biscuit bǐng gān.
bishop zhǔ jiào.
bit shǎo xǔ, shǎo liàng, yì diǎn.
bite (to) v.t. yǎo (teeth); dīng, zhē (wound); v.i. dīng (sting).
bite n. yǎo shāng, dīng shāng, zhē shāng (wound); yī xiǎo kǒu (food).
bitter kǔ de (taste); yán kù de (unpleasant); yuàn hèn de (resentment).
bitterness kǔ wèi (taste); yuàn hèn (strong resentment); bēi kǔ (misery).
black hēi sè de. **black person** hēi

rén.
blade dāo piàn (of knife); yè piàn (grass or piece of metal).
blame (to) zé bèi. **to place the blame (on)** guī jiù yú.
blame n. zé rèn (responsible for something); zé bèi (reproach).
blank kòng bái de. **fill in a blank form** tián xiě kòng bái biǎo gé.
blanket tǎn zi.
bleed (to) chū xiě, liú xiě.
bless (to) cì fú (grant health, happiness, etc.); zhù fú (divine favor); zàn sòng (honor).
blessing dǎo gào (prayer of thanks); zhù fú (prayer to divine); xìng fú, xìng shì (fortunate).
blind adj. máng, shī míng de (sight); máng mù de (unquestioning).
blindness shī míng (sight); máng mù (reason).
block (to) zǔ dǎng (obstruct); fáng ài (hinder).
block n. kuài (as in block of wood); jiē qū (street); zhàng ài (obstacle).
blood xuè, xuè yè (body); xuè tǒng (family).
bloom (to) kāi huā (flowering); xīng wàng, fán shèng (flourish).
blossom huā, qún huā (flowers); kāi huā, huā qī (time or state).
blotter liú shuǐ zhàng.
blouse nǚ chèn shān.
blow (to) chuī, chuī dòng (move speedily); chuī qì (as in puff); chuī xiǎng (make sound, as in whistle).
blue lán sè de (color); yīn yù de (gloomy).
blush (to) liǎn hóng.
board bǎn (flat material); jì shàn (as in room and board); wěi yuán huì (committee).
boarding pass dēng jì kǎ (plane); dēng chuán kǎ (vessel); dēng chē kǎ (vehicle).
boardinghouse shàn sù gōng yù.
boast (to) chuī xū, kuā yào.
boat chuán.
body shēn tǐ (as in human body); shī tǐ (corpse).
boil (to) zhǔ fèi, fèi téng; zhǔ kaī.
boiler guō lú.
bold dà dǎn de (brave); mào shī de, lǔ mǎng de (presumptuous).
bomb (to) zhà, hōng zhà.
bomb n. zhà dàn.
Bombay mèng mǎi.
bond lián jié, shù fù (binding); zhài quàn (financial certificate).
bone gǔ, gú tou.
book shū. **textbook** jiào kē shū.
bookseller shū shāng.
bookshelf shū jià.
bookstore shū diàn.
border biān yuán (edge); biān jiè (boundary).
boring wú qù de, kū zào de.
born (to be) chū shēng.
borrow (to) jiè.
boss n. lǎo bǎn, shàng sī.
both èr zhě, shuāng fāng.
bother (to) fán rǎo, dǎ rǎo (disturb); cāo xīn (take the trouble).
bottle píng zi.
bottom dǐ bù (physical spot); pì gǔ (buttocks).
bounce (to) tiào yuè (leap); fǎn tán (rebound); bèi tuì huí, bèi jù fù (bank, as in check).
bowl n. wǎn.
box hé zi, xiāng zi (container); fāng kuāng (drawing); bāo xiāng (theater).
boy nán hái.
bracelet shǒu zhuó.
braid n. biān dài (with ribbon, etc.); fà biàn (hair).
brain dà nǎo (body); tóu nǎo, zhì huì (intellectual ability).
brake n. zhá, zhì dòng qì.
branch zhī (tree); zhī liú (river); fēn zhī (division).
brassiere rǔ zhào.
brave yǒng gǎn, yǒng gǎn de.
Brazil bā xī.
bread miàn bāo.
break (to) dǎ pò, zhé duàn, shǐ suì

liè (separate); sǔn huài, nòng huài (damage); wéi fǎn (violate).
breakfast zǎo cān.
breast rǔ fáng (female body part); xiōng bù, xiōng pǔ (chest).
breath hū xī, qì xī.
breathe (to) hū xī (breath); hū qì (blow).
breeze wēi fēng.
bribe n. huì lù. **to give a bribe** xíng huì. **to take a bribe** shòu huì.
brick zhuān, zhuān kuài.
bride xīn niáng.
bridegroom xīn láng.
bridge n. qiáo, qiáo liáng; qiáo pái (card game).
brief adj. duǎn zàn de, jiǎn duǎn de.
bright míng liàng de (light); guāng míng de (hopeful); cōng míng de (intelligent).
brighten (to) shǐ … fā liàng (make brighter); shǐ huó yuè qǐ lái (as in cheer up).
brilliant càn làn de, huī huáng de (magnificent); cái qì huàn fā de (intelligent).
bring (to) dài lái.
bring up (to) yǎng yù; tí chū.
Britain yīng guó, bú liè diān.
British adj. yīng guó de (of Britain); n. yīng guó rén (person).
broad guǎng, guǎng fàn de.
broadcast (to) guǎng bō, bō fàng.
broadcast n. guǎng bō, bō yīn.
broil (to) kǎo.
broken pò suì de, duàn liè de (fractured); sǔn huài de (damaged); zhōng duàn de, bù lián xù de (interrupted).
brook xī liú.
broom sào zhou.
brother xiōng dì. **brother-in-law** jiě fu, mèi fu, nèi xiōng, nèi dì, dà bó, xiǎo shū, lián jīn. **older brother** gē ge, xiōng zhǎng. **younger brother** dì di.
brown zōng sè de, hè sè de.
bruise (to) pèng shāng.
bruise n. yū shāng.
brush shuā zi.
bubble pào, shuǐ pào, pào mò.
buckle n. dài kòu.
bud yá, bèi lěi.
Buddha fó.
Buddhism fó jiào.
budget n. yù suàn.
build (to) jiàn zhù, jiàn zào (construct), jiàn shè, jiàn lì (develop); fā zhǎn, kuò dà, zēng zhǎng (grow or increase).
building jiàn zhù wù.
bulletin gào shì. **bulletin board** gào shì pái.
bundle bāo, kǔn.
Burma miǎn diàn.
burn (to) v.i. shāo (as in fire); fā rè (hot); shāo huài, shāo jiāo (as in badly burn someone); v.t. shǐ rán shāo, shǐ zháo huǒ (combust).
burst (to) v.i. bēng liè (break); bào fā (emotion); chōng, chuáng (rush toward); v.t. shǐ bào zhà, shǐ bào liè.
bus gōng gòng qì chē.
bush guàn mù, ǎi shù cóng.
business yè wù (occupation); shēng yì, mǎi mai (dealings); qǐ yè (enterprise); shāng yè.
businessperson shāng rén, shí yè jiā.
busy máng, máng lù.
but dàn shì, rán ér.
butcher tú fū, tú hù.
butcher shop ròu diàn.
butter huáng yóu.
button (to) kòu shàng.
button n. niǔ kòu (clothes); àn niǔ (as in electrical switch).
buy (to) mǎi, cǎi gòu (purchase); xīng huì (bribe); jiē shòu, xiāng xìn (believe).
buyer gòu mǎi zhě, mǎi fāng, cǎi gòu zhě.
by zaì … páng (next to); jīng yóu, tōng guò (through doing something); bù wǎn yú (no later than).

C

cab chū zū chē.
cabbage bāo xīn cài.
cable lǎn shéng (rope); diàn lǎn, dǎo xiàn (electrical).
cage lóng.
cake gāo, bǐng.
calculator jì suàn qì.
calendar rì lì, rì chéng biǎo.
calf xiǎo niú.
call (to) jiào (say loudly); gěi ... dǎ diàn huà (telephone).
calm (to) píng jìng, zhèn dìng.
calm adj. píng jìng de, zhèn dìng de.
camera zhào xiàng jī, diàn yǐng shè yǐng jī, diàn shì shè xiàng jī.
camp (to) sù yíng, yě yíng.
camp n. yíng dì.
can n. guàn (metal container); guàn tou (for food). **can opener** kāi guàn qì.
can v. néng gòu. **I can (I am able).** wǒ néng (wǒ néng gòu).
Canada jiā ná dà.
cancel (to) qǔ xiāo, chè xiāo (annul); dǐ xiāo, duì xiāo (offset); shān qù, huá qù (delete).
candidate hòu xuǎn rén.
candle là zhú.
candy táng guǒ.
cap wú biān mào (for head); gài, tào (covering); shàng xiàn (upper limit).
capital n. shǒu dū (government); zī běn (investment); dà xiě zì mǔ (capital letter); adj. kě chù sǐ xíng de (capital punishment).
capital punishment sǐ xíng, jí xíng.
capricious rèn xìng de, fǎn fù wú cháng de (unpredictable).
captain shǒu lǐng (commander); shàng wèi (military rank); shàng xiào (naval rank).
captive fú lǔ.
capture (to) fú huò, bǔ huò (take captive); gōng duó, duó qǔ (gain control); yíng dé, yǐn qǐ (as in capture attention).
car xiǎo qì chē.
carbon paper fù xiě zhǐ.
card kǎ, kǎ piàn.
care (to) guān huái, guān xīn (interested); yōu fán, yōu niàn, guà niàn (worried); guǎn lǐ, zhào liào, kàn hù (assist, watch over).
careful jǐn shèn de, xì zhì de.
careless cū xīn de, cǎo shuài de.
caress n. ài fǔ.
carpenter mù jiàng, mù gōng.
carpet dì tǎn.
carry (to) bān yùn (transport); zhī chí, jiān tiāo (bear); chuán dá, chuán sòng (communicate).
carve (to) qiē gē (cut); diāo kè (engrave).
case xiāng, hé, dài (container); qíng kuàng (situation); àn jiàn (legal).
cash (to) duì chéng xiàn kuǎn. **to cash a check** jiāng zhī piào duì xiàn.
cash n. xiàn jīn.
cashier chū nà yuán.
cassette lù yīn dài hé.
castle chéng bǎo.
cat māo.
catch (to) zhuā dào, bǔ huò (capture); gǎn shàng (as in train); gǎn rǎn, huàn (contract). **I could not catch the train.** wǒ méi gǎn shàng huǒ chē. **I have caught a cold.** wǒ gǎn mào le.
category lèi xíng, fàn chóu.
cathedral dà jiào táng.
Catholic tiān zhǔ jiào de.
cattle niú, shēng chù.
cause (to) chéng wéi ... yuán yīn, yǐn qǐ, shǐ fā shēng (reason for); shǐ zāo shòu, zhì shǐ (compel).
cause n. yuán yīn (reason for result); shì yè (endeavor). **without cause** wú gù.
cease (to) v.t. tíng zhǐ (discontinue); v.i. tíng, xī (stop).

ceiling tiān huā bǎn, díng péng.
celebrate (to) qìng zhù (with celebrations); zàn měi, gē sòng (praise).
cellar jiào, dì jiào.
cement shuǐ ní.
cemetery mù dì, gōng mù.
censorship shěn chá, jiǎn chá.
center zhōng xīn.
central zhōng xīn de. **central heating** zhōng yāng gòng nuǎn.
century shì jì, bǎi nián.
ceremony yí shì, diǎn lǐ.
certain adj. què dìng de (indisputable); yǒu bǎ wò, què xìn (sure); pron. mǒu gè, mǒu zhǒng, mǒu xiē (some).
certainty què dìng xìng.
certificate zhèng shū.
chain liàn, lián suǒ, xì liè.
chair yǐ zi (furniture); xì zhǔ rèn (university department).
chairperson zhǔ xí.
chalk bái è, fěn bǐ.
challenge (to) tiǎo zhàn (defiance); zhì yí (question).
challenge n. tiǎo zhàn (defiance); zhì yí (disputing something).
champion guàn jūn.
chance jī huì, jī yù, yùn qì. **by chance** ǒu rán de. **to take a chance** mào xiǎn yī shì.
change (to) gǎi biàn, biàn gēng.
change n. biàn huà, biàn gēng (altering); líng qián (money).
chaos hùn dùn, hùn luàn.
chapel xiǎo jiào táng.
chapter zhāng jié (book); fēn huì (association).
character tè xìng (features, as in personality or attributes); rén wù (in theater, books, etc.); zì, zì mǔ (symbol in writing).
characteristic biǎo shì ... tè xìng de.
charge (to) shōu fèi (price); shǐ ... chōng mǎn, chōng diàn (fill); kòng gào (accuse).
charitable cí shàn de.
charity cí shàn, cí shàn shì yè.
charming mí rén de, jiāo mèi de.
chase (to) zhuī gǎn, zhuī qiú (pursue); qū zhú, qū chú (drive away).
chat (to) xián tán, liáo tiān.
cheap lián jià de, pián yi de.
cheat (to) qī piàn, zuò bì.
check jiǎn chá (inspection); zhī piào (financial); cān guǎn zhàng dān (restaurant bill).
check (to) jiǎn chá (examine); zǔ zhǐ (restrain or stop); zài ... dǎ gōu hào (mark with check sign).
cheer (to) hè cǎi.
cheerful gāo xìng de, kuài huo de.
cheese rǔ lào.
chemical huà xué de.
chemistry huà xué, huà xué zuò yòng.
cherish (to) ài hù (act fondly toward); huái yǒu (as in memories).
cherry yīng táo.
chest xiōng bù (human body); xiāng, guì (box).
chestnut lì zi, bǎn lì.
chew (to) jǔ jué.
chicken jī.
chief adj. zhǔ yào de.
chief n. shǒu lǐng, zhǎng guān, zú zhǎng.
child hái zi, ér tóng.
Chile zhì lì.
chimney yān cōng.
chin kē, xià ba.
China zhōng guó.
Chinese adj. zhōng guó de (of China). **Chinese characters** hàn zì. **Chinese language** hàn yǔ. **Chinese liquor** bái jiǔ. **Chinese lunar calendar** nóng lì. **Chinese person** zhōng guó rén.
chip n. báo piàn, suì piàn.
chocolate qiǎo kè lì.
choice xuǎn zé.
choke (to) zhì xī, gěng yē.
choose (to) xuǎn zé (select); nìng

yuàn (prefer).
chop (to) qiē, kǎn.
chopsticks kuài zi.
chord xuán.
Christian adj. jī dū jiào de; n. jī dū jiào tú.
Christianity jī dū jiào.
Christmas shèng dàn jié.
church jiào táng.
cigar xuě jiā yān. **cigar store** xuě jiā yān diàn.
cigarette xiāng yān.
circle n. yuán, yuán zhōu, huán; xún huán; v.t. huán rào; v.i. xuán zhuàn.
circular yuán de (round); xún huán de (movement).
circulate (to) xún huán (follow circular course); liú dòng, liú tóng (flow); liú chuán, sàn bō (spread).
circumstances qíng xíng, jìng kuàng.
cite (to) yǐn yòng, yǐn zhèng. **works cited** yǐn yòng shū mù.
citizen gōng mín, guó mín (of state); shì mín (of city); píng mín (civilian).
city chéng shì.
city hall shì zhèng tīng, shì fǔ dà lóu.
civilization wén míng.
civilize (to) kāi huà, shǐ ... wén míng huà.
claim (to) yāo qiú (ask for); duàn yán, shēng chēng (assert truth).
claim n. yāo qiú (demand); duàn yán, shēng chēng (assertion); yìng yǒu de quán lì (have right to).
clamor chǎo nào.
clap (to) qīng pāi, pāi dǎ.
class děng jí (as in society's upper class); lèi bié (category); bān, bān jí (group of students); kè (course). **first class** yī děng de, tóu děng de.
classic zuì yōu xiù de (excellence); biāo zhǔn de (in accordance with standards); diǎn xíng de (typical).
classify (to) fēn lèi (into categories); liè wéi mì jiàn (confidential). **classified ad** fēn lèi guǎng gào.
clause tiáo kuǎn (legal); fēn jù (grammar).
clean (to) qīng jié, dǎ sǎo.
clean adj. qīng jié de (dirt); qīng bái de (as in nothing dishonorable).
cleaner qīng jié gōng.
cleanliness jié jìng, wèi shēng.
clear adj. qīng chè de, míng jìng de (no obstruction); qīng chǔ de (no confusion). **The sky is clear today.** jīn tiān tiān qì qíng lǎng wú yún. **This is clear.** zhè hěn qīng chǔ.
clerk n. zhí yuán, shì wù yuán.
clever cōng ming de.
climate qì hòu.
climb (to) v.t. pá, pān dēng (go up); v.i. pá gāo (go up steadily); shàng zhǎng, jiàn zēng (steadily increase).
clip (to) jiǎn (cut); jiā, bié (grip).
clip n. jiā zi, bié zhēn (device); xiū jiǎn (cut).
clock n. shí zhōng. **alarm clock** nào zhōng.
close adj. jìn de (near); qīn mì de (intimate); mì jí de (compact); guān bì de (no opening).
closed guān bì de.
closet bì chú.
cloth bù. **cotton cloth** mián bù. **silk cloth** sī chóu bù.
clothes yī fu, fú zhuāng.
cloud yún.
cloudy duō yún de.
clover sān yè cǎo, chē zhóu cǎo.
club gùn bàng (big stick); jù lè bù (group of people); méi huā pái (on playing cards).
coal méi.
coarse cū cāo de.
coast hǎi àn.
coat dà yī, wài yī.
cocktail jī wěi jiǔ.

code fǎ diǎn, fǎ guī (laws); guī zé, zhǔn zé (rules of conduct); dài mǎ (as in Morse code).
coffee kā fēi.
coffin líng jiù, guān cai.
coin yìng bì.
cold adj. lěng de, hán lěng de. n. gǎn mào. **to catch a cold** huàn gǎn mào. **It is cold.** tiān qì hěn lěng. **I am cold.** wǒ hěn lěng.
coldness hán lěng (temperature); lěng dàn (as in emotion).
collaborate (to) hé zuò (work together); yǔ dí gōu jié (with enemy).
collar yī lǐng (clothing); xiàng quān (necklace).
collect (to) shōu jí, zhēng shōu, lǐng qǔ (gather); jí zhōng, zhěng dùn, gǔ qǐ (as in collect your thoughts).
collection shōu jí, shōu cáng.
college xué yuàn, dà xué.
colonial zhí mín de.
colony zhí mín dì.
color (to) gěi ... zháo sè, gěi ... shàng sè.
color n. yán sè, sè diào.
column yuán zhù (pillar); liè, zòng háng (on typed page); zhuān lán (article).
comb shū zi.
comb (to) shū lǐ.
combination zǔ hé, jié hé.
combine (to) v.t. hé bìng (merge); huà hé (mix); v.i. lián hé, pèi hé (join forces).
come (to) lái, guò lái, qù, shàng, pù (approach); dào lái (arrive); fā shēng, (take place). **to come around** fù yuán (recover); gǎi biàn yì jiàn, tóng yì (change opinion). **to come back** huí lai. **to come in** jìn lai.
comedian xǐ jù yǎn yuán.
comedy xǐ jù.
comet huì xīng.
comfort (to) ān wèi.
comfort n. shū shì (ease); ān wèi (solace).
comfortable shū shì de.
comic xǐ jù xìng de, huá jī de.
comma dòu hào.
command (to) mìng lìng (give orders); zhǐ huī, tóng shuài (have authority).
command n. mìng lìng, zhǐ huī, zhǐ pèi.
commander zhǐ huī zhě, sī lìng guān.
commercial shāng yè xìng de.
commission wěi rèn (official clearance); wěi yuán huì (group of people); yòng jīn (broker fee).
commit (to) fàn (do); wěi tuō, jiāo fù (entrust); shǐ ... chéng nuò (obligate). **commit a crime** fàn zuì.
common pǔ tōng de, xún cháng de (ordinary); gòng tóng de (shared). **common sense** cháng shí.
communicate (to) v.t. chuán dá, chuán bō (convey); chuán rǎn (transmit); v.i. jiāo liú, jiāo tōng, tōng xìn (as in exchange ideas).
communication jiāo liú (process of); shū xìn, kǒu xìn (message). **mass communication** dà zhòng chuán bō.
community shè qún (unified group); shè qū (as in local neighborhood); shè hùi, gōng zhòng (society in general).
compact disk guāng dié.
companion tóng bàn.
company gōng sī (business); zuò bàn (fellowship); lián (military).
compare (to) v.t. bǐ jiào; v.i. pǐ dí.
compete (to) jìng zhēng, bǐ sài.
competition jìng zhēng, bǐ sài, jìng sài.
complain (to) bào yuàn, sù kǔ (discontent); shēn sù (formally complain).
complaint yuàn yán (discontent); tóu sù (formal complaint).

complement (to) bǔ chōng, hù bǔ.
complete adj. wán quán de (total); wán chéng de (carried out). v. wán chéng (carry out); shǐ ... wán mǎn (as in make life complete).
complex adj. fù hé de (made of two or more); fù zá de (complicated). n. zōng hé tǐ (as in building complex).
complicate (to) fù zá huà. **to get complicated** biàn de fù zá.
compliment n. gōng wéi, kuā jiǎng; v.t. gōng wéi, kuā jiǎng.
compose (to) zǔ chéng, gòu chéng (constitute); chuàng zuò (create).
composer zuò qǔ jiā.
composition zuò qǔ, zuò wén.
comprise (to) bāo kuò (include); yóu ... zǔ chéng (made up of).
compromise tuǒ xié (concession); zhé zhōng (settlement).
compromise (to) tuǒ xié, zhōng hé.
computer jì suàn jī, diàn nǎo. **computer language** jì suàn jī yǔ yán. **computer program** jì suàn jī chéng xù. **personal computer** gè rén diàn nǎo.
conceit n. sī jiàn (opinion); qí xiǎng (idea); v.t. xiǎng xiàng (imagine).
conceited zì fù de (vain); qí xiǎng de (fanciful).
conceive (to) shè xiǎng (form idea); lǐ jiě (understand); huái yùn (be pregnant).
concentrate (to) v.t. jí zhōng; v.i. zhuān xīn.
concern n. guān xì (importance); guān xīn (care); v.t. guān xì dào, shè jí (in relation to); shǐ ... guān xīn, shǐ ... dān xīn, shǐ ... guà niàn (worry). **a matter of great concern** guān xì zhòng dà de shì qíng. **to be concerned** guān xīn, dān xīn.
concerning guān yú, lùn jí.
concert yīn yuè huì (musical performance); yī zhì (agreement).
concrete jù tǐ de (specific); hùn níng tǔ (cement).
condemn (to) qiǎn zé (reprehend); dìng zuì (convict).
condense (to) nóng suō, yā suō (make it condense); nóng suō, níng jié (become condensed).
condition zhuàng kuàng (as in human condition); jiàn kāng zhuàng tài (health); tiáo jiàn (prerequisite). **on the condition that** tiáo jiàn shì ...
conduct (to) v.t. biǎo xiàn, wéi rén (behavior); guǎn lǐ, jīng yíng (operate); v.i. chuán dǎo (transmit). **to conduct business** jīng yíng shēng yì. **to conduct an orchestra** zhǐ huī guǎn xián yuè duì.
conduct n. xíng wéi, zuò fǎ. **good conduct** liáng hǎo xíng wéi. **bad conduct** bù liáng xíng wéi.
conductor yuè duì zhǐ huī (music); shòu piào yuán, chéng wù yuán (transportation).
confess (to) chéng rèn (admit); chàn huǐ (with remorse).
confession zì bái (admission); chàn huǐ (with remorse).
confidence xìn xīn (faith in ability); xìn rèn (trust); mì mi, xīn shì (secret).
confident què xìn de, zì xìn de.
confidential sī mì de (private); bǎo mì de (secret).
confirm (to) què rèn, zhèng shí.
confirmation què rèn, zhèng shí.
Confucianism rú, rú jiào, rú jiā xué shuō.
Confucius kǒng zǐ.
congratulate (to) zhù hè; gōng xǐ.
congratulations zhù hè, hè cí.
connect (to) v.t. lián jiē (fasten); lián xiǎng (as with ideas); v.i. lián jiē, lián tōng (joined); hé ... yǒu guān xi (rapport).

connection lián jiē (state of); guān xì (person); qīn qī (relative).
conquer (to) zhēng fú, kè fú.
conquest zhēng fú (act of); zhàn lǐng dì (territory).
conscience liáng xīn.
conscientious yǒu liáng xīn de, chéng shí de.
conscious yǒu yì shí de, zì jué de (alert); zì jué de, zì jǐ zhī dào de (self-aware).
consent n. tóng yì, yìng yǔn.
conservative adj. bǎo shǒu de. n. bǎo shǒu zhǔ yì zhě.
consider (to) kǎo lǜ, xì xiǎng (ponder); yǐ wéi, rèn wéi (believe); zūn zhòng, tǐ liàng (show consideration).
considerable yīng gāi kǎo lǜ de, zhòng yào de (significant); xiāng dāng de (large).
consideration kǎo lǜ (thought); kǎo chá, tǎo lùn (account); zhào gù, guān xīn, tǐ liàng (as in concern for someone).
consist of yóu ... zǔ chéng; baō kuò.
consistent yī zhì de.
constant chí xù fā shēng de (constantly happening); héng jiǔ de (invariable).
constitution gòu chéng (makeup); xiàn fǎ (as in national constitution).
constitutional gù yǒu de (inherent); xiàn fǎ de (having to do with constitution); fú hé xiàn fǎ de (adheres to constitution).
consul lǐng shì.
consulate lǐng shì guǎn.
contagious chuán rǎn de, yǒu gǎn rǎn lì de. **a contagious disease** chuán rǎn bìng.
contain (to) chéng zhuāng (hold); bāo hán (include); kè zhì (restrain).
container róng qì (vessel); jí zhuāng xiāng (shipment).
contemporary adj. dāng dài de (current); tóng shí dài de (of same period); n. tóng shí dài de rén (person).
contentment mǎn zú.
contents nèi róng.
continent n. dà lù.
continual chí xù de.
continue (to) v.t. jì xù (persist); jiē xù, yán xù, yán cháng (extend); v.i. réng jiù (remain same).
contraception bì yùn.
contract n. qì yuē, hé tong.
contractor lì yuē rén, chéng bǎo rén.
contradict (to) v.t. yǔ ... máo dùn v.i. fǎn bó.
contradiction máo dùn (discrepancy); fǎn duì (opposition).
contradictory máo dùn de (discrepancy); fǎn bó de (opposing).
contrary xiāng fǎn de. **on the contrary** xiāng fǎn.
contrast (to) v.t. shǐ duì bǐ, shǐ duì zhào; v.i. hé ... xíng chéng duì zhào.
contrast n. duì bǐ, duì zhào.
contribute (to) v.t. juān zèng, gòng xiàn (give); gòng jǐ (supply); v.i. cù chéng (as in contribute to downfall).
contribution gòng xiàn (act of or contribution itself); juān kuǎn (payment).
control (to) zhī pèi, guǎn zhì, kòng zhì (authority over); yì zhì, yā zhì, jié zhì (restrain); hé duì, hé shí (check).
control n. zhī pèi, guǎn zhì, kòng zhì (authority); yì zhì, yā zhì, jié zhì (restraint); hé duì, hé shí (as in science experiments). **birth control** jié yù.
controversy zhēng yì.
convenience biàn lì, fāng biàn.
convenient biàn lì de, hé yí de.
convent xiū dào yuàn.
convention huì yì, dà huì (assembly); xí sú, guàn lì (custom).

conversation tán huà, duì huà.
converse (to) tán huà, jiāo tán.
convert (to) zhuǎn huàn, zhuǎn huà (transform); shǐ gǎi biàn xìn yǎng (as in religious conversion); duì huàn (exchange).
convict (to) zhèng míng … yǒu zuì, pàn jué … yǒu zuì.
conviction yǒu zuì pàn jué, dìng zuì.
cook (to) v.t. pēng tiáo, zhǔ, shāo; v.i. zuò fàn.
cook n. chú zi, chú shī.
cool (to) v.t. shǐ … lěng què; v.i. lěng què, biàn liáng.
cool adj. liáng shuǎng de (temperature); lěng jìng de (calm); jué miào de, jí hǎo de (excellent).
copy n. fù běn, fù zhì jiàn.
corporation gōng sī, gǔ fèn yǒu xiàn gōng sī.
correct (to) jiū zhèng, gǎi zhèng (get rid of error); tiáo zhěng, jiào zhèng (remedy).
correct adj. zhèng què de, shì dàng de.
correction gǎi zhèng, gēng zhèng, jiào zhèng.
correspond (to) xiāng yìng, yī zhì (in agreement); xiāng dāng (similar); tōng xìn (writing letters).
correspondence yī zhì, duì yìng (agreement); tōng xìn (writing letters).
correspondent tōng xùn yuán.
corrupt (to) bài huài, shǐ … duò luò (morally debase); sǔn huài (ruin).
corruption fǔ bài, duò luò.
cost n. chéng běn, fèi yòng (price), dài jià (as in cost time to finish).
costume fú zhuāng (certain style, as in dress of Victorian period); xì zhuāng (attire for event or season).
cotton mián, mián huā.
cough n. ké sou.
count (to) v.t. jì shù, qīng diǎn (find total); jì rù (include); suàn zuò (consider); v.i. zhǐ wàng, yī lài (depend on).
count n. shù mù (total); zuì zhuàng (charge).
counter n. jì shù rén (person); guì tái (as in check-in counter); liào lǐ tái (as in kitchen counter); adj. fǎn duì de (opposing).
country guó jiā (nation); nóng cūn, xiāng xià (rural).
countryman xiāng xià rén.
couple (to) v.t. pèi hé (join); v.i. jiāo pèi (sexual union).
couple n. shuāng, duì (pair); fū fù, pèi ǒu (as in married couple).
courteous lǐ mào de, lǐ yù de.
courtesy lǐ mào, lǐ jié.
courtyard tíng yuàn.
cousin táng xiōng dì jiě mèi (paternal); biǎo xiōng dì jiě mèi (maternal). **second cousin** gé fáng táng xiōng dì jiě mèi (paternal); gé fáng biǎo xiōng dì jiě mèi (maternal).
cover n. fù gài wù, gài zi, zhào zi (seal); fēng miàn (as in book); v.t. yǎn gài (conceal); zú yǐ dì bǔ (sufficient).
cow mǔ niú.
coworker tóng shì, hé zuò zhě.
crack (to) qiāo suì (split); shuō (tell); jiě jué, pò jiě (solve). **to crack a joke** shuō xiào hua. **to crack a nut** qiāo kāi hé tao. **a hard nut to crack** nán duì fù de wèn tí.
crack n. liè fèng (break); bào liè shēng (noise).
cradle yáo lán (for baby); yīng ér shí dài (infancy).
crash (to) v.t. dǎ suì (smash); v.i. suì diào (into pieces); pèng zhuàng (badly bump into); zhuì huǐ (as with airplanes).
crash n. měng liè shēng, hōng lōng shēng (noise); zhuì hǔi (into

pieces); shí bài, pò chǎn, bēng kuì (as in crash of economy).
crazy fēng kuáng de (mad); mí liàn de (fond of). **crazy about** mí liàn.
cream nǎi yóu (from milk); jīng huá (best).
create (to) chuàng zào, chuàng zuò, chǎn shēng (into existence); chuàng lì (found).
creative chuàng zào xìng de, yǒu chuàng zào lì de.
creature chuàng zuò wù (something created); shēng wù (living being); rén (human).
credit n. xìn yòng (financial); míng yù (good name); gōng láo (adds to esteem); xué fēn (school).
creditor zhài quán rén, dài fāng.
crime zuì xíng, fàn zuì.
crisis wēi jī. **financial crisis** cái zhèng wēi jī. **political crisis** zhèng zhì wēi jī.
critic pī píng zhě, píng lùn jiā.
critical pī píng de (finds many errors); guān jiàn de (essential); wēi jí de (dangerous). **critical condition** wēi jí zhuàng tài.
criticism pī píng, píng lùn.
criticize (to) pī píng (find fault); píng pàn (judge).
critique (to) píng lùn.
crooked wān qū de (not straight); qī zhà de (dishonest).
crop n. zhuāng jia, shōu chéng.
cross n. shí zì (pattern); shí zì lù (as in crossroads); shí zì jià (execution on the cross); kǔ nàn, zhé mó (affliction).
crossing shí zì jiē kǒu.
crossroads jiāo chā dào lù, héng lù.
crouch (to) dūn, dūn xià.
crow n. wū yā.
crowd rén qún, qún zhòng. **to be crowded** yōng jǐ.
crown n. huáng guān. **crown (to)** wèi … jiā miǎn.
cruel cán rěn de, cán kù de.
cruelty cán rěn, cán kù.
crumb suì xiè.
crumble (to) v.t. fěn suì; v.i. pò suì.
crutch guǎi zhàng.
cry (to) v.t. jiào hǎn (shout); v.i. kū qì, háo kū (with tears).
cry n. kū shēng, háo kū (as in whimper); jiào hǎn (shout); kǒu hào (slogan).
Cuba gǔ bā.
cunning jiǎo huá de.
cup bēi. **a cup of coffee** yī bēi kā fēi. **a cup of tea** yī bēi chá.
cure (to) zhì yù. **to be cured of** bèi zhì yù.
curiosity hào qí xīn (want to know something); zhēn pǐn, gǔ wán (something uncommon).
curious hào qí (want to know something); xī qí (strange).
curl n. juán fà (hair). v.t. shǐ … juǎn qū; v.i. juǎn qū, wān qū.
current adj. xiàn shí de (present time); zuì jìn de (most recent); liú xíng de (prevalent).
curry gā lí.
curtain lián mù.
curve (to) v.t. shǐ … wān qū; v.i. wān qū.
curve n. qū xiàn.
cushion n. ruǎn diàn (pillow); huǎn chōng (as in something that softens blow); v.t. huǎn hé (soften blow).
custom xí sú, cháng guī.
customary xí sú de, guàn lì de.
customer gù kè, kè hù.
customs official hǎi guān guān yuán.
cut (to) qiē, gē, jiǎn, kǎn (penetrate); diāo, kè (as in cut out shape of something); xuē jiǎn (reduce).
cut n. qiē kǒu, shāng kǒu (wound); yī dāo, yī qiē (act of); xuē jiǎn (decrease).

D

dad fù qīn, bà ba.
dagger duǎn jiàn, bì shǒu.

daily adj. měi rì de (everyday); adv. měi rì de (every day); měi tiān yī cì de (once a day). **daily newspaper** rì bào.
dainty adj. yōu měi de (exquisite); měi wèi de (delicious); n. měi wèi de shí wù (something delicious).
dam shuǐ zhá, shuǐ bà.
damage (to) shǐ … shòu sǔn shī huò sǔn hài.
damage n. shāng hài, sǔn hài.
damp adj. cháo shī de (wet); n. cháo shī, shī qì (humidity).
dance (to) tiào wǔ (move to music); tiào yuè (jump around).
dance n. wǔ dǎo (act of); wǔ huì (social event).
danger wēi xián (in danger); wēi xiǎn wù (dangerous moment).
dangerous wēi xiǎn de.
dark adj. hēi àn de (not light); hēi pí fū de (in complexion); n. àn chù (place).
dash (to) v.t. měng zhuàng, měng zhì (throw against violently); cōng máng wán chéng (do a job carelessly); v.i. měng chōng (move quickly).
data zī liào, shù jù. **data processor** shù jù chǔ lǐ qì.
date n. rì qī (time); yuē huì (appointment).
daughter nǚ ér. **daughter-in-law** ér xí fù.
dawdle (to) yóu shǒu hào xián, hùn rì zi.
dawn n. lí míng (sunrise); kāi duān (beginning).
day bái tiān (period of daylight); yī tiān (24 hours). **day after tomorrow** hòu tiān. **day before yesterday** qián tiān. **today** jīn tiān. **yesterday** zuó tiān.
dazzle (to) v.t. shǐ … yǎn huā liáo luàn (vision); shǐ … jīng yà (amaze); v.i. mù xuàn (blinded).
dead adj. sǐ de (not alive); wú gǎn jué de (unresponsive); tíng zhì de (stagnant); n. sǐ zhě (person).
deaf lóng de (not able to hear); chōng ěr bù wén de (not willing to hear).
deal (to) v.t. fēn fā, fēn pèi (administer); v.i. chǔ lǐ, duì dài (as in deal with something); jiāo yì (business).
deal n. bù dìng shù liàng (not specific amount); jiāo yì (business); dài yù (treatment).
dear qīn ài de (loved); bǎo guì de (precious); áng guì de (expensive).
death sǐ wáng (end of life); sǐ wáng zhuàng tài (being dead).
debate biàn lùn, zhēng lùn.
debit jiè fāng.
debt zhài wù (something owed); ēn qíng, yì wù (obligation).
debtor zhài wù rén.
decanter jiǔ píng.
decay (to) v.i. fǔ làn (rot); shuāi tuì, shuāi wáng (into ruin); v.t. shǐ … fǔ làn shuāi bài (cause decay).
decay n. shuāi luò, shuāi bài (deterioration); fǔ làn (rot).
deceased adj. yǐ gù de (not alive); n. sǐ zhě (dead person).
deceit qī piàn, qī zhà.
deceive (to) qī piàn.
December shí èr yuè.
decency duān zhuāng, shì yí (being decent); xíng wéi zhǔn zé (morals).
decent dé tǐ de (appropriate); xiàng yàng de (meets standards); zhèng pài de (respectable).
decide (to) jué dìng (resolve to do something); cái jué, pàn jué (influence end result).
decision jué dìng; jué xīn; cái jué.
decisive jué dìng xìng de (power to make decisions); duàn rán de (resolute); míng què de (unmistakable).
deck jiǎ bǎn.
declare (to) gōng bù (formally); shēng chēng (definitively

state).
decline (to) wǎn jù (refusal); xiàng xià qīng xié (slope); shuāi bài (deteriorate).
deconstruct (to) jiě gòu.
decrease (to) jiǎn shǎo.
decree fā lìng, mìng lìng.
dedicate (to) fèng xiàn (offer); zhì lì (commit).
deed xíng wéi (action); yīng xióng shì jì (exploit); qì yuē (document).
deep shēn de (extends far); shēn yuǎn de (as in make deep impression); shēn ào de (hard to understand).
deer lù.
defeat (to) zhàn shèng, dǎ bài. **to be defeated** bèi dǎ bài.
defeat n. zhàn shèng, jī bài (act or state of); shī bài (not winning).
defect n. quē diǎn (imperfection that leads to problems); bù zú (deficiency).
defend (to) bǎo wèi (keep safe); biàn hù (legal).
defense fáng yù (act of); biàn hù (argument to support something).
defiance tiǎo xìn, miè shì.
define (to) wèi ... xià dìng yì (state meaning); qīng chǔ guī dìng (specify).
definite míng què de (possessing limits); yī dìng de (certain).
defy (to) fǎn kàng (bravely oppose); shǐ ... luò kōng (resist being affected).
degree chéng dù (extent); jiē jí, jiē duàn (stage); xué wèi (academic). **by degrees** zhú jiàn de.
delay dān wù, yán chí.
delay (to) dān wù, yán chí.
delegate (to) pài ... zuò dài biǎo (designate representative); wěi tuō (entrust to).
delegate n. dài biǎo.
deliberate (to) kǎo lǜ (think); shāng tǎo (discuss).
deliberately gù yì de.
delicacy jīng měi, yǎ zhì (being delicate); jīng qiǎo (elegance); mǐn ruì (sensitivity); měiwèi (food).
delicate jīng měi de (pleasing); jīng xì de (exquisite); mǐn ruì de (sensitive); wēi miào de (with tact). **a delicate situation** wēi miào de jú shì.
delicious měi wèi de.
delight xǐ yuè (pleasure); shǐ rén gāo xìng de shì (something pleasurable).
deliver (to) dì sòng (transport); jiāo fù (relinquish); fēn miǎn (birth).
deliverance jiě jiù (rescue).
delivery chuán sòng (transport); fēn miǎn (birth); jiǎng yǎn (utterance).
deluge n. hóng shuǐ (flood); bào yǔ (downpour).
demand n. yāo qiú (ask); jí xū, xū qiú (pressing need). **to be in demand** yǒu xū yào, xiāo lù hǎo.
democracy mín zhǔ zhì dù, mín zhǔ guó jiā.
demonstrate (to) v.t. biǎo míng (manifest); zhèng míng (prove); v.i. shì wēi (take part in public rally).
demonstration biǎo míng (manifestation); zhèng míng (evidence); shì wēi (public rally).
denial fǒu rèn, jù jué.
Denmark dān mài.
denounce (to) gōng kāi zhǐ zé.
dense mì jí de (crowded); nóng hòu de (nearly impenetrable).
density mì dù.
dentist yá yī.
deny (to) fǒu rèn (disavow); jù jué (as in deny request).
depart (to) lí kāi (leave); sǐ wáng (die).
department bù mén (in organization); bù (in

department store).
department store bǎi huò gōng sī.
departure lí kāi (leaving); qǐ chéng (as in begin journey); tuō guǐ (deviation).
depend (to) yī lài (rely); xìn rèn (trust); jué dìng yú (as in that depends on).
dependent yī lài de (need or want someone's help); cóng shǔ de (subordinate).
deplore (to) bēi dào, tòng xī.
deposit n. cún kuǎn, jì cún wù (something placed somewhere safe); dìng jīn (payment).
depreciation jiàng jià, biǎn zhí (diminished value); qīng shì (disparagement).
depress (to) shǐ jǔ sàng (dispirit); shǐ xiāo tiáo (weaken).
depression jǔ sàng (dejection); xiāo tiáo (economic).
deprive (to) bō duó, shǐ sàng shī.
depth shēn dù (something deep); qiáng dù, lì dù (intensity); shēn ào, shēn kè (profundity).
deride (to) cháo xiào, cháo nòng.
descend (to) xià lái (go down); yí chuán (from ancestor).
descendant zǐ sūn, hòu yì.
descent xià jiàng (act of); xuè tǒng (lineage).
describe (to) miáo shù, xíng róng.
description miáo shù (act of); shuō míng (statement).
desert (to) v.t. pāo qì (abandon); v.i. shàn lí zhí shǒu (leave post).
desert n. shā mò, bù máo zhī dì.
deserve (to) zhí dé, yīng shòu.
design shè jì tú (visual depiction); shè jì fāng àn (as in clothing design); shè jì (art of).
designer shè jì shī.
desirable zhí dé yǒu de, chèng xīn de.
desire (to) xī wàng, qī wàng.
desire n. xī wàng, yuàn wàng (wish); yāo qiú (request).
desk zhuō zi.
desolate huāng wú rén yān de.
despair jué wàng (hopelessness); lìng rén jué wàng de yuán yīn (source of despair).
despair (to) jué wàng.
desperate jué wàng de (despairing); tǐng ér zǒu xiǎn de (reckless); jí qiè de (driven).
despise (to) qīng shì, kàn bù qǐ.
despite jǐn guǎn, bù guǎn.
dessert cān hòu tián diǎn.
destiny mìng yùn, dìng shù.
destroy (to) pò huài, huǐ miè (completely ruin); zhōng jié (end).
destruction pò huài, huǐ miè.
detach (to) fēn kāi, fēn lí (separate); pài qiǎn (as in detach troops).
detail n. xì jié (information); xiáng qíng (in-depth account). **in detail** xiáng xì de.
detain (to) zǔ zhǐ (prevent from continuing); jū liú (confine).
detect (to) chá jué, fā jué.
detective n. zhēn tàn; adj. zhēn tàn de. **detective story** zhēn tàn xiǎo shuō.
determination jué xīn (set resolution); jué dìng (decision).
determine (to) què dìng, jué dìng (ascertain); pàn jué (decide).
detest (to) yàn wù, zēng hèn.
detour n. rào lù.
detrimental yǒu hài de.
develop (to) kāi fā (help fulfill or grow); kuò zhǎn (enlarge); zhú jiàn xíng chéng (gradually create).
development fā zhǎn (act of); xīn shì wù (occurrence); bèi fā zhǎn de zhuàng tài (state of).
device shè jì (contraption); fāng fǎ huò shǒu duàn (technique).
devil è mó, mó guǐ.
devise (to) shè jì, jì huà.
devoid méi yǒu de, quē fá de.
devote (to) fèng xiàn, tóu rù.
devour (to) láng tūn hǔ yàn (eat); tūn mò, huǐ miè (destroy).
dew lù shuǐ.

dial (to) bō hào mǎ, dǎ diàn huà.
dial n. kè dù pán, bō hào pán.
dial tone bō hào yīn.
dialect fāng yán, dì fāng huà.
dialog duì huà, huì huà.
diameter zhí jìng.
diamond zuàn shí (jewel); líng xíng (rhombus).
diary rì jì (record); rì jì běn (personal diary). **to keep a diary** xiě rì jì.
dictate (to) kǒu shù (speak for record); mìng lìng (impose).
dictation kǒu shù, tīng xiě (transcription); mìng lìng (command).
dictionary zì diǎn, cí diǎn. **English-Chinese dictionary** yīng hàn zì diǎn. **Chinese-English dictionary** hàn yīng zì diǎn.
die (to) sǐ (no longer alive); xiāo shī, miè wáng (no longer in existence).
diesel chái yóu jī.
diet yǐn shí (nourishment); tè dìng yǐn shí (as in for losing weight).
differ (to) bù tóng (be different); yì jiàn bù tóng (not have same opinion). **to differ from** yǔ … bù tóng.
difference bù tóng (dissimilarity); yì jiàn fēn qí (disagreement).
different bù tóng de (dissimilar); gè zhǒng gè yàng de (various); bù yī bān de (unusual).
difficult nán de (to do); kùn nán de (to bear); nán nòng de (to deal with or satisfy).
difficulty kùn nán (is difficult); nán shì (not easy to do).
dig (to) wā, jué (as with shovel); tàn jiū (discover after much work).
dig n. wā jué,
dignify (to) shǐ … zūn róng, shòu yǐ róng yù (honor or distinguish); kuā dà (elevate status of something).
dignity zūn guì, gāo guì.
dim àn dàn de (not much light); mó hu de (indistinct).
dimension chǐ cùn (measurement); fàn wéi, guī mó (extent); gè fāng miàn (aspect).
diminish (to) jiǎn shǎo, suō xiǎo.
dine (to) chī fàn, jiù cān.
dining room cān shì, cān tīng.
dinner zhèng cān (meal); yàn huì (banquet). **to eat dinner** chī wǎn cān.
dip (to) jìn (into liquid); yǎo (scoop up).
dip n. jìn, pào (temporary immersion); jìn yè (dip something into liquid).
diplomacy wài jiāo.
diplomat wài jiāo guān.
direct (to) v.t. zhí xiàng (aim); zhǐ huī (indicate); v.i. mìng lìng (deliver orders).
direct adj. jìng zhí de (undeviating course); zhí shuài de (straightforward); zhí jiē de (immediate).
direction zhǐ dǎo (act of); zhǐ shì (command); fāng wèi, fāng xiàng (orientation).
director jiān dū zhě (supervisor); dǎo yǎn (film).
directory míng lù (list); zhǐ nán (guide book). **telephone directory** diàn huà hào mǎ bù.
dirt ní tǔ (soil); wū wù, huī chén (something filthy); āng zāng (squalor).
dirty zāng de (squalid); xià liú de (indecent); bù dào dé de (corrupt).
disability wú néng lì (incapacity); cán jí (as in physical impairment).
disabled bù néng yòng de (inoperative); shēn tǐ cán jí de (physically impaired).
disadvantage bù lì, bù lì tiáo jiàn.
disagree (to) bù yī zhì (differ); yì jiàn bù tóng (not have same opinion). **to disagree with**

bù tóng yì ...
disagreeable bù kuài de (unpleasant); nán xiāng chǔ de (personality).
disagreement bù fú (inconsistency); yì jiàn bù yī (dispute).
disappear (to) xiāo shī, bù jiàn.
disappearance xiāo shī, bù jiàn.
disappoint (to) shǐ shī wàng (not satisfactory); shǐ shòu cuò (thwart).
disapprove (to) bù tóng yì, bù zàn chéng.
disaster zāi nàn, bù xìng.
disastrous zāi nàn xìng de, sǔn shī cǎn zhòng de.
discharge (to) xiè xià (unload); shì fàng, jiě chú (release); pái chū (emit).
discharge n. xiè xià (act of unloading); liú chū (emission).
discipline n. xùn liàn (training); jì lǜ (to get obedience).
disclaim (to) fǒu rèn (deny); fàng qì (renounce something).
disclose (to) jiē lù, xiè lù.
disclosure jiē lù, xiè lù (revealing something); bèi jiē lù de shì shí (something uncovered).
discomfort bù shì.
disconnect (to) fēn lí, chāi kāi.
discontent bù mǎn (no contentment); bù mǎn de rén (person).
discontinue (to) tíng zhǐ, zhōng duàn.
discord bù hé (disagreement); xuān nào, zào yīn (sound).
discotheque dí sī kē wǔ tīng.
discount (to) dǎ zhé (price); dī gū, qīng shì (underestimate).
discount n. zhé kòu.
discourage (to) shǐ qì lěi (dishearten); zǔ ài (persuade against doing something). **to be discouraged** qì lěi de, xiè qì de.
discouragement xiè qì, qì lěi.
discover (to) fā xiàn, fā jué.
discovery fā xiàn, fā jué (act of); bèi fā xiàn de shì wù (something discovered).
discreet xiǎo xīn de, shèn zhòng de.
discretion pàn duàn lì (ability to make judgment); shèn zhòng (circumspection).
discuss (to) tǎo lùn (talk about); lùn shù (reflect on particular subject).
discussion tǎo lùn (conversation about something); lùn shù (formal).
disdain (to) miè shì, qiáo bù qǐ.
disdain n. miè shì, bǐ shì.
disease bìng, jí bìng.
disentangle (to) jiě tuō, jiě kāi.
disgrace diū liǎn (loss of face, dishonor); diū liǎn de rén huò wù (person or thing).
disguise (to) jiǎ bàn (change look of something); yǐn mán, yǎn shì (supply with disguise).
disguise n. wěi zhuāng (as in it was truth in disguise); jiè kǒu (pretense). **in disguise** wěi zhuāng, huà zhuāng.
disgust (to) shǐ ... zuò ǒu (sicken); shǐ yàn wù (repel). **be disgusted** yàn wù de, yàn fán de.
disgust n. yàn wù, zēng wù.
dish dié zi, pán zi (container); cài yáo (as in Italian dishes); yī pán shí pǐn (food).
dishonest bù chéng shí de.
disk yuán pán (object); cí pán (magnetic).
dislike (to) bù xǐ huān, yàn wù.
dislike n. tǎo yàn, yàn wù.
dismiss (to) shǐ ... lí kāi (permit or ask to depart); jiě gù (as in from job).
dismissal jiě sàn (act of).
disobey (to) wéi fǎn, bù fú cóng.
disorder wú zhì xù (no order); sāo luàn (civic); shī tiáo (ailment).
dispense with (to) miǎn chú, shěng què.
display (to) zhǎn lǎn, zhǎn chū (for viewing); xiǎn shì, zhèng míng

(for evidence).
display n. zhǎn shì (act of); zhǎn lǎn pǐn (displayed objects); xiǎn shì, biǎo xiàn (demonstration).
displease (to) shǐ ... bù kuài, shǐ ... shēng qì.
displeasure bù yú kuài, bù mǎn yì.
disposal chǔ zhì, chǔ lǐ (way to deal with something); bù zhì, ān pái (specific order).
dispose (to) bù zhì (arrange in order); chǔ lǐ (decide something). **to dispose of** chǔ lǐ, ān pái.
dispute (to) zhēng lùn (argue); huái yí, zhì yí (doubt).
dispute n. zhēng lùn, biàn lùn.
dissolve (to) v.t. shǐ róng jiě (cause to pass into solution); shǐ fēn jiě (break apart); v.i. róng jiě (pass into solution).
distance jù lí (spatial); yuǎn lí (remoteness).
distant yáo yuǎn de (in space, time, etc.); léng dàn de (aloof).
distinct bù tóng de (distinguishable); míng xiǎn de (easy to distinguish).
distinction chā bié, qū bié (being distinct); tè zhēng (distinctive attribute); yōu xiù, fēi fán (excellence).
distinguish (to) qū bié, biàn bié (perceive); yǐn rén zhù mù, jié chū (as in distinguishing oneself).
distort (to) shǐ ... biàn xíng (alter or warp); wāi qū (be misleading).
distract (to) fēn sàn (divert); shǐ hùn luàn (emotionally disturb).
distress n. yōu lǜ, tòng kǔ (mental); téng tòng, bù shì (physical); wēi nàn (urgently in need of aid).
distribute (to) fēn pèi, fēn fā (separate and hand out); pèi xiāo (to retailers); sàn bù (spread).
district qū yù, dì qū.
distrust (to) bù xìn rèn.
distrust n. bù xìn rèn.
disturb (to) rǎo luàn (as in disturb quiet); shǐ ... fán nǎo (upset).
disturbance dòng luàn, sāo luàn (being disturbed); xīn shén bù ān (emotional).
ditch n. gōu, gōu qú.
dive (to) tiào shuǐ (plunge); qián shuǐ (into water); fēi jī fǔ chōng (as in nose dive).
divide (to) fēn gē (separate out); fēn lèi (categorize); fēn lí, lí kāi (partition).
divine adj. yǒu shén xìng de (having to do with deity); shén shèng de (sacred). **divine being** shén, shàng dì.
division fēn kāi, fēn gé (act of); fēn gé wù (partition); bù mén (unit).
divorce (to) v.t. lí hūn (terminate marriage); shǐ fēn lí (cut off).
divorced lí hūn de.
dizziness tóu hūn yǎn huā.
dizzy tóu yūn yǎn huā de.
do (to) zuò (execute); zhì zuò, shēng chǎn (produce); yǐ ... wéi zhí yè (what your job is).
dock chuán wù, mǎ tóu.
doctor yī shēng (physician); bó shì (doctorate degree).
doctrine jiào tiáo, xué shuō.
document n. gōng wén, wén jiàn (official paper); zhèng jiàn (something that can provide evidence).
dog gǒu, quǎn; bēi bì xiǎo rén (contemptible person).
doll yáng wá wa, wán ǒu.
dome yuán wū dǐng.
domestic jiā tíng de (household); guó nèi de (as in country's domestic policies); xùn yǎng de (tame). **domestic affairs** jiā shì, nèi zhèng. **domestic animal** jiā chù.
dominate (to) zhī pèi, kòng zhì (control); fú shì (possess top position).
door mén (lit.); tú jìng (fig.). **back**

door hòu mén. **entrance door** jìn kǒu mén. **doorbell** mén líng. **to ring the doorbell** àn mén líng.
dose jì liàng.
dot n. diǎn (spot); shǎo liàng (tiny quantity); xiǎo shù diǎn (decimal point).
double (to) shǐ ... jiā bèi (twofold); fù zhì, chóng fù (duplicate). **double entendre** shuāng guān yǔ.
doubt (to) huái yí (undecided); bù xiāng xìn (disbelieve).
doubt n. yí huò (uncertainty); yí diǎn (as in have doubts about); xuán ér wèi jué (be in doubt).
doubtful kě yí de (as in having doubtful taste); yí huò de (doubtful about something).
doubtless wú yí de, què dìng de.
down xiàng xià de (from above to below); dǎo xià, fàng xià (as in fall down); jiǎn ruò de (lessened intensity).
dozen yī dá, shī èr.
draft (to) qǐ cǎo (compose initial version of); xuǎn bá (as in into army).
draft n. qì liú (air); cǎo gǎo, cǎo tú (basic outline).
drag (to) tuō (haul); tuō cháng (tiresomely draw out).
drain (to) pái chū (gradually empty); hē guāng (drink everything); hào jìn (as in drain of energy).
drama xì jù.
draw (to) huà (inscribe); lā (drag); qǔ chū, lā chū (pull out); xī yǐn (attract).
drawer kāi piào rén (person that draws); chōu tì (furniture).
drawing room kè tīng.
dread (to) hài pà, dān xīn.
dread n. kǒng jù, hài pà.
dreadful kě pà de (terrible); lìng rén bù kuài de (unpleasant).
dream (to) zuò mèng (in sleep); mèng xiǎng (aspire).
dream n. mèng (in sleep); mèng xiǎng (aspiration).
dreamer zuò mèng de rén (person that dreams); kōng xiǎng jiā (visionary).
dress (to) gěi ... chuān yī (in clothes); zhuāng shì (decorate).
dress n. fú zhuāng (clothing); nǚ zhuāng (female outfit).
dressmaker nǚ zhuāng cái feng.
drink (to) yǐn, hē (swallow); jìng jiǔ, gān bēi (toast); xī qǔ (absorb).
drink n. yǐn liào (beverage); jiǔ (alcoholic). **drinking water** yǐn yòng shuǐ.
drip (to) dī xià, lòu xià.
drive (to) qū zhú, gǎn (push or urge); jià shǐ (vehicle); yòng chē jiē sòng (as in drive him to work); qiáng pò (as in drives her crazy).
driver sī jī, jià shǐ yuán (person that drives).
drop (to) luò xià (fall); jiǎn shǎo, jiàng dī (lessen); tíng zhǐ, fàng qì (as in dropped his idea).
drop n. yī dī (as in drop of water); wēi liàng, yī diǎn (hint); luò, jiàng luò (fall); yào yè (medicine).
drown (to) yān sǐ (die in water); yān mò (drench).
drug n. yào (treat disease); dú pǐn (as in illegal drugs).
drugstore yào fáng.
drum n. gǔ (musical instrument).
drunk zuì de (from alcohol); táo zuì de (with emotion). **drunken person** hē zuì de rén.
dry (to) v.t. tuō shuǐ bǎo cún; v.i. biàn gān.
dry adj. gān de (no moisture); gān hàn de (as in unusually dry season).
dryness gān, gān zào.
duck yā zi.
due adj. qiàn zhài de (owed); shì dāng de (appropriate); n. yīng dé de dōng xī (something due).
dull (to) shǐ ... chí dùn.

dull adj. chí dùn de (not responsive); dùn de, bù fēng lì de (not sharp); kū zào de (not interesting).
during zài ... de qī jiān, zài ... de shí hòu. **during one's absence** zài ... bù zài de shí hòu.
dust (to) chú qù huī chén (remove dust); zài ... shàng sǎ fěn mò (sprinkle).
dust n. huī chén, chén tǔ.
dusty mǎn shì huī chén de (coated in dust); huī chén zhuàng de (like dust).
Dutch adj. hé lán rén de (of Netherlands); n. hé lán rén (people); hé lán yǔ (language).
duty zé rèn, yì wù (required action); zhí zé, gōng zuò (function); shuì (government tax). **duty-free** miǎn shuì de.
dwarf ǎi zi, zhū rú.
dwell (to) jū zhù (reside); jí zhōng zhù yì (as in dwell on something).
dye (to) rǎn sè.
dye n. rǎn liào (substance that colors); yán sè, rǎn sè (color).

E

each adj. měi; pron. měi gè; adv. měi gè. **each other** bǐ cǐ, hù xiāng. **each time** měi cì.
eager rè qiè de, kě wàng de.
eagle yīng.
ear ěr duo (body part); tīng lì, jīng jué (as in have good ear for something).
early zǎo de, chū qī de (close to beginning); tí qián de (before anticipated time).
earn (to) zhuàn dé, bó dé.
earnest zhēn chéng de, chéng zhì de.
earth dì qiú (planet); dì biǎo (land); ní tǔ (soil).
ease (to) jiě chú tòng kǔ fán nǎo (have no worry, fear, etc.); jiǎn qīng bù shì (minimize distress).
ease n. ān yì (being comfortable); bù tòng kǔ, bù dān xīn (no worry, fear, etc.).
easily qīng sōng de, róng yì de.
east n. dōng bù; adj. dōng fāng de. **East Asia** dōng yà. **the East** dōng fāng guó jiā.
Easter fù huó jié.
eastern dōng fāng de, dōng bù de.
easy róng yì de (not difficult); ān yì de, wú yōu de (no worry, fear, etc.); shū shì de (comforting).
eat (to) chī, jìn shí.
echo (to) fā chū huí shēng (sound); mó fǎng (imitate).
echo n. huí shēng, huí yīn (sound); fǎng xiào zhě (imitator).
economical jié yuē de, jīng jì de.
economize (to) jié yuē, jié shěng.
economy jié yuē (thrift); jīng jì guǎn lǐ, jīng jì zhì dù (as in China's economy). **economy class** jīng jì cāng.
edge dāo kǒu, rèn (of blade); biān yuán (as in edge of table).
edition bǎn, bǎn běn. **first edition** dì yī bǎn, chū bǎn. **new edition** xīn bǎn běn. **revised edition** xiū dìng bǎn.
educate (to) jiào yù (teach); xùn liàn (learn).
education jiào yù (act of); zhī shi (what one has learned).
effect n. jiē guǒ (outcome); chǎn shēng de yìn xiàng (impression).
effective yǒu xiào de (producing anticipated effect); shēn kè yìn xiàng de (as in give effective speech).
efficiency xiào lǜ, gōng xiào.
efficient xiào lǜ gāo de (effective); shōu xiào dà de (minimizing waste and effort).
effort nǔ lì (exertion); chéng jiù, chéng guǒ (achievement). **with effort** fèi lì de. **without any**

effort bù fèi lì.
egg dàn, nuǎn.
egotism zì wǒ zhōng xīn, zì dà.
Egypt āi jí.
eight bā.
eighteen shí bā.
eighteenth dì shí bā.
eighth dì bā.
eightieth dì bā shí.
eighty bā shí.
either pron. rèn yī; adj. rèn yī; adv. yě. **either or** bù shì … jiù shì.
elastic adj. yǒu tán xìng de.
elastic n. xiàng pí dài, sōng jǐn dài.
elbow n. zhǒu, zhǒu bù.
elder adj. nián zhǎng de, zī gé lǎo de; n. nián zhǎng zhě.
elderly lǎo de, yǐ guò zhōng nián de.
eldest zuì nián zhǎng de.
elect (to) xuǎn jǔ (vote); tiāo xuǎn (select); jué dìng (decide).
election xuǎn jǔ.
electric diàn de, diàn dòng de.
electrical diàn de, yǔ diàn yǒu guān de.
electricity diàn, diàn liú.
elegant wén yǎ de, gāo yǎ de.
element yào sù, chéng fèn (component); shǎo liàng (small amount).
elementary rù mén de, chū jí de (basics of subject); jī běn de, zhǔ yào de (fundamental part).
elephant xiàng.
elevator diàn tī, shēng jiàng jī.
eleven shí yī.
eleventh dì shí yī.
eliminate (to) xiāo chú, pái chú.
eloquence kǒu cái, xióng biàn.
eloquent yǒu kǒu cái de, xióng biàn de.
else adj. qí tā de (other); gèng duō de (more); adv. lìng wài, qí tā (also). **anyone else** bié rén.
elsewhere zài bié chù. **or else** fǒu zé. **something else** bié de dōng xi.
elude (to) duǒ bì (evade); bù lǐ jiě (not understand).
embark (to) shàng chuán, dēng jī (as in board a plane); cóng shì (as in start out on a journey).
embarrass (to) shǐ … gān gā, shǐ … jiǒng pò. **I was embarrassed.** wǒ hěn gān gā.
embarrassing lìng rén wéi nán de.
embarrassment gān gā, jú cù bù ān (embarrassing); kùn jiǒng de yuán yīn (source of embarrassment).
embassy dà shǐ guǎn (building); dà shǐ (duty of ambassador).
embody (to) tǐ xiàn, shǐ jù tǐ huà.
embrace (to) yōng bào (hug); bāo hán (include).
embroidery cì xiù, cì xiù pǐn.
emerge (to) chū xiàn, xiǎn lù.
emergency jǐn jí qíng kuàng. **emergency vehicle** jiù hù chē
eminent xiǎn hè de, zhù míng de (high class); jié chū de (distinguished).
emotion qíng xù, qíng gǎn.
emotional qíng xù de, qíng gǎn de.
emperor huáng dì, jūn zhǔ.
emphasis qiáng diào (stress something); zhuó zhòng, zhòng diǎn (give particular attention to).
emphasize (to) qiáng diào, duì … jiā qiáng.
emphatic qiáng diào de (emphasize something); qiáng liè de (forceful).
empire dì guó.
employee zhí gōng, gù yuán.
employer gù zhǔ, lǎo bǎn.
employment pìn yòng, gù yòng (being employed); zhí yè (occupation).
empty adj. kōng de (does not contain anything); wú rén de (no occupants); kōng xū de (no purpose).
enable (to) shǐ … néng gòu, shǐ … kě néng.
enamel fà láng, cí yòu.

enclose (to) wéi zhù (surround); bāo hán (contain); fù dài (attach to letter, etc.).
enclosure wéi zhù, bāo wéi (being enclosed); fù jiàn (something enclosed).
encourage (to) gǔ lì; zhī chí (support); cù jìn, jī fā (stimulate).
encouragement gǔ lì, zhī chí (act of); qí gǔ lì zuò yòng de dōng xī (something encouraging).
end (to) v.t. jié shù, zhōng zhǐ; v.i. zhú jiàn tíng zhǐ.
end n. mò duān, jìn tóu (extremity); jiē guǒ, hòu guǒ (outcome); mù biāo (goal); cán liú wù (remnant).
endeavor (to) nǔ lì, jìn lì.
endeavor n. nǔ lì, jìn lì.
endemic dì fāng xìng de.
endorse (to) bèi shū, zài bèi miàn qiān zì (sign); zhī chí, zàn tóng (back something).
endure (to) v.t. rěn shòu; v.i. chí xù, chí jiǔ.
enemy dí rén, chóu rén.
energy huó lì, jīng lì (vigor); néng liàng (power); néng yuán (source of energy). **atomic energy** yuán zǐ néng. **energy crisis** néng yuán wēi jī. **mental energy** xīn zhì lì liàng. **solar energy** tài yáng néng.
enforce (to) tuī xíng, shí shī (as in enforce rules); qiáng pò (compel); jiā qiáng (reinforce).
engage (to) pìn yòng (employ); xī yǐn (attract); shǐ … cān jiā (involve).
engaged shǐ yòng zhōng de, fán máng de (occupied); yǐ dìng hūn de (betrothed).
engagement yuē huì (meeting); dìng hūn (betrothal).
engine fā dòng jī, yǐn qíng.
engineer gōng chéng shī, jì shī.
England yīng guó, yīng gé lán.
English adj. yīng guó de (of England); n. yīng guó rén (person); yīng yǔ (language).
engrave (to) diāo kè, kè huà.
enjoy (to) xiǎng shòu … de lè qù (like); xiǎng yǒu (able to benefit from).
enjoyment huān lè (act of); lè qù (something enjoyable).
enlarge (to) kuò dà, fàng dà.
enlist (to) zhēng mù (military); dé dào, yíng dé (get support).
enormous jù dà de, páng dà de.
enough adj. chōng zú de; pron. zú gòu de; adv. chōng fèn de.
enter (to) v.t. jìn rù (come); jiā rù (join); xiě xià, shū rù (write in); v.i. jìn lái (come).
entertain (to) shǐ yǒu xìng qù (amuse); kuǎn dài (have guests).
entertainment kuǎn dài, zhāo dài (act of); yú lè, biǎo yǎn (something entertaining).
enthusiasm kuáng rè, rè qíng.
enthusiastic rè qíng de, rè xīn de.
entire adj. quán bù de, wán quán de; n. quán bù, zhěng tǐ.
entitle (to) mìng míng, tí míng (name); gěi yǔ quán lì, zī gé (as in you are entitled to).
entrance jìn rù (act of); jìn rù quán (allowed to enter).
entrust (to) wěi tuō.
enumerate (to) liè jǔ, shǔ.
envelope n. xìn fēng, fēng tào.
envious jì dù de, xiàn mù de.
envy (to) xiàn mù, jì dù.
envy n. xiàn mù, jì dù.
eon jí chāng shí qī, wàn gǔ.
epidemic adj. liú xíng xìng de; n. liú xíng xìng jī bìng.
episode yī duàn, yī bù fēn.
equal (to) děng yú, bǐ dé shàng. **A equals B.** A děng yǔ B.
equal adj. xiāng dāng de, xiāng děng de (equivalent); néng shèng rèn de (as in equal to the task).
equality tóng děng, píng děng.
equator chì dào.

equilibrium píng héng, jūn shì (being balanced); píng jìng (mental).
equip (to) pèi bèi, zhuāng bèi; shǐ yǒu zhǔn bèi (prepare); dǎ bàn, zhuāng shì (dress up).
equipment zhuāng bèi (being equipped); shè bèi (something you are equipped with).
era jì yuán, shí dài.
erase (to) cā diào, mǒ diào (remove); shān chú, chú qù jì lù (as in erase disk).
eraser xiàng pí.
erect (to) jiàn lì (set up); shǐ zhí lì (raise up).
err (to) zuò cuò, fàn cuò.
errand chāi shì, shǐ mìng.
error cuò wù, shī wù.
escalator zì dòng fú tī.
escape (to) táo tuō (break free); lòu chū (leak).
escape n. táo pǎo (act of); táo pǎo de shǒu duàn (way to escape).
escort (to) hù sòng, péi tóng.
especially tè bié, yóu qí.
essay wén zhāng.
essence běn zhì (true nature of something); jīng huá, jīng suǐ (extract).
essential běn zhì de (part of essence); jī běn de, bì xū de (indispensable).
establish (to) chuàng jiàn (set up); ān zhì, ān pái (install securely).
establishment jiàn lì (act of); yǐ jiàn lì de shì wù (something established).
estate dì chǎn (property); gè rén cái chǎn (all of someone's possessions).
esteem (to) zūn zhòng (respect); rèn wéi (consider). **to hold in high esteem** duì ... shí fēn zūn jìng.
esteem n. zūn zhòng, zūn jìng.
estimate (to) tuī cè, gū jì.
estimate n. gū jì, gū jià (approximation); pàn duàn (opinion).
estimation píng gū de jiē guǒ, pàn duàn.
eternal yǒng héng de, yǒng jiǔ de.
eternity yǒng héng, bù xiǔ.
ether mí, yì mí.
Europe ōu zhōu.
European adj. ōu zhōu de, ōu zhōu rén de; n. ōu zhōu rén.
evade (to) táo bì, bì miǎn.
evasion táo bì (act of); jiè kǒu (way to evade).
eve qián xī, qián yè.
even adj. píng tǎn de (flat); jūn yún de (uniform); gōng píng de (just).
evening bàng wǎn, wǎn jiān. **Good evening!** wǎn ān. **tomorrow evening** míng wǎn. **yesterday evening** zuó wǎn.
event shì jiàn (something that occurred); huó dòng (social).
ever yī zhí (always); céng jīng (at any time); yǐ mǒu zhǒng fāng shì (at all); zài hěn dà chéng dù (as in best ever).
every měi gè de, suǒ yǒu de (everyone in group); měi, měi gé (as in every minute that went by).
everybody měi rén.
everyday měi tiān de, rì cháng de.
everything měi jiàn shì.
everywhere dào chù.
evidence zhèng jù, zhèng míng (helps to make judgment); héng jì (indicative of); zhèng rén, zhèng cí (legal).
evident míng xiǎn de, xiǎn rán de.
evil adj. xié è de (immoral); bù jí lì de (ominous).
evoke (to) huàn qǐ, yǐn qǐ.
evolve (to) fā zhǎn, jìn zhǎn.
exact adj. zhǔn què de, jīng què de (totally factual); yán gé de (completely strict with standards).
exaggerate (to) kuā dà, kuā zhāng.
exaggeration kuā zhāng.
exalt (to) tí gāo, tí shēng (elevate to higher status); zàn yáng, bāo

jiǎng (praise).
exaltation tí shēng (act of); xīng fèn (exhilaration).
examination jiǎn chá (act of); kǎo shì (test).
examine (to) jiǎn chá (inspect); zhěn duàn (as in doctor's examination); kǎo shì (test).
example lì zi (representative); bǎng yàng (as in set example for); xiān lì (similar instance).
for example lì rú.
exceed (to) chāo guò, chāo yuè (go beyond); shèng guò (surpass).
excel (to) yōu xiù, shèng guò.
She excels in English. tā yīng yǔ tè bié hǎo.
excellence yōu xiù, zhuó yuè.
excellent zhuó yuè de, yōu xiù de.
except (to) v.t. pái chú, bù bāo kuò; v.i. fǎn duì.
except prep. chú ... zhī wài.
exception chú wài, lì wài (act of); fǎn duì (objection).
exceptional lì wài de (unusual); jié chū de (extraordinary).
exceptionally lì wài de (unusual); jié chū de (extraordinary).
excess chāo guò, chāo yuè (state of); chāo guò shù liàng (surplus).
excessive guò liàng de, é wài de.
exchange (to) jiāo yì (trade); hù huàn (interchange).
exchange n. jiāo huàn (act of); jiāo huàn wù (something exchanged). **exchange rate** huì lǜ.
excite (to) shǐ xīng fèn, shǐ ... jī dòng. **to get excited** yīn ... ér jī dòng.
excitement cì jī, xīng fèn (act of); cì jī de shì wù (something exciting).
exclaim (to) jīng jiào, dà shēng shuō.
exclamation jīng jiào, hū jiào.
exclamation point gǎn tàn hào.
exclude (to) pāi chú (not allow inclusion); qū zhú (oust).
exclusive pái tā de (excluding); dān dú de, wéi yī de (sole); dú zhàn de (not shared).
excursion duǎn tú lǚ xíng (trip); lǚ xíng tuán (group trip).
excuse (to) yuán liàng, kuān shù (forgive); miǎn chú (exempt); biàn jiě (explain, justify, etc.).
Excuse me. duì bù qǐ.
excuse n. lǐ yóu, jiè kǒu.
exempt (to) miǎn chú.
exercise (to) shǐ yòng (employ); liàn xí, duàn liàn (as in exercise your mind); zhí xíng (perform duties).
exercise n. yùn yòng (use); liàn xí, cāo liàn, xí tí (as in at gym or for homework).
exert (to) yùn yòng (as in exert energy in order to); shī jiā (wield or exercise).
exertion nǔ lì, jìn lì.
exhaust (to) yòng jìn, hào jìn.
exhaustion pái kōng (act of); jīng pí lì jié (state of).
exhibit (to) biǎo xiàn (show); zhǎn lǎn (present publicly); zhèng míng (demonstrate).
exhibition zhǎn lǎn, zhǎn shì (act of); zhǎn lǎn pǐn (something exhibited); zhǎn lǎn huì (public exhibition).
exile (to) fàng zhú, liú fàng.
in exile guò liú fàng shēng huó.
exist (to) cún zài (real); shēng cún, yǒu shēng mìng (live).
existence cún zài (being); shēng cún, shēng huó (life); shēng cún fāng shì (way of life).
exit (to) tuì chū, lí qù.
expand (to) v.t. kuò dà (increase); xiáng shù (as in expand upon idea); v.i. zhǎn kāi (increase).
expansion kuò zhāng (act of); yán shēn bù fēn (section that has been expanded).
expansive péng zhàng de, yì péng zhàng de (able to expand); liáo kuò de (broad).
expect (to) v.t. qī dài (anticipate);

yāo qiú (require); v.i. huái yùn (pregnant).
expectation qī dài (act of); qī dài zhī wù (something expected).
expedition yuǎn zhēng (trip); kǎo chá duì (people on that trip).
expel (to) gǎn chū, qū zhú (oust); pái chū (discharge).
expense huā fèi (expend something in order to achieve); sǔn shī (sacrifice); kāi zhī (money).
expensive áng guì de, gāo jià de.
experience (to) cān yǔ, tǐ yàn (undergo); tǐ yàn dào, rèn shi dào (learn).
experience n. tǐ yàn (experience something); jīng yàn (as in has experience in finance); jīng lì (occurrence).
experiment (to) zuò shí yàn, cháng shì.
expert n. zhuān jiā, nèi háng.
expire (to) qī mǎn (end); duàn qì, sǐ wáng (die); guò qí.
explain (to) shuō míng, jiě shì (clarify); biàn jiě (justify).
explanation biàn jiě (act of); jiě shì (something that provides clarification or justification).
explanatory shuō míng de, jiě shì de.
explode (to) bào zhà (as in bomb exploding); tū fā (burst out); měng zēng (increase).
exploit (to) chōng fèn lì yòng.
exploit n. gōng láo, gōng jì.
explore (to) kān tàn, tàn cè (as in explore North Pole); diào chá (investigate).
explosion bào zhà (as in bomb explosion); jī zēng (increase).
export (to) shū chū, chū kǒu.
export n. shū chū, chū kǒu.
expose (to) shǐ ... shòu yǐng xiǎng (as in expose yourself to something); shǐ ... bào lù (reveal to sight); jiē fā, jiē lù (reveal information, etc.).
express (to) chén shù (in words); biǎo bái (as in express yourself to someone).
express adj. xiáng xì de (explicit); kuài sù de, zhí jiē de (as in express train). **express train** tè bié kuài chē.
expression biǎo dá (act of); cí jù (phrase); biǎo qíng (facial expression).
expressive biǎo xiàn ... de, biǎo dá de.
expulsion qū zhú, zhú chū.
exquisite jīng zhì de, yōu měi de.
extend (to) kuò chōng, yán zhǎn.
extensive guǎng kuò de, guǎng dà de.
extent fàn chóu, guǎng dù (size, area, etc.); xiàn dù (degree). **to some extent** mǒu zhǒng chéng dù shàng.
exterior wài miàn de (external); wài zài de (from outside source).
exterminate (to) xiāo chú, xiāo miè.
external wài bù de (exterior); kè guān de (not from mind); wài biǎo de, xíng shì de (superficial).
extinct miè jué de (does not exist anymore); xī miè de (not active anymore).
extinction xiāo shī, miè jué.
extinguish (to) xī miè (put out); xiāo miè (end).
extra é wài de (excess); tè jí de (superior); lìng shōu fèi de (extra charge).
extract (to) chōu chū, bá chū (remove); zhāi lù, yǐn yòng (excerpt).
extract n. zhāi lù (excerpt); tí qǔ wù, jīng huá (as in vanilla extract).
extraordinary fēi fán de, tè bié de.
extravagance shē chǐ, pū zhāng.
extravagant shē chǐ de, làng fèi de.
extreme adj. zuì yuǎn de, jìn tóu de (outermost); jí dù de (intense); n. jí duān (as in to extremes).
extremely jí duān de, fēi cháng de.
extremity mò duān, jìn tóu (limit or farthest part); xiǎn jìng, kùn

jìng (extreme distress).

eye (to) kàn, zhù shì.

eye n. yǎn jīng (body part); jiàn shǎng lì (judgment and taste); zhù yì (attention).

eyebrow méi máo.

eyeglasses yǎn jìng, jìng piàn.

eyelash jié máo.

eyelid yǎn pí, yǎn jiǎn.

F

fable yù yán, tóng huà (fairy tale, often moral); shén huà, chuán shuō (legend); huāng táng gù shì, wú jī zhī tán (lie).

face (to) miàn duì (face forward); duì zhē (front on); duì kàng (confront).

face n. liǎn (body part); wài biǎo, wài guān, wài mào (appearance); miàn bù, biǎo miàn, qián miàn, zhèng miàn (part of something's surface).

facilitate (to) shǐ róng yì, shǐ shùn dang (make easier); cù jìn, zhù zhǎng (be useful).

facility róng yì (with ease); shè bèi, qì cái (something that facilitates); jī gòu (as in storage facility).

fact shì shí, shí jì (true event or information). **in fact** qí shí, shì shí shàng, shí jì shàng.

factory gōng chǎng, zhì zào chǎng.

faculty néng lì, cái néng (innate gift); zhuān kē, xì, yuàn (college department); jiào zhí yuán gōng (teachers).

fail (to) shī bài (unsuccessful); bù jí gé (academic); shuāi tuì, shuāi ruò (decline). **without fail** bì dìng, wù bì.

faint (to) hūn jué, hūn dǎo.

faint adj. ruǎn ruò de, wú lì de (not having strength); wú yǒng qì de, qiè nuò de (not brave); àn dàn de, mó hu de (dim light).

fair adj. měi lì de (pretty); gōng píng de, hé lǐ de (evenhanded); hái kě yǐ de, xiāng dāng de (just okay).

faith xìn yòng, xìn rèn (believe in something); xìn yǎng, xìn tiáo (loyalty).

faithful zhōng shí de, zhōng zhēn de (loyal); kě kào de (reliable).

fall (to) luò xià, jiàng luò, diē luò (drop); diē dǎo, shuāi dǎo (as in fell into bed); jiàng lín, dào lái (as in darkness fell); xià jiàng, xià diē (lessen).

fall down shī bài.

false jiǎ de, cuò wù de (not true); jiǎ zào de, niē zào de (purposely false).

fame míng shēng, shēng wàng.

familiar cháng jiàn de (frequently seen); shú xī … de, jīng tōng … de (acquainted); qīn mì de (with someone).

family jiā tíng (family unit); jiā tíng chéng yuán (household). **family name** xìng.

famine jī huāng (food); jí dù quē fá (shortage).

famous zhù míng de, chū míng de.

fan shàn zi (device); kuáng rè ài hào zhě (as in being big football fan). **electric fan** diàn shàn, diàn fēng shàn.

fancy xiǎng xiàng lì (imagination); huàn xiǎng, xiǎng xiàng de chǎn wù (imaginary fantasy).

fantastic kōng xiǎng de, yì xiǎng tiān kāi de (fanciful); qí yì de, gǔ guài de (bizarre).

far adj. yáo yuǎn de, cháng tú de (remote); jiǔ yuǎn de (in time); adv. chéng dù, hěn (much). **as far as** yuǎn dào, yī zhí dào. **so far** dào mù qián wéi zhǐ.

fare yùn fèi, chē fèi (for transportation); chéng kè (paying passenger). **one-way fare** dān chéng piào. **round-trip fare** shuāng chéng piào, wǎng fǎn piào.

farm n. nóng chǎng (of agriculture); sì yǎng chǎng (of livestock).
farmer nóng chǎng zhǔ (owner or manager of farm); nóng fū (worker on farm).
farming nóng yè, gēng zuò.
farther zài yuǎn diǎn de (remote); gèng jìn yī bù de (as in she could go no farther with her studies).
farthest zuì yuǎn de, zuì dà chéng dù de.
fashion n. shí máo, shí xīng (prevalent style); shí xīng huò pǐn (as in outfit that follows latest trend).
fashionable shí máo de, liú xíng de.
fast adj. xùn sù de (quick); jǐn de, láo shí de (securely fastened); zhōng shí de, kě kào de (very loyal).
fasten (to) shuān jǐn, shǐ gù dìng (attach); jiā gù (secure).
fat féi pàng de, fēng mǎn de (obese); féi wò de (fertile); zhī fáng (animal tissue).
fatal zhì mìng de (leads to death); huǐ miè xìng de (ruinous); jué dìng xìng de (critically significant). **fatal accident** sǐ wáng shì gù. **fatal disease** zhì mìng de jí bìng. **fatal wound** zhì mìng shāng.
fate mìng yùn (force); mìng zhōng zhù dìng de shì qíng (fated events); jié jú, jiē guǒ (outcome).
father fù qīn, bà ba (of child); chuàng zào rén (creator or originator); shén fù, jiào fù (clergy). **father-in-law** gōng gong, yuè fù.
faucet lóng tóu.
fault n. guò shī (transgression); guò cuò, zé rèn (responsibility); quē diǎn, quē xiàn (physical imperfection).
favor (to) gěi yǔ, wèi ... fú wù; zàn chéng (support); piān ài, piān tǎn (partial).
favor n. ēn huì, zhào gù (kind act); hǎo gǎn, huān xīn, chǒng ài (positive regard); piān tǎn, piān ài (partiality). **Could (will) you do me a favor?** nín néng fǒu bāng wǒ gè máng?
favorable yǒu lì de (advantageous); biǎo shì tóng yì de (approving).
favorite n. tè bié xǐ huān de rén, tè bié xǐ huān de shì wù; adj. xǐ ài de, zhòng yì de.
fax n. chuán zhēn jī (fax machine); chuán zhēn jiàn (what was faxed). **to send a fax** fā yī fèn chuán zhēn.
fear (to) hài pà, jīng xià (afraid); dān xīn, dān yōu (uneasy).
fear n. dān xīn (anxiety); jìng wèi, jù pà (reverence).
fearless wú wèi de, dà dǎn de.
feather yǔ máo, líng máo.
feature n. róng mào, miàn mào (facial appearance); tè zhēng, tè diǎn (distinguishing quality); diàn yǐng de zhèng piān (at movie theater).
February èr yuè.
federal lián bāng de, lián bāng zhì de (federal government).
fee fèi, shǒu xù fèi, huì fèi (as in entrance fee); bào chóu, xīn shuǐ (service fee, as in for medical).
feeble wú lì de, xū ruò de (does not have strenth); wēi ruò, qīng wēi de (ineffective, weak, etc.).
feed (to) jǐ yǔ shí wù (give food); zuò wéi shí wù gōng jǐ (as in large cake could feed us for years).
feel (to) chù, mō (experience by touching); xiǎng, rèn wéi (believe).
feeling gǎn jué, chù jué (experience by touching); yì shī, yìn xiàng (impression); qíng xù (emotion).
fellow adj. tóng bàn de, tóng shì de.
fellowship péng yǒu, huǒ bàn

(association of people); yǒu yí (friendship).

female nǚ xìng de, cí xìng de.

feminine nǚ xìng de (female); nǚ rén jù yǒu de (female qualities); nǚ rén sì de (effeminate).

fence n. zhà lán, lí ba (structure).

fencing zhà lán, lí ba (barrier); jī jiàn, jiàn shù (sport); qiǎo miào de huí dá (banter).

ferocious xiōng měng de, yě mán de (savage); fēi cháng de (extreme).

ferry dù kǒu (place of water transportation); dù chuán (ferryboat).

fertile féi wò de, fēng ráo de (as in soil for plants); yǒu fán zhí néng lì de (reproduction).

fertilize (to) shǐ féi wò (cause to become fertile); shǐ shòu yùn, shǐ shòu jīng (sexually).

fertilizer féi liào.

fervent chì rè de (hot); rè qíng de, qiáng liè de (as in fervent request).

fervor chì rè, gāo wēn (heat); jī qíng (with emotion).

festival jié rì (celebration); huó dòng, huì yǎn (as in art festival).

fetch v.t. ná huí, qǔ huí (retrieve); shòu de, mài de (price); v.i. qǔ wù (retrieve).

fever fā shāo, fā rè (body); xīng fèn (a lot of activity or agitation).

few adj. shǎo shù de (composed of small amount); hěn shǎo, jī hū méi yǒu (unspecified tiny number); n. hěn shǎo shù (unspecified tiny number).

fiberoptic xiān wéi guāng xué de.

fiction xiǎo shuō (work of literature); biān zào, xū gòu (something that is imaginatively invented); huǎng yán (lie).

field n. yuán yě, kuàng yě (open land); gēng dì (cultivated land); zhàn chǎng, zhàn dì (of battle).

fierce cán rěn de, xiōng měng de (ferocious temperament); měng liè de (as in fierce storms).

fiery huǒ de, rán shāo de (of fire); huǒ hóng de (color); jí zào de, jī liè de (disposition).

fifteen shí wǔ.

fifteenth dì shí wǔ.

fifth dì wǔ.

fiftieth dì wǔ shí.

fifty wǔ shí.

fig wú huā guǒ shù, wú huā guǒ (plant and its fruit).

fight (to) v.i. zhàn dòu, bó dòu, dǎ jià (physically or armed); zhēng lùn (argue); v.t. yǔ ... zhàn dòu, yǔ ... dǎ zhàng (in combat or physically); tóng ... dòu zhēng (strive).

fight n. zhàn dòu, dòu zhēng (confrontation); zhēng chǎo, dǎ jià (quarrel); quán jī sài (as with boxing).

figure n. fú hào, shù zì (as in numbers); wài xíng, lún kuò (outline or shape); rén wù (person).

file n. wén jiàn jiā (container); dàng àn (organized papers).

fill (to) zhuāng mǎn, tián chōng (fill up); mǎn zú, yíng hé (satisfy).

film n. báo céng, báo mó (membrane); jiāo piàn, dǐ piàn (photography); diàn yǐng (movie).

filthy zāng de, wū huì de (dirty); chǒu è de, wěi xiè de (obscene).

final zuì hòu de, zuì zhōng de (end result); jué dìng xìng de (irrevocable).

finally zuì hòu, zhōng yú, zuì hòu de, zhōng yú de.

finance (to) róng zī, gěi ... gōng jǐ zī jīn.

finance n. cái zhèng xuě (science of); cái zhèng guǎn lǐ (dealing with money); cái yuán, zī jīn (fund).

financial cái zhèng de, jīn róng de, cái wù de.

find (to) zhǎo dào (after searching); yù dào (encounter); fā xiàn (ascertain); rèn wéi (perceive).
fine adj. měi hǎo de, měi lì de (superior); liáng hǎo de (relating to health).
fine n. fá kuǎn, fá jīn.
finger n. shǒu zhǐ (on hand); zhǐ zhuàng wù (looks like finger of hand).
fingernail zhǐ jia.
finish (to) wán bì, wán chéng (end); mó guāng, pāo guāng (as in polish); huǐ diào, shā diào (destroy).
fire n. huǒ (burning flame); rè qíng (emotion).
fireworks yàn huǒ.
firm adj. wěn gù de, láo gù de (as in post was fixed firmly in place); jiān jué de (determined).
firm n. gōng sī, shāng hào, shāng háng.
first n. dì yī (number one); shǒu yào (in status or occurrence); adj. shǒu xiān de (as in first person in line); zuì zǎo de (earliest). **for the first time** dì yī cì.
fish (to) diào yú. **to go fishing** qù diào yú.
fish n. yú, yú lèi, yú ròu.
fisherman bǔ yú rén, yú mín (person who fishes); yú chuán (vessel).
fist quán tóu.
fit (to) hé shì, shì hé (as in clothes fit him); yǔ … yī zhì, xiāng pèi hé (correspond or agree); shǐ … hé shì (make suitable).
fit adj. hé shì de (suited for situation, etc.); qià dàng de, zhèng què de (appropriate); jiàn kāng de (physically).
fitness shì dàng, qià dàng (appropriateness); jiàn kāng (physical).
fitting adj. shì dàng de; n. shì chuān, chuān yī (for clothes).
five wǔ.
fix (to) shǐ gù dìng, láo gù (fasten); dìng xíng (as in fixed her appearance in his mind); xī yǐn, zhuā zhù (capture).
flag n. qí zhì.
flame huǒ yàn (burning flame); rán shāo (into flame); rè qíng, jī qíng (like a flame).
flank (to) cè miàn fáng shǒu (defend flank); wèi yú … zhī cè (located at flank).
flank n. yāo wō (body); cè miàn (side).
flash n. shǎn guāng (of light); shùn jiān (second).
flat shuǐ píng de (flat surface); biǎn píng de (flat object); píng zhǎn de (lying flat); dān diào de (not interesting).
flatter (to) fèng cheng, zhǎn mèi (compliment); qǔ yuè (satisfy someone's ego).
flattery bā jie, fèng cheng (act of); gōng wéi huà (praise).
flavor zī wèi (taste); fēng wèi (characteristic aspect); tiáo wèi pǐn (flavoring).
fleet jiàn duì, chuán duì.
flesh ròu, jī ròu (of body); qīn shǔ, jiā rén (family).
flexibility tán xìng, shì yìng xìng.
flexible róu ruǎn de, yǒu tán xìng de (bendable); kě biàn tōng de (adaptable).
flight fēi xíng (motion of); hāng chéng (distance of flight); bān jī (airplane).
fling (to) měng rēng (throw); jí pài, jí sòng (as in suddenly flung into situation).
flint dǎ huǒ shí.
float (to) piāo fú (in or on liquid) xuán fú (as if by liquid).
flood (to) yān mò, fàn làn (submerge); chōng chì (fill with great quantity).
flood n. hóng shuǐ, shuǐ zāi.
floor n. dì bǎn, dì miàn (room's floor); lóu céng (as in sixth floor).
floppy disk ruǎn pán.

flourish (to) mào shèng (grow abundantly); fán róng (prosper).
flow (to) liú, liú dòng (move); xún huán (circulate).
flow n. liú dòng (motion); liú shuǐ (flow of water, as in small river).
flower n. huā huì.
fluid n. liú tǐ, yè tǐ.
fly (to) v.i. fēi, fēi xíng (in flight); shí jiān fēi shì (as with time); v.t. jià shǐ (as in fly plane).
fly n. fēi, fēi xíng (act of); niǔ kòu zhē bù (as in zipper area on clothes); yīng, cāng yīng (insects).
foam (to) qǐ pào mò (emit foam); mào kǒu shuǐ (from mouth).
foam n. pào mò (bubbles); pào mò cái liào (as in foam mattress).
fog wù, yān wù. **thick fog** nóng wù.
foggy yǒu wù de, duō wù de.
fold (to) zhé dié (as in fold in half); fēng rù, yōng bào (envelop).
fold n. zhé dié (act of); zhé héng, zhòu zhě (fold line).
foliage yè zi, shù yè.
follow (to) gēn suí, gēn zhe (go behind); zhuī gǎn, zhuī qiú (pursue); tīng cóng, xìn fèng (as in follow political leader); fǎng xiào (imitate). **the following day** dì èr tiān.
fond xǐ huān de (as in fond of literature); nì ài de (indulgent). **to be fond of** xǐ huān, xǐ ài.
fondness xǐ huān, shì hào.
food shí wù (foodstuff); yǎng liào (something nourishing).
fool n. shǎ zi, bái chī; v. yú nòng, qī piàn.
foolish yú chǔn de, kě xiào de.
foot n. jiǎo, zú (body part); dǐ bù (bottom); yīng chǐ (measurement).
football zú qiú, zú qiú yùn dòng.
footstep jiǎo bù (with foot); bù cháng (distance).
for wèi le (as in studied for exam); wǎng, xiàng (as in left for home); wèi (as in baked cake for him); biǎo shì děng jià (as in pay money for admission); lì jīng, dá dào (as in played game for three hours). **for the most part** zài jí dà chéng dù shàng. **for the present time** zàn shí.
force (to) qiáng pò, bī (compel); qiáng jiā (impose). **I forced them to go.** wǒ bī tā mén qù de.
force n. lì liàng (might, energy, etc.); wǔ lì, bào lì (as in used force to stop someone); bù duì, jūn duì (military).
foreground qián jǐng, tū chu dì wèi.
forehead qián é.
foreign guó wài de (in another country); wài guó de, wài dì de (something that is not native); wài lái de, yì zhì de (to body).
foreigner wài guó rén (from another place); wài dì rén (outsider).
forest sēn lín, shān lín.
forget (to) wàng jì (not remember); hū lüè (neglect).
forgetfulness jiàn wàng.
forgive yuán liàng (excuse); miǎn chú (payment).
forgiveness yuán liàng, kuān shù.
fork chā zi (food utensil); bà zi (tool); fēn chà (as in fork in road).
form (to) zuò chéng (give form); sù zào (mold); zǔ zhī, ān pái (organize).
form n. xíng zhuàng, xíng tài (structure); xíng shì, zhǒng lèi (type); biǎo gé (document).
formal adj. zhèng shì de (done properly).
formation xíng chéng, gòu chéng (act of); xíng chéng wù (something formed); biān duì, duì xíng (arrangement).
former adj. cóng qián de, yǐ qián de (in past); qián zhě de (as in relates to former, not latter); n. chuàng zào zhě (maker).

formerly cóng qián, yǐ qián.
formula gōng shì, chéng shì (statement); pèi fāng, chǔ fāng (of ingredients).
forsake (to) yí qì, pāo qì (desert); fàng qì, shě qì (give up).
fort bǎo lěi (fortification with troops); yào sài (military garrison).
fortieth dì sì shí.
fortunate hǎo yùn de, jí lì de (auspicious); xìng yùn de (lucky).
fortunately xìng yùn de.
fortune yùn qì (chance or luck); cái chǎn (wealth); dà bǐ qián (a lot of money).
forty sì shí.
forward adj. qián miàn de (front part); xiàng qián fáng de (movement); yù fù de (future); adv. xiàng qián de (to front). **to move forward** qián jìn.
forward (to) cù jìn, cù chéng (advance); zhuǎn jiāo, jì chū (to next location, as with new address).
foster yǎng yù, fǔ yǎng (bring up); cù jìn, péi yǎng (cultivate or promote). **foster daughter** yǎng nǚ. **foster father** yǎng fù. **foster mother** yǎng mǔ. **foster son** yǎng zǐ.
found (to) jiàn zào, xīng jiàn (set up); jiàn lì ... de jī chǔ (based on).
found adj. zhǎo dào de, shí dào de.
founder diàn jī zhě, chuàng shǐ rén.
fountain quán shuǐ, pēn quán.
four sì.
fourteen shí sì.
fourteenth dì shí sì.
fourth dì sì.
fowl jī, jiā qín.
fox hú li (animal); jiǎo huá de rén (person).
fragment suì piàn, duàn piàn, piàn duàn.
fragrance fāng xiāng, xiāng qì, xiāng wèi.
fragrant fēn fāng de.
frail xū ruò de (physically); yì suì de (fragile).
frame (to) gòu zào, jiàn zào (build); xiǎng chū, shè jì (conceive); gěi ... zhuāng kuāng (enclose).
frame n. jià zi (structure); shēn qū, gǔ jià (of body).
France fǎ guó.
frank tǎn zhí de, tǎn bái de. **Let me be frank.** lǎo shí shuō.
free (to) shì fàng, shǐ zì yóu.
free adj. zì yóu de (not in confinement); miǎn fèi de (no cost); yǒu kòng de (unoccupied).
freedom zì yóu (having no restraints); bǎi tuō, miǎn chú (as in freedom from pain).
freeze (to) níng gù, jiē bīng.
freight huò wù (transported goods); huò yùn (transportation).
French n. fǎ yǔ (language), fǎ guó rén (person); adj. fǎ guó de (of France), fǎ guó rén de (of the French).
frequent (to) jīng cháng bài fǎng, jīng cháng chū rù.
frequent adj. lǚ cì de, pín fán de.
frequently jīng cháng de, pín fán de.
fresh xīn chǎn shēng de, xīn zhì de (newly created or produced); xīn xiān de (fresh experience); gān jìng de (pure).
friction mó cā (rubbing); máo dùn (conflict).
Friday xīng qī wǔ.
friend péng yǒu.
friendly yǒu hǎo de, yǒu shàn de.
friendship yǒu yí, yǒu qíng.
frighten (to) shǐ kǒng jù, xià hu. **to be frightened** bèi xià zhù le, xià de yào mìng.
frightening lìng rén kǒng jù de.
fringe suì, liú sū (decorative); biān yuán (on edge or margins).
frivolity qīng tiào, qīng fú.
frivolous qīng shuài de (silly); suǒ suì de (trivial).

frog qīng wā.
from cóng (from initial point); lí kāi, tuō lí (as in prevent him from driving); yòng yǐ biǎo shì qū bié (shows there is difference between); yīn wéi (because of). **from now on** cóng xiàn zài kāi shǐ.
front qián miàn, zhèng miàn (front part of something); qián fāng (as in take spot in front); qián xiàn (war).
frost shuāng, shuāng dòng.
fruit guǒ shí (of plant); shuǐ guǒ (edible part); jiē guǒ, xiào guǒ (result).
fry (to) yòng yóu jiān, yòng yóu zhá.
frying pan jiān guō.
fuel rán liào.
fugitive n. táo wáng zhě, wáng mìng zhě.
fulfill (to) lǚ xíng (bring about); zhí xíng (carry out); dá dào (satisfy).
full mǎn de (as in full basket); zuì dà chéng dù de (as in at full volume).
fully chōng fèn de, wán quán de.
fun yú lè (imparts enjoyment); yú kuài, kāi xīn (enjoyment). **to have fun** wán, yú lè, xún kāi xīn.
function (to) yùn xíng, fā huī zuò yòng.
function n. gōng néng, zuò yòng (what someone is meant to do); zhí wù, zhí zé (duty).
fund (to) zī zhù, tí gōng jī jīn (provide funding).
fundamental jī běn de (at foundation); zhǔ yào de (central); zhòng yào de (greatly altered or important).
funds xiàn jīn, jī jīn (available money).
funny yǒu qù de, kě xiào de.
fur ruǎn máo (animal); máo pí (pelt); pí yī (fur clothing).
furious kuáng nù de (very angry); kuáng bào de (appears to be angry).
furnace lú zi, róng lú.
furnish (to) gōng jǐ, gōng yìng (give); zhuāng bèi, bù zhì (equip).
furniture jiā jù.
furrow (to) lí, gēng.
further adj. gèng yuǎn de (distant); adv. gèng jìn yī bù de (larger degree); cǐ wài (in addition). **further away** gèng yuǎn. **further on** zài xiàng qián.
fury kuáng nù, fèn nù.
future wèi lái (time); qián jǐng, qián tú (prospects or expectations). **in the future** jiāng lái, wèi lái, jīn hòu.

G

gaiety huān lè, yú kuài (joyful); qìng diǎn, qìng zhù huó dòng (as in parties).
gain (to) huò dé, qǔ dé (acquire); yíng dé, dé dào (as in gain audience with); zēng jiā, zēng jìn (obtain increase).
gain n. huò dé (act of); huò dé wù (something gained); zēng jiā (increase).
galaxy xīng xì, xīng qún.
gallant yǒng gǎn de, wú wèi de (unflinching); piào liàng de, shí máo de (stylish).
gallery biān zuò, lóu zuò (theater); zǒu láng (passageway); zhǎn lǎn guǎn, huà láng (for art).
gamble (to) dǔ bó (bet); tóu jī, mào xiǎn (risk).
game yú lè, xiāo qiǎn (for amusement); bǐ sài (sport).
garage chē kù (parking); qì chē xiū lǐ chǎng (car care).
garbage lā jī, fèi wù. **garbage receptacle** lā jī tǒng.
garden huā yuán, cài yuán, guǒ yuán (cultivated area of land);

yuán dì (as in castle gardens). **public garden** gōng yuán.
gardener yuán dīng, huā jiàng.
garlic dà suàn, suàn tóu.
gas qì tǐ (substance); qì tǐ rán liào (for fuel); qì yóu (gasoline).
gasoline qì yóu.
gate mén, dà mén, wéi qiáng mén, chéng mén.
gather (to) v.t. jù jí (assemble); shí zēng jiā (gain); v.i. jí hé (assemble).
gay huān lè de, yú kuài de (happy); tóng xìng liàn de (homosexual).
gem zhēn zhū, bǎo shí (jewel); zhēn pǐn (as in movie was gem).
gender xìng (grammar); xìng bié (sexual identity).
general adj. yī bān de, pǔ tōng de (not limited); dà tǐ shàng de (not detailed); dà gài de (usually so). **in general** tōng cháng, dà tǐ shàng.
general n. jiāng jūn (military rank); gài yào (statement).
generalize (to) shǐ yī bān huà (simplify into something general); gài kuò (conclude).
generation yī dài, yī bèi (family); tóng shí dài de rén (of the same generation, contemporaries); shēng zhí, zhēng yù (production).
generosity kāng kǎi, kuān dà.
generous kāng kǎi de, kuān hóng dà liàng de.
Geneva rì nèi wǎ.
genius tiān zī, tiān fèn (high ability); tiān cái (person).
gentle yǒu shàn de, hé ǎi de (considerate); róu hé de (mild); yǒu jiào yǎng de (polite).
gentleman shēn shì, xiān shēng.
genuine zhēn de, zhèng pǐn de (authentic); zhēn chéng de (as in genuine excitement).
geography dì lǐ, dì lǐ xué.
germ wēi shēng wù (biological); méng yá, chú xíng (beginning of growth).
Germany dé guó.
gesture n. zī shì, shǒu shì (motion); zī tài, biǎo shì (as in she appreciated gesture).
get (to) v.t. dé dào, huò dé (obtain); ná, qǔ dé (as in managed to get directions); dǐ dá (arrive); lǐ jiě, liǎo jiě (understand); v.i. biàn chéng, zhǎng chéng (become); dào dá (get to somewhere).
ghastly kě pā de.
giant adj. jù dà de, wěi dà de.
gift lǐ wù, zèng pǐn (present); tiān fèn (talent).
gifted adj. yǒu tiān fù de, yǒu cái huá de.
girl nǚ hái, gū niang (woman who is not mature); nǚ ér (daughter).
give (to) zēng yǔ, sòng gěi (present); gěi yǔ (bestow); tí gōng (contribute); jiāo fù, wěi tuō (entrust).
give back (to) guī huán, huī fù.
glad gāo xìng de (happy); lè yì de (willing). **be glad** hěn gāo xìng.
gladly gāo xìng de, huān xǐ de.
glance n. yī piē, sǎo shì (look); yī shǎn, shǎn guāng (of light). **at a glance** yī kàn jiù, yī jiàn jiù.
glance (to) yī piē, sǎo shì (look); suí biàn tí dào (refers to briefly).
glass bō li zhì pǐn (of glass); bō li bēi (something to drink from). **drinking glass** shuǐ bēi, jiǔ bēi.
gleam (to) fā wēi guāng, shǎn shuò (glow); zhà xiàn, shǎn xiàn (briefly shown).
gleam n. shǎn guāng, wēi guāng.
glitter (to) shǎn shuò, fā guāng.
glitter n. guāng huī (of light); xiǎo fā guāng wù (tiny bits of material).
globe qiú zhuàng wù (something spherical in shape); dì qiú (earth); qiú xíng qì mǐn (container).
gloomy hēi àn de, yīn àn de (dark); yōu yù de (displaying gloom).

glorious guāng róng de, róng yào de (possesses glory); měi lì de, huī huáng de (magnificent).
glory róng yù (distinction); róng yào de shì (something which gives glory); zhuàng guān (splendor).
glove shǒu tào. **a pair of gloves** yī shuāng shǒu tào.
go (to) zǒu, xíng jìn (move); lí kāi, lí qù (from somewhere); liú chuán, chuán bō (passing around); tōng dào (stretch from here to there); fā shēng, jìn zhǎn (as in fruit had gone bad). **to go away** zǒu kāi, lí kāi. **to go back** huí qù. **to go down** xià qù, xià chén. **to go into** jìn rù. **to go out** chū mén (for social life); xī miè (as with candle). **to go up** shàng qù, shàng shēng.
God shén, shàng dì.
gold jīn, huáng jīn.
golden jīn de (of gold); jīn sè de (color).
good hǎo de, bù huài de (pleasant); lìng rén mǎn yì de (satisfactory); chèn zhí de (competent); kě jìng de (admirable). **Good afternoon!** xià wǔ hǎo! **Good evening!** wǎn shàng hǎo! **Good morning!** zǎo shàng hǎo! **Good night!** wǎn ān! míng tiān jiàn! **Good-bye!** zài jiàn! zài huì!
goods huò wù, wù pǐn.
goodwill hǎo yì, qīn qiè.
goose é.
gossip (to) liáo tiān, jiǎng xián huà.
gossip n. liú yán fēi yǔ (rumor); ráo shé zhě (person).
govern (to) tǒng zhì (political); kòng zhì (control conduct); zhī pèi (strongly influences).
government zhèng fǔ (as in federal government); guǎn lǐ, tǒng zhì (rule).
grace shén de ēn huì (divine); yōu měi, yōu yǎ (as in poise or charm).
graceful yōu měi de, yōu yǎ de.
graduate (to) bì yè.
graduate n. bì yè shēng.
grain gǔ wù.
grammar yǔ fǎ, yǔ fǎ xué, yǔ fǎ xiàn xiàng.
grand hóng dà de (large); chóng gāo de (stately). **grandchild** sūn zi, sūn nǚ. **granddaughter** sūn nǚ. **grandfather** zǔ fù. **grandmother** zǔ mǔ. **grandson** sūn zi.
grant (to) xǔ kě, tóng yì (agree to carry out); shòu yǔ (as in grant them right to do something).
grant n. xǔ kě, dā yìng (act of); zèng yǔ wù (something granted); jī jīn de zèng yǔ (funding).
grape pú tao.
grapefruit pú tao yòu.
graphics tú piàn, zhì tú xué.
grasp (to) zhuā zhù (seize); lǐ jiě (comprehend).
grass cǎo, cǎo dì.
grasshopper zhà měng.
grate (to) mó cā, cā suì.
grateful gǎn jī de, gǎn xiè de (thankful); lìng rén yú kuài de (pleasant).
gratitude gǎn xiè, xiè yì.
grave adj. zhòng dà de (weighty); zhuāng zhòng de, yán sù de (somber and serious).
grave n. fén mù (for dead body); sǐ wáng (death).
gravel shā lì, lì shí.
gray huī sè de (in color); yīn àn de (dull).
grease n. yóu zhī (fat).
great jù dà de, hěn duō de (large); wěi dà de (very important); zhuó yuè de (distinguished). **Great Britain** dà bù liè diān, yīng guó. **Great Wall** cháng chéng.
greatness jù dà, wěi dà.
Greece xī là.
greedy tān chī de (gluttonous); tān lán de (always wanting to

acquire).
green lǚ sè de (in color); yòu zhì de, wú jīng yàn de (inexperienced).
greet (to) wèn hòu, zhì yì.
greeting zhù hè, wèn hòu.
grief bēi shāng, bēi tòng.
grieve (to) shǐ bēi shāng, shǐ shāng xīn.
grin (to) lòu zhe yá chǐ xiào.
grind (to) mó suì, niǎn suì.
groan (to) v.i. shēn yín.
groan (to) v.t. shēn yín zhe shuō.
grocer shí pǐn shāng, zá huò shāng.
grocery zá huò diàn (store); zá huò (what is sold at store). **grocery store** shí pǐn zá huò diàn.
grope (to) mō suǒ (feel around); tàn suǒ (as in grope for meaning).
gross n. zǒng é, quán bù.
ground n. dì, dì miàn (of earth); chǎng suǒ (as in school grounds); gēn jù, lǐ yóu (basis).
group (to) fēn zǔ (put into groups); jù jí (form group or be part of one).
group n. qún, pī (gathered people or things); zǔ, tuán tǐ (group connected in some way).
grow (to) v.i. shēng zhǎng, chéng zhǎng (in size); zēng dà, zēng qiáng (intensify); chéng wéi, zhú jiàn fā zhǎn (as in light grew nearer); v.t. shǐ shēng zhǎng, péi yǎng (raise).
growth chéng zhǎng, shēng zhǎng (process of); zēng zhǎng, kuò dà (increase).
grudge lìn xī, bù gèi (unwillingly do something); xiàn mù, dù jì (resent). **hold a grudge against** huái hèn mǒu rén.
gruff cū bào de, shēng yìng de.
guard (to) bǎo wèi (guard from danger); kān shǒu (watch over).
guard n. jǐng wèi (lookout or defender); hù wèi duì (ceremonial); fáng shǒu (act of).
guardian bǎo hù zhě (protector); jiān hù rén (as in legal guardian).
guess (to) v.t. cāi cè (assume); cāi zhòng (guess correctly); v.i. cāi, cāi cè (form conjecture).
guess n. cāi cè, tuī cè.
guide (to) yǐn dǎo (steer); zhǐ dǎo, zhǐ huī (exercise command over); dài lǐng, zuò xiàng dǎo (act as guide).
guide n. zhǐ dǎo (something informative); dǎo yóu (person).
guilt yǒu zuì (responsible for something); nèi jiù (feeling remorse).
gum kǒu xiāng táng (chewing gum); chǐ yín (in mouth).
gush (to) yǒng chū, pēn chū.

habit xí guàn (repeated behavior); pí xìng, xí xìng (usual practice); shàng yǐn (an addiction). **make a habit of** shǐ … xíng chéng yī zhǒng xí guàn.
habitual xí guàn de, guàn cháng de.
hail (to) v.i. xià bīng báo (as in precipitation); v.t. dǎ zhāo hū (greet).
hail n. bīng báo (precipitation); huān hū (greeting).
hair máo fà, máo zhuàng wù.
hairdo fà xíng, fà shì.
hairdresser lǐ fà shī.
half yī bàn. **half hour** bàn xiǎo shí.
hall dà tīng, qián tīng (room); huì suǒ, huì táng (building); guò dào, zǒu láng (passageway).
ham huǒ tuǐ, huǒ tuǐ ròu.
hammer chuí zi, láng tou.
hand (to) chuán dì, jiāo fù. **to hand over** yí jiāo.
hand n. shǒu (body part); zhǐ zhēn (on clock); bāng máng (assistance).
handbag shǒu tí bāo.
handful yī bǎ (amount that can fit in hand); shǎo shù (tiny but indefinite amount).
handkerchief shǒu pà.
handle (to) chù mō (hold, feel, etc.);

chǔ lǐ, fù zé (operate); guǎn lǐ (manage).
handle n. bǐng, bǎ shǒu.
handsome piào liàng de, hǎo kàn de (appearance); xiāng dāng dà de (generous).
handy shǒu biān de, jìn biàn de (accessible); biàn yú shǐ yòng de (not difficult to use); shǒu qiǎo de (skillful).
hang (to) v.i. xuán diào, guà (fasten); v.t. jiǎo sǐ (execute); ān zhuāng (attach).
hanger guà gōu (device); yī jià (for clothes).
happen (to) fā shēng (begin to exist or be real); ǒu rán fā shēng, chū xiàn (by chance).
happening n. ǒu rán fā shēng de shì qíng.
happiness xìng fú, kuài lè.
happy kuài lè de (joyful); xìng fú de (lucky).
harbor (to) wō cáng (as in harbor criminal); wèi … tí gōng dì fāng (supplies with home, dwelling, etc.); chí yǒu (as in harbor resentment).
harbor n. hǎi gǎng, gǎng kǒu (for ships); bì nàn suǒ (refuge).
hard adj. jiān gù de (as in solid, not soft); kùn nán de (involves a lot of effort); měng liè de (intense); adv. nǔ lì de (with much work). **to study hard** kè kǔ xué xí.
harden (to) v.t. shǐ … biàn yìng (make firm or solid); shǐ … jiān qiáng (make able to endure difficulties); shǐ … lěng kù wú qíng (as in harden heart against); v.i. biàn yìng (become firm or solid).
hardly jī hū bù (to barely any extent); jǐn jǐn (barely).
hardware wǔ jīn qì jù (supplies that are metal); diàn nǎo yìng jiàn (computer). **hardware store** wǔ jīn diàn.
hardy qiáng zhuàng de (strong and healthy); yǒng gǎn de (courageous).
hare yě tù.
harm (to) shāng hài, sǔn hài.
harm n. shāng hài, sǔn hài.
harmful yǒu hài de.
harmless wú hài de, wú è yì de.
harmonious hé xié de (in agreement); yué ěr de (sound).
harmony xié tiáo, róng qià.
harsh cū cáo de (coarse); cì ěr de (as in harsh sound); yán lì de (severe).
harvest shōu huò, shōu gē (act of picking crops); shōu huò wù (crops); jiē guǒ (consequence).
haste cōng máng (with speed); qīng shuài, cǎo shuài (acting impetuously).
hasten (to) gǎn jǐn, jiā kuài (move with speed); shǐ … gǎn jǐn, cuī cù (bring about haste).
hat mào zi.
hate (to) hèn, zēng wù (loathe); bù xǐ huān, tǎo yàn (have aversion to something).
hateful kě wù de, tǎo yàn de.
hatred zēng hèn, dí yì.
haughty jiāo ào de, ào màn de.
have (to) yǒu, yōng yǒu (possess); bāo hán (as in plane that has seatbelts); chī, hē (as in had breakfast); jīng shòu, tǐ yàn (experience). **to have to** bù dé bù.
haven gǎng kǒu (port); bì nàn suǒ (refuge).
Hawaii xià wēi yí.
hay gān cǎo.
he tā (pronoun); xióng xìng dòng wù (indicates male).
head n. tóu bù (of body); tóu nǎo, zhì lì (as in smart); shǒu nǎo, lǐng dǎo (leader).
headache tóu tòng.
heal (to) zhì yù (cure); shǐ huī fù (rectify).
health jiàn kāng.
healthy jiàn kāng de, jiàn quán de.
heap n. yī duī, hěn duō.
hear (to) tīng, tīng jiàn (through

ear); tīng shuō (be informed through hearing or by being told).
hearing tīng lì, tīng jué (one of five senses); yù shěn (preliminary hearing in law); tīng zhèng huì (witness testimony). **hard of hearing** ěr lóng.
heart xīn, xīn zàng (organ, lit. and fig.); zhōng xīn (center section).
heat (to) jiā rè (warm); shǐ jī dòng (excite).
heat n. rè néng (energy); rè, gāo wēn (hot); zuì jī liè de jiē duàn (as in during heat of fight).
heaven tiān kōng (sky); tiān táng (divine). **Heavens!** tiān nà.
heavy zhòng de (possessing good amount of weight); dà de (large); jī liè de (intense).
hedge n. shù lí, lí ba (plants).
heed (to) zhù yì, liú xín.
heel jiǎo hòu gēn.
height gāo dù (distance); hǎi bá (elevation); shēn gāo (stature).
heir jì chéng rén.
heiress nǚ xìng jì chéng rén.
helm chuán duò (of ship); lǐng dǎo (as with leadership).
help (to) v.t. bāng zhù (aid); zhì liáo, jiù zhù (provide relief); cú jìn, zhù zhǎng (improve); v.i. yǒu bāng zhù, yǒu yòng (help out).
help n. bāng zhù, yuán zhù (aid); wǎn jiù fāng fǎ (relief); bāng shǒu, zhù shǒu (person).
helper bāng shǒu, zhù shǒu.
helpful yǒu bāng zhù de, yǒu yì de.
hem n. yī fu de zhé biān, zhé fèng.
hen mǔ jī.
henceforth cóng jīn yǐ hòu.
her tā, tā de.
herb cǎo, yào cǎo.
herd mù qún, shòu qún.
here zài zhè lǐ (at place); zhè shí (at time); zhè yī diǎn (at aspect, point, etc.).
hero yīng xióng (notable male); nán zhǔ jué (literary or theatrical).
heroic yīng xióng de, yīng yǒng de.
heroine nǚ yīng xióng (notable female); nǚ zhǔ jué (literary or theatrical).
herring fēi yú. **red herring** xūn fēi yú.
hers tā de.
herself tā zì jǐ, tā běn rén. **by herself** tā zì jǐ, tā qīn zì.
hesitate (to) yóu yù (slow); bù yuàn (reluctant).
heterosexual yì xìng de, yì xìng liàn qíng de.
hide (to) v.t. yǐn cáng (stow or hide away); yǐn mán (as in attempted to hide truth); zhē gài (not visible); v.i. yǐn cáng (hide yourself away).
hideous kě pà de, hài rén tīng wén de.
high gāo de (elevated); gāo shàng de (as in high standards); zhòng yào de (important).
higher gèng gāo de.
hill xiǎo shān (tiny mountain); xié pō (incline).
him tā.
himself tā zì jǐ, tā běn rén. **by himself** tā zì jǐ, tā qīn zì.
hind hòu miàn de, hòu biān de.
hinder (to) fáng ài, dǎ rǎo.
Hinduism yìn dù jiào.
hinge n. jiǎo liàn (device); guān jiàn, zhuǎn zhé (influential circumstance).
hint (to) àn shì.
hint n. àn shì (clue); xiàn suǒ (intimation); wēi liàng, sháo xǔ (hardly any).
hip adj. gǎn shí xīn de (trendy).
hip n. kuān bù, tún bù.
hire (to) gù yōng (as in hire new employee); zū yóng (rent).
his tā de.
historian lì shǐ xué jiā.
historic lì shǐ shàng de (historical); lì shǐ shàng yǒu míng de (historically influential).
history lì shǐ xué (study); lì shǐ jì shì (recorded events); guò qù de shì (in past).

hit (to) zhuàng jī, dǎ jī (as in ran into); dǎ jī, xí jī (beat or use blows); jī zhòng (with weapons).
hoarse sī yǎ de, shā yǎ de.
hoe n. chú tou.
hold (to) v.t. ná zhù, zhuā zhù (grasp); bāo hán, róng nà (contain); zhàn jù, xī yǐn (as in hold someone's attention); v.i. wéi chí (stay that way).
hole dòng, kǒng (opening); cuò wù, quē xiàn (fault).
holiday jié rì, jià rì.
hollow adj. kōng de, zhōng kōng de (possessing empty space); kōng dòng de (containing no truth).
holy shén shèng de.
homage chén fú (feudal); zūn jìng (pay respect).
home n. jiā (residence); jiā xiāng (birthplace or place of lengthy residence).
hometown jiā xiāng, gù xiāng.
homosexual tóng xìng liàn, tóng xìng liàn de.
honest zhèng zhí de (has integrity); gōng zhèng de (equitable).
honesty chéng shí, zhèng zhí.
honey fēng mì (from bees); tián mì (something pleasant).
Hong Kong xiāng gǎng.
honor (to) zūn jìng, zūn zhòng (respect); gěi yǔ … róng yù (distinguish).
honor n. róng yù, guāng róng (glory); měi chēng, míng yù (positive reputation); zūn jìng (respect).
honorable kě jìng de (worthy of honor); guāng róng de (as in honorable action); yǒu míng yù de (as in someone who is honorable).
hood n. tóu jīn, dōu mào.
hoof tí, tí zi.
hook n. gōu zi (device); gōu zhuàng wù (looks like hook).
hope (to) xī wàng, qī dài.
hope n. xī wàng (wish); jì yǔ xī wàng de dōng xī (source of hope).
hopeful yǒu xī wàng de (promising); huái yǒu xī wàng de (possessing hope).
hopeless méi yǒu xī wàng de, jué wàng de.
horizon dì píng xiàn (with sky); yǎn jiè, jiàn shi (extent of experience, etc.).
horizontal dì píng xiàn de (of horizon); shuǐ píng de (as in horizontal post).
horn jiǎo (of animal); jiǎo zhuàng wù (has same shape as horn); lǎ ba, hào jiǎo (musical instrument).
horrible kǒng bù de (leading to feeling of horror); tǎo yàn de (unpleasant).
horror kǒng bù, kǒng jù (feeling of terror); tòng hèn (much dislike).
horse mǎ.
hosiery zhēn zhī pǐn, wà lèi.
hospitable hào kè de, yīn qín de (to guests); yí rén de, shì yí de (good for growth).
hospital yī yuàn.
host (to) zuò dōng, dāng zhǔ rén zhāo dài.
host n. zhǔ rén, dōng dào zhǔ (of guests); zhǔ chí rén (entertainment emcee).
hostess nǚ zhǔ rén (of guests); nǚ lǎo bǎn (of hotel); nǚ zhǔ chí (entertainment emcee).
hostile dí fāng de (of enemy); yǒu dí yì de (as in aggressive or unsympathetic).
hot rè de (heat); xīn là de (spicy); jī dòng de, jī liè de (of emotion).
hot spring wēn quán.
hotel lǚ guǎn, lǚ shè.
hour xiǎo shí (of day); gù dìng shí jiān (as in hours store is open).
hourglass shā lòu, shuǐ lòu.
house n. fáng wū (dwelling); jiā tíng (household).
household jiā tíng, yī jiā rén.
housekeeper zhǔ fù, guǎn jiā.

how zěn yàng (condition); rú hé (as in how do you do this); duō me (extent); wèi shén me (why). **How are you?** ní shēn tí zěn yàng. **How beautiful!** hǎo piào liàng! **How much?** duó shǎo qián? **How often?** duō jiǔ?
however wú lùn rú hé (as in however you can do it); kě shì, rēng rán (despite that).
howl háo jiào, nù hǒu.
human rén, rén lèi. **human being** rén lèi. **human nature** rén xìng. **human race** rén zhǒng.
humane rén cí de (compassionate).
humanity rén lèi (human beings); rén xìng, rén qíng (attribute of humans).
humble gōng shùn de, qiān bēi de (modest); xià jiàn de, dī jí de (low status).
humid cháo shī de.
humiliate (to) xiū rǔ, shī diū liǎn.
humility qiān ràng, qiān gōng.
humor yōu mò, huī xié (as in she didn't find any humor in that); yōu mò de dōng xī (something that brings about laughter); xīn qíng, qíng xù (mood). **in good humor** xīn qíng hǎo, gāo xìng.
hundred yī bǎi (number); bǎi wèi (with decimals).
hundredth dì yī bǎi de.
Hungary xiōng yá lì.
hunger jī è (brought on by no food); kě wàng (craving).
hungry jī è de (for food); kě wàng de (eager or desirous). **to be hungry** è.
hunt (to) dǎ liè (for sport or food); sōu suǒ (search).
hunter liè rén (person); liè quǎn (dog).
hurry (to) cuī cù (bring about hasty movement); gǎn jǐn, jiā kuài (move hastily).
hurry n. cōng máng, cāng cù. **to be in a hurry** cōng máng.
hurt (to) shāng hài, sǔn hài.
husband zhàng fū.
hush (to) shǐ ... ān jìng.
hyphen lián zì hào.
hypocrisy wěi shàn, xū wěi.
hypocrite wěi jūn zi, wěi shàn zhě.
hypothermia tǐ wēn guò dī.
hypothesis qián tí (unconfirmed explanation); jiǎ shè (something assumed true for moment).
hypothetical jiǎ shè de, jiǎ dìng de. **hypothetical question** jiǎ shè de wèn tí.

I

I wǒ.
ice bīng (frozen water); bīng miàn (area of frozen water); bīng jī líng (dessert).
Iceland bīng dǎo.
icy bīng fēng de (filled with ice); hán lěng de, bīng lěng de (freezing); lěng dàn de (cold personality).
idea sī xiǎng (thought); guān diǎn (personal belief); jì huà, dǎ suàn (strategy).
ideal adj. lǐ xiǎng de, wán měi de (perfect); guān niàn de, xiǎng xiàng de (imaginary); bù qiè shí jì de (unrealistic).
ideal n. lǐ xiǎng (something flawless); diǎn xíng, diǎn fàn (role model); mù biāo (objective).
idealism lǐ xiǎng zhǔ yì.
idealist lǐ xiǎng zhǔ yì zhě.
identical tóng yī de, tóng yàng de.
idiot bái chī, shǎ guā.
idle lǎn duò de (lazy); kòng xián de (at leisure).
if rú guǒ (in the event that); jiǎ shè (granted).
ignoble bēi bǐ, kě chǐ de (immoral); chū shēn wēi jiàn de (not upper class).
ignorance wú zhī, yú mèi.
ignorant wú zhī de, yú mèi de.
ignore (to) hū shì, bù lǐ.

ill bù jiàn kāng de, shēng bìng de (sick); bù zhèng cháng de (unsound).
illness bìng, bù jiàn kāng.
illusion huàn jué (causing a false impression); cuò jué (misapprehension).
illustrate (to) shuō míng, jǔ lì shuō míng (show); jiā shàng chā tú (decorate).
illustration shuō míng (an explanation); tú jiě, tú shì (visual matter).
image huà xiàng, xiāo xiàng (picture); xíng xiàng (public reputation); xiàng zhēng (personification).
imaginary xiǎng xiàng de, jiǎ xiǎng de.
imagination xiǎng xiàng lì (having a mental picture); xiǎng xiàng chū de shì wù (image, itself).
imagine (to) xiǎng xiàng, shè xiǎng.
imitate (to) fǎng xiào (emulate); mó fǎng (mimic); fù zhì, fǎng zhì (replicate).
imitation mó fǎng, fǎng xiào (the act of imitating); fǎng zào pǐn, yàn pǐn (reproduction).
immediate lì jí de (soon); zhí jiē de (direct); zuì jiē jìn de, xià yī gè de (close in relation).
immediately lì jí, mǎ shàng.
imminent jí jiāng lái lín de, pò qiè de.
immobility láo gù, gù dìng.
immoral bù dào dé de, bù zhèng pài de.
immorality bù dào dé, dào dé bài huài.
immortal bù sǐ de (live forever); yǒng héng de, bù xiǔ de (never forgotten)
immortality bū xiǔ.
impartial gōng píng de, bù piān bù yǐ de.
impatience bù nài fán, jí zào.
impatient bù nài fán de, jí zào de. **to be impatient** bù nài fán de.
imperfect bù wán měi de, yǒu quē diǎn de.
impertinence wú lǐ, bù shì yí.
impertinent wú lǐ de (impolite); bù xiāng guān de, bù shì dàng de (irrelevant).
impetuosity jí zào, lǔ mǎng.
impetuous chōng dòng de, jí zào de (impulsive); jī liè, měng liè de (violent).
impious bù jìng de, bù qián chéng de (irreverent); bù xiào de (disobedient).
import (to) shū rù, jìn kǒu (bring in from trade); yì wèi (bear meaning).
import n. jìn kǒu (item of trade); yì yì, hán yì, zhòng yào xìng (importance).
importance zhòng yào xìng, yì yì.
important zhòng yào de (significant); xiǎn yào de, yōu yuè de (high position).
impossible bù kě néng de, bù huì fā shēng de (unable to exist or occur); zuò bù dào de (impossible to do)).
impress (to) gài yìn (physically mark); shǐ míng jì, jì zhù (show off); shǐ gǎn dòng (make an impression).
impression yìn xiàng (effect); mó hu de guān niàn, jì yì (hazy remembrance); yìn jì, yìn hén (physical mark). **be under the impression that** yǒu ... zhè yàng de xiǎng fǎ.
imprison (to) guān yā, shù fù.
improve (to) gǎi shàn, gǎi jìn.
improvement gǎi jìn, jìn bù.
improvise (to) jí xí chuàng zuò (spontaneously create); lín shí zhǔn bèi (be resourceful).
imprudence qīng shuài, lǔ mǎng.
imprudent qīng shuài de.
impulse chōng dòng, cì jī.
impure bù chún jié de (not clean); bù dào dé de (immoral).
in prep. zài ... lǐ (within limits); dá

dào ... zhuàng tài (situation or condition); zài ... guò chéng zhōng (while); adv. cháo lǐ, xiàng nèi. **in order to** wèi le.
inadequate bù chōng fèn de.
inanimate wú shēng qì de, méi jīng dǎ cǎi de.
inaugurate (to) jiù zhí (install into office); kāi mù (formally begin); chuàng shǐ, kāi chuàng (cause to begin).
incapable wú néng lì de (lacking ability); bù shèng rèn de (unable to perform).
incapacity wú lì, wú néng.
inch n. yīng cùn.
incident shì jiàn, tū fā shì jiàn.
include (to) bāo kuò, bāo hán. **to be included** bāo kuò zài nèi.
income shōu rù, shōu yì.
incomparable bù néng bǐ jiào de (unable to compare); wú yǔ lún bǐ de (fabulous beyond comparison).
incompatible máo dùn de, bù tiáo hé de.
incompetent bù hé shì de, bù gòu gé de (ineffective); bù shèng rèn de (lacking necessary traits).
incomplete bù wán quán de, wèi wán chéng de.
incomprehensible fèi jiě de, nán yǐ lǐ jiě de.
inconvenience bù fāng biàn (the state of being inconvenient); wéi nán zhī chù, má fan de shì (something inconvenient).
inconvenient bù fāng biàn de.
incorrect cuò wù de, bù zhèng què de.
increase (to) zēng dà, zēng duō.
incredible bù kě xìn de (implausible); jīng rén de (astonishing).
incur (to) zhāo zhì, rě qǐ.
indebted fù zhài de, shòu rén ēn huì de.
indecision yōu róu guǎ duàn, yóu yù bù jué.
indecisive yōu róu guǎ duàn de (wavering); fēi jué dìng xìng de (inconclusive).
indeed shí jì de, zhēn zhèng de.
independence dú lì, zì zhǔ.
independent dú lì de, zì zhǔ de (free); yǒu zhǔ jiàn de (variable); zì shí qí lì de (self-sufficient).
index finger shí zhǐ.
index n. suǒ yǐn (list); zhǐ biāo (pointer).
India yìn dù.
indicate (to) zhǐ chū, zhǐ míng (show direction); xiàng zhēng (signify); jiǎn dān chén shù (communicate briefly).
indicative zhǐ shì ... de, biǎo shì ... de.
indifference lěng dàn, bù guān xīn.
indifferent bù guān xīn de, lěng dàn de (uninterested); gōng zhèng de, bù piān tǎn de (impartial); wú guān jǐn yào de (not mattering).
indignant fèn nù de, fèn kǎi de.
indignation fèn nù, fèn kǎi.
indirect jiàn jiē de (roundabout); bù tǎn shuài de (not candid). **indirect answer** cè miàn huí dá.
indirectly jiàn jiē de.
indiscretion qīng shuài, qīng shuài de yán xíng.
indispensable bù kě quē shǎo de, jué duì bì yào de.
individual adj. dān dú de (distinct); gè rén de, gè tǐ de (relating to an individual); tè bié de, tè shū de (particular).
individual n. gè tǐ, gè rén.
indivisible bù kě fēn gē de.
indolence lǎn duò, lǎn sǎn.
indolent lǎn duò de (consistently idle); bù tòng de (harmless).
Indonesia yìn dù ní xī yà.
indoors hù nèi de, shì nèi de. **to go indoors** dào wū lǐ.
induce (to) quàn yòu (convince); yǐn qǐ (stimulate); guī nà

(reason).
induct (to) shǐ ... jiù zhí (install in office); shǐ ... rù mén, jiè shào (introduce); gǎn yìng (induce).
indulge (to) qiān jiù, zòng róng (give in to desires); chén nì, shǐ ... mǎn zú (gratify).
indulgence chén nì (the act of indulging); fàng zòng (self-indulgence).
indulgent zòng róng de, nì ài de.
indulgent zòng róng de, nì ài de.
industrial gōng yè de (relating to industry); gōng yè huà de (developed); gōng yè yòng de (used in industry).
industrious qín láo de, kè kǔ de.
industry gōng yè, chǎn yè (production); háng yè (division of manufacture).
inexhaustible wú qióng wú jìn de (unlimited); bù zhī pí juàn de (energetic).
inexplicable wú fǎ shuō míng de, fèi jiě de.
inexpressible wú fǎ biǎo dá de, nán yǐ xíng róng de.
infallible yī guàn zhèng què de, bù huì chū cuǒ de (faultless); què shí kě kào de (foolproof).
infamous shēng míng láng jí de.
infancy yīng ér qī (early childhood); chū qī (beginnings).
infant n. yīng ér, yòu ér.
infantry bù bīng, bù bīng tuán.
infection chuán rǎn (an instance of being infected); chuán rǎn wù (bacteria or virus).
infer (to) tuī duàn, tuī lǐ (conclude); cāi xiǎng, cāi cè (reason); àn shì, yì zhǐ (suggest).
inference tuī lǐ, tuī duàn (the act of inferring); tuī duàn de jiē guǒ (something inferred).
inferior adj. xià miàn de (located under); xià jí de (lower in rank); dī děng de (lower in quality).
infernal yīn jiān de (relating to hell); è mó bān de (diabolical).
infinite wú xiàn de, wú qióng de (limitless); jù dà de (immeasurable).
infinity wú xiàn, wú qióng dà.
inflation péng zhàng (the act of inflating); tōng huò péng zhàng (economy).
inflict (to) shǐ fù dān, yǔ yǐ.
influence (to) yǐng xiǎng, gǎi biàn.
influence n. yǐng xiǎng (affect); shì lì, quán shì (power); yǒu yǐng xiǎng de rén, wù (powerful person).
inform (to) tōng zhī, gào sù.
information tōng zhī (the act of informing); xìn xī (knowledge).
ingenious jī líng de, zú zhì duō móu de, jīng qiǎo de, qiǎo miào de
ingenuity jī zhì, dú chuàng xìng (creativity); dú chū xīn cái (shrewd design).
ingratitude wàng ēn fù yì.
inhabit (to) jū zhù zài, cún zài yú.
inhabitant jū mín.
inherit (to) jì chéng (legally); jīng yí chuán dé dào (genetically).
inheritance jì chéng (the act of inheriting); yí chǎn (heritage); yí chuán (genetic transmission).
inhuman yě mán de, wú rén xìng de.
initial adj. kāi shǐ de, zuì chū de (beginning); shǒu zì mǔ de (first letter). **initial stage** yuán shǐ qī.
initiate (to) kāi shǐ (begin); qǐ fā, qǐ méng (introduce to a new interest); yǐn jìn, jiē nà (give membership).
initiative adj. kāi shǐ de, qǐ chū de (relating to initiation); n. zhǔ dòng jīng shén (control or ambition); shuài xiān, fā duān (introductory step).
injurious yǒu hài de (harmful); fěi bàng de (defamatory).
injury shāng hài, sǔn hài.
injustice bù gōng zhèng, bù gōng zhèng de xíng wéi.
ink n. mò shuǐ.

inland nèi dì de, nèi lù de (relating to a land's interior); guó nèi de (within borders).
inn lǚ guǎn, kè zhàn (small hotel); jiǔ guǎn, fàn diàn (restaurant).
innate tiān shēng de (inborn); tè yǒu de, gù yǒu de (necessary); nèi zài de, zhí jué de (inherent, not learned).
innkeeper lǚ guǎn zhǔ rén, kè zhàn lǎo bǎn.
innocence wú zuì, qīng bái (legal); dān chún, wú zhī (naïveté); wú zhī (pure, honest).
innocent qīng bái de, wú zuì de (pure); dān chún de (unworldly)
inquire xún wèn, dǎ tīng (question); diào chá (investigate).
inquiry xún wèn (the act of inquiring); diào chá (investigation).
inscription bēi wén, míng kè, tí cí.
insect kūn chóng (bug); bēi bǐ de rén (annoying person).
insensitive gǎn jué chí dùn de, wú gǎn jué de.
inseparable fēn bū kāi de, bù kě fēn lí de.
inside n. lǐ miàn, nèi cè (interior); nèi xīn (emotions); nèi zàng (organs); adj. lǐ miàn de (interior); prep. zài … lǐ miàn (within).
insight dòng chá lì (ability to discern the truth); jiàn shi, lǐng wù (act of discerning the truth). **person of insight** yǒu yuǎn jiàn de rén.
insignificant bù zhòng yào de (not significant); wú yì yì de (without meaning).
insincere bù chéng shí de, bù zhēn chéng de.
insinuate (to) qiǎo miào jìn xíng (introduce subtlely); àn shì (introduce insidiously).
insist (to) jiān chí, jiān jué yāo qiú. **He insisted on this point.** tā qiáng diào zhē yī diǎn.
insistence jiān chí, qiáng diào.
inspect (to) jiǎn chá (scrutinize); jiǎn yuè (formally review).
inspection jiǎn chá (the act of inspecting); jiǎn yuè (formal examination).
install (to) ān zhuāng (set up); rèn mìng, shǐ jiù zhí (induct).
installment yī bù fen.
instance lì zi, lì zhèng, shì lì, qíng kuàng (example); jiàn yì, yāo qiú (request); chéng xù, bù zhòu (step).
instant adj. lì jí (immediate); sù shí de (prepared food).
instantaneous jí kè de (as soon as possible); shùn jiān de (immediate).
instantly lì jí de, jí kè de.
instead (of) dài tì, ér bù shì.
instigate (to) jiào suō, shān dòng.
instinct běn néng (inborn behavior); chōng dòng (reaction); zī jué (innate ability).
instinctive běn néng de, zhí jué de.
institute xié huì, xué huì (organization); xué yuàn (academic institution); huì zhǐ, yuàn zhǐ (buildings of institution).
institute (to) shè lì, zhì dìng (formally found); kāi chuàng, kāi shǐ (start).
institution jiàn lì, shè lì (the act of instituting); zhì dù (norm of society); jī gòu (recognized foundation).
instruct (to) jiāo shòu (teach); mìng lìng (command).
instruction jiào yù, jiào dǎo (act of instructing); zhǐ shì, zhǐ lìng (command); zhǐ nán (specific directions).
instructor jiào shī.
instrument yí biǎo, yí qì (scientific tool); yuè qì (music); shǒu duàn, gōng jù (means).
insufficient bù zú de, bù chōng fèn de.
insult (to) wǔ rǔ.
insult n. wǔ rǔ.

insuperable bù néng kè fú de, nán yǐ yú yuè de.
insurance bǎo xiǎn, báo xiǎn yè (the act of insuring); bǎo xiǎn (coverage); bǎo hù cuò shī (collateral). **life insurance** zhōng shēn bǎo xiǎn.
insure (to) wèi ... bǎo xiǎn (give insurance); bǎo zhèng (be sure).
integral adj. wán zhěng de (complete); bì xū de, bù kě quē de (necessary).
intellect zhì lì, cái zhì (thinking ability); zhī shi fèn zǐ (educated person).
intellectual adj. zhì lì de (relating to the intellect); lǐ zhì de (logical).
intelligence zhì lì, cái zhì (learning ability); qíng bào (classified data).
intelligent lǐ jiě lì qiáng de, cōng míng de (smart); zhì néng xíng de (computers or robots).
intend (to) xiǎng yào, dǎ suàn (expect); qǐ tú (plan); yì si shì (mean). **I intend to go.** wǒ xiǎng zǒu le. **I intend to marry her.** wǒ dǎ suàn hé tā jiē hūn.
intense jī liè de (extreme feature); jǐn zhāng de (extreme effort); qiáng liè de (extreme size).
intensity qiáng liè de chéng dù (power); qiáng dù (light, heat, or sound).
intention yì tú, mù dì (goal); dǎ suàn (plan); yì yì (meaning).
interest (to) shǐ ... fā shēng xìng qù, shǐ zhù yì.
interest n. xìng qù (inquisitiveness); lì yì (self-interest); lì xī (monetary loan). **compound interest** fù lì. **have an interest in** duì ... yǒu xìng qù.
interesting yǒu qù de.
interfere (to) dǐ chù, fáng ài (hinder); gān shè (meddle).
interference chōng tū, gān shè.
interior nèi bù de (relating to the inside); nèi xīn de, xīn líng de (relating to the spiritual).
intermediate adj. zhōng jiān de (between extremes); n. zhōng jiān wù (person in between extremes); tiáo jiě rén (mediator).
international guó jì de, shì jiè de. **international relations** guó jì guān xī.
interpose (to) fàng rù, chā rù (insert); tí chū (intervene).
interpret (to) jiě shì (clarify a meaning); lǐ jié (understand importance of); kǒu yì (translate); quán shì, tǐ xiàn (art or criticism).
interpretation jiě shì (the act of interpreting); fān yì (product of interpreting); biǎo yǎn (performance).
interpreter jiě shì zhě (one who analyzes); kǒu yì zhě (oral translator).
interrupt (to) v.t. zǔ zhǐ, dǎ duàn (disrupt continuity); gān rǎo (hinder the action); v.i. dǎ duàn (intrude).
interruption zhōng duàn, dǎ duàn.
interval kōng jiān jiàn gé (space); shí jiān jiàn xiē (time).
interview (to) jiē jiàn, huì jiàn.
interview n. miàn shì (formal appointment); fǎng tán (obtaining facts).
intimacy qīn mì, qīn jìn.
intimate adj. qīn mì de, qīn jìn de (close association); nèi xīn de (deepest nature); gè rén de, sī rén de (very private).
intimidate (to) kǒng hè, wēi bī.
into dào ... lǐ miàn (inside); cóng shì (occupation); cháo ... fāng xiàng (toward).
intolerable wú fǎ rěn shòu de.
intolerance duì bié rén yì jiàn bù róng nà.
intolerant bù kuān róng de, piān xiá de.
intonation yǔ diào, shēng diào.

introduce (to) jiè shào (present someone); tuī guǎng (set up new fad); tí chū (present for consideration)
introduction chuán rù, jiè shào (the act of introducing); xù, dǎo yán (preamble or speech).
intuition zhí jué.
invade (to) qīn lüè (forcefully enter); fēng yōng ér rù (infest).
invariable bù biàn de.
invasion rù qīn, qīn lüè (the act of invading); qīn xí (an infestation).
invent (to) fā míng (produce creatively); niē zào (imagine).
invention fā míng (the act of inventing); xīn fā míng (new creation); niē zào, xū gòu (lie).
inventor fā míng zhě, chuàng zào zhě.
invert (to) shǐ … dào zhì, shǐ … diān dǎo.
invest (to) tóu zī (stocks); hào fèi (buy for future benefit); shòu yǔ, fù yǔ (give power to).
investment tóu zī (the act of investing); tóu zī é (money); tóu rù (energy or time).
invisible kàn bù jiàn de, wú xíng de (imperceptible); bù xiǎn yǎn de (unnoticed).
invitation zhāo dài, yāo qǐng.
invite (to) yāo qǐng (request attendance); yǐn qǐ, zhāo zhì (attract).
invoice fā piào.
invoke (to) qǐ qiú bǎo yòu (spiritually); kěn qiú (appeal to); shí xíng, jiè zhù (cite).
involuntary bù zì jué de (free or instinctual); fēi zì yuàn de (unwilling).
involve (to) bāo kuò, bāo hán (include); shǐ xiàn rù, juǎn rù (get to participate); shè jí, qiān lián (implicate).
Iran yī lǎng.
Iraq yī lā kè.
irate fèn nù de, fā nù de.
ire fèn nù.
Ireland ài ěr lán.
iron (to) yùn tàng (remove wrinkles); jiā liào kào (shackle).
iron n. tiě (metal); yùn dǒu (wrinkle-remover).
irony fǎn yǔ, fěng cì.
irregular bù guī zé de (asymmetrical or uneven); bù hé guī ju de (deviant behavior); bù zhěng qí de, bù wěn dìng de (erratic).
irreparable bù néng huī fù de, wú fǎ mí bǔ de.
irresistible bù kě kàng jù de.
irritate (to) jī nù (annoy); shǐ fā yán huǒ téng tòng (physically chafe).
irritation nǎo nù (the condition of being irritated); fā yán huò téng tòng (bodily soreness).
Islam yī sī lán jiào.
island dǎo yǔ.
isle xiǎo dǎo.
isolate (to) shǐ gé lí, shǐ gū lì.
Israel yǐ sè liè.
issue (to) v.i. liú chū, yǒng chū (come out); yóu … chǎn shēng (stem forth); fā xíng, chū bǎn (be published); v.t. fā xíng, fā bù (disseminate formally).
issue n. bān bù, fā xìng, chū bǎn (publishing); zhēng yì, zhēng lùn de wèn tí (problem).
it tā.
Italy yì dà lì.
item tiáo kuǎn (document section); xiàng mù (unit).
its tā de.
It's here. tā zài zhè ér.
It's late. yǐ jīng hěn chí le.
itself tā zì jǐ, tā běn shēn.
ivy cháng chūn téng.

J

jacket duǎn shàng yī, wài tào (coat); fēng pí, hù fēng (book).
Jainism qí nà jiào.
jam (to) v.t. jǐ jìn, sāi rù (cram); shǐ … qiǎ zhù (break machinery); shǐ … dǔ sè (clog); v.i. qiǎ zhù, dǔ sè (become caught).
jam n. yōng jǐ, zǔ sè (traffic); kùn jìng, jiǒng jìng (predicament).
January yī yuè.
Japan rì běn.
jar n. cì ěr de shēng yīn (sound); v. fā chū cì ěr de shēng yīn (make noise); rǎo luàn (annoy).
jaw xià è, hé gǔ.
jealous jì dù de (envious); cāi yí de (suspicious). **to be jealous of** xiàn mù, dù jì.
jealousy dù jì (envy); dī fáng, jǐng tì (guardedness).
jelly guǒ zi dòng, ròu dòng.
jellyfish shuǐ mǔ, hǎi zhé.
jet pēn shè, pēn shè liú tǐ (pressured liquid); pēn shè jī (jet plane).
jetlag shí chā fǎn yìng.
jettison (to) xiàng hǎi zhōng tóu qì huò wù (throw overboard); pāo qì, fàng qì (dispose of).
jewel bǎo shí, bǎo shí shì wù.
jewelry zhū bǎo.
Jewish yóu tài de, yóu tài rén de.
job gōng zuò (occupation); rèn wù, zhí zé (task).
join (to) lián jiē, jiē hé (unify); cān jiā, jiā rù (become a member).
joint n. jiē hé chù (place of connection); guān jié (between bones).
joke (to) hé … kāi wán xiào.
joke n. xiào huà (funny story); xiào liào (laughing stock); xiǎo shì, ér xì (statement not to be taken seriously).
jolly gāo xìng de, huān lè de.
journal rì jì, rì zhì (diary); dìng qī kān wù (periodical).
journalism xīn wén gōng zuò (profession); bào kān zá zhì (newspapers and magazines).
journalist xīn wén gōng zuò zhě.
journey lǚ xíng, lǚ chéng (act of traveling); lì chéng, dào lù (process similar to traveling).
joy huān lè, xǐ yuè.
joyous kuài lè de, gāo xìng de.
Judaism yóu tài jiào.
judge (to) cái jué (decide in court); cái pàn (decide contest winner); pàn duàn (make an opinion).
judge n. fǎ guān (court official); cái pàn (of a competition).
judgment shěn pàn, cái pàn (act of judging); pàn duàn lì (reasoning); kàn fǎ, yì jiàn (opinion).
judicial sī fǎ de, fǎ tíng de (relating to justice); fǎ guān de, fú hé fǎ guān shēn fén de (belonging to a judge).
juice guǒ zhī.
July qī yuè.
jump (to) tiào yuè (spring off); jī jí xíng dòng (start eagerly); cōng cōng zuǒ jié lùn (to a conclusion); bào zhǎng, jí zēng (increase).
jump n. tiào yuè, tiào qǐ (the act of jumping); yī tiào de jù lí (distance); měng zhǎng, bào zhǎng (price or salary).
June liù yuè.
junior adj. nián yòu de (name label); zī lì jiào qiǎn de (lower in rank); sān nián jí de (third year of school).
just adj. gōng zhèng de (fair); yīng dé de, shì dàng de (merited); hé lǐ de, yǒu gēn jù de (reasonable).
justice zhèng yì (moral conformity); gōng zhèng de dài yù (the upholding of what is fair); sī fǎ (law administration).
justify zhèng míng (validate); wèi … biàn hù, kāi shì (exculpate); wèi … tí gōng fǎ lǜ yī jù (reason legally).

K

keen fēng lì de (sharp); mǐn gǎn de (perceptive); rè qiè (ardent). **to be keen on** xǐ ài.
keep (to) yōng yǒu (guard possession of); chǔ cún (store); wéi chí (continue); jīng yíng, guǎn lǐ (manage). **to keep in mind** jǐn jì. **Keep quiet!** bǎo chí ān jìng! **Keep still!** bǎo chí bú dòng!
kettle hú, guàn.
key n. yào shi (for a lock); guān jiàn, yào hài (a crucial component); dá àn (answers).
kick (to) tī.
kill (to) shā sǐ, shā hài (murder); duó qù shēng mìng (take life); pò huài (eliminate a vital part).
kin n. jiā shǔ, qīn shǔ (relatives); qīn qī (family member); adj. qīn shǔ de (related).
kind adj. yǒu shàn de, hǎo xīn de (benevolent); kuān hòu de, wēn hé de (sympathetic); rén cí de (humanitarian).
kindness rén cí (the quality of being kind); shàn xíng (act of kindness).
king guó wáng, jūn zhǔ.
kingdom wáng guó (territory); lǐng yù (realm of dominance).
kiss n. wěn.
kiss (to) jiē wěn, qīn wěn.
kitchen chú fáng.
kite fēng zhēng. **to fly a kite** fàng fēng zhēng.
knee n. xī gài.
kneel (to) qū xī, xià guì.
knife dāo (cutting tool usu. with a handle); dāo rèn (sharp edge).
knit (to) biān zhī (stitch yarn); shǐ ... jǐn mì xiāng lián (join closely).
knitting biān zhī pǐn, zhēn zhī.
knock (to) měng liè jī dǎ (hit); shǐ ... pèng zhuàng (cause to smash together). **to knock against** měng liè pèng zhuàng. **to knock at the door** qiāo mén.
knot n. jié.
know (to) v.t. tōng xiǎo, lǐng wù (understand clearly); què xìn, rèn wéi (believe true); yǔ ... shú xī (be familiar with); v.i. zhī dào, míng bái (be conscious).**to know how to do (something)** zhī dào rú hé zuò mǒu jiàn shì qíng.
knowledge zhī shi (sum of learning); xué wèn (education).
known wén míng de, yǐ zhī de. **make known** shǐ ... zhī xiǎo.
Korea hán guó, cháo xiǎn.

L

label n. biāo qiān (identification); biāo jì (brand).
labor n. láo dòng (exertion); fēn miǎn (childbirth).
laboratory shí yàn shì.
lace xì dài (tie); shì dài (ornamentation).
lack (to) quē fá (be deficient in); xū yào (need).
lacquer qī.
lady nǚ shì. **ladies' room** nǚ cè suǒ, nǚ xǐ shǒu jiān.
lake hú. **Dongting Lake** dòng tíng hú. **Poyang Lake** pó yáng hú. **Qinghai Lake** qīng hǎi hú.
lamb xiǎo yáng, gāo yáng (baby sheep); yáng gāo ròu (meat).
lame bǒ zú de (disabled); jiāng tòng de (marked by pain).
lamp dēng.
land (to) shǐ ... dēng àn (arrive); jiàng luò (set down).
land n. lù dì (earth's ground); dì miàn, tǔ rǎng (soil); mín zú, guó jiā (nation). **homeland** zǔ guó, běn guó.
landscape n. fēng jǐng (surroundings); fēng jǐng huà

(picture).
landslide shān bēng, tā fāng.
language yǔ yán (communication); shù yǔ (vocabulary specific to a group).
lantern dēng lóng.
large dà de (very big); zhòng yào de (important).
laser jī guāng.
last (to) jì xù (continue); wéi chí (endure); nài yòng (stay in good condition).
last adj. zuì hòu de (after all others); gāng guò qù de (preceding); jǐn shèng de (only one remaining).
last adv. zuì hòu de (finally); zuì jìn de (most recently). **last night** zuó yè.
lasting chí jiǔ de.
latch n. mén chā xiāo.
late adj. chí de (tardy); hòu qī de (toward the end); xīn jìn de (recent); yǐ gù de (dead).
lately jìn lái, zuì jìn.
latter hòu zhě de (mentioned second); jiào hòu de (later).
laugh (to) xiào (chuckle); gǎn dào hǎo xiào (show delight); cháo xiào (mock).
laugh n. xiào (the act of laughing); xiào shēng (laughing sound).
laughter xiào shēng.
lavish adj. shē chǐ de (extravagant); kāng kǎi de (generous).
law fǎ lǜ (authoritative rule); fǎ guī (set of legal rules).
lawful hé fǎ de (legal); fǎ dìng de (legally recogized).
lawn cǎo dì, cǎo píng. **to water the lawn** jiāo cǎo píng.
lay (to) fàng xià, shǐ tǎng xià (cause to lie down); pū shè (set down).
layer n. céng.
lazy lǎn duò de.
lead (to) dài lǐng (show the way); dǎo yǐn (in a course); yǐn dǎo (behavior); zhǐ huī (performance).
lead n. lǐng tóu wèi zhì (first place).
leader lǐng dǎo rén, fù zé rén.
leadership lǐng dǎo (the position of a leader); lǐng dǎo néng lì (ability to guide).
leaf yè zi (plant part); yè miàn, zhāng (paper).
leak (to) v.i. xiè lòu; v.t. shǐ ... lòu chū.
lean (to) xié (bend); kào, yǐ (be supported); yī kào (rely on financially); qīng xiàng (tend to prefer). **to lean against** xié kào zài.
lean adj. xiāo shòu de (thin); shōu yì chà de (not prosperous).
leap (to) v.i. tiào yuè (jump); xùn sù zhuǎn huàn (change); v.t. tiào guò (jump over).
leap n. tiào yuè.
learn (to) v.t. xué xí (gain understanding); jì zhù (remember); yì shi dào (realize); v.i. xué xí (obtain information or skill).
learned bó xué de (erudite); xué shù xìng de (relating to academics).
learning xué shí, xué wèn.
least adj. zuì bù zhòng yào de (significance or rank); zuì xiǎo de (scale or degree); zuì qīng wēi de (miniscule); adv. zuì xiǎo de. **at least** zhì shǎo.
leather pí gé, pí gé zhì pǐn.
leave (to) lí kāi (depart); liú xià (cause to remain); fàng qì (abandon); jiāo fù (bequeath).
leave n. xǔ kě (approval); gào bié (act of leaving); zhǔn jià (of absence). **leave of absence** xiū jià. **on leave** xiū jià.
left adj. zuǒ cè de (side or directions); zuǒ yì de (political).
left n. zuǒ fāng, zuǒ biān. **left-handed** yòng zuǒ shǒu de; zuǒ piě zi.
leg tuǐ.
legal fǎ lǜ de (relating to law); hé fǎ de (permitted by law); fǎ dìng de (based on law).
legend chuán shuō (story); míng wén (key).

legislation lì fǎ (the act of legislating); fǎ lǜ, fǎ guī (laws).
legislator lì fǎ zhě.
legislature lì fǎ jī guān.
legitimate adj. hé fǎ de (legal); hé lǐ de (sensible).
leisure kòng xián shí jiān, xián xiá.
lemon níng méng.
lemonade níng méng qì shuǐ.
lend (to) jiè gěi (loan); jiè qián, dài kuǎn (monetary loan). **to lend (something) to (someone)** bǎ mǒu wù jiè gěi mǒu rén.
length cháng dù (longest side); jù lí (distance).
lengthen (to) shǐ ... yán cháng.
less adj. jiào shǎo de (quantity); jiào chà de (esteem or rank).
lessen (to) shǐ ... biàn xiǎo, shǐ ... jiǎn shǎo.
lesson gōng kè (something to be learned); jīng yàn, jiào xùn (experience or example); yī táng kè (class).
let (to) yǔn xǔ (permit); ràng (cause to).
letter zì mǔ (alphabet); xìn (mail).
level n. chéng dù, shuǐ píng (degree); děng jí (scaled position). **(at) the same level (as)** zài tóng děng shuǐ píng.
liability zé rèn (responsibility); kě néng xìng (likelihood).
liable yǒu zé rèn de (legally accountable); yì shòu ... yǐng xiǎng de (at risk); yǒu kě néng de (refers to a bad result).
liar shuō huǎng dē rén.
liberal adj. zì yóu de (politics); kāi míng de (open-minded); dà fāng de (generous).
liberty zì yóu.
library tú shū guǎn, cáng shū shì.
license n. tè xǔ, xǔ kě (lawful authorization); zhèng shū, zhí zhào (physical license). **driver's license** jià shǐ zhí zhào.
lick (to) tiǎn.
lie (to) tǎng (recline); shuō huǎng (deceive). **to lie down** tǎng xià. **to tell a lie** sā huǎng.
lie n. huǎng yán, huǎng huà.
lien liú zhì quán.
lieu dǐng tì, tì dài. **in lieu of** dài tì.
lieutenant hǎi jūn shàng wèi.
life shēng mìng (state of existence); shēng wù (live organisms); shēng huó (experiences); yī shēng (from birth to death).
lift (to) tí, tái (carry physically); tí gāo dì wèi (condition or rank).
light (to) diǎn rán (start a fire); zhào liàng (provide light).
light adj. míng liàng de (luminous); qīng de (weight); bù yán zhòng de (gentle). **flash of lightning** shǎn diàn.
lighten (to) zhào liàng, biàn liàng; jiǎn qīng.
lighthouse dēng tǎ.
lighting zhào liàng dē zhuàng tài (the state of being lit); zhào míng shè bèi (lamp).
like (to) v.t. xǐ huān (enjoy); xiǎng yào (want); v.i. piān hào (have a tendency). **Would you like to go?** nǐ xiǎng qù ma?
like adj. xiāng sì de, xiāng xiàng de.
likely hěn kě néng de (almost certainly); yǒu xī wàng de (promising).
likewise tóng yàng de, zhào yàng de.
liking n. xǐ ài (attraction or love); ài hào, xìng qù (preference).
limb dà shù zhī (tree branch); zhī, yì (body appendage).
limit (to) xiàn zhì (confine); guī dìng, zhǐ dìng (fix absolutely).
limit n. jiè xiàn (boundary); xiàn zhì (restriction).
limp adj. róu ruǎn de (not rigid); ruǎn ruò de (weak); bǒ xíng (hobble). **to go limp** bǒ xíng.
line xiàn (geometric drawing); jiè xiàn (boundary); xiàn lù, yùn shū xì tǒng (train); shén, suǒ, xiàn (rope or wire). **telephone**

line diàn huà xiàn.
line (to) huà xiàn (cover with lines); chéng xiàn zhuàng pái liè (symbolize with lines). **to line up** zhěng duì.
linen yà má bù, yà má zhì pǐn.
linger (to) pái huái (delay departing); màn bù, xián guàng (move sluggishly).
lining chèn lǐ.
link (to) yòng huán lián jiē (connect); guān lián, guān xì (associate).
link n. huán (chain); huán jié (connected unit).
lion shī zī (animal); yǒng shì (courageous person).
lip zuǐ chún.
liquid yè tǐ, yè tài.
liquor jiǔ jīng yǐn liào.
list (to) liè biǎo (create a list); liè rù (add to a list).
list n. mù lù, qīng dān.
listen (to) tīng.
literary wén zì de (relating to writing); wén xué de (relating to literature).
literature wé xué (general body of writing); wén xiàn (specific to a field).
little adj. xiǎo de, shǎo de (small size); duǎn de (short in time); bù zhòng yào de (insignificant); hěn shǎo de (scant).
live (to) huó zhe (be alive); jì xù shēng cún (continue living); guò huó (sustain); zhù (reside).
live adj. huó zhe de (alive); rè mén de (currently important); xiàn chǎng zhí bō de (broadcast).
lively huó pō de, shēng qì bó bó de.
liver gān zàng.
livid qīng hēi sè de (bruised); kuáng nù de (angry).
living room kè tīng, qǐ jū shì.
load (to) zhuāng zǎi huò wù (insert); shǐ fù zhòng (burden).
load n. fù zhòng (supported weight); zhuāng zǎi liàng (quantity carried); fù hé (demand made on system).
loan (to) jiè.
loan n. jiè chū wù (item lent); dài kuǎn (money).
local dāng dì de (relating to a particular locale); dì fāng de (relating to a smaller town); jú bù de (specific).
locate (to) v.t. què dìng ... dē wèi zhì (specify the location of); zhǎo chū (track down); v.i. shè lì (to be found).
location wèi zhì, dì diǎn.
lock (to) suǒ shàng, suǒ qǐ lái.
lock n. suǒ.
locomotive jī chē, huǒ chē tóu.
log mù cái (tree); háng hái jì lù (navigational journal). **web log** diàn nǎo rì zhì.
logic luó jì (the study of logic); tuī lǐ fāng shì (reasoning).
logical hé lǐ de (reasonable); hé luó jì de (solid reasoning or ability to reason well).
London lún dūn.
loneliness gū dú, jì mò.
lonely dú zì de, gū dú de.
long yuǎn jù lí de (distance); cháng shí jiān de (time); nèi róng fán duō de (menu or line). **a long time** hěn cháng shí jiān. **before long** bù jiǔ yǐ hòu.
long ago hěn jiǔ yǐ qián.
longing kě wàng.
look (to) kàn, zhù shì (see); xún zhǎo (search); wǎng ... kàn (direct one's glance); sì hū (seem).
look n. kàn (the act of looking); yǎn sè (expression); wài biǎo (appearance). **Look out!** liú shén!; xiǎo xīn!
loose sōng sǎn de (not tied up); táo pǎo de (free); kuān sōng de (baggy).
loosen (to) jiě kāi, fàng sōng.
lord jūn zhǔ (ruler); dì zhǔ (owner of a manor).
lose (to) yí shī (possession); sàng shī (be bereaved); shī bài (fail);

mí lù (become lost).
loser shī bài zhě.
loss shī bài (the act of losing); sǔn shī de dōng xī (dead person); sǔn shī de shù liàng (quantity).
lost mí lù de (disoriented); diū shī de (missing).
lot adv. dà liàng.
lot n. yī kuài dì (land); yī qún (quanitity); mìng yùn (one's life possesions). **a lot of people** xǔ duō rén. **parking lot** tíng chē chǎng.
loud adj. dà shēng de (person); xuān huá de (sound).
louse shī zǐ.
love (to) ài (person); ài hào, shì hào (intense emotional connection); ài rén (adored). **fall in love (with)** ài shàng mǒu rén.
love n. ài.
lovely kě ài de.
low dī de (short); bēi jiàn de (modest); xiāo chén de (dejected); dī shuǐ píng de (below).
lower (to) v.t. jiàng xià (bring down); jiǎn dī (reduce); v.i. jiàng dī (move down).
loyal zhōng chéng de, zhōng xīn de.
loyalty zhōng chéng; zhōng zhēn.
luck yùn qì, mìng yùn. **bad luck** yùn qì bù hǎo. **good luck** hǎo yùn.
lucky xìng yùn de (having good luck); jí xiáng de (charm).
luggage xíng lǐ, pí xiāng.
luminous fā guāng de (producing light); qǐ fā xìng de (intelligent).
lump kuài, tuán.
lunch wǔ cān.
lung fèi.
luxurious shē chǐ de, háo huá de.
luxury shē chǐ pǐn (unnecessary but pleasurable); jīng měi áng guì de wù pǐn (something rare or costly); háo huá (sumptuous living).

M

machine jī qì.
mad fēng de (insane); shēng qì de (furious); zháo mí de (having strong liking).
madness fēng kuáng (the condition of being insane); kuáng rè (fervor).
magazine qī kān, zá zhì.
magistrate dì fāng guān yuán.
magnificent huá lì de (impressive in appearance); chóng gāo de (grand in thought or act).
maid wèi hūn nǚ zǐ (unmarried female); nǚ pú (female servant).
mail n. yóu jiàn (letters); yóu zhèng xì tǒng (mail system).
mail (to) yóu jì.
main adj. zuì zhòng yào de. **main road** zhǔ yào dào lù. **main street** dà jiē.
mainland dà lù.
maintain (to) wéi chí, bǎo chí (persist); bǎo yǎng, wéi xiū (keep in good condition); duàn yán, zhǔ zhāng (argue).
majesty zuì gāo quán wēi, wáng quán. **His Majesty** bì xià.
major adj. zhǔ yào de (more significant); zhuó yuè de (scope or result); duō de (quantity or size).
majority dà duō shù de, guò bàn shù de.
make (to) shǐ fā shēng (design); zhì zào (form into existence); zhǔn bèi (prepare); shí xiàn, dá dào (accomplish or produce).
male xióng xìng de (gender); nán xìng de, nán zǐ qì de (masculine).
malice è yì.
man chéng nián nán zǐ (adult male); rén lèi (mankind); zhàng fū (husband). **men's room** nán xǐ shǒu jiān.
manage (to) kòng zhì, cāo zòng (regulate use of); guǎn lǐ (preside over the wellbeing of);

shè fǎ zuò dào (cope and accomplish something).
management jīng yíng, guǎn lǐ.
manager jīng yíng zhě, guǎn lǐ rén.
Mandarin pǔ tōng huà.
mankind rén lèi.
manner fāng shì (way); xíng wéi jǔ zhǐ (behavior); lǐ yí (politeness).
manners lǐ mào.**bad manners** méi lǐ mào. **good manners** yǒu lǐ mào.
manufacture (to) zhì zào, jiā gōng.
manufacturer zhì zào shāng.
manuscript shǒu gǎo, yuán gǎo.
many adj. xǔ duō de, hěn duō de. **too many** hěn duō, tài duō.
map dì tú.
maple fēng shù.
March sān yuè.
march n. xín jūn, xín jìn (troops); jìn zhǎn, fā zhǎn (gradual progression).
march (to) qí bù qián jìn (walk); xíng jìn (walk purposefully); jìn bù, fā zhǎn (progress).
marine adj. hǎi de (relating to the sea); hǎi shì de (relating to maritime business); n. hǎi jūn shì bīng (soldier).
mark n. biāo jì (visible scratch); fēn shù (test grade); biāo qiān (brand); tè zhēng (distinguishing mark).
mark (to) zuò biāo jì (make a mark); zhǐ chū (identify by a mark); gěi dǎ fēn shù (grade students). **to make a mark (on)** zài … shàng miàn zuò jì hào.
market n. shì chǎng (marketplace); shāng pǐn xíng xiāo dì qū (geographic area for sales); háng qíng, xiāo lù (level of demand). **bear market** xióng shì. **bull market** niú shì. **buyer's market** mǎi fāng shì chǎng. **market forces** shì chǎng lì liàng. **market index** shì chǎng zhǐ shù. **market position** shì chǎng dì wèi. **market price** shì chǎng jià. **market share** shì chǎng fèn é, shì chǎng zhàn yǒu lǜ. **market trends** shì chǎng qū shì. **market value** shì chǎng jià zhí, shì jià. **seller's market** mài fāng shì chǎng.
marketing shāng pǐn xiāo shòu, mǎi mài.
marriage jiē hūn (lawful union); hūn yīn shēng huó (matrimony).
marry (to) jiē hūn, qǔ, jià.
marvel qí jì.
marvelous lìng rén jīng qí de (producing amazement); qí jì bān de (miraculous).
masculine nán xìng de (relating to men); nán zǐ qì gài de (male characteristic).
mask (to) v.t. gěi … dài shàng miàn jù (cover); yǎn gài (for disguise); v.i. dài shàng miàn jù (put on a mask).
mask n. miàn jù (for disguise); zhào, fáng hù zhào (for head protection); wěi zhuāng (something that conceals).
mason shí jiàng.
mass n. kuài, tuán (matter); zhěng tǐ, jí hé (unified group of individual parts); dà liàng (huge number); zhǔ tǐ (majority). **mass communication** dà zhòng chuán bō gōng jù. **mass production** dà guī mó shēng chǎn. **mass transit** gōng gòng jiāo tōng.
mast wéi gān, zhù zi.
master n. suǒ yǒu zhě (one in control); shī fu (teacher of apprentices); zhuān jiā (specialist).
master (to) zhǎng wò, jīng tōng (gain skill in); zuò wéi zhǔ rén (behave as master); zhēng fú, zhì fú (conquer).
mat xí zi, diàn zi.
match n. bǐ sài (game); xiāng pèi de rén huò wù (similar

counterpart); duì shǒu (equal); huǒ chái (for fire).
match (to) xiāng pèi (look like); pǐ pèi (find a counterpart to); xiāng bǐ, dí dé guò (compare).
maternal mǔ qīn de, mú xìng de (relating to motherhood); mǔ fāng de, mǔ xì de (mother's side of family).
mathematics shù xué.
matter n. wù zhì (physical substance); nèi róng, zhú zhǐ (topic); má fan, kùn nán (problem).
matter (to) yào jǐn, yǒu guān xi. **It doesn't matter.** méi guān xi.
mattress chuáng diàn.
mature (to) v.t. shǐ … chéng shú (bring to maturity); shèn zhòng zuò chū (develop an idea); chéng shú (reach full growth).
mature adj. chéng shú de (fully grown); fā yù chéng shú de (relating to full development); shēn sī shú lǜ de (idea).
May wǔ yuè.
maybe yě xǔ, kě néng.
mayor shì zhǎng.
me wǒ.
meadow cǎo dì, mù chǎng.
meal yī cān, yī dùn fàn.
mean (to) v.t. biǎo shì (signify); yì wèi (intend); v.i. yòng yì (have particular intentions). **What does it mean?** zhè shì shén me yì si?
mean adj. xià děng de, dī liè de (lower); zì sī xiǎo qì de (unkind).
meaning yì si, yì yì (gist or importance); hán yì, yán xià zhī yì (something to express).
meantime, meanwhile qī jiān, yú cǐ tóng shí. **in the meantime** zài … qī jiān.
measure n. dù liàng biāo zhǔn (system); biāo zhǔn, chǐ dù (assessment); cuò shī, fāng fǎ (action).
measure (to) cè liáng (quantify); gū liang (estimate); bǐ jiǎo, jiào liàng (compare).
meat ròu, ròu lèi.
mechanic jì gōng, jī xiè gōng.
mechanical jī xiè de (relating to machines); jī xiè xué de (relating to mechanics); dái bǎn de (performed like a machine).
mechanically jī xiè de.
medal jiǎng zhāng, jì niàn zhāng.
meddle (to) guǎn xián shì, gān shè.
mediate (to) tiáo tíng, tiáo jiě.
medical yī xué de, yī liáo de.
medicine yī xué (science); yào, yào wù (drug or agent).
mediocre pǔ tōng de, zhōng děng de.
mediocrity píng fán, píng yōng.
meditate (to) v.t. sī suǒ (contemplate); dǎ suàn (strategize); v.i. mò xiǎng, chén sī (busy with reflection).
meditation chén sī, míng xiǎng.
medium adj. zhōng jiān de, zhōng děng de.
medium n. jiè zhì, chù méi (substance); méi jiè, shǒu duàn (means of accomplishment); chuán bō méi jiè (means of communication). **the media** méi tǐ.
meet (to) v.t. yù jiàn (encounter); rèn shi, jiè shào (make an aquaintance); huì jiàn, miàn tán (business); v.i. jiàn miàn (come together).
meeting huì yì, jí huì.
melt (to) róng huà (liquefy); róng jiě (dissolve).
memorize (to) jì zhù, jì xià.
memory jì yì lì (ability to recall); huí yì (something remembered).
mend (to) v.t. xiū lǐ (repair); gǎi zhèng, jiū zhèng (improve); v.i. kāng fù (recover health).
menstruation yuè jīng, yuè jīng lái cháo. **menstrual period** yuè jīng qī.
mention tí jí, shuō qǐ. **honorable mention** biǎo yáng.

mention (to) tí jí. **Don't mention it.** bié kè qì.
merchandise shāng pǐn, huò wù.
merchant shāng rén.
merciful rén cí de, yǒu tóng qíng xīn de.
merciless lěng kù wú qíng de.
mercury shuǐ yín, gǒng.
mercy rén cí.
merit n. jià zhí (value); yōu diǎn (praiseworthy quality); gōng láo, gōng jì (accomplishment).
merit (to) zhí dé.
merry kuài lè de, yú kuài de.
message xìn xī (transmitted communication); yào diǎn (substance of message).
messenger bào xìn zhě, shǐ zhě.
metal jīn shǔ, jīn shǔ zhì pǐn.
metallic jīn shǔ de, jīn shǔ zhì zào de.
method fāng fǎ (way); tiáo lǐ, guī lǜ (order).
metropolis dà dū shì (city); zhōng xīn (core of activity).
Mexico mò xī gē.
microphone kuò yīn qì, mài kè fēng.
microscope xiǎn wēi jìng.
microwave wēi bō.
midday zhèng wǔ, zhōng wǔ.
middle zhōng yāng de (central); zhōng jiān de (between extremes). **Middle Ages** zhōng shì jì. **middle class** zhōng chǎn jiē jí. **middle ground** zhōng jiān lì chǎng.
midnight wǔ yè, zǐ yè.
might n. lì liàng (influence); néng lì (capability).
mighty adj. qiáng dà de (strong); jù dà de (huge in size); adv. hěn, fēi cháng (very).
mild wēn hé de (easygoing); hé huǎn de (temperate).
mildness wēn hé, wēn nuǎn.
military jūn rén de.
milk n. nǎi, rǔ.
mill mò fáng (building for breaking up grain); gōng chǎng (building for manufacturing).
millennium yī qiān nián.
million bǎi wàn. **one hundred million** yī yì.
millionaire bǎi wàn fù wēng.
mind n. yì shi (consciousness); zhì lì (ability to know).
mind (to) zhù yì dào (know); liú xīn, dāng xīn (be cautious); fǎn duì, jiè yì (oppose). **I don't mind.** wǒ bù jiè yì.
mine n. kuàng, kuàng jǐng (underground excavation site); yuán quán (rich source); dì léi (explosive weapon).
mine pron. wǒ de.
miner kuàng gōng.
mineral n. kuàng wù.
minimum zuì xiǎo, zuì dī (lowest quantity); zuì dī xiàn dù (lowest limit allowed by law); zuì xiǎo zhí (smallest number).
minister bù zhǎng, dà chén.
ministry bù (governmental department); nèi gé (group of governmental ministers). **Ministry of Foreign Affairs** wài jiāo bù.
mink diāo (animal); diāo pí (fur of animal).
minor adj. jiào shǎo de, shǎo shù de (smaller in quantity); bù zhòng yào de (less significant); jiào qīng wēi de (less dangerous); n. wèi chéng nián rén (under 18 years of age).
minority shǎo shù pài (smaller group); shǎo shù mín zú (distinctive faction).
minute n. fēn zhōng (unit of time); piàn kè (short amount of time). **Any minute now.** suí shí, mǎ shàng. **Wait a minute!** děng yī xià!
miracle qí jì, lìng rén jīng qí de shì.
mirror n. jìng zi.
miscellaneous gè zhǒng gè yàng de, wǔ huā bā mén de.
mischief wēi hài (damage); táo qì, wán pí (practical jokes).

mischievous yǒu hài de (causing damage); táo qì de (naughty).
misdemeanor qīng zuì.
miser lìn sè guǐ, shǒu cái nú.
miserable tòng kǔ de.
miserably bù xìng de, bēi cǎn de.
misery bēi cǎn, tòng kǔ.
misfortune dǎo méi, bù xìng.
mishap bù xìng, zāi nàn.
misprint yìn shuā cuò wù.
Miss xiǎo jiě.
miss (to) wèi jī zhòng, wèi dá dào, wèi gǎn shàng (fail to hit); wèi kàn dào, wèi lǐ jiě (overlook); wèi chū xí (skip an event); xiǎng niàn (long for).
mission rèn wù (purposeful task); chuán jiào gōng zuò (missionary work).
missionary chuán jiào shì.
mist bó wù.
mistake n. cuò wù (error); wù jiě (mix-up).
mistake (to) nòng cuò (misunderstand); rèn cuò (misidentify).
mistrust n. bù xìn rèn.
mistrust (to) bù xìn rèn, huái yí.
misunderstand (to) wù jiě, wù huì.
misunderstanding wù jiě (confusion); zhēng zhí (argument).
misuse n. cuò yòng, wù yòng.
misuse (to) wù yòng, làn yòng (use improperly); nüè dài (maltreatment).
mix (to) hùn hé.
mob bào mín, bào tú, wū hé zhī zhòng.
mobile kě yí dòng de (movable); liú dòng de, jī dòng de (through social ranks).
mobile phone yí dòng diàn huà, shǒu jī.
mobilization dòng yuán.
mobilize (to) dòng yuán (war); diào dòng (organize for a cause).
mock (to) cháo xiào, wā kǔ (tease); mó fǎng, cháo nòng (mimic).
mockery cháo fěng (harsh teasing); xiào bǐng (laughing stock); mào chōng (sham).
mode fāng shì (way); zhuàng kuàng (of functioning); xíng shì (particular variety).
model n. mó xíng (smaller representation); xíng hào (style or type); diǎn xíng, mó fàn (example); mó tè (artistic subject).
model (to) zuò mó xíng (make a model of); gēn jù mó xíng zhì zuò (design according to a model).
moderate (to) shǐ ... hé huǎn, jiǎn qīng.
moderate adj. shì ... dù de (reasonable); zhōng děng de (average amount); pǔ tōng de (average quality).
modern xiàn dài de, jìn dài de (contemporary); shí máo de (current).
modest qiān xū de (humble); shì dù de (extent, size, or amount).
modesty qiān xùn, xū xīn.
modification gēng gǎi, xiū zhèng.
modify (to) biàn gēng (change); jiǎn qīng (make more moderate).
moist adj. cháo shī de.
moisten (to) shǐ ... cháo shī, biàn cháo shī.
mom mā ma.
moment shùn jiān (short interval of time); mù qián (at the moment).
Just a moment! děng yī huì!
monarchy jūn zhǔ zhèng zhì, jūn zhǔ guó.
monastery xiū dào yuàn.
Monday xīng qī yī.
money huò bì, qián (physical currency); cái chǎn (wealth).
paper money zhǐ bì, chāo piào.
money order huì piào.
monk xiū dào shì, sēng lǚ.
monkey hóu zi.
monogamous yī fū yī qī zhì de.
monogamy yī fū yī qī zhì.
monologue dú bái.

monopoly lǒng duàn (exclusive commercial control); lǒng duàn zhě (company with such control).
monorail dān guǐ, dān guǐ tiě lù.
monotonous dān diào de, wú biàn huà de.
monotony dān diào, qiān piān yī lǜ.
monster guài wù (scary, imaginary creature); jù rén, jù wù (something enormous).
monstrosity jī xíng, yì xíng.
monstrous jī xíng de (scary appearance); jù dà de (abnormally big).
month yuè, yù fèn. **last month** shàng gè yuè. **next month** xià gè yuè. **this month** zhè gè yuè.
monthly měi yuè de.
monument jì niàn bēi (structure); yí zhǐ (something of historical importance).
monumental jì niàn bēi de (functioning as a monument); jù dà xióng wěi de (remarkably big).
mood xīn qíng (disposition); huài pí qì (in a bad temper). **in a bad mood** xīn qíng bù hǎo. **in a good mood** xīn qíng bù cuò.
moody xǐ nù wú cháng de (capricious); mèn mèn bù lè de (sulking).
moon yuè liang, yuè qiú. **full moon** mǎn yuè.
moonlight yuè guāng.
mop tuō bǎ.
moral adj. dào dé shàng de (judgment); dào yì shàng de (ethical sense).
morale shì qì.
moralist dào dé jiā, lún lǐ xué jiā.
morality dào dé, pǐn dé.
more gèng duō (larger quantity); gèng dà, gèng shēn (larger size or extent); é wài de (additional).
morning zǎo chén, shàng wǔ.
Morse mó ěr sī mì mǎ.
mortal adj. zhōng yǒu yī sǐ de (able to die); rén lèi de (human); zhì mìng de (causing death).
mortgage n. dǐ yā.
mortgage (to) dǐ yā.
Moscow mò sī kē.
mosquito wén zi.
most adj. zuì duō (greatest quantity); zuì dà, zuì shēn (largest in amount or degree); dà duō shù de (majority of examples).
mostly dà bù fēn (for the largest part); tōng cháng (typically).
moth é.
mother mǔ qīn, mā ma. **mother-in-law** yuè mǔ, pó po.
motion yùn dòng (the act of moving); dòng zuò (body gesture).
motionless bù dòng de, jìng zhǐ de.
motive dòng jī, mù dì.
motor n. fā dòng jī (something that produces motion); jī dòng chē (automobile).
motor (to) v.i. kāi chē (drive); v.t. yòng qì chē yùn sòng (transmit by vehicle).
motto zuò yòu míng (guiding maxim); tí cí (product slogan).
mount n. pān, dēng (the act of mounting); zuò jì (way of riding); dǐ zuò (frame or pedestal).
mount (to) v.t. pān dēng, dēng shàng (climb); qí shàng (horse); v.i. shàng shēng (go up); zēng zhǎng (intensify). **to mount a horse** qí shàng mǎ.
mountain shān.
mountainous duō shān de.
mourn (to) bēi tòng (grieve); fú sāng (grieve for a death). **in mourning** jū sāng, dài xiào.
mournful bēi shāng de, bēi āi de.
mouse shǔ (rodent); dǎn xiǎo guǐ (shy person); shǔ biāo (computer).
mouth kǒu, zuǐ. **by word of mouth** kǒu tóu de.
movable kě yí dòng de.
move n. yí dòng (the act of moving);

bān jiā (relocation).
move (to) v.t. shǐ yí dòng (cause to move); gǎn dòng (emotionally); v.i. yí dòng (shift in location); bān jiā (change residences). **to move back** tuì, tuì suō. **to move forward** qián jìn.
movement yùn dòng, huó dòng (the act of moving); dòng zuò (way of moving).
movies diàn yǐng.
moving huó dòng de (relocating); gǎn rén de (causing emotion).
Mr. xiān shēng.
Mrs. fū rén.
Ms. nǚ shì, xiǎo jiě.
much adj. hěn duō, hěn dà; adv. hěn (a lot); jī hū (almost). **much better** hǎo duō le.
mud ní, ní nìng.
muddy ní nìng de (mud-covered); hún zhuó de (not pure).
mule luó zi.
multiple adj. fù hé de, duō chóng de (more than one); n. bèi shù (number in division).
multiply (to) v.t. shǐ zēng jiā (increase); v.i. zēng jiā (grow); fán zhí (reproduce).
multitude dà liàng (massive amount); dà zhòng (crowd).
mumble (to) gū lū, nán nán zì yǔ.
municipal dì fāng zì zhì de (relating to a municipality); dì fāng xìng de (government); nèi zhèng de (relating to internal affairs).
municipality zì zhì shì, zì zhì qū (community self-government); shì zhèng dāng jú (local officials).
munitions jūn xū pǐn.
murder n. móu shā. **to commit murder** móu shā.
murder (to) shā hài, xiōng shā (kill); pò huài (obliterate).
murmur n. dī chén lián xù de shēng yīn (mumble); gū nong, xiǎo shēng bào yuàn (complaint).
murmur (to) xiǎo shēng shuō, dī shēng bào yuàn.
muscle jī ròu.
museum bó wù guǎn. **art museum** měi shù guǎn.
mushroom mó gu.
music yīn yuè (songs); yuè qǔ (musical arrangement); měi miào de shēng yīn (harmonious sounds).
musical adj. yīn yuè de, hǎo tīng de.
musician yīn yuè jiā.
Muslim mù sī lín.
mute adj. jiān mò de (silent); yǎ de (incapable of speech).
mutter (to) gū nong, dí gu.
mutton yáng ròu.
my wǒ de.
myself wǒ zì jǐ, wǒ běn rén.
mysterious shén mì de.
mystery mì mì, mí (something partially understood); shén mì (puzzling trait).
myth shén huà, shén huà chuán shuō.

N

nail n. zhǐ jia (finger or toe); dīng zi (hammer).
nail (to) dīng láo (hammer); xī yǐn, bù fàng sōng (keep fixed); zhuā zhù (halt and capture).
naïve tiān zhēn de (innocent and inexperienced); yòu zhì de (ignorant).
naked luǒ tǐ de (unclothed); wú yè de (bare of vegetation); wú yǎn shì de (truth).
name n. míng zi (designating word); míng shēng (reputation). **first name** míng. **last name** xìng. **My name is ...** wǒ jiào zuò, wǒ de míng zi shì. **What is your name?** nín jiào shén me? qǐng wèn nín de zūn xìng dà míng?
name (to) gěi ... qǐ míng (designate a name for); liè jǔ (reference by name).

nameless méi qǐ míng zi de (anonymous); bù zhī míng zi de (unidentified).
namely jí, yě jiù shì.
nap n. xiǎo shuì. **to take a nap** shuì wǔ jiào, xiǎo shuì piàn kè.
napkin cān jīn, cān jīn zhǐ.
narrow adj. xiá zhǎi de (small width); yǒu xiàn zhì de (focused).
narrow (to) v.t. shǐ ... biàn zhǎi (constrict); xiàn zhì (limit); v.i. biàn zhǎi (become more narrow).
nasty zāng de xià rén de (filthy); xià liú (ethically distasteful); bù yú kuài de, fán rén de (horrid).
nation guó jiā (country); mín zù (a people).
national guó jiā de (relating to a nation); mín zú de (representative of a people); guó yǒu de (relating to government).
nationality guó jí (belonging to a birth country); mín zú (a people).
nationalization guó yǒu huà.
nationalize (to) shǐ ... guó yǒu huà.
native adj. chū shēng dì de (native land); běn dì de (indigenous); tiān shēng de (inherent). **native language** mǔ yǔ, běn guó yǔ.
natural tiān rán de (created naturally); zì rán jiè de (relating to nature); tiān shēng de (innate); bī zhēng de (genuine).
nature dà zì rán, zì rán jiè (physical world); zì rán zhuàng tài (primitiveness); tiān xìng, běn xìng (inherent traits).
naughty wán pí de, bù tīng huà de.
nausea ě xīn, zuò ǒu (queasiness); jí dù yàn wù (repugnance).
nauseated zuò ǒu de, yàn wù de. **I feel nauseated.** wǒ jué de é xīn.
nauseous lìng rén zuò ǒu de, tǎo yàn de.
naval hǎi jūn de.
navel qí.
navy hǎi jūn.
near adj. jiē jìn de (close by); mì qiè de (related); adv. jiē jìn de (close in time or space); prep. jiē jìn (close to). **It's near here.** zhè jiù zài fù jìn.
nearby adj. zài fù jìn; adv. bù yuǎn de.
nearly chā bù duō, jī hū.
neat gān jìng zhěng jié de (clean); jiǎn jié de (arranged and exact).
neatness zhěng jié, gān jìng.
necessarily bì dìng de, bì yào de.
necessary bì yào de, bù kě quē shǎo de. **It's not necessary.** zhè méi bì yào.
necessity xū yào, bì yào xìng (the state of being needed); bì xū pǐn (something necessary).
neck jǐng, bó zi.
necklace xiàng liàn.
neckline lǐng kǒu.
necktie lǐng dài.
need n. xū yào (dearth of); bì xū pǐn (requirement); bì yào (necessity); pín kùn (a condition of poverty). **to be in need of** xū yào.
need (to) v.t. xū yào; v.i. xū yào (be in need); yǒu bì yào (be essential).
needle zhēn.
needless bù xū yào de.
needy pín qióng de, pín kùn de.
negative adj. fǒu dìng de, fǒu rèn de (saying no); xiāo jí de (pessimistic).
neglect n. hū lüè, shū hu (abandonment); hū shì (being neglected); shū hu (appearance or building).
neglect (to) hū lüè (disregard); hū shì (fail to maintain).
negotiate (to) shāng yì, xié shāng.
negotiation tán pàn.
neighbor lín jū (person next door);

lín jìn de rén huò shì wù (something adjacent).
neighborhood fù jìn de dì qū.
neither adj. liǎng zhě dōu bù; pron. liǎng zhě dōu bù; conj. jūn fēi.
neither ... nor jì bù ... yě bù.
nephew zhí zi, wài sheng.
nerve shén jīng (many neurons); yǒng qì, dǎn liàng (courage); shén jīng jǐn zhāng (anxiety).
nervous shén jīng xì tǒng de (relating to the nervous system); jǐn zhāng bù ān de (anxious).
nest n. cháo, xuè, wō (bird); bì nàn chù (homey lodging).
net n. wǎng (woven threads); adj. chún de (total or profits).
Netherlands hé lán.
neuter (to) yān gē huò qiē chú nuǎn cháo.
neutral adj. zhōng lì de (in war); bù piān yǐ de (in an argument); n. zhōng jiān guó (neutral country); zhōng lì zhě (neutral person).
never cóng wèi (not ever); gēn běn bù (not at all).
nevertheless jǐn guǎn rú cǐ.
new xīn de (recent); xīn qí de (strange); bù tóng yǐ qián de (unusual).
New York niǔ yuē.
New Zealand xīn xī lán.
news xīn wén (reports); gè zhǒng xīn xìn xī (new information).
newspaper bào zhǐ.
next adj. gé bì de, zuì jiē jìn de (closest); xià cì de (subsequent); adv. jǐn lín de; n. xià yī gè rén huò wù.
nice yú kuài de (pleasant); hǎo kàn de (good-looking); yōu yǎ de (polite).
nickname chuò hào, nì chēng.
niece wài sheng nǚ.
night yè wǎn (nighttime); hēi àn (dark).
nightmare è mèng.
nine jiǔ.
no bù, bù shì.
nobility gāo guì (aristocratic class); chóng gāo (of dignified character).
noble adj. gāo guì de, guì zú de (aristocratic); gāo shàng de (principled).
nobody pron. méi rén (no one); n. xiǎo rén wù (unimportant person).
noise shēng yīn (sound); zào yīn (loud, disagreeable sound).
noisy cáo zá de, xuān nào de.
nominate (to) tí míng (offer as candidate); rèn mìng (appoint).
nomination tí míng (proposal for candidacy); rèn mìng (act of appointing).
none pron. méi rén (nobody); méi yǒu yī diǎn (not any); adv. yī diǎn yě bù.
nonsense fèi huà, hú shuō.
noon zhōng wǔ, zhèng wǔ.
normal adj. zhèng cháng de, biāo zhǔn de (standard); zhì lì zhèng cháng de (intelligence or development).
north n. běi fāng (direction); běi bù (region); adj. běi fāng de. **North Pole** běi jí.
northeast n. dōng běi (direction); dōng běi bù (region); adj. dōng běi de.
northern běi bù de, běi fāng de (toward the north); yǒu běi fāng tè sè de (typical of northern areas).
northwest n. xī běi (direction); xī běi bù (region); adj. xī běi de.
Norway nuó wēi.
nose n. bí zi.
nostril bí kǒng.
not bù. **It is not expensive.** zhè gè bù guì.
note n. bǐ jì (class notes); biàn tiáo (reminder); zhù shì (comment); zhǐ bì (currency).
note (to) zhù yì (notice); jì xià, zuò bǐ jì (record); shuō qǐ, tán lùn (point out). **to note down** jì

xià.
nothing pron. shén me yě méi yǒu; adv. yī diǎn yě bù.
notice n. zhù yì (the act of observing); gōng gào (poster); zhèng shì tōng zhī (formal announcement). **to give notice** tōng zhī.
notice (to) zhù yì dào, fā jué.
notify (to) tōng bào, tōng zhī.
notion yì jiàn, jiàn jiě (belief); gài niàn, guān niàn (idea). **to have a notion** rèn wéi.
noun míng cí.
nourish yǎng yù, zī yǎng (feed); zēng jìn (help develop).
nourishment zī yǎng (the act of nourishing); shí wù, yíng yǎng pǐn (food).
novel n. xiǎo shuō.
novel adj. xīn qí de.
novelty xīn qí, xīn yǐng (newness); xīn qí de shì wù (something new).
November shí yī yuè.
now adv. xiàn zài (presently); lì kè (at once); adj. xiàn zài de. **now and then** ǒu ěr. **nowadays** rú jīn, xiàn zài.
nowhere wú chù.
nuclear hé zǐ de, yuán zǐ néng de. **nuclear energy** hé néng. **nuclear reactor** hé fǎn yìng duī.
nude adj. luǒ tǐ de.
nuisance lìng rén tǎo yàn de rén huò dōng xī.
nullify (to) shǐ wú xiào.
numb má mù de (unable to feel); wú dòng yú zhōng de (unresponsive). **to become numb** biàn de má mù.
number n. shù zì (symbol or word); hào mǎ (telephone number or zip code). **telephone number** diàn huà hào mǎ.
number (to) gěi … biān hào (give a number to); dá dào, zǒng jì (total).
numerous xǔ duō de, hěn duō de.
nun xiū nǚ, ní gū.
nurse hù shì (educated and trained); bǎo mǔ (wet nurse).
nursery tuō ér suǒ.
nut jiān guǒ (seed); fēng zi, guài rén (insane person).

O

oak lì shù, xiàng shù.
oar jiǎng, lǔ.
oat yàn mài.
oath xuān shì (solemn vow); shì yán (words of such a vow). **to take an oath** xuān shì, fā shì.
obedience fú cóng, zūn shǒu.
obedient fú cóng de, shùn cóng de.
obey v.t. fú cóng (follow an order); zhí xíng, zūn shǒu (carry out a command); v.i. fú cóng, tīng cóng (act dutifully).
object n. wù tǐ (thing); mù biāo, mù dì (goal); duì xiàng (target).
object (to) v.t. tí chū … zuò wéi fǎn duì lǐ yóu; v.i. fǎn duì.
objection fǎn duì, yì yì. **I have no objection to it.** wǒ bù fǎn duì.
objectionable yǐn qǐ fǎn duì de, yǐn qǐ bù kuài de.
objective n. mù biāo.
objectively kè guān de.
objectivity kè guān xìng (the state of being objective); kè guān shì shí (reality).
obligation yì wù, zé rèn (requirement); hé tóng, qì yuē (legal provision); zhài wù (something due).
obligatory qiáng zhì xìng de (binding); bì xū de (mandatory).
oblige (to) v.t. qiáng zhì, qiáng pò (compel); shī ēn yú (accommodate); v.i. zuò hǎo shì, bāng máng. **to be much obliged** fēi cháng gǎn xiè.
obliging lè yú zhù rén de.

oblique qīng xié de (tilted); bù tǎn shuài de (circuitous).
obscure adj. hēi àn de (dark); nán jiě de, huì sè de (unclear); mó hu de (indistinct).
obscurity hēi àn (darkness); fèi jiě, nán yú lǐ jiě (ambiguity).
observation guān chá (the act of observing); píng lùn, yì jiàn (judgment).
observatory guān cè suǒ, tiān wén tái.
observe (to) guān chá (watch); zūn shǒu (rules); qìng zhù (holidays).
observer guān chá zhě, zūn shǒu zhě.
obstacle zhàng ài, fáng hài wù.
obstinate gù zhì de (stubborn); nán kòng zhì de (hard to control).
obvious míng xiǎn de, xiǎn ér yì jiàn de.
obviously míng xiǎn de.
occasion chǎng hé (happening); zhòng yào shì jiàn (important event); jī huì (chance).
occasionally ǒu rán de.
occupation zhí yè.
occupy (to) jū zhù (reside); máng yú (busy). **to be occupied** zài zuò, zài máng.
occur (to) fā shēng.
occurrence fā shēng, fā shēng de shì qíng.
ocean dà hǎi, hǎi yáng. **Arctic Ocean** běi bīng yáng. **Atlantic Ocean** dà xī yáng. **Indian Ocean** yìn dù yáng. **Pacific Ocean** tài píng yáng.
October shí yuè.
odd qí guài de (unusual); bù quán de, wú pèi duì de (number).
odd number jī shù.
odor qì wèi.
of yuǎn yú, lái zì (come from); yóu … zhì chéng (made of); bāo hán de, hán yǒu de (holding, as in bag of fruit). **the roof of the house** wū dǐng.
off adv. yuǎn lí, lí kāi (aside); zhōng zhǐ, bù jì xù (turned off); adj. yáo yuǎn de (distant); bù shàng bān de (work); bù yùn zuò de (turned off). **off the beaten path** cháng guī, lǎo yī tào. **to turn off** guān diào.
offend (to) shǐ bù kuài, fèn nù.
offense mào fàn (the act of offending); wéi fǎ (misdemeanor).
offensive adj. lìng rén bù kuài de (taste or smell); wú lǐ de, mào fàn de (comment); jìn gōng xìng de (in attack mode).
offer (to) tí gōng, tí chū (present); gòng fèng (something religious); biǎo shì yuàn yì (volunteer).
offering n. gěi, tí gōng (the act of offering); tí gōng de dōng xi (object presented).
office bàn gōng shì (building); zhí wèi (position); zhèng fǔ bù mén (government branch). **branch office** fēn gōng sī. **head office** zǒng gōng sī, zǒng diàn.
officer gāo jí zhí yuán (official); jūn guān (armed forces).
official n. guān yuán, gōng wù yuán.
official adj. zhí wù shàng de (relating to position of authority); guān fāng de, zhèng shì de (certified).
oil yóu.
old nián lǎo de (elderly); jiù de (created a long time ago); gǔ lǎo de (ancient). **old age** lǎo nián. **old man** lǎo nán rén, fù qīn **old woman** lǎo fù rén, mǔ qīn.
older nián zhǎng de. **older brother** gē ge. **older sister** jiě jie.
oldest zuì nián zhǎng de. **oldest daughter (among daughters)** dà nǚ ér. **oldest son (among sons)** dà ér zi.
olive gǎn lǎn shù, gǎn lǎn. **olive oil** gǎn lǎn yóu.

ominous bù xiáng de (threatening); yù shì de (ill-omened).
on zài … shàng fāng (on top of); biǎo shì shí jiān (on a given date); biǎo shì chǎng hé (upon). **on time** zhǔn shí. **It is on the desk.** tā zài zhuō shàng. **to turn on the light** kāi dēng.
once adv. jǐn yī cì (one time); yǐ qián (once upon a time); n. yī cì. **all at once** tū rán. **at once** lì kè. **once a year** yī nián yī cì. **once in a while** ǒu ér. **once more** zài yī cì.
one adj. yī gè de (one entity); tǒng yī de (united); n. yī (number); pron. mǒu rén.
oneself zì jǐ, qīn zì.
onion yáng cōng.
only adj. wéi yī de (lone); adv. dān dú de (alone); zhuān mén de, wéi yī de (solely).
open adj. kāi zhe de (not closed); wú zhē gài de (without cover).
open (to) dǎ kāi (unlock); jiē kāi (open a lid); kāi zhāng (open a new store).
opening kāi, qǐ (the act of becoming open); kāi kǒu (passageway); shǒu yǎn, kāi mù (performance); kòng quē (available job).
opera gē jù.
operate (to) v.i. cāo zuò (do a function); zuò shǒu shù (surgery); v.t. kòng zhì (machinery); guǎn lǐ (business).
operation cāo zuò (the act of functioning); jīng yíng fāng shì (business).
opinion guān diǎn (conviction); zhuān jiā jiàn dìng (judgment). **a matter of opinion** kàn fǎ bù tóng de wèn tí. **in my opinion** yǐ wǒ kàn lái, wǒ rèn wéi.
opinionated jiān chí jǐ jiàn de.
opponent duì shǒu.
opportune còu qiǎo de, qià hǎo de.
opportunity jī huì, shí jī.
oppose (to) v.t. qǐ chōng tū (contest); fǎn duì, fǎn kàng (resist); v.i. duì kàng.
opposite xiāng duì de (across); xiāng fǎn de (completely unlike); n. duì lì wù.
opposition fǎn duì (the act of opposing); dí duì (being at odds); fǎn duì dǎng (political party).
oppress (to) yā pò, yā yì.
oppression yā pò (the act of oppressing); yā yì, kǔ nǎo (feeling subjugated).
optimism lè guān zhǔ yì.
optimistic lè guān de.
oral kǒu tóu de (verbal); kǒu bù de (relating to the mouth). **oral examination** kǒu shì.
orange adj. jú huáng sè de, chéng sè de.
orange n. jú zi (fruit); chéng sè (color).
orator yǎn shuō zhě, yǎn jiǎng jiā.
oratory xióng biàn shù, yǎn jiǎng shù.
orchard guǒ yuán.
orchestra guǎn xián yuè duì.
ordeal yán jùn de kǎo yàn.
order n. shùn xù, zhì xù (organization); zhì ān (societal stability); mìng lìng (command); dìng dān (purchasing order).
in order zhěng qí, zhuàng kuàng liáng hǎo.
in order to wèi le.
to put in order zhěng lǐ.
order (to) mìng lìng (command); dìng huò (purchase materials).
organ qì guān (kidney or wing); jī gòu (branch of organization).
organization zǔ zhī (the act of organizing); zǔ zhī, jī gòu (group).
organize (to) zǔ zhī (coordinate); tǒng chóu (sort out); jiàn lì (found a team).
orient (to) shǐ … xiàng zhe dōng fāng (position); què dìng fāng

xiàng (establish one's bearings); shí shú xī (familiarize).
orientation xiàng dōng (the act of orienting); shì yìng (familiarize with new surroundings).
origin qǐ yuán (source); chū shēn (lineage).
originality dú chuàng xìng, xīn yǐng.
originate (to) v.t. shǐ ... chū xiàn, chuàng zào (start off); v.i. chū xiàn (stem from).
orphan gū ér.
other adj. lìng yī gè (being the additional one); bié de (different); n. qí yú de (those that remain); bù tóng de rén huò wù (another).
ounce àng sī.
our, ours wǒ mén de.
out adv. xiàng wài de, wǎng wài de (direction); zài hù wài de (outside); hào jìn de, yòng wán de (depletion); prep. tōng guò (through).
outcome jiē guǒ, jiē jú.
outdo (to) shèng guò, chāo guò.
outer wài bù de (exterior); yuǎn lí zhōng xīn de (far from center).
outlast (to) bǐ ... cháng jiǔ, chí jiǔ.
outlay fèi yòng, huā fèi.
outlet chū lù, chū kǒu (opening); shāng diàn (store).
outline n. wài xíng, lún kuò (silhouette); gài yào (general description); tí gāng (summary of text).
outline (to) huà ... de lún kuò (draw); gài shù (summarize).
output shēng chǎn (the act of outputting); chǎn liàng (quantity produced).
outrage n. bào xíng (aggressive act); wǔ rǔ (offensive act); fèn kǎi (indignation).
outrage (to) wǔ rǔ (affront); yǐn qǐ yì fèn (enrage).
outrageous cū bào de, mán hèng de.
outside n. wài miàn, wài bù (exterior); adv. zài wài miàn de (outdoors); prep. zài ... wài.
outskirts jiāo qū.
oval adj. tuǒ yuán xíng de.
oval n. tuǒ yuán xíng.
oven kǎo lú.
overcoat wài tào, dà yī.
overcome (to) shèng guò (beat); zhēng fú (overwhelm).
overflow (to) v.t. fàn làn (flow over); v.i. yì chū (be overfilled).
overlook (to) tiào wàng, fǔ kàn (survey); lòu kàn (fail to observe); hū lüè (ignore).
overpower (to) zhì fú (conquer); yā dǎo (overshadow).
overrule (to) bó huí (prohibit); fǒu jué (rule against); xuān bù wú xiào (nullify and void).
overrun (to) màn yán (infest); chāo chū, yuè guò (outrun).
overseas adv. hǎi wài de, guó wài de; adj. hǎi wài de, guó wài de.
oversight shī chá, shū hu (mistake); zhào guǎn, jiān dū (supervision).
overtake (to) gǎn shàng (catch up); chāo guò (pass); tū rán xí jī (assail abruptly).
overthrow (to) tuī fān, dǎ dǎo.
overwhelm (to) yān mò (overpower or engulf); zhì fú (vanquish); kòng zhì (emotionally).
owe (to) v.t. qiàn (be indebted); yīng jìn ... dào yì (moral commitment); guī gōng yú (be obliged); v.i. qiàn zhài (be in debt).
own adj. zì jǐ de, shǔ yú zì jǐ de.
own (to) yōng yǒu (property); kòng zhì (have jurisdiction).
owner suǒ yǒu rén, suǒ yǒu zhě.
ox gōng niú, yān gōng niú.
oxygen yǎng, yǎng qì.
oyster mǔ lì.

P

pace n. yī bù (stride); bù sù (rate of speed).
pace (to) v.t. duó bù (walk back and forth); bù cè (measure); v.i. duó.
pacific wēn hé de, níng jìng de (peaceful); ài hào hé píng de (inclined toward peace, concilitory).
pack (to) dǎ bāo (bundle); bāo zhuāng (preserve or transport); zhuāng mǎn (fill).
pad n. diàn, chèn diàn.
pad (to) jiā shàng chèn diàn, diàn yǐ ruǎn wù.
page n. yè, yè miàn.
pagoda tǎ, bǎo tǎ.
pail tǒng.
pain n. téng tòng (ache); tòng kǔ, kǔ nǎo (suffering); xīn kǔ, nǔ lì (effort).
pain (to) shāng hài, shǐ tòng kǔ.
painful yǐn qǐ tòng kǔ de, chōng mǎn tòng kǔ de (causing or feeling pain); fèi lì de (tedious).
paint n. yóu qī, tú liào.
paint (to) huì huà (make a painting); yóu qī (cover with paint).
painter huà jiā, yóu qī jiàng.
painting huì huà (the act of painting); huà (art picture).
pair n. yī duì, yī shuāng (two things); fū qī (engaged couple).
pair (to) v.t. chéng duì; v.i. chéng duì.
Pakistan bā jī sī tǎn.
pale adj. cāng bái de (skin tone); qiǎn sè de (color).
palm shǒu zhǎng.
pamphlet xiǎo cè zi.
pan píng dǐ guō, pán zi.
pancake bó jiān bǐng.
pandemic guǎng fàn liú chuán de, liú xíng de.
pane chuāng gé bō li (window or door); qiàn bǎn (sheet). **window pane** chuāng bō li.
pang jù tòng, tòng kǔ.
panic jīng huāng, jīng kǒng.
panorama quán jǐng.
pants kù zi.
paper zhǐ (paper); wén jiàn (printed paper); bào zhǐ (newspaper).
parachute n. jiàng luò sǎn.
parade n. yóu xíng (public march); kuā yào (show).
parade (to) màn bù (walk in public); xuàn yào (flaunt).
paragraph duàn luò, zhāng jié (section of writing); duǎn wén, jiǎn xùn (article).
parallel adj. píng xíng de (same distance apart); xiāng sì de (similar).
parallel (to) píng xíng yú (be parallel to); yǔ … lèi sì (correspond).
paralysis tān huàn, má bì.
paralyze shǐ tān huàn (cause paralysis); shǐ bù néng yí dòng (by fear).
parcel xiǎo bāo, bāo guǒ (package); yī kuài tǔ dì (territory).
parcel post bāo guǒ yóu dì.
pardon n. yuán liàng, kuān shù (forgiveness); shè miǎn (absolution of a convict). **I beg your pardon**. qǐng yuán liàng, duì bù qǐ.
pardon (to) shè miǎn (formal pardon); kuān shù (not punish); láo jià, duì bù qǐ (forgive). **Pardon me!** duì bù qǐ!
parent n. fù qīn huò mǔ qīn.
parenthesis yuán kuò hào.
park n. gōng yuán; gōng gòng yòng dì (public space); yùn dòng chǎng (ball park).
park (to) tíng chē, tíng fàng.
parking tíng chē (the act of parking); tíng chē chǎng (parking space).
parking lot tíng chē chǎng.
parliament guó huì, yì huì.
part n. bù fen (section); bù jiàn (element).
part (to) v.t. shǐ … fēn kāi (separate); v.i. fēn kāi (become

parted); fēn lí (move apart). **to part from** yǔ ... lí bié. **to part with** yǔ ... fēn shǒu.
partial bù fen de (relating to one part); piān tǎn de (preferring).
partially bù fen de, mǒu zhǒng chéng dù de.
particular adj. tè shū de (specific); tè bié de (noteworthy); xiáng xì de (details).
particularly hěn dà chéng dù de (especially); tè bié de (specifically).
party yàn huì, jù huì (social celebration); zhèng dǎng (political); dāng shì rén (legal plaintiff).
pass n. xiá lù, ài kǒu (passage); tōng xíng zhèng (ticket).
pass (to) v.t. jīng guò (move ahead); tōng guò, jí gé (succeed on a test); chuán dì (give); v.i. jīng guò (move by); liú shì (elapse, as of time); sǐ wáng (die).
passage tōng guò, jīng guò (migration); lǚ chéng (journey); tōng dào (passageway).
passenger chéng kè, lǚ kè.
passion jī qíng (love or hatred); rè ài (zeal).
passive bèi dòng de.
past n. wǎng shì (former experiences); guò wǎng (time). **half past seven** qī diǎn bàn. **the past year** qù nián.
paste n. jiàng hú (adhesive); hú zhuàng wù (substance).
paste (to) zhāng tiē, niān tiē.
patch n. bǔ dīng (cloth); bì zhāng (cloth insignia).
patch (to) bǔ, dǎ bǔ dīng (put small cloth on); pīng còu (fix).
patent n. zhuān lì quán.
paternal fù qīn de (fatherly trait); fù xì de (father's side of family).
path xiǎo dào, xiǎo lù (walkway); lù xiàn (migratory route); dào lù, tú jìng (strategy).
pathetic kě lián de, bēi cǎn de.
patience rěn nài, nài xīn.
patient n. bìng rén, huàn zhě.
patient adj. rěn nài de (tolerant of pain); kuān róng de (understanding).
patriot ài guó zhě.
patriotism ài guó zhǔ yì.
patron zàn zhù zhě, zhī chí zhě (supporter); gù kè (habitual customer).
patronize (to) zhī chí, zàn zhù (support).
pattern tú àn, huā yàng (diagram); fēng gé, tè sè (characteristic behavior).
pause (to) zàn tíng, zhōng zhǐ (temporarily halt); dòu liú (dwell); yóu yù (hesitate).
pave (to) pū.
pavement rén xíng dào.
pay n. chóu jīn, gōng zī.
pay (to) zhī fù (purchase); huí bào (compensate).
payment zhī fù (the act of paying); zhī fù shù é (money).
pea wān dòu. **green pea** qīng wān dòu.
peace hé píng (no war); hé mù (no disagreements); píng jìng (inner tranquility).
peaceful hé píng de, tài píng de.
peach adj. táo hóng sè de.
peach n. táo shù, táo zi.
peak n. shān dǐng (mountain); diān fēng (sales or athletic skill).
peak (to) dá dào diān fēng, dá dào jí diǎn.
pear lí shù, lí zi.
pearl zhēn zhū.
peasant nóng fū, zhuāng jia rén.
pebble é nuǎn shí.
peculiar dú tè de (distinctive); tè yǒu de, zhuān yǒu de (belonging to particularly).
pecuniary jīn qián de (economic); yīng fù fá jīn de (entailing payment).
pedal n. tà bǎn.
pedal (to) cǎi ... de tà bǎn.
pedestrian n. xíng rén, bù xíng de rén (someone walking); adj.

xíng rén de (relating to pedestrians); píng dàn wú qí de (ordinary).
peel n. pí, wài pí.
peel (to) v.t. bō pí (remove outer layer); bō chú, jiē qù (strip off); v.i. tuō luò (paint or bark).
orange peel jú zi pí.
pen bǐ. **fountain pen** gāng bǐ.
penalty chéng fá (lawful punishment); fá jīn (money).
pencil qiān bǐ.
penetrate (to) chuān guò, cì rù (go through with force); shèn rù (seep in); dòng xī (comprehend).
peninsula bàn dǎo.
penis yīn jīng.
penitence chàn huǐ, huǐ guò.
pension tuì xiū jīn, fǔ xù jīn.
people rén, rén lèi (human beings); mín zú (nation).
pepper hú jiāo.
pepper (to) jiā hú jiāo fěn tiáo wèi.
perceive (to) chá jué (notice); lǐ jiě (understand).
percent bǎi fēn zhī yī (per hundred); bǎi fēn bǐ, yī bù fen (portion).
percentage bǎi fēn bǐ (fraction); bù fen, bǐ lì (part).
perfect adj. wán měi de (faultless); zuì shì dàng de (well-suited).
perfect (to) shǐ wán měi.
perfection wán chéng (the quality of being perfect); wán měi, jìn shàn jìn měi (excellence).
perfectly wán měi de.
perform (to) zhí xíng, lǚ xíng (fulfill); biǎo yǎn (act).
performance zhí xíng (act of performing); biǎo yǎn (style of performing).
perfume n. xiāng shuǐ.
perfume (to) shǐ jìn tòu xiāng qì.
perhaps kě néng, huò xǔ.
peril wēi xiǎn.
period shí qī, qī jiān (era); yī jié kè (class time); jù hào (punctuation).
periodic zhōu qī de (cyclic); dìng shí de (regular); jiàn xiē xìng de (occasional).
periodical adj. zhōu qī xìng de (periodic); n. qī kān (journal).
perish (to) v.t. huǐ miè, xiāo miè (destroy); v.i. sǐ qù, xiāo miè (die); xiāo wáng (stop existing).
permission xǔ kě, yǔn xǔ.
permit n. xǔ kě (consent); xǔ kě wén jiàn (authorization).
permit (to) yǔn xǔ (let); pī zhǔn (give permission).
perplex (to) shǐ ... kùn huò (confuse); shǐ ... fù zá (make too detailed).
persecute (to) pò hài, cuī cán.
persecution pò hài, nüè dài.
perseverance jiān dìng bù yí, bái zhé bù náo.
persist (to) jiān chí (persevere); jì xù cún zài (last).
person rén.
personal gè rén de, sī rén de (private); qīn zì de (a personal appearance); shēn tǐ de (personal hygiene).
personality gè xìng (character); rén pǐn (unique traits).
perspective jǐng sè (view); guān diǎn, kàn fǎ (opinion); dòng chá lì (big picture).
persuade (to) shuì fú, quàn shuō.
pertain (to) yǒu guān lián (refer); shì hé (be relevant).
pertaining to shì hé.
petty xiǎo de, suǒ suì de (minor); bēi liè de (stingy).
petty cash xiǎo é xiàn jīn.
pharmacist yào jì shī.
pharmacy yào fáng, yào diàn (drugstore).
phenomenal xiàn xiàng de (miraculous); fēi fán de, xiǎn zhù de (exceptional).
phenomenon xiàn xiàng.
Philippines fēi lǜ bīn.
philosopher zhé xué jiā, zhé rén.
philosophical zhé xué de.
philosophy zhé xué, zhé xué tǐ xì (philosophical query); rén

shēng guān, jià zhí guān (principles); jī běn yuán lǐ (concept).
photograph n. zhào piān. **to take a photograph** pāi zhào piān.
photograph (to) gěi … pāi zhào piān.
phrase n. jǐng jù, míng yán (idiom); duǎn yǔ (words).
physical shēn tǐ de (relating to the body); wù zhì de (worldly); zì rán guī lǜ de, wù lǐ de (science).
physician yī shēng, nèi kē yī shēng.
physics wù lǐ xué.
piano gāng qín.
pick (to) tiāo xuǎn (choose); zhāi qǔ, shōu huò (harvest). **to pick up** ná qǐ, shí qǐ.
picnic yě cān. **to have a picnic** qù yě cān.
picture n. huì huà, tú huà.
picture (to) gòu xiǎng, xiǎng xiàng (imagine); zhǎn shì, huà chū (symbolize visually).
picturesque rú huà de, měi lì de (photgraphic); bié zhì de (exceptionally scenic).
pie bǐng, xiàn bǐng.
piece n. yī bù fen (element); yī jiàn yì shù zuò pǐn (creative work).
pig zhū.
pigeon gē zi.
pile n. yī duī (heap); dà liàng (large amount).
pile (to) v.t. duī qǐ, dié qǐ; v.i. duī jī. **to pile up** duī jī, jī lěi.
pill yào, yào wán.
pillar zhù zi.
pillow zhěn tou.
pilot n. fēi xíng yuán (airplane); dǎo háng yuán (boat).
pilot (to) lǐng háng, yǐn háng.
pin n. dà tóu zhēn.
pin (to) dìng zhù, bié zhù (fasten); kùn zhù (hold down).
pinch n. niē (the act of pinching); yī cuō (smidgen). **in a pinch** zài jǐn yào guān tóu.
pinch (to) v.t. niē, qiā; v.i. jī tòng, yā tòng.
pine sōng shù.
pink fěn hóng sè.
pious qián chéng de.
pipe guǎn zi (tube); yān dǒu (smoking).
pitiful kě lián de, lìng rén tóng qíng de.
pity n. tóng qíng, lián mǐn (compassion); yí hàn de shì qíng (shame).
pity (to) jué de kě lián, tóng qíng. **What a pity!** zhēn kě xī!
place n. kōng jiān (room or space); dì wèi, shēng fèn (role or purpose); fáng zi (home).
place (to) fàng zhì (put); pái liè (arrange); ān pái, rèn mìng (assign).
plain adj. qīng xī míng bái de (apparent); jiǎn dān de (simple); pǔ tōng de (ordinary).
plain n. píng yuán, kuàng yě.
plan n. jì huà (strategy); ān pái (proposed idea); cǎo tú, shì yì tú (draft).
plan (to) jì huà (strategize); dǎ suàn (intend).
plane fēi jī (airplane); shuǐ píng miàn (flat surface).
plant n. zhí wù (tree or flower); gōng chǎng (factory).
plant (to) zhòng zhí (sow seeds); jiàn lì (fix or set).
plaster n. shí gāo, huī ní.
plastic n. sù liào de.
plate pán zi.
platform tái, píng tái (performance); yuè tái (train).
platter dà qiǎn pán.
play n. xì jù (stage performance); bǐ sài (recreation).
play (to) v.t. bàn yǎn (perform); dān rèn (role-play); yǎn zòu (instrument); cān jiā tǐ yù huó dòng (recreation); v.i. wán, wán shuǎ (recreation).
plea kěn qiú, qǐng qiú.
plead (to) kěn qiú (beg); biàn lùn (reason); biàn hù (argue).

pleasant lìng rén yú kuài de (causing pleasure); tǎo rén xǐ huān de (agreeable).
please adv. qǐng.
please (to) shǐ … gāo xìng, shǐ … kuài lè.
pleasure yú yuè, huān lè.
pledge n. shì yán, nuò yán (oath); dǐ yā, dǐ yā wù (deposit).
pledge (to) xǔ nuò, fā shì (swear); dǐ yā (deposit).
plenty fēng fù, dà liàng.
plot n. xiǎo kuài tǔ dì (land); qíng jié (story line); yīn móu (conspiracy).
plot (to) v.t. zhì tú, huà tú (graph); mì móu, cè huà (contrive); v.i. zài tú shàng biāo chū (be positioned).
plow n. lí.
plow (to) lí dì.
plum lǐ shù, lǐ zi.
plunder (to) lüè duó, qiǎng jié.
plural fù shù de.
plus conj. jiā shàng (numerical addition); jiā shàng, fù jiā (and); adj. zhèng de (positive).
pocket money líng yòng qián.
pocket n. yī dài, kǒu dài.
poem shī, shī yī yàng de zuò pǐn.
poet shī rén.
poetic shī gē de.
poetry shī gē (poems); shī jí (poetic works).
point n. jiān duān (sharp tip); diǎn (period or decimal); mù dì (purpose); yào lǐng, lùn diǎn (main function or idea).
point (to) v.t. zhǐ xiàng (indicate); qiáng diào (emphasize); v.i. biǎo shì, xiǎn shì (direct thoughts). **to point out** zhǐ chū.
poison n. dú yào.
poison (to) dú hài (hurt or kill someone); tú dú yú (poison something); wū rǎn (contaminate).
poisoning zhòng dú.
poisonous yǒu dú de (toxic); è dú de (evil).
Poland bō lán.
polar liǎng jí de, jí dì de. **polar ice cap** jí dì bīng guān.
pole gān, zhù (long rod); nán jí, běi jí (North or South Pole); cí jí (magnetic pole).
policeman jǐng chá.
policy zhèng cè, fāng zhēn (government or business); cè lüè, shǒu duàn (rule). **insurance policy** bǎo xiǎn dān.
polish n. guāng zé (glossiness); shàng guāng jì, liàng yóu (substance for shining). **shoe polish** xié yóu.
polish (to) mó guāng, cā liàng (shine); shǐ wán shàn, wán měi (improve).
polite yǒu lǐ mào de, yǒu jiào yǎng de.
politeness yǒu lǐ mào, yōu yǎ.
political zhèng zhì de.
political party zhèng dǎng.
politics zhèng zhì xué (political science); zhèng zhì huó dòng (political activities); zhèng zhì cè lüè (poltical strategies).
pollution wū rǎn. **air pollution** kōng qì wū rǎn.
pond chí táng.
poor pín qióng de (destitute); quē fá de (low quality); zhuō liè de, chà de (inadequate quality).
popular liú xíng de (admired); tōng sú de (reflecting the general public).
popular opinion dà zhòng de yì jiàn.
population quán tǐ jū mín (people); rén kǒu zǒng shù (number of people).
pork zhū ròu.
port gǎng kǒu.
porter xíng lǐ bān yùn gōng.
portrait xiāo xiàng, rén xiàng.
Portugal pú táo yá.
position dì diǎn, wèi zhì (location); ān zhì fāng shì (arrangement);

chǔ jìng, lì chǎng (situation); shè huì dì wèi (social rank).
positive adj. què shí de, míng què de (indicating yes); què xìn de (certain); jī jí de, jìn bù de (increase or advancement).
possess (to) yōng yǒu (property); jù yǒu (trait); zhǎng wò (knowledge).
possession yōng yǒu (the act of possessing); yōng yǒu wù (something possessed).
possibility kě néng, kě néng xìng (the state of being possible); kě néng de shì wù (something possible).
possible kě néng de, kě néng cún zài huò fā shēng de.
post zhù zi (sign post); zhí wèi, gǎng wèi (job); yóu zhèng (mail).
post office yóu jú.
postage yóu zī.
postage stamp yóu piào.
postcard míng xìn piàn.
poster hǎi bào, zhāo tiē huà.
posterity zǐ sūn, hòu yì.
pot guàn, hú (container); yī guàn, yī hú (container and contents).
potato tǔ dòu, mǎ líng shǔ.
pound n. bàng (16 ounces); yīng bàng (money of the United Kingdom).
pour (to) v.t. dào, guàn (liquid); qīng xiè, qīng sù (words or funds); v.i. yǒng chū (flow profusely); dà yǔ qīng pén (rain).
poverty pín qióng (the state of being poor); bù zú (dearth).
powder fěn mò.
power lì liàng, néng lì (strength); cái néng (unique ability); shì lì (national or political clout); quán lì (authority).
powerful yǒu lì de, yǒu xiào de.
practical shí jiàn de (learned through practice); shí yòng de (viable).
practice n. liàn xí (learning through repetition); yè wù, gōng zuò (law or medical).
practice (to) xí guàn yú (perform consistently); liàn xí (do repeatedly); cóng shì (law or medicine).
praise n. chēng zàn, zàn sòng.
praise (to) zàn yáng, zàn sòng.
prank è zuò jù, hú nào. **to play a prank (on)** kāi … de wán xiào.
pray (to) qí dǎo (pray to God); qǐ qiú (request zealously).
prayer qí dǎo.
preach (to) bù dào (lecture); gǔ chuī, xuān yáng (urge).
precaution jǐng tì, jǐn fáng.
precede (to) v.t. xiān yú (take place before); jiā shàng yǐn yán (preface); v.i. qiáng xiān, jū xiān (come before).
preceding zài qián de, zài xiān de.
precept xùn dǎo, guī jū.
precious áng guì de, guì zhòng de (highly valued); qīn ài de (cherished).
precise qīng xī de (clear-cut); jīng què de (accurate); qià hǎo de (very).
precision jīng què, jīng mì dù.
predecessor qián rèn.
preface n. xù, qián yán, xù yán.
prefer (to) gèng xǐ huān. **I prefer this one.** wǒ gèng xǐ huān zhè ge.
pregnancy huái yùn.
pregnant huái yùn de.
prejudice n. piān jiàn, chéng jiàn.
prejudice (to) shǐ chǎn shēng piān jiàn.
preliminary yù bèi de, chū bù de.
prepare (to) zhǔn bèi, yù bèi.
prescribe (to) guī dìng (stipulate); chǔ fāng, kāi yào (medicine).
presence chū xí, cún zài.
present adj. xiàn zài de (current); chū xí de, zài zuò de (here attending); cún zài de (found in something).
present n. xiàn zài, mù qián (current time); lǐ wù (gift).

present (to) yǐn jiàn, jiè shào (introduce); zèng sòng (give); chéng xiàn, chū shì (exhibit).
preside (to) zhǔ chí, zuò huì yì zhǔ xí (chair); zhǐ huī, zhǎng guǎn (demonstrate authority).
to preside over a committee zhǔ chí huì yì.
president zǒng tǒng (leader of a country); zhǔ xí, zhǔ chí (one presiding over a group).
press n. yā zhà jī (machine); xīn wén shì yè (news); méi tǐ, xīn wén jiè (all media).
press (to) jǐ yā (push); zhà qǔ (juice); dū cù, shì tú yǐng xiǎng (pressure).
pressure yā, jǐ (the act of pressing); yā lì (influence).
• **prestige** wēi xìn, wēi wàng.
presume (to) jiǎ shè, jiǎ dìng.
pretend (to) wěi zhuāng (fake); jiǎ chēng (profess).
pretext jiè kǒu (reason); yǎn shì (ruse).
pretty adj. adj. piào liàng de (beautiful); adv. xiāng dāng de (fairly).
prevail (to) shèng guò, yā dǎo (triumph); pǔ biàn, shèng xíng (abound).
prevent (to) zǔ zhǐ, zǔ dǎng.
prevention fáng zhǐ, yù fáng.
previous xiān qián de, yǐ qián de.
the previous year qù nián.
prey liè wù, bèi bǔ shí de dòng wù (hunted animal); xī shēng pǐn (victim).
price index jià gé zhǐ shù.
price n. jià gé (quantity); dài jià (fee).
pride zì háo (satisfaction); ào màn (conceit).
priest mù shī.
principal adj. zhǔ yào de, shǒu yào de.
principle yuán zé (essential rule); dào dé biāo zhǔn (values).
print (to) yìn, kè (mark or stamp); yìn shuā (publish); yòng yìn shuā tǐ shū xiě (write).
prison jiān yù.
prisoner fàn rén, qiú fàn.
private adj. sī rén de, gè rén de (personal); mì mì de (restricted); mín jiān de, sī yǒu de (non-government).
privilege tè quán, tè bié dài yù.
prize jiǎng shǎng, jiǎng pǐn.
prize (to) zhēn shì, zhòng shì.
probable kě néng de, dà gài de.
probably dà gài, huò xǔ.
problem wèn tí (math question); nán tí (difficulty).
procedure chéng xù (legal or business process); bù zhòu (course of action).
proceed (to) qián jìn (resume after pause); zhuó shǒu (commence); jì xù (continue).
process n. guò chéng (procedure); jìn xíng, jìn zhǎn (progression).
process (to) jiā gōng, chǔ lǐ.
procession yóu xíng, xíng jìn (moving forward); háng liè, duì wu (march or parade).
proclaim (to) xuān bù (state publicly); biǎo míng (make clear).
produce (to) chǎn shēng, shēng chǎn (churn out); zhì zuò, zhì zào (work to create); shǐ fā shēng (lead to).
product chǎn pǐn (something produced); jiē guǒ, chǎn wù (result).
production shēng chǎn, zhì zào (the act of producing); chǎn pǐn, chǎn wù (something made).
productive shēng chǎn de, shēng chǎn xìng de (able to produce); duō chǎn de (efficient).
profess (to) gōng kāi chéng rèn (acknowledge); yǐ ... wéi yè (to be in the profession of).
profession zhí yè.
professional yǔ zhí yè xiāng guān de (relating to a profession); zhuān zhí de (not amateur).
professor jiào shòu.
profile n. lún kuò (outline); cè miàn

(side view); jiǎn jiè (biographical summary).
profit n. dé yì (benefit); lì rùn (business earnings).
profit (to) v.t. yǒu yì yú (be helpful to); v.i. dé yì, shòu yì (benefit from).
program n. jié mù biǎo (list); jié mù (television show); jì huà biǎo (agenda).
program (to) liè rù jì huà (include in an event); ān pái huó dòng (schedule activities).
programming chéng shì biān zhì, jié mù ān pái.
progress n. qián jìn (toward a goal); jìn zhǎn (development); jìn bù (steady advancement).
progress (to) qián jìn (move forward); jìn bù (work toward advancement).
prohibit (to) jìn zhǐ.
prohibition jìn zhǐ (the act of prohibiting); jìn lìng (law).
project n. jì huà, fāng àn (scheme); xiàng mù, gōng chéng (responsibility).
project (to) shǐ tū chū (push outward); tóu zhì (propel); tóu yìng (show an image); jì huà (plan ahead).
promise n. shì yán, nuò yán (vow); xī wàng, qián tú (potential). **to break a promise** wéi bèi nuò yán. **to keep a promise** zūn shǒu nuò yán. **to make a promise** yuē dìng, xǔ nuò.
promise (to) yǔn nuò, bǎo zhèng (vow); yǒu … de xī wàng (bodes well).
prompt adj. àn shí de (punctual); lì kè de, jí shí de (hasty).
prompt (to) cì jī, gǔ wǔ (cause to take action); huàn qǐ (bring about); tí xǐng (help remind).
promptness mǐn jié, jī mǐn.
pronounce (to) fā yīn (state aloud); zhèng què de niàn (enunciate); xuān bù (announce officially).
proof zhèng jù (forceful evidence); zhèng shí (persuasive display); kǎo yàn (test).
proper hé shì de (appropriate); zhǔn què de (correct); lǐ mào de, guī ju de (polite or genteel).
properly shì dàng de.
property cái chǎn (belonging); dì chǎn (land).
proportion bǐ lì.
proposal tí chū (the act of proposing); jiàn yì (idea); qiú hūn (marriage).
propose (to) v.t. tí yì (offer); tuī jiàn, tí míng (nominate); jì huà, dǎ suàn (mean); v.i. qiú hūn (marriage).
prosaic rú shí de.
prose sǎn wén.
prospect fēng jǐng, jǐng sè (view); xī wàng, jī huì (likelihood).
prosper (to) fán róng, xīng lóng.
prosperity fán róng.
prosperous fán róng de.
protect (to) bǎo hù, fáng zhǐ.
protection bǎo hù.
protective gěi yǔ bǎo hù de.
protest n. shēng míng, duàn yán.
protest (to) v.t. tí chū yì yì (oppose); shēng míng (vow); v.i. kàng yì (object).
Protestant xīn jiào tú.
protractor liáng jiǎo qì.
proud jiāo ào de, zì háo de (feeling satisfied); jiāo ào de, gāo ào de (arrogant).
prove (to) v.t. zhèng míng (validate); shì yàn (test); v.i. xiǎn shì chu, zhèng míng shì (be revealed).
proverb yàn yǔ.
provide (to) tí gōng, gōng yìng (equip); guī dìng (give a requirement).
provide with (to) tí gōng …
province shěng.
provision gōng yìng (the act of supplying); zhǔn bèi (preparation); tiáo kuǎn (prerequisite clause).
provoke (to) jī nù (irritate); yǐn qǐ

(cause); qū shǐ, zhāo zhì (cause deliberately).
proximity jiē jìn, lín jìn.
prudence jǐn shèn (being prudent); jié jiǎn (careful supervision).
prune xiū jiǎn, jiǎn chú.
psychological xīn lǐ xué de (relating to psychology); xīn lǐ de (mental).
psychology xīn lǐ xué (field of); xīn lǐ (mental qualities).
public adj. gōng zhòng de (concerning people); gōng yòng de (used by the community); zhòng suǒ zhōu zhī de (not private knowledge). **to make public** pù guāng.
publication chū bǎn (act of publishing); chū bǎn wù (published work).
publish (to) chū bǎn.
publisher chū bǎn zhě, fā xíng rén.
pull (to) lā (tug); bá chū (move).
pulpit jiǎng dào tán.
pulse n. mài bó.
pump n. chōu shuǐ jī, bèng.
pump (to) yòng bèng chōu (produce flowing); zhù rù (draw or flow out).
punctual zhǔn shí de, rú qī de.
punctuation biāo diǎn, biāo diǎn fú hào.
punish (to) chéng fá, chǔ fá.
punishment chéng fá (the act of punishing); suǒ shòu chéng fá (fine or sentence).
purchase n. gòu mǎi (the act of purchasing); gòu mǎi de dōng xi (item purchased).
purchase (to) gòu mǎi.
pure chún de (umixed); wán quán de (sheer); qīng bái de (virtuous).
purity chún jìng, chún jié (quality of being pure); qīng bái (virtue).
purpose mù dì, mù biāo (reason); jué xīn (determination).
purse qián bāo.
pursue (to) zhuī, zhuī gǎn (chase); zhuī qiú (try to achieve); cóng shì (be involved).
pursuit zhuī zhú, zhuī qiú (the act of pursuing); shì wù, zhí yè (hobby).
push (to) v.t. tuī dòng (move); tuī jìn (push through); qiáng pò, cuī cù (goad); v.i. tuī, jǐ (push against).
put gē, fàng (place); shǐ ... chǔ yú (put in a mood); shǐ ... jīng lì, zāo yù (put to death); biǎo dá (state). **to put away** cún fàng yǐ bèi yòng. **to put off** tuī chí, yán qī. **to put on** chuān shàng.
puzzle n. nán tí.
puzzle (to) shǐ ... wéi nán, shǐ ... mí huò. **to be puzzled** hěn kùn huò.

Q

quaint lí qí yǒu qù de.
qualify (to) shǐ ... jù yǒu zī gé. **to be qualified for** yǒu ... de zī gé.
quality tè xìng (trait); pǐn zhì (value).
quantity shù liàng (amount); dà liàng (large number).
quarrel (to) zhēng chǎo (argue, dispute).
quarter n. sì fēn zhī yī (proportion); yī kè zhōng (minutes).
quarters zhù chù, gǎng wèi. **close quarters** jìn jù lí.
queen wáng hòu, huáng hòu (king's wife); nǚ wáng (female ruler).
queer yì cháng de, gǔ guài de.
quench (to) xī miè, zhèn yā.
question n. wèn tí (query); zhēng lùn diǎn (uncertainty); wèn tí (difficulty).
question (to) tí wèn (pose a question); shěn wèn (interrogate); duì ... biǎo shì huái yí (doubt).
quick kuài de (fast moving); mǐn jié (sharp-witted).

quickly hěn kuài de. **Come quickly!** kuài lái.
quiet adj. ān jìng de.
quiet n. jì jìng. **Keep quiet!** bǎo chí sù jìng.
quiet (to) v.t. shǐ ... ān jìng (silence); v.i. biàn ān jìng (become quiet).
quit (to) fàng qì (relinquish); tíng zhǐ, zhōng duàn (stop); v.i. cí zhí (work).
quite wán quán, shí fēn (very or utterly); xiāng dāng (reasonably).
quotation yǐn yòng (the act of quoting); yǐn yòng yǔ (citation).
quote (to) yǐn yòng (copy); yǐn zhèng (cite).

R

rabbit tù zi, yě tù.
race n. rén zhǒng, zhǒng zú (a group of humans); jìng sài, sài pǎo (game or competition).
race (to) v.t. sài pǎo (run in a competition); shǐ ... cān jiā jìng sài (to make compete, as in horses).
radio wú xiàn tōng xùn (communication with radio waves); wú xiàn diàn guǎng bō (radio broadcast); guǎng bō diàn tái (broadcasting company).
rag pò bù (piece of worn cloth); mā bù (cloth for cleaning or dusting); pò jiù yī fú (old, torn clothing).
rage fèn nù (terrible anger); rè wàng (strong desire).
ragged yī shān lán lǚ de.
rail héng gān (a horizontal bar); tié guǐ (a track or tracks, as in a railroad); tiě lù (transportation by rail).
railroad tiě lù. **railroad station** huǒ chē zhàn.
rain n. yǔ (water drops from the sky); yǔ tiān (a rainy day); yǔ jì (a rainy season).
rain (to) xià yǔ (fall as water droplets from the sky); rú yǔ diǎn bān luò xià (fall like raindrops from the sky). **It's raining.** zhèng zài xià yǔ.
rainbow cǎi hóng.
rainy xià yǔ de. **rainy day** yǔ tiān. **rainy season** yǔ jì. **rainy weather** xià yǔ de qì hòu.
raise (to) tái qǐ, jué qǐ (become higher); jiàn zào (build); tí gāo, zēng zhǎng (increase); zhòng zhí, sì yǎng (grow or cultivate).
raisin pú táo gān.
rake n. bà zi.
range n. fàn wéi (breadth of knowledge); qū yù (area where something happens); yī pái, yī liè (group or series).
range (to) v.t. pái liè (put in order); fēn lèi (put in a category); v.i. zài ... fàn wéi nèi biàn dòng (vary within a certain limit).
rank n. shè huì jiē céng (position in society); zhí wèi (official position); háng, liè (line or row).
ransom n. shì fàng, shú shēn (releasing someone or something for a price); shú jīn (price paid for release).
rape n. qiáng jiān (forced sex); jié lüè (stealing or carrying away).
rape (to) qiáng jiān (to force sex); jié lüè (to take or steal).
rapid adj. xùn sù de, kuài de.
rapidity xùn sù, jí sù.
rapidly xùn sù de.
rapids n. jí liú.
rapture kuáng xǐ, huān tiān xǐ dì.
rapport guān xì, yǒu hǎo guān xì.
rash adj. lǔ mǎng de, qīng shuài de.
rash n. bào fā, tū fā; pí zhěn.
rat n. lǎo shǔ.
rate n. bǐ lǜ, sù dù (percentage or relative quantity); bǐ lì (a part compared to a whole); fèi yòng

(cost per unit).
rate (to) gū jià (calculate); kàn zuò, rèn wéi (regard, consider).
rather nìng kě (preferably); gèng què qiè (more accurately); xiāng dāng de (to a certain extent). **I'd rather go.** wǒ nìng kě zǒu. **rather good** xiāng dāng bù cuò. **rather than** shèng yú.
ration n. dìng liàng, xiàn é.
ration (to) àn é dìng fèn liàng pèi jǐ.
rational lǐ xìng de, míng zhì de (having reason); hé lǐ de (reasonable).
rave (to) shuō hú huà, jiào hǎn (speak without reason or scream); páo xiào (roar).
raw shēng de (uncooked); wèi jiā gōng de (unprocessed); wú jīng yàn de (inexperienced).
ray guāng xiàn, shè xiàn.
razor tì dāo, tì xū dāo.
reach (to) shēn zhǎn, shēn chū (stretch out); gòu dào (touch or take by stretching); dào dá (come to).
react (to) fǎn yìng, zuò chū fǎn yìng.
reaction fǎn yìng.
read (to) yuè dú; lǎng dú (read aloud); yán jiū, biàn rèn (look at and understand).
reading yuè dú (the act of reading); lǎng dú (reading aloud); zhèng shì xuān dú (public recitation).
ready zhǔn bèi jiù xù de (prepared); lè yì de (capable); xiàn chéng de, xiàn yǒu de (available).
real zhēn shí de, shí jì de (true); tiān rán de (natural or genuine).
reality xiàn shí, shí jì.
realization shí xiàn (making real); shí xiàn de jiē guǒ (result of making real).
realize (to) tǐ huì, rèn shi dào (understand completely); shí xiàn (make real).
really shí jì shàng (actually); zhēn zhèng de (truly). **Oh really!** á, guó zhēn!
rear n. hòu miàn (hindquarters); hòu bù (farthest part from front).
rear (to) v.t. fǔ yǎng, péi yǎng (bring up children); sì yǎng, péi zhí (raise plants or animals); jǔ qǐ, shù qǐ (lift); v.i. zhí lì (rear up, like a horse).
reason n. yuán yīn (cause or motivation); lǐ yóu (grounds of explanation); lǐ zhì (rationality or logical thought).
reason (to) v.t. tuī lùn (determine); shuō fú (influence someone's thinking); v.i. tuī lùn (use thought or logic). **by reason of** yóu yú, yīn wèi.
reasonable lǐ zhì de, tōng qíng dá lǐ de (rational); hé lǐ de (motivated or characterized by rational thought); gōng dào de (fair).
reasoning tuī lùn, tuī lǐ.
reassure (to) zài xiàng ... bǎo zhèng, shǐ ... ān xīn.
rebel n. zào fǎn zhě.
rebel (to) zào fǎn (break away from a government); fǎn kàng (be unconventional or resist authority).
rebellion zào fǎn (struggle or resistance of a government); fǎn kàng (defiant act).
recall n. jiào huí, zhāo huí.
recall (to) jiào huí, zhāo huí (call back, make return); huí yì (remember); qǔ xiāo, chè xiāo (revoke).
receipt jiē shōu, shōu dào (act of receiving); shōu tiáo, shōu jù (sales slip).
receive (to) jiē dào, shōu dào (get); tīng dào, kàn dào (perceive); róng nà (contain).
receiver jiē shōu jī, jiē shōu qì.
recent zuì jìn de.
reception jiē shòu (receiving, being received); jiē dài (being welcomed).
recess n. xiū xi (break, pause); āo

chù (a small space).
recess (to) xiū xi, zàn tíng.
reciprocal xiāng hù de, jiāo hù de.
reciprocity hù huì.
recitation bèi sòng (a recital); bèi sòng de cái liào (material being recited.).
recite (to) yín sòng, lǎng sòng (repeat out loud); xiáng shù (tell in detail).
recognize (to) rèn chū (know from previous perception); kàn chū, shí bié (identify from previous knowledge); chéng rèn, rèn kě (accept as truth).
recoil (to) fǎn tiào, tiào huí (be pushed back, as in firing a gun or cannon); tuì suō (shrink back in fear or disgust).
recollect (to) huí yì, xiǎng qǐ.
recollection huí yì (act of remembering); wǎng shì, jì yì (something remembered).
recommend (to) tuī jiàn (vouch for someone); quàn gào, zhōng gào (give advice).
recommendation tuī jiàn (act of vouching); tè cháng, kě qǔ zhī chù (positive statement about someone's qualifications).
reconcile (to) shǐ ... hé jiě (rebuild a relationship); shǐ ... shùn cóng (cause to comply with); shǐ ... yī zhì (cause to be compatible).
record n. jì lù, jì zǎi (account of something); lǚ lì (performance history); zuì gāo jì lù (highest score or achievement); chàng piān (music disc played with needle).
record (to) jì lù (preserve); lù zhì, lù yīn (as in music or voice).
recover (to) huī fù (become normal or healthy again); chóng huò (get back); dé dào bǔ cháng (receive compensation).
rectangle cháng fāng xíng, jǔ xíng.
red hóng sè de.
redeem (to) mǎi huí, shú huí (get in exchange for a value); lǚ xíng (fulfill); mí bǔ, wǎn huí (make up for).
reduce (to) jiǎn shǎo, suō jiǎn (make less); jiàng dī, biǎn dī (weaken someone).
reduction jiǎn shǎo (act of making less); jiǎn shǎo de liàng (amount by which something is made less).
reed lú wěi.
refer (to) v.t. yǐn ... qù qiú zhù (direct for information); tí jiāo, jiāo fù (to look in, as a dictionary); v.i. cān zhào (consult a reference).
reference cān kǎo (act of referring); tí jí (mention of something); cān kǎo zī liào (resource such as a dictionary).
refine (to) tí liàn (make pure); shǐ gāo yǎ (make sophisticated).
refinement jīng liàn (act of refining); yōu yǎ, gāo yǎ (sophistication).
reflect (to) v.t. fǎn shè (bounce off of a surface); biǎo míng (show a quality); v.i. fǎn shè (be bounced off of something); shēn sī (ponder).
reflection fǎn shè (state of being reflected); bèi fǎn shè wù (something reflected, as in light); shēn sī (deep thinking).
reform n. gǎi zào, gǎi gé, gǎi liáng.
reform (to) gǎi zào, gǎi gé, gǎi liáng.
refrain n. chóng fù, dié jù.
refrain (to) yì zhì, rěn zhù.
refresh (to) huī fù tǐ lì (revive); shǐ qīng xīn (freshen up).
refreshing shǐ rén jīng shén zhèn zuò de.
refreshment tí shén, jīng shén huī fù (the act of refreshing); tí shén wù, diǎn xīn (that which refreshes).
refuge bì hù, bǎo hù (shelter); bì nàn suǒ (a place of protection). **to take refuge** bì nàn.

refund n. cháng huán (repayment); cháng huán jīn é (amount paid back).
refund (to) tuì huán, cháng huán.
refusal jù jué, xiè jué.
refuse n. fèi wù, lā jī.
refuse (to) jù jué (show unwillingness); bù kěn, bù yuàn (indicate unwillingness).
refutation bó chì.
refute (to) bó chì, bó dǎo.
regard n. liú yì (careful attention); zūn jìng (respect); zhì yì, wèn hòu (good wishes); fāng miàn (a certain point). **with regard to** guān yú. **to hold in high regard** zūn jìng.
regard (to) kàn dài (look at); zūn jìng (respect).
regarding guān yú.
regime zhèng tǐ (government).
regimen yǎng shēng fǎ, shí wù liáo fǎ.
regiment tuán (soldiers).
register n. jì lù (list of names); dēng jì bù (a book for lists of names).
register (to) dēng jì, zhù cè (enroll in); jì lù (record); guā hào (mail). **registered letter** guà hào xìn.
regret n. bēi tòng ,wǎn xī (feeling of loss); yí hàn (expression of regret, as in declining an invitation).
regret (to) v.t. hòu huǐ, wǎn xī (be sorry); huái niàn, dào niàn (remember a loss); v.i. hòu huǐ (feel regret).
regular píng cháng de (usual); guī zé de (even); guī lǜ de (well-ordered); dìng qī de (in fixed intervals).
regulate (to) guǎn lǐ, kòng zhì (control with laws); tiáo jié (adjust).
regulation guǎn lǐ, kòng zhì (act of regulating); guī zhāng zhì dù (rule or law).
rehearsal pái liàn, pái yǎn (practice for performance); xiáng shù (repetition).
rehearse (to) pái liàn (practice for performance); bèi sòng (recite).
reign n. jūn zhǔ tǒng zhì (rule of power); zhǔ zǎi, zhī pèi (dominance).
reign (to) tǒng zhì.
reinforce (to) zēng qiáng, jiā qiáng.
reject (to) jù jué (not accept); pāo qì (discard).
rejoice (to) gāo xìng, xīn xǐ.
relapse n. gù tài fù méng.
relate (to) v.t. jiǎng shù (tell); shǐ yǒu lián xì (connect two things); v.i. yǒu lián xì (have a relation).
relation guān xì (logical link); qīn qi (a relative); xù shù (narrating).
relationship guān xì (being related); qīn qi guān xì (kinship tie); nán nǚ guān xì (romantic involvement).
relative adj. xiāng guān de (relevant); bǐ jiào de (compared to something else); xiāng duì de (dependent on).
relax (to) v.t. shǐ fàng sōng, sōng chí (loosen); sōng xiè (lessen); shǐ qīng sōng (relieve from stress); v.i. sōng chí (loosen).
relaxation fàng sōng (act of loosening); xiū xi, yú lè (relief from stress).
release n. jiě jiù (setting free); shì fàng (discharge); chū bǎn, fā shòu (publishing).
release (to) shì fàng, shè miǎn (set free); sōng kāi, jiě kāi (let go); gōng yǎn, shàng yìng (publish).
relent (to) biàn kuān hòu, fā cí bēi.
relentless wú qíng de.
relevant yǒu guān de, xiāng guān de.
reliable kě kào de, kě xìn lài de.
reliance xìn lài (trust); suǒ xìn lài de rén (person relied on).
relic yí jì, yí wù (old thing); jì niàn wù (object from past).
relief jiǎn huǎn, jiǎn qīng

(unburdening); jiù jì (public assistance).
relieve (to) jiǎn huǎn, jiǎn qīng (alleviate); shǐ miǎn yú tòng kǔ (take away pain); jiù jì, jiù zhù (help).
religion zōng jiào xìn yǎng (belief in supernatural power); zōng jiào (institution).
religious qián chéng de (believing in God); zōng jiào de (concerning religion).
relinquish (to) sōng kāi, fàng sōng (let go).
relish n. wèi kǒu, xìng qù (strong desire) tiáo wèi pǐn (food).
relish (to) xīn shǎng, xiǎng shòu (take pleasure in); jīn jīn yǒu wèi de chī (enjoy a flavor).
reluctance bù qíng yuàn, miǎn qiǎng.
reluctant bù qíng yuàn de, miǎn qiǎng de.
rely (to) yī kào, yī lài (depend on); zhǐ wàng (have confidence). **I'm relying on you.** wǒ jiù yī kào nǐ le.
remain (to) bǎo chí (condition or state); dòu liú (stay in same place); shèng yú, shèng xià (be left over).
remainder shèng yú wù, cán liú zhě.
remark n. zhù yì (noticing); píng lùn (comment).
remark (to) píng lùn (make a comment); zhù yì dào (notice).
remarkable zhí dé zhù yì de (noteworthy); zhuó yuè de (extraordinary).
remedy n. yào wù, zhì liáo (cure); bǔ jiù fāng fǎ (correction of a wrong).
remember (to) xiǎng qǐ (recall); jì zhù (hold in the memory).
remembrance huí yì (act of remembering); jì yì (thing remembered); jì niàn, jì niàn pǐn (something to honor a person or thing).
remind (to) shǐ ... jì qǐ, shǐ ... xiǎng qǐ.
remorse huǐ hèn, zì zé. **to feel remorse** hòu huǐ, huǐ hèn.
remote yáo yuǎn de (distant in location); jiǔ yuǎn de (distant in time); yáo kòng de (controlled from a distance).
remote control yáo kòng qì.
removal yí dòng (act of removing); chè zhí (being let go from office).
remove (to) yí dòng (move from a place); qiān yí (transfer); chú lǐ, chú qù (get rid of); miǎn zhí (let go from office).
renew (to) shǐ ... gēng xīn (make new); chóng xīn kāi shǐ (take up again); huī fù (restore vitality).
renewal gēng xīn.
rent n. zū jīn. **apartment for rent** fáng wū chū zū.
rent (to) zū, zū jiè.
repair n. xiū lǐ, xiū bǔ (act of repairing); xiū lǐ gōng zuò (example of repairing).
repair (to) xiū lǐ (put in good condition again); jiū zhèng (set right).
repeat (to) chóng fù (say again); zhào zhe shuō (mimic); chóng zuò (do again).
repent (to) huǐ hèn, hòu huǐ.
repetition chóng fù (act of repeating); bèi sòng (recital).
reply n. dá fù, huí dá.
reply (to) huí dá.
report n. bào gào (detailed account); jì lù (formal record, as in meetings).
report (to) bào gào (give account of); bào dǎo (as a journalist); bào yuàn, jiē fā (complain about someone).
represent (to) miáo huì, miáo xiě (depict as art); xiàng zhēng (symbolize or stand for); dài biǎo (be an agent of someone).
representation dài biǎo, biǎo xiàn (act of representing); dài biǎo

wù (something that represents); shuō míng, chén shù (account of facts); dài lǐ (being an agent).
representative adj. dài biǎo de, dài lǐ de (having status of agent or delegate); biǎo xiàn de (portraying); n. dài lǐ rén (a delegate or agent); diǎn xíng (an example).
repress (to) yì zhì (hold back); zhèn yā (stop by force).
reprimand (to) qiǎn zé, xùn chì.
reprisal guó jiā jiān de bào fù xíng wéi.
reproach n. zé bèi (blame); chǐ rǔ, diū liǎn (disgrace).
reproach (to) zé bèi (criticize or look down on).
reproduce (to) v.t. zài shēng chǎn (produce again); fù zhì (copy); v.i. fán zhí (procreate).
reproduction zài shēng chǎn (act of reproducing); fù zhì pǐn (copy); shēng zhí (procreation).
reputation míng shēng, míng yù.
request n. yāo qiú, qǐng qiú (asking); yāo qiú wù (something asked for).
request (to) qǐng qiú, yāo qiú.
require (to) xū yào (need as a precondition); yāo qiú (call for as appropriate).
rescue n. jiù yuán , yíng jiù.
rescue (to) jiù yuán , yíng jiù.
research n. yán jiū, diào chá. **to conduct research** jìn xíng diào chá.
research (to) yán jiū, diào chá.
resent (to) zèng hèn, yuàn hèn.
resentment zèng hèn, yuàn hèn.
reservation bǎo liú (withholding); bǎo liú wù (something held back); yù dìng (as in a restaurant).
reserve n. zhù cáng, chǔ bèi (something set aside); zì zhì, bǎo liú (in behavior); bǎo liú dì (public land).
reserve (to) bǎo liú (keep back); yù dìng, yù yuē (set aside).
reside (to) jū zhù (live).
residence zhù suǒ, zhù chù.
resign (to) tīng rèn (be passive); cí qù, fàng qì (give up).
to resign oneself (to) shùn cóng.
resist (to) dǐ kàng, fǎn kàng.
resistance dǐ kàng, fǎn kàng.
resolute jiān jué de, jiān dìng de.
resolution jué xīn, guǒ duàn (being resolute); jué dìng (decision or course of action).
resolve (to) jué dìng (decide firmly); jiě jué (find a solution).
resort n. yú lè chǎng suǒ, shèng dì (place for vacation). **last resort** zuì hòu de fāng fǎ. **summer resort** bié shǔ shèng dì.
resort (to) yǐ kào.
resource zī yuán (supply); shǒu duàn, duì cè (way to cope).
respect zūn jìng, zūn zhòng (esteem); zhù yì, guān xīn (consideration). **to have great respect for** fēi cháng zūn jìng.
with respect to guān yú, zhì yú.
respect (to) zūn jìng (show deference); zūn shǒu (follow, as in the law).
respectful gōng jìng de.
respective gè zì de, fēn bié de.
respite yán qī, zàn huǎn.
responsibility zé rèn, zhí zé.
responsible yǒu zé rèn de (accountable); zé rèn zhòng dà de (ability).
rest n. xiū xi (break, pause); píng jìng, ān jìng (peacefulness); shuì mián (sleep or relaxation); shèng yú bù fen (remainder).
rest (to) v.t. shǐ ... xiū xi (give rest to); v.i. xiū xi (stop activity); shuì mián (lie down for sleep).
restaurant cān guǎn, fàn diàn.
restless bù píng jìng de (lacking rest); dòng zuò bù tíng de (unable to rest or stay still).
restoration huī fù, xiū fù, fù yuán.

restore (to) huī fù, shí fù yuán (put back in normal condition); guī huán, cháng huán (give back).
restrain (to) yì zhì, zhì zhǐ.
restraint yì zhì, kòng zhì. **without restraint** zì yóu de, wú jū shù de.
restrict (to) xiàn zhì, xiàn dìng.
restriction xiàn zhì (act of restricting); yuē shù (having restrictions).
result n. jiē guǒ.
result (to) fā shēng (be a consequence); dǎo zhì (end in a certain way). **to result in** dǎo zhì.
résumé n. gè rén jiǎn lì, lǚ lì.
resume (to) v.t. chóng xīn kāi shǐ (start again); v.i. jì xù (begin again after stopping).
retail n. líng shòu.
retail (to) líng shòu.
retain (to) bǎo chí, bǎo liú (have or hold somewhere); jì zhù (hold in mind).
retaliate (to) bào fù.
retaliation bào fù, bào chóu.
retire (to) tuì yǐn (go somewhere to rest); tuì xiū (stop working).
retirement tuì xiū (stopping working); yǐn tuì (withdrawal).
retract (to) v.t. shōu huí (take back); suō huí (pull back in); v.i. shí yán, qǔ xiāo (take back, as in a comment).
retreat n. tuì què, chè huí (act of withdrawing); yǐn tuì chù (somewhere to go for peace).
retreat (to) chè tuì, tuì què.
retrieve (to) qǔ huí (get back); huī fù (bring back again).
return (to) v.t. guī huán, sòng huán (give back to someone); huí bào (reciprocate); v.i. fǎn huí, huí dào (go back).
reveal (to) jiē lòu (make known); xiǎn shì (show).
revel (to) kuáng xǐ, chén mí.
revelation jiē lòu, xiǎn shì (making known); bèi jiē lòu de zhēn xiàng (something revealed).
revenge bào chóu, fù chóu. **to seek revenge (against)** zhǎo jī huì xiàng ... bào chóu.
revenue shōu rù. **to generate revenue** huò dé shōu rù.
reverence zūn jìng, chóng jìng.
reverend n. zhí dé zūn zhòng de.
reverie huàn xiǎng, kōng xiǎng.
reversal diān dǎo (act of reversing); nì zhuǎn (bad turn).
reverse n. xiāng fǎn, diān dǎo (opposite); bèi miàn, fǎn miàn (back).
reverse (to) shǐ ... diān dǎo, shǐ ... fǎn zhuǎn (turn around); duì huàn, jiāo huàn (change positions).
revert (to) huī fù yuán zhuàng.
review n. jiǎn chá, jiǎn yuè (survey); wēn xí (study); píng gū (evaluation).
review (to) fù xí (study); huí gù (consider); píng lùn (examine in order to criticize).
revile (to) rǔ mà, màn mà.
revise (to) xiū dìng (edit); xiū gǎi, xiū zhèng (change).
revision xiū dìng (act of revising); xiū dìng bǎn (new version).
revive (to) shǐ ... sū xǐng (bring back to life); shǐ ... fù xīng, shǐ ... huī fù (bring back to use).
revoke (to) chè xiāo, chè huí.
revolt n. fǎn pàn (uprising); fǎn kàng (protest).
revolt (to) fǎn pàn (attempt to overthrow); yàn wù (disgust).
revolting lìng rén yàn wù de.
revolution gé mìng (overthrow of government); biàn gé (major change); xuán zhuǎn (turning around).
revolve (to) xuán zhuǎn, zhuǎn dòng (orbit). **to revolve around** rào ... xuán zhuǎn.
reward n. bào chóu, chóu láo.
reward (to) chóu láo, jiǎng shǎng.
rhetoric huā yán qiǎo yǔ de.

rhetorical xiū cí xué de. **rhetorical question** fǎn wèn.
rhyme n. yā yùn (sounds in poetry); yùn jiǎo (rhyming word).
rib n. lèi gǔ.
ribbon duàn dài, sī dài.
rice mǐ, dà mǐ.
rich yǒu qián de, fù yù (wealthy); fēng fù de (having a lot of something); féi wò de (as in natural resources).
richness fēng fù, fù yù.
rid (get) shǐ ... bǎi tuō, shǐ ... jiě chú.
riddle mí, mí yǔ.
ride n. qí, chéng (act of riding); jiāo tōng gōng jù (something you ride).
ride (to) v.t. qí, chéng (as in a bus or train); jīng guò (travel along a route).
ridiculous huāng miù de, kě xiào de.
rifle bù qiāng, lái fù qiāng.
right adj. zhèng dāng de, zhèng yì de (just or moral); zhèng què de (correct); hé shì de (appropriate); yòu biān de, yòu de (opposite of left).
right n. zhèng dāng, zhèng yì (something that is just or moral); yòu (direction opposite of left); quán lì (something granted by law or tradition). **to have a right (to)** yǒu quán.
righteous zhèng zhí de (morally correct); zhèng yì de (done with virtue).
righteousness zhèng dāng, zhèng yì.
rightful hé fǎ de.
rigid jiān yìng de (inflexible); yán gé de (strict).
rigidity jiān yìng.
rigorous yán lì de (with rigor); yán jùn de, yán kù de (harsh).
ring n. quān, huán (object or shape); jiè zhi (jewelry); líng shēng (sound).
ring (to) v.t. àn líng, fā chū shēng yīn (ring a bell); dǎ diàn huà (make a phone call); v.i. míng, xiǎng (make a sound).
rinse (to) piǎo xǐ, piǎo qīng.
riot n. bào luàn, sāo luàn.
riot (to) cān jiā bào luàn (take part in a riot).
ripe chéng shú de (developed); lǎo liàn de (experienced); zhǔn bèi tuǒ dàng de (ready).
ripen (to) chéng shú, shǐ ... chéng shú.
rise n. shàng shēng (act of rising); shàng zhǎng (as in water); shàng fú, zēng jiā (as in price).
rise (to) v.t. shǐ ... shàng shēng, shǐ ... shēng gāo (make rise); v.i. shēng qǐ (go higher); zēng duō, zēng jiā (increase); zēng qiáng (become more intense).
risk n. fēng xiǎn, wēi xiǎn. **to run the risk of** mào zhe ... de fēng xiǎn.
risk (to) mào xiǎn qù zuò.
rite yí shì, diǎn lǐ.
ritual adj. yí shì de, diǎn lǐ de; n. yí shì, diǎn lǐ.
rival n. jìng zhēng duì shǒu.
rival (to) jìng zhēng.
rivalry jìng zhēng, duì kàng.
river hé, jiāng. **Chang River** cháng jiāng. **Yangtze River** yáng zǐ jiāng.
road lù, dào lù; tiě lù (railroad). **main road** dà jiē, gàn dào. **middle of the road** zhōng dào, dào zhōng.
roar n. kuáng hǒu, dà shēng hǎn jiào.
roar (to) kuáng hǒu, dà shēng hǎn jiào.
roast n. hōng kǎo hòu de shí wù (food); hōng kǎo (act of roasting). **roast beef** kǎo niú ròu.
roast (to) hóng kǎo, shāo kǎo.
rob (to) qiǎng, duó, lüè duó.
robber qiáng dào, dào zéi.
robbery qiǎng jié.

robe cháng páo, lǐ páo.
robot jī qì rén (automaton); yáo kòng shè bèi (machine).
robust jīng lì chōng pèi de, qiáng zhuàng de.
rock n. yán shí, shí tóu.
rock (to) yáo dòng, yáo bǎi. **rocking chair** yáo yǐ.
rocky yán shí de, duō yán shí de.
rod gān, bàng.
roll n. gǔn dòng, juǎn (act of rolling); juǎn qǐ de dōng xi (something rolled up).
roll (to) v.t. gǔn dòng, zhuàn dòng (push by rolling); zhǎn kāi (roll out); v.i. gǔn dòng.
romantic làng màn de, luó màn dì kè de.
romanticism làng màn zhǔ yì.
roof wū dǐng (of a building); dǐng, dǐng bù (top).
room n. fáng jiān (in a house); kōng jiān, dì pán (space). **There's no room.** méi dì fāng le. **to make room for** wèi … téng chū kōng jiān.
root n. gēn, gēn bù (of a plant); zuì chū de gēn yuán (source or cause).
rope shéng zi, shéng suǒ.
rose méi guī, méi guī huā.
rot (to) v.i. fǔ làn (decompose); duò luò (as in moral decay).
rotten fǔ làn de (decayed); duò luò de (corrupt); pò làn de (weakened by rot).
rough cū cāo de (coarse); jiān nán de (difficult); cū lǔ de (unsophisticated).
round adj. yuán de (regular surface); huán xíng de (making a circle).
round (to) shǐ … chéng yuán xíng (make round); rào guò (go around).
round off (to) wán chéng, shǐ wán měi.
rouse (to) huàn xǐng (wake); jī qǐ (excite).
route n. lù, lù xiàn.
route (to) àn zhǐ dìng lù xiàn yùn sòng.
routine guàn lì, lì xíng gōng shì.
rove (to) màn yóu, liú làng.
row n. yī pái, yī háng. **in a row** chéng yī pái, lián xù de.
row (to) shǐ … chéng pái (put in a row); yòng jiǎng huá chuán (use oars).
royal wáng shì de, huáng jiā de (like a monarch); gāo guì de (stately).
rub (to) v.t. cā, mó cā (as in wood); chù nù, rě nǎo (irritate) **to rub the wrong way** jī nù, rě nù.
rubber n. xiàng jiāo. **rubber cement** xiàng jiāo jiāo shuǐ. **rubber stamp** xiàng pí tú zhāng.
rubbing alcohol wài yòng jiǔ jīng.
rubbish lā jī, fèi wù.
rude cū lǔ de, wú lǐ de.
rue (to) hòu huǐ, ào huǐ.
ruin huǐ miè, miè wáng (destruction); fèi xū, yí jì (remains).
ruin (to) huǐ huài, huǐ miè (destroy)
ruins fèi xū, yí jì.
rule (n.) tǒng zhì (power); guī dìng, guī zé (law). **as a rule** tōng cháng.
rule (to) tǒng zhì, kòng zhì.
ruler tǒng zhì zhě (governor); chǐ zi (the tool).
rumor n. liú yán, yáo chuán.
run (to) v.t. shǐ yùn zhuǎn, cāo zuò (make function); v.i. pǎo, bēn (move quickly); táo pǎo (flee); jìng xuǎn (for office); kāi dòng, yùn zhuǎn (be operating). **to run away** táo, táo tuō.
rural nóng cūn de, tián yuán de.
ruse guǐ jì.
rush chōng, bēn (sudden motion); fēng yōng ér zhì (anxious motion toward); máng lù (busyness). **in a rush** hěn fán máng. **rush hour** gāo fēng shí jiān.
rush (to) v.t. shǐ … cāng cù xíng dòng (make someone move quickly); shǐ … cōng máng

wán chéng (do something quickly); v.i. chōng, bēn (move quickly). **to rush into** pāo jìn qù. **to rush out (of)** pāo chū lái.
Russia é guó.
rust n. xiù, tiě xiù.
rust (to) shēng xiù.
rustic xiāng cūn de, xiāng xià de.
rusty shēng xiù de.
rye luǒ mài.

S

sacred shén shèng de (holy); shòu chóng jìng de (worshiped).
sacrifice (to) gòng fèng (offer as sacrifice); xī shēng (let one thing go to save another).
sacrifice n. gòng fèng, xiàn jì (religious offering); jì pǐn (victim of offering); xī shēng (letting one thing go to save another). **to make a sacrifice** zuò chū xī shèng.
sacrilege xiè dú shén wù.
sad bēi āi de, bēi shāng de (unhappy); kě bēi de, kě lián de (causing unhappiness).
sadden (to) shǐ ... bēi āi, shǐ ... bēi shāng.
saddle ān.
safe adj. ān quán de (secure); wú sǔn de (unhurt); tí gōng bǎo hù de (giving protection).
safe n. bǎo xiǎn xiāng.
safely ān quán de.
safety ān quán (being safe); ān quán shè shī (device to stop accidents).
sage adj. cōng míng de, míng zhì de.
sail (to) háng xíng. **to set sail** yáng fān chū hǎi.
sail n. fān, chuán fān (on a ship); háng xíng (trip on a boat).
saint shèng rén, shèng tú.
sake yuán gù, lǐ yóu (purpose); lì yì, hǎo chù (benefit). **for the sake of** wèi le.
salad shā lā.
salary xīn shuǐ.
sale mài, xiāo shòu (selling); pāi mài (auction); jiǎn jià chǔ lǐ (discounted prices). **sales analysis** xiāo shòu fēn xī. **sales estimate** xiāo shòu yù cè. **sales force** xiāo shòu rén yuán. **sales promotion** cù xiāo. **sales quota** xiāo shòu pèi é. **sales territory** xiāo shòu qū yù. **sales volume** xiāo shòu é. **to be on sale** dài shòu.
saliva kǒu shuǐ, tuò yè.
salivate (to) guò liàng fēn mì tuò yè.
salmon guī yú (fish); xiān ròu sè, dàn hóng sè (color).
salt (to) jiā yán, sǎ yán.
salt n. yán **to be worth one's salt** chèng zhí, shèng rèn.
salty yǒu yán wèi de, xián de.
salute (to) v.t. zhì yì, wèn hòu (greet); jìng lǐ, xíng lǐ (military); v.i. jìng lǐ (greet with respect).
salute n. wèn hòu, zhì jìng (greeting); jìng lǐ, xíng lǐ (honorable recognition).
salvation zhěng jiù, jiù zhù.
same adj. xiāng tóng de, tóng yī de (the one); wú biàn huà de (alike); pron. tóng yī rén, tóng yī wù. **all the same** réng rán.
sameness tóng yī, xiāng tóng.
sample (to) qǔ yàng, cǎi yàng.
sample n. yàng pǐn (part that represents a whole); biāo běn, fàn lì (representative of a category).
San Francisco jiù jīn shān.
sanctuary shèng suǒ (sacred place); bì nàn suǒ (place where one is free from arrest).
sand shā, shā zi (material on a beach); shā tān, shā zhōu (sandy area).
sandal liáng xié, biàn xié.
sandwich sān míng zhì.

sandy shā de, shā zhì de.
sane tóu nǎo qīng chǔ de, jīng shén jiàn quán de.
sanitary wèi shēng de, qīng jié de. **sanitary napkin** wèi shēng mián, wèi shēng jīn.
sap (to) shǐ pái chū tǐ yè.
sap n. shù yè (in a plant); jīng lì (vigor).
sapient cōng míng de, míng zhì de.
sarcasm fěng cì, jī fěng.
sarcastic féng cì de, wā kǔ de.
sardine shā dīng yú.
satchel xiǎo bēi bāo.
satiate (to) shǐ mǎn zú.
satin duàn zi.
satisfaction mǎn zú (fulfilling an appetite or wish); shǐ ... mǎn zú de shì wù (source of fulfillment).
satisfactory lìng rén mǎn yì de.
satisfy (to) shǐ mǎn yì, shǐ mǎn zú.
Saturday xīng qī liù.
sauce tiáo wèi zhī, jiàng liào.
saucer chá tuō, dié zi.
sausage xiāng cháng, là cháng.
savage adj. yě xìng de (wild, untamed); yuán shǐ de, wèi kāi huà de (uncivilized); cán bào de, xiōng měng de (ferocious).
save (to) jiù, wǎn jiù (rescue); jié yuē (keep from waste); chǔ xù (set aside). **to be saved** dé jiù. **to save time** shěng shí jiān.
savings chǔ xù, cún kuǎn.
savior jiù zhù zhě, jiù jì zhě.
say (to) shuō, biǎo dá (use words); bèi sòng (recite); shè xiǎng, jiǎ dìng (suppose).
scale n. kè dù (system of measurement); guī mó (degree or level); chèng (instrument). **Is it drawn to scale?** shì àn bǐ lì huà de mā?
scales chèng, tiān píng.
scan (to) xì chá, shěn shì (examine carefully); liú lǎn (look at quickly).
scandal chǒu wén (public incident); fěi bàng (libel).
scanty quē fá de, bù zú de.
scar n. shāng bā, shāng hén.
scarce quē fá de (insufficient); shǎo jiàn de (very uncommon).
scarcely gāng gāng (barely); jī hū bù (almost not); jué bù (definitely not).
scare (to) xià, jīng xià. **to get scared** bèi xià dào le.
scarf wéi jīn, tóu jīn.
scatter (to) shǐ sàn kāi (separate); sàn bō, sàn bù (spread loosely).
scene jǐng xiàng (what you see); xiàn chǎng (place of action); bù jǐng (as in a play).
scenery fēng jǐng, jǐng sè.
schedule shí kè biǎo (list, like at a train station); qīng dān (printed table); rì chéng jì huà (program).
scheme n. jì huà, ān pái (careful plan); yīn móu (secret plan); tú jiě, tú biǎo (diagram).
scholar xué zhě (learned person); xiǎng yǒu jiǎng xué jīn de xué shēng (student who has a scholarship).
school xué xiào (institution); quán tǐ xué shēng (student body); xué xiào jiào yù (education process). **elementary school** xiǎo xué. **high school** gāo zhōng. **junior high school** chū zhōng. **to attend school** shàng xué.
science kē xué, kē xué yán jiū (scientific inquiry); zhī shi (knowledge).
scientific kē xué de.
scientist kē xué jiā.
scissors jiǎn dāo.
scold (to) zé mà, màn mà.
scope yǎn jiè (range); fàn wéi, lǐng yù (subject area).
scorn (to) cháo xiào (brush off, dismiss); qīng miè, bù xiè (handle with contempt).
scorn n. qīng miè, cháo xiào.
scornful miè shì de, cháo xiào de.
scrape (to) guā chú, cā diào (remove by scraping); guā pò

(put a scrape on a surface).
scratch (to) kè, huà (make a line in something); zhuā, wā (with claws or nails); xiě de liáo cǎo (write sloppily).
scratch n. zhuā hén, náo hén (line in something); zhuā shāng (minor cut); liáo cǎo de zì tǐ (bad handwriting); guā cā shēng (sound).
scream n. jiān jiào shēng.
scream (to). jiān jiào, jiān shēng hǎn jiào.
screen (to) zhē bì (hide from view); shāi xuǎn (separate out); fàng yìng (project a movie).
screen n. píng fēng (portable divider); yín mù, píng mù (at movies); shāi zi (filter). **folding screen** píng fēng. **paper screen** zhǐ píng fēng.
screw luó xuán, luó dīng.
screwdriver luó sī qǐ zi.
scribble (to) luàn xiě, liáo cǎo de shū xiě.
scroll (to) shǐ chéng juǎn xíng (roll up). **to scroll down** gǔn dú.
scroll n. juǎn zhóu.
scruple gù lǜ, yóu yù.
scrupulous yán jǐn de (conscientious); gù lǜ duō de (with scruples).
scrutinize (to) zǐ xì jiǎn chá.
sculpture diāo kè, diāo kè yì shù (type of art); diāo kè pǐn (work of art).
sea hǎi, hǎi yáng (ocean); dà liàng (something very large). **Yellow Sea** huáng hǎi.
seal yìn zhāng (tool used to make a stamp in wax, as on a letter); fēng yìn (stamp or impression); hǎi bào (animal).
seal (to) gài zhāng, gài yìn (put a stamp or seal on); mì fēng (close tightly).
seam féng xiàn (line where two things meet); jiē fèng (ridge or indentation made where two things meet).
seamless wú fèng de.
search (to) sōu suǒ, jiǎn chá (examine carefully); tàn jiū, diào chá (investigate).
search n. sōu suǒ, sōu xún.
seashore hǎi àn, hǎi bīn.
seasickness yūn chuán.
season (to) gěi ... jiā tiáo wèi liào (flavor food); fēng gān (treat, as in wood).
season n. jì jié (time of year); shí jié (rainy or dry half of year); shí lìng, huó dòng qī (cyclical time). **rainy season** yǔ jì.
seat (to) shǐ ... zuò xià, shǐ ... jiù zuò (sit someone down); ān zhuāng (put something in place). **Please be seated.** qǐng jiù zuò.
seat n. zuò wèi (place to sit); zuò yǐ (chair).
second (to) zàn chéng, zhī chí.
second adj. dì èr de (after first); cì děng de (secondary, lesser).
second n. miǎo (1/60 of a minute); dì èr míng, dì èr wèi (the one after the first).
secondary dì èr de (second in rank); bù zhòng yào de (lesser); zhōng děng de (school).
secret adj. mì mì de, yǐn mì de (hidden); nèi bù de (known only by a few); shén mì de (mysterious).
secret n. mì mì (something kept hidden); mì jué (special method). **to keep a secret** bǎo shǒu mì mì. **to tell a secret** xiè lù mì mì.
secretary mì shū (person doing clerical work); bù zhǎng (in the government).
section n. duàn luò (part of writing); qū yù (geographical area); jié miàn, qiē miàn (cross section).
secure (to) bǎo hù (guard); dān bǎo (guarantee payment).
secure adj. ān quán de (safe); ān xīn de (calm, not anxious); wěn gù de (sturdy); kě kào de (reliable).

security ān quán (safety); ān quán cuò shī (thing that assures safety).
see (to) v.t. kàn (perceive with the eye); lǐ jiě (understand); kàn zuò (consider); v.i. kàn de jiàn (be able to see); kǎo lǜ (consider).
seed n. zhǒng zi (of a plant); méng yá (beginning of something).
seek (to) xún zhǎo (look for); zhuī qiú (try to get); shì tú (attempt). **self-service** wú rén shòu huò de.
seem (to) kàn qǐ lái xiàng (look like); hǎo xiàng (appear true).
seize (to) zhuā zhù, zhuō zhù (take hold of); zhǎng wò, lǐ jiě (understand).
seldom hěn shǎo, jī hū bù.
select (to) xuǎn zé, tiāo xuǎn.
selection xuǎn zé, tiāo xuǎn (act of selecting); bèi tiāo xuǎn de rén huò wù (person selected); jīng xuǎn, jīng yíng (the chosen few, the best).
self zì jǐ, zì shēn (oneself); sī lì, sī xīn (what is in one's interests). **by itself** dān dú de, dú lì de. **by oneself** dān dú, dú lì.
selfish zì sī de.
selfishness zì sī zì lì.
sell (to) v.t. mài, chū shòu (for money); chū mài (for a reward); shuō fú, shǐ ... zàn chéng (convince someone).
semicolon fēn hào.
senate cān yì yuàn.
senator cān yì yuán, cān yì yuàn chéng yuán.
send (to) sòng (put someone on his or her way); fā sòng (by means of communication); pài, pài qiǎn (send on mission); fàng chū (give off).
senior adj. nián zhǎng de (older); dì wèi jiào gāo de (superior in rank). **senior citizen** lǎo nián rén.
sensation gǎn jué, zhī jué (feeling); jī dòng (increased interest); hōng dòng (great excitement).
sensational gǎn jué de (having to do with sensation); hōng dòng de, sǒng rén tīng wén de (very interesting or exciting).
sense gǎn guān (as in five senses); gǎn jué (particular feeling); biàn bié lì, xīn shǎng lì (understanding, logic).
senseless wú yì yì de (without meaning); wú zhī jué de (unconscious).
sensibility mǐn gǎn xìng.
sensible kě jué chá de (able to be sensed); yǒu zhī jué de (with sensation); míng zhì de (showing good sense).
sensitive mǐn gǎn de (vulnerable to others' feelings); yì guò mǐn de (easily upset).
sensitivity mǐn gǎn xìng.
sentence (to) pàn jué.
sentence n. jù zi (group of words); pàn jué (as in legal system).
sentiment qíng xù (attitude); gǎn shāng (openness to romantic feelings).
sentimental gǎn qíng de (showing sentiment); gǎn shāng de (romantically appealing).
separate (to) v.t. fēn kāi, fēn gé (put apart); qū fēn, fēn bié (distinguish among); v.i. fēn kāi (come apart); tuō lí (move away from a group).
separate adj. fēn kāi de (apart); dān dú de (independent); gè bié de (unlike others).
separately fēn bié de.
separation fēn lí (act of separating); jiàn gé (space between).
September jiǔ yuè.
serene píng jìng de (still).
sergeant jūn shì (in the army); jǐng guān (in the police).
series yī xì liè (succession); cóng shū (as in a magazine); diàn shì xì liè jié mù (TV).
serious yán sù de (grave); rèn zhēn

de (diligent, earnest); yán zhòng de (important); zhòng yào de, zhòng dà de (not joking).
seriously yán sù de, rèn zhēn de.
sermon bù dào (at church); xùn jiè, xùn dǎo (long speech).
servant pú rén, yòng rén.
serve (to) xiào láo (work for); zhāo dài (in a restaurant); fú yì (in the military); mǎn zú (meet needs).
service fú wù, gōng zuò (work rendered); gōng yòng shì yè, gōng yì shè shī (public facility); zhāo dài (food service); xiào láo (work for someone).
session huì yì, huì qī.
set (to) fàng zhì (arrange or order); bù zhì, ān pái (make ready to be used); gù dìng (attach firmly); jiàn lì (establish).
set n. yī tào, yī zǔ (group); xià chén, rì luò (as in the sun); jī zǔ, shè bèi (as in TV or radio).
Everything is all set. yī qiè dōu zhǔn bèi jiù xù le.
headset ěr jī.
settle (to) v.t. ān pái (order); dìng jū (in a home); jiě jué (decide); v.i. dìng jū (make a home).
settlement dìng jū, ān dìng (in a new area); jiě jué, xié yì (decision or arrangement).
seven qī.
seventeen shí qī.
seventeenth dì shí qī.
seventh dì qī.
seventieth dì qī shí.
seventy qī shí.
several adj. jǐ gè (more than a few); bù tóng de (different); pron. jǐ gè.
severe yán lì de, yán gé de (harsh); jù liè de (uncomfortable); yán zhòng de (serious).
severity yán lì, yán gé.
sew (to) féng, féng zhì.
sewer féng rèn zhě (person who sews); xià shuǐ dào (for waste).
sex n. xìng, xìng bié.
female sex nǚ xìng.
male sex nán xìng.
sexual xìng de, yǒu xìng bié de.
shabby yī shān lán lǚ de (poorly dressed); pò làn de, shī xiū de (in poor condition).
shade (to) zhē dǎng (screen from sun); shǐ biàn àn (make dark).
shade n. yīn yǐng (hidden from the sun); zhé yáng wù, zhē péng (screen that blocks the sun).
shadow yīn yǐng, yǐng zi.
shady chéng yīn de, duō yīn de.
shake (to) v.t. yáo dòng, huàng dòng (move back and forth quickly); dòng yáo (make unsteady); v.i. yáo dòng (move back and forth); duō suo (shake).
shallow qiǎn de (not deep); fū qiǎn de (superficial).
sham adj. jiǎ de, xū jiǎ de.
sham n. jiǎ mào (deceptive quality); yàn pǐn (something that's not genuine).
shame (to) shǐ ... gǎn dào xiū chǐ (make feel shame); shǐ ... diū liǎn (dishonor).
shame n. xiū chǐ, xiū kuì (emotion); kě chǐ de rén huò shì (thing that causes shame).
shameful kě chǐ de, diū liǎn de.
shameless wú chǐ de.
shape (to) sù zào, shǐ chéng xíng (give form to); shǐ ... fú hé (put into a shape).
shape n. xíng zhuàng, wài xíng (visual character); xíng shì (particular form).
shapeless wú dìng xíng de.
share (to) v.t. fēn pèi, fēn tān (divide); cān yǔ (take part in); gòng xiǎng (share with someone); v.i. fēn xiǎng (take part).
share n. yī fèn (portion); fèn é, fēn pèi é (fair share).
shareholder gǔ dōng.
shark shā yú (fish); tān lán de rén,

piàn zi (ruthless person).
sharp adj. fēng lì de (fine point); tū rán de (acute); mǐn ruì de (smart); jiān ruì de (harsh).
sharpen (to) shǐ ... fēng lì.
shatter (to) v.t. fěn suì (break); pò huài, huǐ huài (severely damage); v.i. pò suì (break apart).
shave (to) tì, guā.
she tā.
shed n. xiǎo péng. **to shed tears** liú lèi.
sheep mián yáng (animal); dǎn xiǎo qiè nuò de rén (follower). **flock of sheep** yáng qún.
sheer jí báo de, tòu míng de (transparent); shí zú de, quān rán de (complete).
sheet bèi dān (on a bed); báo piàn (piece, as in paper).
shelf jià zi, gē bǎn.
shell jiǎo qiào (on a beach); dàn ké, guǒ ké (egg or nut); zǐ dàn ké (of a gun).
shelter (to) zhē bì, bǎo hù.
shelter n. bì nàn suǒ (refuge); zhē bì wù (cover); bǎo hù, bì hù (protection, cover).
shepherd n. mù yáng rén.
shield (to) bǎo hù, fáng wèi (protect); bì hù (cover).
shield n. dùn, dùn pái (armor); fáng hù xìng zhuāng zhì (general protective structure).
shift (to) v.t. yí dòng, biàn dòng (move position); v.i. gǎi biàn (change direction or place).
shift n. zhuǎn huàn, tì huàn (type change); zhuǎn xiàng (change of direction); lún bān zhí gōng (group of workers); lún bān gōng zuò shí jiān (work schedule).
shine (to) zhào yào, fā guāng.
Shinto rì běn shén dào jiào.
ship (to) v.t. yòng chuán yùn shū (transport by ship); v.i. shàng chuán, chéng chuán (get on a ship); chéng chuán lǚ xíng (travel by ship).
ship n. hǎi chuán (sailing); fēi chuán (space or air).
shipment zhuāng huò, zhuāng yùn.
shirt chèn shān, chèn yī.
shiver (to) duō suo, chàn dǒu.
shiver n. duō suo, hán chàn.
shock (to) v.t. shǐ ... zhèn jīng (emotionally); v.i. zhuàng jī (physically).
shock n. chōng jī (force); zhèn jīng, jīng è (emotional). **It was a shock to me.** zhè zhēn ràng wǒ chī jīng.
shocking lìng rén zhèn jīng de (emotionally); lìng rén yàn wù de (offensive).
shoe xié, xié zi. **What is your shoe size?** nín chuān jǐ hào xié?
shoot (to) shè zhòng, shè shāng (hit with a gun); fā shè (fire a gun); zhù shè (needle); tóu zhì, pāo chū (shoot out).
shooting shè jī, fā shè.
shop shāng diàn, diàn pù (store); chē jiān (machine shop). **butcher shop** ròu diàn.
shop (to) xuǎn gòu, mǎi.
shopping mǎi dōng xi, gòu wù. **to go shopping** mǎi dōng xi, gòu wù.
shore hǎi bīn, hǎi àn.
short duǎn de, ǎi de (not long or tall); duǎn shí jiān de (brief); duǎn quē de (not enough).
short distance duǎn jù lí.
shorten (to) suō duǎn, biàn duǎn.
shorthand sù jì.
shot shè jī (of a gun); zǐ dàn, pào dàn (bullet, etc.); qǐ tú, cháng shì (attempt); diàn yǐng jìng tóu (with a camera).
shoulder n. jiān, jiān bǎng.
shout (to) hǎn jiào, hū jiào. **to shout at (someone)** duì zhe mǒu rén dà shēng hǎn jiào.
shout n. hǎn jiào, hū jiào.
shove (to) tuī.
shove n. tuī, tuī kāi.

shovel chǎn, tiě qiāo.
show (to) v.t. zhǎn chū, chén liè (display); zhǐ yǐn (lead, bring); biǎo xiàn, biǎo shì (manifest); jiāo, gào sù (convince, demonstrate).
show n. zhǎn shì, xiǎn shì (display); zhǎn lǎn huì (exhibition); diàn tái huò diàn shì jié mù (TV or radio).
shower n. zhèn yǔ (short rain); lín yù (in the bathroom). **to take a shower** xǐ lín yù.
shrill jiān shēng de, cì ěr de.
shrimp xiā, xiǎo xiā.
shrine shèng dì, shén diàn.
shrink (to) shōu suō (constrict); suō xiǎo (lessen); wèi suō (from fear).
shrub guàn mù.
shun (to) duǒ kāi, bì kāi.
shut (to) guān shàng, guān bì (door); fēng bì (keep from exiting); tíng yè (stop a machine).
shut adj. guān de, guān bì de.
shy dǎn xiǎo de, yì shòu jīng xià de (skittish); hài xiū de, miǎn tiǎn de (withdrawn).
Siberia xī bó lì yà.
sick adj. shēng bìng de (ill); lìng rén zuò ǒu de (with disgust); n. bìng rén (patient). **to be sick** shēng bìng. **to get sick** shēng bìng.
sickness shēng bìng (state of being sick); jí bìng (illness); ě xīn (nausea).
side biān, biān xiàn (line); miàn (surface); shēn biān (next to someone); pài, yī fāng (as in teams). **to take sides** piān tǎn.
sideburns lián bìn hú zi.
sidewalk rén xíng dào.
siege bāo wéi, wéi gōng.
sigh (to) tàn qì, tàn xī.
sigh n. tàn qì, tàn xī.
sight shì lì (ability); fēng jǐng, míng shèng (attraction); yǎn jiè, shì yě (field of vision); xiān jiàn, yù jiàn (future).
sign (to) v.t. qiān míng (write signature); zuò shǒu shì (communicate using a sign); v.i. dǎ xìn hào (make a sign).
sign n. fú hào (symbol); biāo jì, biāo zhì (shows that something exists); shǒu shì (gesture).
signal (to) xiàng ... fā xìn hào (make a signal); yǐ xìn hào gào zhī (tell with signals).
signal n. xìn hào. **turn signal** chē liàng de fāng xiàng dēng.
signature qiān míng, shǔ míng.
significance zhòng yào xìng (being significant); yì yì (meaning).
significant yì wèi shēn cháng de (with meaning); yì yì zhòng dà de (important).
signify (to) v.t. biǎo shì (denote); biǎo míng (make something known); v.i. yào jǐn, yǒu zhòng yào xìng (have meaning).
Sikhism xī kè jiào.
silence (to) shǐ chén mò, shǐ ān jìng.
silence n. chén mò (being quiet); jì jìng (no sound).
silent jì jìng de (having no sound); chén mò de (taciturn); wèi shuō chū de (unspoken).
silk sī, sī chóu.
silkworm cán.
silly yú chǔn de (without sense); wú liáo de (not serious).
silver adj. yín de (made of silver); sì yín de (looking like silver); yín sè de (color).
silver n. yín, yín zi.
silverware yín qì.
silvery hán yín de (with silver); yín sè de, xiàng yín de (silverish in color).
similar xiāng sì de, lèi sì de.
similarity lèi sì, xiāng sì (being similar); xiāng sì zhī chù (something similar).
simile zhí yù, míng yù.
simple jiǎn dān de (uncomplicated);

pǔ sù de, jiǎn pǔ de (plain); pǔ tōng de (ordinary).
simplicity jiǎn dān, jiǎn yì (being simple); pǔ sù (plainness); chún pǔ (lack of pretense).
simply jiǎn dān de, jiǎn míng de (straightforward); jǐn jǐn (only); jué duì, fēi cháng (absolutely).
simulate (to) mó fǎng (imitate); mó nǐ (make a model).
simultaneous tóng shí de, tóng shí fā shēng de.
sin (to) fàn zuì (break religious law); mào fàn, wéi fǎn (do something offensive).
sin n. zuì, zuì è.
since adv. zì cóng … yǐ hòu; zì cóng; conj. zì … yǐ lái; jì rán, yīn wéi (because).
sincere zhēn chéng de, chéng zhì de.
sincerely zhēn chéng de, chéng zhì de.
sincerity zhēn chéng, chéng zhì.
sinew jīng lì, tǐ lì.
sing (to) chàng, gē chàng. **to sing a song** chàng gē.
Singapore xīn jiā pō.
singer gē shǒu.
single dān dú de (alone); gè bié de (separated); wèi hūn de (unmarried).
singular adj. wéi yī de (unique); dān gè de (only one); n. dān shù (not plural).
sinister xiōng xiǎn de, xiǎn è de.
sink (to) xià chén, chén mò (fall to bottom); xià chén, xià luò (drop down); shī luò, jǔ sàng (emotionally).
sink n. shuǐ cáo.
sip (to) xiǎo kǒu xiǎo kǒu de hē.
sir xiān shēng, gé xià. **Thank you, sir.** xiè xie nín, xiān shēng.
sister jiě, mèi (sibling); xiū nǚ (nun). **older sister** jiě jie. **sister-in-law** sǎo zi (older brother's wife), dì mèi (younger brother's wife). **younger sister** mèi mei.
sit (to) v.t. shǐ jiù zuò (make sit); tí gōng zuò wèi (provide a seat for); v.i. zuò (be seated); wèi yú (be located).
site dì diǎn, chǎng suǒ.
situation dì diǎn, wèi zhì (place where something is situated); qíng kuàng, chǔ jìng (circumstance); xíng shì, jú miàn (circumstances).
six liù.
sixteen shí liù.
sixteenth dì shí liù.
sixth dì liù.
sixtieth dì liù shí.
sixty liù shí.
size n. dà xiǎo, chǐ cùn (physical); chǐ mǎ (as in clothing).
skate (to) huá bīng, liū bīng.
skates n. bīng xié, liū bīng xié. **ice skates** liū bīng xié. **roller skates** liū bīng xié.
skeleton gǔ gé, gǔ jià (bones); gòu jià (supporting structure); tí gāng (outline).
skeptic n. huái yí zhě, chí huái yí tài dù de rén.
skeptical huái yí de.
sketch (to) huà chū cǎo tú, zuò chū tí gāng.
sketch n. cǎo tú, lüè tú (drawing); cǎo gǎo (quick report).
ski (to) huá xuě. **a pair of skis** yī duì huá xuě bǎn.
skill jì qiǎo (experience or training); jì yì, běn lǐng (something you must learn to do).
skillful líng qiǎo de, shú liàn de.
skin n. pí, pí fū (on a body); wài pí (external layer of something).
skirt qún zi (clothing); jiāo qū (outskirts).
skull lú gǔ, tóu gǔ.
sky tiān, tiān kōng. **blue sky** lán tiān.
slander (to) fěi bàng, zhòng shāng.
slander n. fěi bàng.
slap (to) pāi, zhǎng jī.
slap n. yī bā zhǎng, yī pāi (smack); wǔ rǔ (insult).
slate n. bǎn yán, shí bǎn.

slaughter (to) tú zǎi (animals); dà tú shā (people).
slaughter n. tú zǎi (animals); dà tú shā (people).
slave nú lì.
slavery nú lì shēn fèn (servitude); nú lì zhì dù (system).
sled n. xuě qiāo.
sleep (to) shuì jiào, shuì zhe.
sleep n. shuì jiào, shuì mián.
sleeve xiù zi (clothes); fēng tào (case).
slender xì cháng de (thin); miáo tiáo de (delicate).
slice (to) qiē chéng báo piàn (cut into pieces); qiē kāi, qiē xià (cut off).
slice n. báo piàn (piece); yī bù fen (share).
slide (to) huá, huá xíng (move); liū zǒu (move quietly); huá dǎo (slip).
slide n. huá xíng, huá dòng (motion); huá dào, huá miàn (board); huàn dēng piān (projected image).
slight (to) qīng shì, miè shì (disrespect); dài màn (ignore).
slight adj. qīng wēi de, wēi xiǎo de.
slip (to) v.t. shǐ huá dòng (slide); v.i. huá, huá dòng (move quietly); liū, qiāo qiāo zǒu (move easily).
slip n. diē dǎo (act of slipping); kǒu wù, bǐ wù (small mistake).
slipper tuō xié.
slippery huá de (making someone slip); yì huá luò de (prone to slipping).
slope n. xié pō, xié miàn.
slot n. xiá fèng, zhǎi kǒng.
slovenly bù xiū biān fú de, lā ta de.
slow adj. màn de, huǎn màn de (motion); màn cháng de (time); chí huǎn de, chí dùn de (slow-witted).
slowly huǎn màn de, chí huǎn de.
slowness huǎn màn.
slumber (to) shuì jiào (sleep); jìng zhǐ (dormant, inactive).
slumber n. shú shuì, ān mián.
sly jiǎo huá de, jiǎo zhà de.
small xiǎo de (little); wēi xiǎo de, bù zú dào de (unimportant); yòu xiǎo de (immature).
smart jī zhì de (intelligent); jīng míng de (shrewd); shí máo de (fashionable).
smash (to) v.t. dǎ suì (break something up); cuī huǐ (destroy); v.i. měng zhuàng (hit into); pò suì (break apart).
smear (to) v.t. tú shàng, mǒ shàng (stain); wū miè (reputation); v.i. biàn zāng (get dirty).
smell (to) v.t. wén dào (smell something); v.i. wén (use sense of smell); yǒu mǒu zhǒng qì wèi (make an odor).
smell n. xiù jué (sense); qì wèi (odor); wén (act of smelling).
smile (to) wēi xiào.
smile n. wēi xiào, xiào róng.
smoke (to) v.t. chōu yān, xī yān (cigarettes); xūn zhì (meat or fish); v.i. mào yān (give off smoke).
smoke n. yān, yān wù (as from a fire); chōu yān, xī yān (cigarettes).
smooth (to) shǐ píng huá (make level, smooth out); xiāo chú zhàng ài (ease the passage of). **to smooth over** xiāo chú, yǎn shì.
smooth adj. píng huá de, guāng huá de (regular surface); píng wěn de (not bumpy, as in a ride); shùn lì de (unobstructed).
smother (to) v.t. shǐ zhì xī (suffocate); mēn xī (a fire); v.i. zhì xī (suffocate).
smuggle (to) zǒu sī, tōu yùn.
snake shé.
snap (to) v.t. měng yǎo (bite at); hè chì (speak angrily); v.i. pī pā zuò xiǎng (make a snapping sound); kā chā zhé duàn (break with a snap).
snap n. pī pā shēng (sound); èn kòu (clasp); měng yǎo, měng zhuā

(bite).
snapshot kuài zhào.
snatch (to) qiǎng duó, jué qǔ.
sneer (to) jī xiào, jī xiào zhe shuō.
sneeze (to) dǎ pēn tì.
sneeze n. pēn tì.
snide cháo nòng de.
snore (to) dǎ hān.
snow (to) xià xuě, jiàng xuě.
snow n. xuě, xuě huā (substance itself). **snowfall** jiàng xuě. **snow storm** bào fēng xuě.
snowy xià xuě de, duō xuě de.
so yīn cǐ (because of); rú cǐ (to a certain degree); tóng yàng de (this way); zhè yàng (thus). **and so on** děng děng. **I think so.** wǒ zhè yàng rèn wéi de. **It is so.** shì zhè yàng de.
soak (to) v.t. shǐ … jìn tòu, pào (make very wet); xī, xī shōu (take in, such as water); v.i. jìn tòu (become saturated).
soap n. féi zào (cleaner); féi zào jù (soap opera).
sob (to) wū yè, chuò qì.
sob n. wū yè, chuò qì shēng.
sober qīng xǐng de (not drunk); yán sù de (solemn).
sociable hào jiāo jì de (a person); shè jiāo xìng de (atmosphere).
social shè huì de (of society); qún jū de (living together); shè jiāo de (friendly).
society shè huì (human relationships); xié huì, shè huì tuán tǐ (club); qún qī, qún luò (group of living creatures).
sock(s) duǎn wà.
socket chā zuò (opening for insertion); xiè, kǒng (hollow space).
soft róu ruǎn de (not hard); yuè ěr de (pleasant to the ear); wēn hé de (mild); hé ǎi de (not strict).
soften (to) v.t. shǐ róu ruǎn (make soft); jiǎn qīng, jiǎn ruò (weaken); v.i. biàn ruǎn (become soft).
soil (to) v.t. nòng zāng (make dirty); diàn wū (disgrace); v.i. biàn zāng (get dirty).
soil n. tǔ rǎng (topsoil); guó tǔ (country); wū wù (dirty material).
soldier jūn rén, shì bīng.
sole adj. dān dú de, wéi yī de.
sole n. jiǎo dǐ (bottom of foot); xié dǐ (bottom of shoe).
solemn zhuāng yán de, yán sù de (serious); lóng zhòng de (ceremonious).
solemnity yán sù, zhuāng yán.
solicit (to) kěn qiú (inquire); jiào suō (ask for something illegal).
solid adj. gù tǐ de (with a definite shape); shí xīn de (not hollow); jiē shí de, láo kào de (sturdy); n. gù tǐ (not a liquid or gas).
solitary dān dú de (alone); jì mò de (lonely); pì yuǎn de (remote).
solitude gū dú.
soluble kě róng de, kě róng jiě de.
solution jiě dá, jiě jué (answer); róng yè (broken down mixture); róng jiě (process of breaking down and mixing).
solve (to) jiě jué, jiě dá.
some adj. yī xiē (indefinite number); mǒu yī (unknown); pron. ruò gān; adv. dà yuē. **Give me some water, please.** qǐng gěi wǒ xiē shuǐ.
somebody pron. mǒu rén (unspecified person); n. zhòng yào rén wù (someone important).
somehow bù zhī hé gù.
someone pron. mǒu rén
something pron. mǒu shì wù (unspecific thing); n. zhòng yào de rén huò shì wù (something remarkable).
sometime adv. mǒu gè shí hòu (at indefinite time); adj. yǐ qián de (former).
sometimes yǒu shí hòu.
somewhat shāo wēi, yǒu yī xiē.
somewhere zài mǒu chù (indefinite

place); dà yuē (approximately).
son ér zi (child); hái zi (used as a familiar form of address for a young man). **son-in-law** nǚ xu.
song gē, gē qǔ. **popular song** liú xíng gē qǔ.
soon bù jiǔ (in the near future); lì kè (right away)
soot méi yān, yān huī.
soothe (to) shǐ píng jìng (make calm); huǎn hé, jiǎn qīng (ease).
sore adj. tòng de, téng tòng de.
sorry bào qiàn de, yí hàn de (regret); bēi āi de, bēi shāng de (causing sorrow). **I am sorry.** duì bù qǐ, hěn bào qiàn. **to be sorry** hěn yí hàn, hěn nán guò.
sort (to) fēn lèi, zhěng lǐ.
sort n. zhǒng lèi (a kind); tè zhēng, běn zhì (nature).
sort out (to) tiāo xuǎn chū.
soul líng hún (spirit); jīng huá, jīng suǐ (most important part).
sound (to) v.t. nòng xiǎng, shǐ fā chū shēng yīn (make something make a sound); v.i. fā chū shēng yīn (produce a sound); tīng qǐ lái xiàng (give an impression).
sound n. shēng yīn, gè zhǒng shēng yīn.
soup tāng.
sour suān de (acidic); huài pí qì de (temperament).
source lái yuán (where something comes from); yuán tóu (point of origin); xiāo xī lái yuán (informant).
south n. nán fāng (direction); nán bù (region); adj. nán fāng de (toward the direction); adv. zài nán fāng de, xiàng nán fāng de (in or from the south). **South Pole** nán jí.
southeast n. dōng nán fāng (direction); dōng nán bù (region); adj. dōng nán fāng de (toward the direction); adv. zài dōng nán, xiàng dōng nán (in or from the southeast). **Southeast Asia** dōng nán yà.
southern nán fāng de (in the south); yǒu nán fāng tè sè de (of the South).
southwest n. xī nán fāng (direction); xī nán bù (region); adj. xī nán fāng de (toward the direction); adv. zài xī nán, xiàng xī nán de (in or from the southwest).
sovereign n. jūn zhǔ, zuì gāo tǒng zhì zhě (supreme power); adj. zhǔ quán de (autonomous); yǒu zhì gāo quán lì de (with supreme power).
sow (to) bō, bō zhǒng (seeds); sàn bù (propagate).
space (to) gé kāi.
space n. kōng jiān, tài kōng (where things exist); kòng dì (empty space); chǎng dì (space for something). **outer space** tài kōng, wài céng kōng jiān.
spacecraft yǔ zhòu fēi chuán.
spacious kuān chǎng de, kāi kuò de.
spade chǎn, tiě qiāo.
Spain xī bān yá.
spare (to) v.t. chū ràng, tí gōng (give out); shǐ miǎn zāo (save from something); kuān shù (hold back).
spare adj. duō yú de (extra); kòng xián de (available); bèi yòng de (saved).
spark (to) v.t. jī qǐ (awaken); v.i. huǒ xīng jiàn luò (give off sparks).
spark n. huǒ huā, huǒ xīng.
sparkle (to) fàng chū huǒ huā (give off sparks); shǎn guāng (give off light); cái huá héng yì (perform very well).
sparrow má què.
speak (to) v.t. shuō mǒu zhǒng yǔ yán (use a language); shuō chū, biǎo dá (say out loud); v.i. shuō (make sounds); jiāo tán (say); yǎn jiǎng (give a speech). **Do you speak English?** nín

shuō yīng yǔ ma? **I speak Chinese.** wǒ shuō zhōng wén.
speaker shuō huà zhě, fā yán de rén (person); yáng shēng qì, huà tǒng (as in a stereo).
special tè bié de, tè shū de (distinct); zhuān mén de (of a certain person or thing).
specify (to) zhǐ dìng, jù tǐ shuō míng.
spectacle yǎn jìng (glasses); jǐng xiàng (something seen); zhǎn lǎn (public display).
spectator guān zhòng.
speculate (to) sī kǎo (think about); tuī cè (jump to conclusions).
speech biǎo dá néng lì (ability); yán yǔ (something spoken); yǎn jiǎng (public talk).
speed sù dù (rate of motion); kuài sù, xùn sù (quick action).
speedy kuài sù de, xùn sù de.
spell (to) pīn xiě (say or write letters); pīn zuò, zǔ chéng (make up a word).
spell n. fú zhòu, zhòu yǔ (magic); mó lì (attraction); yī duàn shí jiān (short while). **to cast a spell (on)** mí zhù.
spelling pīn zì, pīn xiě fǎ.
spend (to) huā fèi (use up); dù guò (time); làng fèi (waste).
sphere qiú, qiú tǐ (shape); fàn wéi, lǐng yù (as in sphere of interest).
spice xiāng liào, tiáo wèi liào.
spider zhī zhū.
spill (to) v.t. shǐ … yì chū (make something come out of a glass, for example); dào chū (spread things out of a container); v.i. yì chū (come out of a container).
spin (to) v.t. fǎng, fǎng zhī (as in wool); shǐ kuài sù xuán zhuàn (make rotate); v.i. kuài sù xuán zhuàn (rotate).
spirit jīng shén (mind); líng hún (soul); qíng xù (mood).
spiritual jīng shén de (of the spirit); zōng jiào de, shén shèng de (religious).
spit (to) v.t. tù chū (spit out of mouth); tū rán shuō chū (emit quickly).
spit n. tuò yè (saliva); tù tuò mò (act of spitting).
spite (to) kùn rǎo, qī fu.
spite n. è yì, yuàn hèn. **in spite of** bù guǎn, jǐn guǎn.
spiteful huái yǒu è yì de.
splash (to) pō, jiàn.
splash n. pō, jiàn (act or sound of splashing); jiàn qǐ de yè tǐ (liquid mass).
splendid shǎn yào de, càn làn de (bright or colorful); zhuàng guān de (grand); jié chū de (very good).
splendor guāng huī, guāng cǎi.
split (to) v.t. pī kāi, qiē kāi (break apart); shǐ fēn liè, shǐ fēn lí (separate); v.i. fēn kāi, liè kāi (become broken).
spoil (to) v.t. sǔn huài, huǐ huài (lessen value); chǒng huài (as in a child); v.i. biàn huài (become spoiled).
sponge n. hǎi mián, hǎi mián tǐ (used to clean); shā bù (medical).
spontaneous zì fā de, zì rán chǎn shēng de.
spoon n. tiáo gēng, sháo zi.
sport yùn dòng (physical activity); yóu xì, yú lè (pastime).
spot (to) v.t. nòng shàng bān diǎn (put a spot on); biàn rèn, rèn chū (detect); v.i. zhān shàng wū jì (become marked or spotted); zhēn chá (see from air).
spot n. diǎn, bān diǎn (mark or stain); chǎng suǒ (small area).
spotted yǒu bān diǎn de.
spray (to) pēn, pēn jiàn.
spread (to) zhǎn kāi (open up); sǎ, pū (spread over a surface); sàn bù (distribute); zhǎn shì (show completely).
spring (to) tiào, yuè (leap); tū rán

tiào chū (move suddenly); chū xiàn, fā shēng (appear suddenly).

spring n. chūn jì (season); quán (water); tán huáng (coiled metal).

sprinkle (to) sǎ, sàn bù.

sprout (to) fā yá (begin to grow); xùn sù shēng zhǎng (grow quickly).

spur (to) cì jī, biān cè.

spurn (to) miè shì, miǎo shì.

spy (to) v.t. jiān shì (spy on someone); v.i. zuò jiàn dié (commit espionage).

spy n. jiàn dié, mì tàn.

squadron zhōng duì.

squander (to) làng fèi, huī huò.

square zhèng fāng xíng (with four equal sides); fāng xíng wù (something square-shaped); guǎng chǎng (public space).

squeeze (to) jǐ, yā, zhà (press together); yā zhà (manipulate for information); jǐ rù (squeeze in).

squirrel sōng shǔ.

Sri Lanka sī lǐ lán kǎ.

stable n. jiù, mǎ jiù, niú lán (for animals); jiù lǐ de suǒ yǒu dòng wù (a group of animals).

stack (to) duī jī, duī qí.

stack n. yī duī, yī duǒ.

stadium tǐ yù chǎng, yùn dòng chǎng.

staff (to) wèi … pèi zhì gōng zuò rén yuán (give workers).

staff n. quán tǐ gōng zuò rén yuán.

stage n. gāo tái (raised platform); yǎn yì shì yè (acting profession); shí qī, jiē duàn (time); huó dòng chǎng suǒ (where something happens).
to set the stage (for) wèi … zuò zhǔn bèi.

stain (to) nòng zāng (make a spot); diàn wū, bài huài (hurt someone's reputation).

stain n. wū jì (spot); xiá cì, wū diǎn (on one's character).

stair(s) lóu tī, yī duàn lóu tī.

stammer (to) kǒu chī, jiē ba zhe shuō.

stammer n. kǒu chī, jiē ba.

stamp (to) cǎi, duò (with foot); gài yìn, gài zhāng (make an imprint); tiē yóu piào (put on postage).

stamp n. yóu piào (for letters); yìn mó (tool to make impressions); tú zhāng, yìn jì (impression).
postage stamp yóu chuō.

stand (to) v.t. chéng gōng dǐ yù (resist); rěn shòu (bear); v.i. zhàn lì (stand up); wèi yú (be standing).

stand n. shòu huò tíng (counter or booth); zhàn tái (place where one stands); tíng chē wèi (taxi stand).
taxi stand n. tíng chē wèi.

staple n. dìng shū dīng.

stapler dìng shū jī.

star n. xīng xīng (like the sun); xīng xíng wù (shape or figure); míng xīng (celebrity).

stare (to) níng shì, dīng zhe kàn.

start (to) v.t. kāi shǐ (begin); fā dòng, kāi dòng (put in motion or operation); v.i. kāi shǐ (begin something).

start n. kāi shǐ (beginning); chū fā diǎn, chū fā shí jiān (time or of beginning); qǐ pǎo xiàn (in a race).

starve (to) v.t. shǐ … ái è (make starve); ái è (suffer from lack of food).

state (to) xuān chēng.

state n. qíng kuàng, zhuàng tài (condition); guó tǐ (type of government); guó jiā (political body); zhōu (territory).

stately zhuāng yán de, hóng wěi de.

statement chén shù, jiǎng huà (act of stating); xuān yán (something stated).

station wèi zhi, gǎng wèi (position of someone or something); zhàn, suǒ (place of service).

statistic tǒng jì de.
statue diāo xiàng, sù xiàng.
bronze statue qīng tóng xiàng.
statute fǎ lìng (law); tiáo lì (rule).
stay (to) v.t. zǔ zhǐ (stop); v.i. bǎo chí (be stopped); jū liú, zàn zhù (stay over as guest); zàn tíng (pause).
stay n. tíng liú, dòu liú.
steady (to) shǐ … wěn gù, shǐ … wěn dìng.
steady adj. wěn gù de (solidly in place); jiān dìng de (purposeful); wěn dìng de (unchanging).
steak niú pái.
steal (to) tōu, qiè qǔ.
steam (to) v.t. zhēng (put into steam); v.i. zhēng fā (turn into steam); mí màn (steam or fog up).
steam n. zhēng qì, shuǐ zhēng qì.
steamer zhēng qì jī.
steel n. gāng, gāng tiě (metal); adj. gāng de (made of steel).
steep (to) jìn, pào.
steep adj. dǒu qiào de (slope); jí jù shēng jiàng de (quick).
steer (to) zhǎng duò (guide or drive); cāo zòng (turn toward a course of action).
stem n. jīng, gàn (main stem of a plant); gěng (smaller stalk of plant); bǎ shǒu, bǐng (part that supports). **to stem from** yuán zì, qǐ yuán yú.
stenographer sù jì yuán.
stenography sù jì, sù jì fǎ.
step (to) zǒu, yí dòng.
step n. yī bù, jiǎo bù (footstep); bù zhòu (step one, step two, etc.); tī jí, tái jiē tà bǎn (like stairs).
sterile bù shēng yù de (unable to reproduce); pín jí de (barren land).
sterilize (to) shā jūn, xiāo dú (clean completely); shǐ bù yùn (make unable to reproduce); shǐ pín jí (make land barren).
stern adj. yán gé de, yán lì de.
stew (to) dùn, wēi, wēi làn.
stick (to) v.t. niān zhù (as with glue); v.i. niān zhù (stay attached); jiān chí (stay resolute); qiǎ zhù (become obstructed).
stick n. gùn, bàng (piece of wood); guǎi gùn (walking stick).
stiff yìng de (hard to bend); bù líng huó de (as in joints); jú cù de, bù zì rán de (without grace).
stiffen (to) biàn yìng, shǐ biàn yìng.
still adj. jì jìng de (quiet); jìng zhǐ de (immobile). **Keep still!** bǎo chí bù dòng! **still life** jìng wù.
stimulate (to) cì jī, jī lì.
stimulus cì jī wù, cù jìn yīn sù.
sting (to) dīng, shì (like a bee); cì tòng (cause stinging pain); shǐ bù kuài, shì kǔ mèn (emotionally).
sting n. dīng, cì (act of stinging); shì shāng (as if by a bee).
stinginess xiǎo qì.
stingy xiǎo qì de, lìn sè de (with money); bù zú de, tài shǎo de (scanty).
stir (to) v.t. jiǎo, jiǎo dòng (as in a drink); jī qǐ, gǔ dòng (provoke, stir up).
stitch (to) féng, féng bǔ, féng rèn.
stitch n. yī zhēn, zhēn jiǎo (of a thread); zhēn fǎ (type of needle work).
stock (to) v.t. tí gōng huò wù (provide with); zhù cún (stock up).
stock n. zhù cáng (supply); cún huò (on hand in a store); jiā xù (animals); gǔ piào, gǔ fèn (stockmarket). **stock exchange** zhèng quàn jiāo yì suǒ. **to take stock (of)** qīng chá cún huò.
stocking cháng wà.
stomach wèi (organ); wèi kǒu (appetite).
stone shí tóu (pebble, rock); bǎo shí

(gem).
stool dèng zi.
stop (to) v.t. shǐ ... tíng zhǐ (make halt); zǔ zhǐ (keep from passing); tíng zhǐ (desist); v.i. tíng xià lái, tíng zhǐ.
stop n. tíng zhǐ (act of stopping); tíng liú chù, chē zhàn (place where one stops); jù hào (punctuation).
store shāng diàn (shop); zhù cáng (stock); gōng yìng (supplies). **department store** bǎi huò gōng sī.
stork guàn
storm bào fēng yǔ, bào fēng xuě (as in wind and rain); dà dòng luàn, dà sāo dòng (upheaval); bèng fā (outburst).
story gù shì (something one tells); bào dǎo, xīn wén (article in the news); lóu céng (floor). **to tell a story** shuō huǎng.
stove lú zi.
straight zhí de (not curving); zhí shuài de (honest and direct); chéng shí de (honest and fair).
straighten (to) nòng zhí, biàn zhí.
strain (to) v.t. lā jǐn (pull); niǔ shāng, lā shāng (injure); v.i. bù xiè, nǔ lì (try very hard).
strain n. lā jǐn (act of straining); jǐn zhāng (being strained); guò dù sǔn shāng (injury).
strange qí guài de (abnormal); mò shēng de (unknown).
stranger mò shēng rén (unknown person); shēng shǒu, xīn shǒu (someone new to something).
strap n. dài zi, pí dài.
straw dào cǎo, mài gǎn (hay); xī guǎn (drinking).
strawberry cǎo méi.
stray (to) mí lù (get lost); xián guàng (wander); piān lí (morally).
stray adj. mí lù de (lost); sàn kāi de (spread out).
stream (to) liú dòng (flow like a stream); liú chū (pour out); chuān liú bù xī (move as many).
stream n. hé liú, xiǎo xī (small river); yī lián chuàn (steady flow).
street jiē, jiē dào (road); jiē qū, jiē qū jū mín (community).
strength lì, lì liàng (being strong); cháng chù (useful characteristic).
strengthen (to) jiā qiáng, biàn qiáng.
strenuous jiān jù de.
stress (to) zhuó zhòng yú (emphasize); zhòng dú (a syllable); jiā yā lì yú (put under pressure).
stress n. zhòng diǎn, qiáng diào (importance); yā lì (pressure).
stretch (to) v.t. jiā cháng (lengthen); lā zhí (from one place to another); shēn chū (reach out); v.i. shēn zhǎn (stretch out over a distance).
strict yán gé de, yán lì de (discipline); jīng què de (precise).
stride dà bù, kuò bù.
stride (to) mài bù, dà bù zǒu.
strife dòu zhēng.
strike (to) dǎ jī (hit); pèng, zhuàng (crash into); cì rù (with a weapon); gōng jī (attack).
strike n. dǎ jī (act of hitting); gōng jī (attack); bà gōng (from work).
string n. xiàn, shéng zi (cord); yī chuàn (things arranged in a string).
strip (to) bō qù, qù chú (take away clothes); bō duó (take away rank or honors).
stripe n. tiáo wén.
strive (to) nǔ lì, fèn dòu.
stroke (to) fǔ, fǔ mō.
stroke n. dǎ, jī (act of striking); qiāo zhōng (a bell); zhòng fēng (brain injury).
stroll (to) sàn bù, màn bù.
strong qiáng zhuàng de (physically); jiān qiáng de (mentally or

morally); qiáng liè de (intense); jiān dìng de (hard to upset).
structure n. gòu zào (physical thing that is built); jié gòu (way something is built); tǐ xì (system of parts).
struggle (to) zhēng zhá (use muscles); dòu zhēng (try hard to solve a problem); nǔ lì (put forth great effort).
struggle n. nǔ lì, fèn dòu (hard effort); bó dòu (fighting).
stubborn wán gù de, jué jiàng de.
student xué shēng.
studious hào xué de, qín fèn de.
study (to) xué xí (use the mind); yán jiū (examine carefully); diào chá (look into).
I'm studying Mandarin. wǒ zhèng zài xué xí pǔ tōng huà.
study n. xué xí (studying); xué xí, qiú xué (research or reading); yán jiū (careful examination); shū fáng (room).
stuff cái liào (physical material); dōng xi (belongings).
stuff (to) tián mǎn, tián chōng.
stumble (to) bàn dǎo, shuāi dǎo (misstep); pán shān (move with difficulty); fàn cuò (make an error).
stump (to) kǎn fá, kǎn chéng shù zhuāng.
stump n. shù zhuāng.
stun (to) bǎ … dǎ hūn (daze); shǐ … dà chī yī jīng (amaze).
stunt tè jì, jué jì (daring feat).
stupendous jīng rén de, liǎo bù qǐ de.
stupid yún chǔn de, chí dùn de.
stupidity yú chǔn.
stupor huǎng hū, rén shì bù xǐng.
sturdy jiàn zhuàng de (physically strong); jiān gù de (well built); jiān jué de (resolute).
stutter (to) jiē ba, jiē ba zhe shuō.
style n. fēng gé, zuò fēng (personal flair); shí máo (fashion).
stylized chéng shì huà de.
subdue (to) zhì fú (conquer); yì zhì, kè zhì (lessen or weaken).
subject (to) shǐ … fú cóng (have authority over); shǐ … zāo shòu (expose to something).
subject n. xué kē (as in school); tí cái, zhǔ tí (work of art); duì xiàng (person in a study or examination).
subjective zhǔ guān de.
subjugate (to) zhēng fú, shǐ fú cóng.
sublime adj. chóng gāo de (noble); zhuó yuè de (excellent); n. gāo shàng de dōng xi (that which is sublime).
submission qū fú, fú cóng.
submissive shùn cóng de.
submit (to) v.t. shǐ … fú cóng (give in to someone); tí jiāo, tí chū (offer, as in a theory); v.i. fú cóng (give in).
subordinate (to) shǐ … cóng shǔ (give in to power); shǐ … fú cóng (subdue).
subordinate n. bù xià, xià jí.
subscribe (to) v.t. qiān shǔ (sign name); v.i. dìng yuè (as in a magazine).
subside (to) xià chén (become lower); píng xī, píng jìng (weaken).
subsidy bǔ zhù jīn.
subsist (to) shēng cún, cún zài.
subsistence shēng cún (act of subsisting); shēng jì (means of subsisting).
substance wù zhì (what something is made of); shí zhì (essence); nèi róng (solid part of something).
substantial shí … zhì de, zhēn zhèng de (true); fēng shèng de (ample); fù yù de (having wealth).
substantiate (to) zhèng shí (give proof); shǐ … jù tǐ huà, shǐ … shí tǐ huà (give form).
substitute (to) tì dài.
substitute n. tì dài pǐn, tì dài zhě.
substitution dài tì, qǔ dài.

subtle mǐn ruì de (making fine distinctions); wēi miào de, nán yǐ zhuō mō de (slight).
subtlety wēi miào, wēi miào zhī chù.
subtract (to) kòu chú, jiǎn qù.
subtraction jiǎn shǎo (taking away); jiǎn fǎ (arithmetic).
suburb jiāo qū, chéng jiāo.
succeed (to) v.t. jì ... zhī hòu (come after); v.i. jiē zhe fā shēng, jì chéng (replace in an office); chéng gōng (accomplish).
success chéng gōng (achievement); chéng gōng de rén (successful person).
successful chéng gōng de, yǒu chéng jiù de.
succession lián xù, jiē lián fā shēng (sequence); jì chéng, jì chéng quán (right).
successor jì chéng rén.
such adj. zhè yàng de (this kind); rú, xiàng (of a specific kind); adv. rú cǐ de (extremely); pron. zhè yàng de rén huò wù
sudden tū rán de, hū rán de.
suddenly tū rán.
sue (to) tí chū sù sòng, kòng gào.
suffer (to) v.t. zāo shòu, rěn shòu (sustain); v.i. shòu kǔ, shòu hài (be in pain).
suffering shòu kǔ (pain); tòng kǔ (source of pain).
sufficient chōng fèn de, zú gòu de.
sugar táng.
suggest (to) jiàn yì (make a suggestion); shǐ ... xiǎng qǐ (create a mental image); àn shì (show indirectly).
suggestion jiàn yì, tí yì.
suicide zì shā. **to commit suicide** zì shā.
suit (to) shǐ ... shì hé (make suitable); shì hé, fú hé yāo qiú (meet requirements); hé shì (be appropriate).
suit n. tào zhuāng (clothes); yī tào, yī zǔ (group). **bathing suit** yóu yǒng yī. **lawsuit** sù sòng. **three-piece suit** sān jiàn tào.
suitable hé shì de.
sulk (to) shēng qì.
sullen bù gāo xìng de, mèn mèn bù lè de.
sum zǒng shù, zǒng é (of addition); jí hé (group taken together).
sum up (to) gài kuò, jiǎn shù.
summary gài yào, zhāi yào.
summer xià tiān, xià jì.
summit dǐng diǎn (highest point); zuì gāo jí bié (highest level).
summon (to) zhào jí, zhào huàn.
summons chuán piào.
sumptuous háo huá de, shē chǐ de.
sun tài yáng (sun itself); yáng guāng, rì guāng (sunshine). **rising sun** zhāo yáng. **setting sun** xī yáng.
sunbeam yáng guāng, rì guāng.
sunburn shài bān, shài shāng.
Sunday xīng qī rì, xīng qī tiān.
sundry gè zhǒng gè yàng de.
sunny yáng guāng chōng zú de. **It's a sunny day.** jīn tiān tài yáng hěn hǎo.
sunrise rì chū, lí míng.
sunset rì luò, bàng wǎn (sundown); wǎn nián (decline).
sunshine yáng guāng.
sup (to) chuò, xiǎo kǒu hē.
superb hóng wěi de (majestic); jí hǎo de (very high).
superconductor chāo dǎo tǐ.
superficial biǎo miàn de (on the surface); fū qiǎn de (obvious).
superfluous guò duō de, duō yú de.
superintendent zhǔ guǎn, fù zé rén.
superior adj. shàng jí de (higher in rank); shàng děng de, yōu xiù de (better); yōu shì de, duō de (greater than).
superior n. zhǎng bèi, shàng jí. **to be superior (to)** shèng guò, qiáng guò.
superiority yōu shì, yōu yuè xìng.
superstition mí xìn.
superstitious mí xìn de.
supervise (to) guǎn lǐ, jiān dū.
supervision guǎn lǐ, jiān dū.

supper wǎn cān.
supplement (to) bǔ chōng, zēng bǔ.
supplement n. zēng bǔ, bǔ chōng wù (something added); zēng kān (as in a newspaper).
supplementary zēng bǔ de, zhuī jiā de.
supply (to) gōng yìng (make available); pèi bèi (equip with).
supply n. gōng yìng (act of supplying); gōng jǐ pǐn (something supplied); chǔ bèi (stored materials).
support (to) zhī chēng (bear weight of); zī zhù (give money, etc.); zhī chí (help a cause).
support n. zhī chēng, zhī chí (act of supporting); zhī chēng wù (something that supports).
suppose (to) jiǎ shè (take to be real); cāi xiǎng (believe).
suppress (to) zhèn yā (end with force); yì zhì (prohibit); rěn zhù (keep down).
supreme zhì gāo wú shàng de (most powerful); zuì zhòng yào de (most important).
sure adj. què xìn de (confident); bì dìng de (bound to be); adv. wú yí de (certainly).
surely wú yí de, yī dìng de.
surf (to) chōng làng.
surf n. hǎi làng, jī làng.
surface n. biǎo miàn, biǎo céng.
surgeon wài kē yī shēng.
surgery wài kē xué (branch of medicine); shǒu shù (operation); zhěn suǒ (doctor's office).
surmount (to) kè fú (overcome); dēng shàng (go to top).
surname xìng, xìng shì.
surpass (to) chāo yuè, shèng guò.
surprise (to) shǐ ... jīng qí, shǐ jīng yà.
surprise n. jīng yà, jīng qí (act of surprising); shǐ jīng yà de shì qíng (something that surprises).
surrender (to) tóu xiáng (give up control of); ràng yǔ (give up one thing for another); fàng qì (give up).
surrender n. tóu xiáng.
surroundings huán jìng, zhōu wéi huán jìng.
survey (to) v.t. zōng lǎn (take an overview); zǐ xì jiǎn chá (inspect); v.i. zuò diào chá (make a survey).
survey n. kǎo chá, diào chá (inspection); kǎo chá guò chéng (surveying); gài guān, zōng lǎn (overview).
survival shēng cún (act of surviving); cán cún wù, xìng cún zhě (something that has survived).
survive (to) v.t. bǐ ... huó dé cháng (live past); xìng miǎn yú, jīng lì (live through); v.i. huó zhe (stay alive).
susceptibility mǐn gǎn xìng, yì gǎn xìng.
susceptible yì shòu yǐng xiǎng de (easily influenced); yì shòu gǎn rǎn de (likely to be affected); mǐn gǎn de (overly sensitive).
suspect (to) huái yí, jué dé ... kě yí.
suspect n. xián yí fàn, shè xián rén, bèi huái yí de rén.
suspense xuán guà, xuán diào (being suspended physically); xuán ér wèi jué (uncertainty); yōu lǜ, jiāo lǜ (anxiety).
suspension zàn tíng, zhōng zhǐ.
suspicion cāi yí, huái yí.
suspicious kě yí de (arousing suspicion); duó yí de (being suspicious of others); biǎo shì huái yí de (showing suspicion).
sustain (to) wéi chí (keep alive); zhī chēng (support); bú jǐ (give food).
sustenance shòu zhī chí (being sustained); wéi shēng, shēng jì (keeping healthy); shí wù, yíng yǎng (something that keeps

alive or healthy).
swallow (to) tūn yàn (take into stomach); rěn shòu (put up with); tūn shì (use up).
swallow n. tūn yàn (act of swallowing); yàn zi (bird).
swamp zhǎo zé.
swan tiān é.
swap (to) xián guàng, sì chù màn yóu.
sway (to) v.t. shǐ ... yáo bǎi (make swing); yǐng xiǎng (influence); v.i. yáo bǎi (swing).
swear (to) xuān shì, fā shì.
sweat (to) chū hàn, shǐ chū hàn.
Sweden ruì diǎn.
sweep (to) v.t. dǎ sǎo, qīng lǐ (use a broom); xí juǎn (drive away).
sweet tián de (like sugar); kě ài de (personality); hé ǎi, qīn qiè (kind).
sweetness tián mì.
swell (to) v.t. shǐ ... péng zhàng (make something bigger); v.i. péng zhàng (become bigger); zēng qiáng, zēng dà (become stronger or more numerous).
swift xùn sù de (fast); fǎn yìng kuài de (in reaction time).
swiftly hěn kuài de, xùn sù de.
swim (to) v.t. yóu guò; v.i. yóu yǒng.
swindler piàn zi.
swing (to) v.t. shǐ ... yáo bǎi (make move back and forth); xuán guà (hang so something moves back and forth); v.i. bǎi dòng (move back and forth).
swing n. yáo bǎi (back and forth movement); huī dòng (punch or hit); qiū qiān (seat to ride on).
switch (to) gǎi biàn, zhuǎn biàn (transfer); jiāo huàn (swap); kāi qǐ (electical appliance). **to switch on** jiē tōng. **to switch off** qiē duàn.
switch n. kāi guān (electric); diào huàn, zhuǎn huàn (exchange); zhuǎn biàn (as in opinion).
light switch diàn dēng kāi guān.
Switzerland ruì shì.
sword jiàn.
syllable yīn jié.
symbol xiàng zhēng (standing for something else); fú hào (printed sign).
symbolic xiàng zhēng de.
symbolize (to) zuò wéi xiàng zhēng (be a symbol of); yòng fú hào biǎo shì (use a symbol to identify).
symmetrical duì chèng de.
symmetry duì chèng, yún chèng.
sympathetic tóng qíng de (with sympathy); zàn tóng de (inclined in one's favor).
sympathize (to) biǎo shì tóng qíng (show compassion); zàn tóng (understand another's feelings).
sympathy tóng qíng, tóng qíng xīn.
symptom zhèng zhuàng, zhēng zhào.
syrup táng jiāng.
system xì tǒng (parts that form a whole); lǐ lùn tǐ xì (ideas or beliefs); zhì dù (political, economic, or social).

T

table zhuō zi (furniture); biǎo, biǎo gé (of data).
tablecloth zhuō bù.
tablespoon dà tāng chí.
tacit wèi shuō chū de (unspoken); yǐn hán de (understood).
tacitly bù yán ér yù de.
taciturn chén mò guǎ yán de.
tack (to) yòng dà tóu dīng gù dìng (fasten); fù jiā (tack on as extra).
tack n. dà tóu dīng (nail)
tacky fā nián de.
tact jī mǐn, jī zhì.
tactful jī zhì de, yán xíng dé tǐ de.
tactfully jī zhì de, yán xíng dé tǐ de.
tactless bù lǎo liàn de, bù yuán tōng de.

tag n. biāo qiān, tiē zhǐ. **price tag** jià gé biāo qiān.
tail n. wěi ba (of an animal); xià bǎi (back end of something).
tailor cái feng.
Taipei tái běi.
Taiwan tái wān.
take (to) qǔ dé (obtain); zhuā zhù, wò zhù (grasp); chī, hē (food or drink); chéng zuò (as in a train); xū yào (need); jiē shòu (accept).
tale gù shì (story); huǎng yán (lie).
talent tiān fèn (ability); tiān cái (endowment); yǒu tiān cái de rén (person or group).
talk (to) v.t. shuō huà, tán huà (discuss); shuō mǒu zhǒng yǔ yán (speak a language); shuō fú (talk into); v.i. jiāo tán (converse).
talk n. jiāo tán (exchange); chuán wén, yáo yán (rumor); kōng tán (empty words).
talkative ài shuō huà de, duō huà de.
tall gāo de.
tall gāo de.
tame (to) shǐ ... wēn shùn, xùn huà.
tame adj. xùn huà de (domesticated); fú cóng de (submissive).
tampon wèi shēng jīn, yuè jīng mián sāi.
tangerine jú zi, gān jú.
tangle (to) v.t. shǐ ... hùn luàn (intertwine); v.i. jiū chán (get tangled up); chǎo jià (involve oneself in).
tank n. dà tǒng, dà xiāng, dà róng qì (storage tank); tǎn kè (armored vehicle).
Taoism dào jiào.
tape (to) lù yīn.
tape n. dài zi (strip); cí dài, lù yīn dài (recording). **tape recorder** lù yīn jī. **videotape** lù xiàng dài.
tar jiāo yóu, bǎi yóu.
tardy chí de, wǎn de (late); xíng dòng huǎn màn de (slow moving).
target bǎ zi (as in archery); pī píng de duì xiàng (of criticism); mù dì (goal). **on target** jī zhòng yào hài.
tarnish (to) shǐ shī qù guāng zé (make dull); féi bàng, diàn wū (as in a reputation).
tarry (to) dān ge.
task rèn wù, gōng zuò.
taste (to) v.t. pǐn cháng (food); cháng shì (experience); v.i. cháng qǐ lái (have a flavor).
taste n. wèi dào (sweet, salty, etc.); wèi jué (sense); jiàn shǎng lì (as in good taste); pǐn wèi (tasteful manner).
tax (to) duì ... zhēng shuì.
tax n. shuì, shuì jīn. **export tax** chū kǒu shuì. **import tax** jìn kǒu shuì. **income tax** shōu rù shuì. **sales tax** yíng yè shuì. **tax allowance** shōu rù zǒng shuì é. **tax base** kè shuì jī shù. **tax deduction** kè shuì jiǎn miǎn. **tax evasion** táo shuì, lòu shuì. **tax shelter** jiǎn miǎn suǒ dé shuì de hé fǎ shǒu duàn. **taxation** kè shuì, zhēng shuì. **tax-free income** miǎn shuì shōu rù. **to levy a tax** zhēng shuì.
taxi chū zū chē.
tea chá yè (leaves); chá (drink). **teabag** chá bāo, dài pào chá. **teacup** chá bēi. **teapot** chá hú. **teaspoon** chá chí.
teach (to) v.t. jiāo, jiāo shòu (give knowledge); jiào yù (show by example); v.i. jiāo shū (be a teacher).
teacher lǎo shī, jiào shī.
team n. duì, zǔ.
tear (to) v.t. sī, sī liè (tear apart); shǐ ... fēn liè (divide); v.i. bèi sī liè (get torn); chōng mǎn lèi shuǐ (fill with tears).
tear n. sī (act of tearing); liè fèng, pò chù (rip); yǎn lèi (as in crying).
tease (to) xì nòng (make fun of); shǐ

… fán nǎo (bother or annoy).
technical jì shù de (following a technique); zhuān yè de (of a particular subject). **technical assistance** jì shù yuán zhù.
technique jì shù (systematic process); jì néng, jì qiáo (way of doing something).
tedious dān diào fá wèi de.
telecommunications diàn xìn, wú xiàn diàn tōng xùn.
telegram diàn bào. **to send a telegram** fā diàn bào.
telegraph n. diàn bào.
telephone (to) dǎ diàn huà.
telephone n. diàn huà.
cell phone shǒu jī, yí dòng diàn huà.
cordless phone wú xiàn diàn huà.
tell (to) jiǎng, miáo shù (recount); mìng lìng, zhǐ shì (order); tōng zhī (notify)
temper (to) v.t. tiáo hé (change); duàn liàn (make strong).
temper n. xìng qíng
temperance jié zhì, jié yù.
temperate yǒu jié zhì de (restrained); wēn hé de (moderate).
temperature wēn dù. **to take one's temperature** liáng tǐ wēn.
tempest n. dà fēng bào (storm); sāo dòng (big commotion).
temple sì, miào, shèng táng.
temporary zàn shí de, lín shí de.
tempt (to) sǒng yǒng (try to lead astray); xī yǐn (be attractive); mào fēng xiǎn (provoke).
temptation yǐn yòu (act of tempting); yòu huò wù (something tempting).
tempting yòu rén de.
ten shí. **ten o'clock** shí diǎn. **ten thousand** yī wàn.
tenacious gù zhì de (persistent).
tenacity gù zhì, jiān chí.
tenant chéng zū rén, zū hù.
tend (to) v.t. zhào liào, zhào guǎn (care for); v.i. cì hòu, zhāo dài (have the care of); qīng xiàng (as in inclination).
tendency qū shì (general direction); kě néng xìng (general likelihood); piān hào (general predisposition).
tender (to) zhèng shì tí chū (make an offer); shǐ róu ruǎn (tenderize).
tender adj. nèn de (as in meat); yòu ruò de (young); wēn róu de (gentle).
tender n. zhào kàn rén (person who tends); tí chū (offer).
tennis wǎng qiú.
tense adj. lā jǐn de (stretched); jǐn zhāng de (nervous).
tense n. shí tài. **future tense** jiāng lái shí. **past tense** guò qù shí. **present tense** xiàn zài shí.
tension lā jǐn (act of stretching); jǐn zhāng (nervousness); jǐn zhāng jú shì (between people).
tent zhàng peng.
tenth dì shí.
tepid wēn rè de (warm); bù rè qíng de (emotionally distant).
term qī xiàn (time); xué qī (school); shù yǔ (word with meaning); tiáo kuǎn (of an agreement).
terrace lù tái, píng tái.
terrible kě pà de (fearful); jí dù de (extreme); zāo gāo de (unpleasant).
terrify (to) kǒng hè, shǐ … kǒng bù. **to be terrified (of)** bèi … xià yī tiào.
territory lǐng tǔ (area under authority of a country); xíng zhèng qū (part of a country); fàn wéi (area of interest).
terror kǒng bù (ability to cause fear); kǒng bù de yuán yīn (something that causes fear); kǒng jù (great fear).
test (to) v.t. shì yàn, cè shì (give someone an exam); v.i. jìn xíng cè shì (take an exam).
test n. cè shì (evaluation); kǎo shì (exam).

testify (to) v.t. biǎo míng (declare); zuò zhèng (in court); v.i. zhèng míng (testify to something).
testimony zhèng cí.
text yuán wén (printed words); zhèng wén (words other than title); kè běn (textbook).
Thailand tài guó.
than conj. bǐ. **less than** xiǎo yú, shǎo yú. **more than** bù zhǐ, duō yú.
thank (to) xiè xie, gǎn xiè. **Thank you very much.** fēi cháng gǎn xiè. **Thank you.** xiè xie nǐ.
thanks gǎn xiè, xiè xie. **to give thanks** gǎn xiè, xiè xie.
that adj. nà gè. **that person** nà gè rén. **That's it!** jiù shì zhè gè!
thaw (to) v.t. jiě dòng (make thaw); v.i. róng huà (warm); biàn nuǎn (become less stiff).
thaw n. róng huà, jiě dòng.
the zhè gè, nà gè.
theater jù yuàn (for plays); xì jù (performing arts).
their, theirs tā men de.
theme zhǔ tí (of art); zuò wén (written composition).
themselves tā men běn shēn, tā men zì jǐ.
then nà shí (at that time); rán hòu (next); nà me (in that case); jiē guǒ (consequently).
theoretical lǐ lùn de, lǐ lùn shàng de.
theoretically lǐ lùn de, lǐ lùn shàng de.
theory lǐ lùn (scientific explanation); xué shuō (assumption).
there zài nà lǐ (in that place); dào nà lǐ (to that place); zài nà yī diǎn shàng (in that matter). **there are** nà ér yǒu. **there is** nà ér yǒu.
thereafter cǐ hòu.
therefore yīn cǐ, suǒ yǐ.
thereupon yú shì, yīn cǐ.
thermometer wēn dù jì.
these zhè xiē.
thesis lùn tí (proposition); lùn wén (dissertation).
they tā men.
thick hòu de (not thin); chóu de (in consistency); cū de (bulky).
thicken (to) shǐ … biàn hòu, shǐ … biàn cū, shǐ biàn nóng (make thick).
thickness hòu dù.
thief xiǎo tōu, zéi.
thievery tōu qiè.
thigh dà tuǐ, dà tuǐ gǔ.
thimble dǐng zhēn.
thin shòu de (not fat); báo de (as in a piece); xī de (not dense); xì de (in diameter).
thing dōng xi (entity); wù, wù tǐ (substance of something); shì qíng (deed).
think (to) v.t. xiǎng (use the mind); rèn wéi (decide by thinking about); xiǎng yào (intend); v.i. kǎo lǜ (consider).
third dì sān.
thirst kě (for drink); kě wàng (desire). **to quench one's thirst** zhǐ kě.
thirsty kǒu kě de (wanting to drink); gān hàn de (dry); kě wàng de (craving).
thirteen shí sān.
thirty sān shí.
this adj. zhè gè (having just been mentioned); zhè (not that).
this one zhè gè.
thorn cì, jīng jí.
thorough quán miàn de (exhaustive); chè dǐ de (absolute).
though conj. suī rán (in spite of); jí shǐ (supposing); adv. kě shì (however). **Though it was raining …** kě shì zhèng zài xià yǔ.
thought sī suǒ (act of thinking); xiǎng fǎ (something held in mind); sī kǎo lì (reasoning); kǎo lǜ (consideration).
thoughtful shēn sī de (pensive); rèn zhēn sī kǎo de (careful); tǐ tiē

de (considerate).
thoughtless cū xīn de, qiàn kǎo lǜ de.
thousand qiān, yī qiān.
thrash (to) biān dǎ, tòng dǎ.
thread (to) v.t. chuān xiàn (pass through a needle); chuān guò (go carefully through); v.i. xiǎo xīn tōng guò (go carefully). **to thread a needle** chuān zhēn.
thread n. xiàn, xì sī.
threat kǒng hè, wēi xié (danger); è zhào (dangerous indication).
threaten (to) v.t. wēi xié (show a threat); yù shì (show a warning); v.i. wēi xié (be threatening).
three sān.
threshold mén kǎn (wood in doorway); rù kǒu (entrance); qǐ diǎn (beginning).
thrift jié yuē, jié jiǎn.
thrifty jié yuē de.
thrill (to) v.t. shǐ … jī dòng (give an intense emotion)
thrill n. zhàn lì, fā dǒu.
thrilling lìng rén máo gǔ sǒng rán de.
thrive (to) zhuó zhuàng chéng zhǎng (grow well).
thriving xīng wàng de.
throat yān hóu, hóu lóng.
throb (to) xīn tiào, bó dòng.
throne bǎo zuò (royal chair); wáng quán (royal rank or power).
throng dà qún, dà qún de rén.
through adv. chuān guò, tōng guò (from end to end); cóng tóu dào wěi (from beginning to end); chè dǐ de (thoroughly).
through prep. chuān yuè (from end to end); yóu, jīng guò (by way of); tōng guò (by means of); cóng tóu dào wěi (from beginning to end).
throughout prep. biàn jí, dào chù adv. dào chù, quán bù.
throw (to) v.t. tóu zhì, rēng (send into air); shǐ … shuāi dǎo (throw off).
thumb n. mǔ zhǐ.
thunder (to) dǎ léi, hōng hōng xiǎng.
thunder n. léi shēng.
Thursday xīng qī sì.
thus rú cǐ (this way); yīn cǐ (therefore).
thwart (to) fǎn duì, zǔ náo.
ticket piào, quàn (slip of paper); biāo qiān (tag). **parking ticket** wéi guī tíng chē fá dān. **ticket window** shòu piào chuāng kǒu. **admission ticket** rù chǎng piào.
tickle (to) sāo yǎng (make laugh through touching); dòu lè (tease with pleasure).
ticklish pà yǎng de (sensitive to tickling); yì nù de, yì biàn de (offended easily); jí shǒu de (as in a situation).
tide cháo, cháo xī (variation in ocean level); xiāo zhǎng, shèng shuāi (particular level of ocean); cháo liú (something that fluctuates). **high tide** gāo cháo. **low tide** dī cháo.
tidy adj. zhěng qí de, zhěng jié de. **to tidy up** shōu shí, zhěng lǐ.
tie (to) v.t. xì, shuān (attach with cord); dǎ jié (make by tying); v.i. kǔn, bǎng (be attached). **to tie a knot** dǎ jié. **to tie one's shoes** xì xié dài.
tie n. shéng suǒ (cord); lián xì, niǔ dài (something that connects); lǐng dài (necktie).
tiger hǔ, lǎo hǔ.
tight jǐn de (secure); mì fēng de (sealed); jǐn zhāng de (constricted); jǐn shēn de (skin tight).
tile n. wǎ, wǎ piàn.
till (to) gēng zuò, gēng zhòng.
till prep. zhí dào, zhí zhì.
tilt (to) qīng xié, shǐ … qīng xié.
timber shù mù, mù cái, mù liào.
time (to) wèi … què dìng shí jiān (for an event); jiào zhǔn shí jiān (adjust for time); jì lù sù

dù (record time of).
time n. shí jiān (past, present, future); shí kè (as in minutes or hours); shí qī, shí dài (period or interval); xū yào de shí jiān (time needed to do something). **What time is it?** xiàn zài jǐ diǎn le? **on time** zhǔn shí. **from time to time** yǒu shí, shí ér bù shí. **time share** fēn shí. **time zone** shí qū.
timid dǎn xiǎo de, dǎn qiè de.
timidity dǎn xiǎo, xiū qiè.
timing shí jiān xuǎn zé, shí jī zhǎng wò.
tin xī (metal); guàn tou (can or container).
tin can mǎ kǒu tiě guàn tóu.
tinkle (to) fā chū dīng dāng shēng.
tiny jí xiǎo de, wēi xiǎo de.
tip (to) shǐ … fān dǎo (tip over); qīng jī (hit gently); gěi xiǎo fèi (give money to).
tip n. jiān duān (end of a point); xiǎo fèi (extra money); àn shì, zhǐ diǎn (hint).
tip over (to) shǐ … fān dǎo.
tire (to) v.t. shǐ … pí juàn (make weak); shǐ … yàn fán (make someone disinterested); v.i. pí juàn (become tired); yàn fán (become impatient or bored).
tire n. lún tāi.
tired pí láo de (exhausted); yàn fán de (bored).
tireless bù zhī pí juàn de.
tiresome lìng rén yàn juàn de.
title n. tí mù, biāo tí (as in a book); zì mù (subtitle); chēng hào (form of address).
to xiàng, chāo zhe (towards); zhí dào (to the extent of); wèi le (in order to); yú … xiāng bǐ (compared with).
toad chán chú, lài há ma.
toast (to) kǎo, hōng kǎo.
toast n. kǎo miàn bāo piàn.
tobacco yān cǎo (plant); yān cǎo zhì pǐn (smoking products).
today n. jīn tiān (this day); adv. zài jīn tiān (on this day); dāng jīn (during this time); adj. xiàn zài (today's).
toe n. zhǐ, jiǎo zhǐ.
toenail jiǎo zhǐ jiǎ.
together zài yī qǐ (in one group or place); hù xiāng (mutually); hé jì (in total); tóng shí (at the same time).
toil (to) xīn kǔ láo dòng, kǔ gàn.
toil n. xīn kǔ, xīn láo.
toilet chōu shuǐ mǎ tǒng (toilet fixture); wèi shēng jiān (bathroom or stall).
token n. biāo zhì (indication or proof); xiàng zhēng (showing authority); dài bì (substitute for coin).
Tokyo dōng jīng.
tolerable kě róng rěng de, kě rěng shòu de.
tolerance róng rěng, kuān róng.
tolerant kuān róng de, róng rěng de.
tolerate (to) rěng shòu (allow); kuān róng (respect).
toll n. shuì, fèi yòng (fee); zhōng shēng (sound of a bell). **to take a toll (on)** kòu chú, shōu fèi.
tomato xī hóng shì, fān qié.
tomb fén mù.
tomorrow n. míng tiān (day after today); adv. zài míng tiān (on the day after today).
ton dūn.
tone n. yīn sè (sound); shēng diào (pitch of a word); yǔ qì (way of speaking or writing).
tongs qián zi.
tongue shé (in the mouth); yǔ yán (language).
tonight n. jīn wǎn (this night); adv. zài jīn wǎn (on this night).
too yě (also); guò duō de (more than enough); fēi cháng (very). **too expensive** tài guì de, hěn guì de.
tool qì jù, gōng jù.
tooth yá chǐ.
toothache yá tòng.

toothbrush yá shuā.
toothpaste yá gāo.
toothpick yá qiān.
top (to) xíng chéng dǐng bù, zhuāng shàng dǐng bù (be or give a top); dào dá dǐng bù (come to the top); duō yú, chāo guò (exceed).
top n. dǐng, dǐng duān (highest part); kāi tóu (earliest part); jí zhì, dǐng fēng (peak).
topic zhǔ tí (of an essay or speech); huà tí (of a discussion); biāo tí (part or subdivision).
torch n. huǒ jù, huǒ bǎ (flaming stick); shǒu diàn tǒng (flashlight).
torment (to) zhé mó, shǐ ... tòng kǔ.
torment n. zhé mó, tòng kǔ (great pain); xíng fá (torture).
torture n. zhé mó, tòng kǔ.
toss (to) v.t. pāo, zhì (throw casually); shǐ ... diān bō (throw around); v.i. pāo yìng bì (a coin).
total adj. zǒng tǐ de (whole); wán quán de (complete).
totality quán tǐ, zǒng tǐ.
totally wán quán de.
touch (to) v.t. chù mō (make physical contact with); xiāng jiē (meet without passing); gǎn dòng (emotionally); v.i. jiē chù (be in contact).
touching dòng rén de, gǎn rén de.
touchy yì nù de, bào zào de.
tough qiáng rèn de (strong, sturdy); qiáng zhuàng de (hardy); yán kù de (severe); kùn nán de, nán bàn de (difficult).
tour (to) guān guāng, yóu lǎn.
tour n. màn yóu, yóu lǎn. **on tour** màn yóu, zhōu yóu.
tourist yóu kè, lǚ yóu zhě. **Tourist Agency** lǚ xíng shè.
tournament jǐn biāo sài, bǐ sài.
toward cháo zhe (in the direction of); jiāng jìn (approximately in time); wèi le (by way of reaching).
towel n. máo jīn.
town zhèn (between a village and a city); shì qū, shāng yè zhōng xīn (commercial center).
toy wán jù, wān wù.
trace (to) v.t. gēn zōng (follow a course); zhuī sù (trace a history); chá chū (learn about through research); v.i. zhuī sù dào (trace back to).
trace n. zú jì (track, trail); hén jì, xiàn suǒ (remaining evidence); wēi liàng, yī diǎn diǎn (nearly invisible indication).
track (to) v.t. gēn zōng (follow); zhuī zōng, chá kàn (monitor progress); v.i. yán zhe guǐ dào zǒu (move on a course).
track n. guǐ jì, hén jì (trail left by something); lù jìng (path); pǎo dào (racetrack).
trade (to) v.t. jiāo huàn (exchange); jìn xíng gǔ piào jiāo yì (stock); v.i. mào yì, zuò mǎi mai (buy and sell).
trade n. mào yì (business); tóng háng (people working in an industry); jiāo yì (buying or selling).
trade union gōng huì.
tradition chuán tǒng, guàn lì.
traditional chuán tǒng de, guàn lì de.
traffic (to) jìn xíng mào yì huò jiāo yì.
traffic n. jiāo tōng (people or vehicles); mào yì, jiāo yì (buying and selling).
tragedy bēi jù, cǎn jù.
tragic yǒu guān bēi jù de (in drama); bēi cǎn de, bēi jù xìng de (terribly sad).
trail (to) v.t. tuō yè (drag behind); gēn zōng (follow a trail); v.i. luò hòu (lag behind).
trail n. hén jì (track left by movement of something); xíng zōng (course marked by a trail).

train (to) xùn liàn, péi yǎng (teach or coach); duàn liàn (prepare for, as in sports).
train n. huǒ chē, liè chē (railroad cars); yī liè, yī duì (line moving together); yī lián chuàn (as in thoughts).
training xùn liàn, liàn xí.
traitor mài guó zhě, pàn guó zhě.
trample (to) cǎi, tà (with feet); róu lìn (treat poorly).
tranquil píng jìng de, ān jìng de.
tranquility níng jìng, ān jìng.
tranquilizer zhèn jìng jì.
transaction bàn lǐ, chǔ lǐ. **business transaction** shāng yè jiāo yì.
transfer (to) zhuǎn yí (move something); diào dòng (move oneself); zhuǎn xué (schools).
transfer n. zhuǎn sòng, zhuǎn yí, zhuǎn ràng.
transformer biàn yā qì.
transgender kuà xìng bié zhě.
transistor jīng tǐ guǎn. **portable transistor radio** shǒu tí jīng tǐ guǎn shōu yīn jī.
transition zhuǎn biàn, yǎn biàn.
translate (to) v.t. fān yì (into another language); jiě shì (simplify wording); v.i. fān yì (do translation).
translation fān yì (act of translating); yì wén (text in translation). **lost in translation** fān yì mí shī.
translator fān yì, fān yì zhě.
transmission chuán sòng (act of transmitting); fā sòng, fā shè (sending data, etc.).
transmit (to) v.t. chuán sòng (send); chuán rǎn (make spread); chuán bō, jiāo liú (communicate); v.i. fā chū xìn hào (send out signal).
transparent tòu míng de (see-through, clear); xiǎn ér yì jiàn de (obviously seen).
transport (to) yùn shū, yùn sòng.
transport n. yùn shū, yùn sòng.
transportation yùn shū, yùn sòng (act of transporting); yùn shū yè (business of moving things or people); yùn shū gōng jù (way of moving around).
trap (to) v.t. shè xiàn jǐng (catch); shǐ ... xiàn rù kùn jìng (corner or trick); v.i. shè xiàn jǐng (set traps).
trap n. xiàn jǐng (snare for animals); quān tào, guǐ jì (trick).
trash n. lā jī.
travel (to) lǚ xíng (go somewhere); chuán sòng, chuán bō (as in light or sound); yí dòng (follow a course).
travel n. lǚ xíng, lǚ yóu.
traveler lǚ yóu zhě, lǚ xíng zhě.
tray pán zi, qiǎn pán.
treacherous bèi pàn de (breaking trust); bù kě kào de, kào bù zhù de (unreliable).
treachery bèi pàn.
treason pàn guó zuì (toward a government or country); bèi xìn (breaking personal trust).
treasonous pàn nì de.
treasure (to) zhēn xī (consider very valuable); zhēn cáng (gather and keep).
treasure n. cái fù (trove of wealth); zhēn bǎo, bǎo bèi (beloved person).
treasurer sī kù, cái wù yuán.
treasury bǎo kù, bǎo zàng (where a treasure is kept); jīn kù (storage of funds); guó kù (funds).
treat (to) duì dài (act a certain way); kàn dài (consider a certain way); qǐng kè (to dinner, etc.); zhì liáo, yī zhì (doctor).
treat n. kuǎn dài, zhāo dài (something paid for by another); lè shì (something pleasurable).
treatment dài yù, chǔ lǐ (way of handling or acting); zhì liáo (medical attention).
treaty tiáo yuē.

commercial treaty shāng wù tiáo yuē.
tree shù, shù mù.
tremble (to) chàn dǒu (shake); zhàn lì, dān xīn (be afraid).
trembling adj. fā dǒu de, chàn dǒu de.
tremendous jù dà de (very large).
trench gōu, qú.
trend qū xiàng (tendency); shí shàng (style).
trial shěn pàn, shěn wèn (legal); shì yàn (testing); kǎo yàn, mó nàn (painful experience).
on trial shòu shěn.
triangle sān jiǎo xíng.
tribal bù luò de, bù zú de.
tribe bù luò, bù zú.
tribulation kǔ nàn, mó nàn.
tribunal fǎ guān xí, shěn pàn yuán xí (judge's bench); zhì cái, cái pàn (something that can judge).
trick (to) qī piàn, hǒng piàn.
trick n. guǐ jì (attempt to fool); è zuò jù (mischief); qiào mén (skill).
trifle n. suǒ shì, xiǎo shì (something of little value); shǎo liàng (small amount).
trifling wēi bù zú dào de, bù zhòng yào de.
trim (to) shǐ zhěng qí, shǐ zhěng jié (clip or prune); xiū jiǎn, zhěng lǐ (cut off excess).
trim adj. zhěng qí de, zhěng jié de.
trim n. xiū jiǎn (clipping)
trimming zhěng dùn, zhěng lǐ.
trip (to) v.t. shǐ diē dǎo (make fall); v.i. bàn dǎo (stumble).
trip n. duǎn tú lǚ xíng. **to take a trip** jìn xíng yī cì duǎn tú lǚ xíng.
triple adj. sān bù fēn de (in three parts); sān bèi de (three times); n. sān bèi de shù (multiplied by three).
triumph (to) huò dé shèng lì (win); qìng zhù shèng lì (enjoy a victory).
triumph n. shèng lì, chéng gōng.
triumphant dé dào shèng lì de, dé yì yáng yáng de.
trivial suǒ suì de, bù zhòng yào de (insignificant); píng cháng de (not special).
troop (to) chéng qún jiē duì de zǒu.
troop n. jūn duì, bù duì (military); yī qún, yī duì (group).
trophy zhàn lì pǐn, shèng lì jì niàn wù.
trot (to) xiǎo pǎo, kuài sù qián jìn.
trouble (to) shǐ ... fán nǎo (cause pain); shǐ ... bù ān (cause distress); shǐ ... bù biàn (annoy). **Don't trouble yourself!** qǐng bù yào fèi shì le!
trouble n. kǔ nǎo, fán nǎo (distress); kǔ nǎo de yuán yīn (source of distress).
trousers kù zi, cháng kù.
truck kǎ chē, huò chē.
true zhēn de (real); kě kào de (reliable); zhōng shí de (faithful); zhēn chéng de (sincere).
truly zhēn chéng de (sincerely); zhēn shí de (truthfully).
trump wáng pái, yǒu xiào de bàn fǎ.
trumpet lǎ ba.
trunk shù gàn (of a tree); qū gàn (of a body); dà xíng lǐ xiāng (storage case).
trust (to) v.t. xìn rèn, duì ... yǒu xìn xīn (have confidence in); wěi tuō, tuō fù (put in another's care); xiāng xìn (believe)
trust n. xìn rèn, xìn lài (reliabilty); zé rèn, yì wù (being relied on).
trusting xìn rèn de, xiāng xìn de.
trustworthy zhí dé xìn rèn de, kě xìn lài de.
truth zhēn lǐ, zhēn xiàng (actuality); shí huà (a true statement). **to tell the truth** shuō shí huà.
truthful chéng shí de (honest); zhēn shí de (true).
truthfully chéng shí de (honestly); zhēn shí de (truly).
truthfulness zhēn shí.

try (to) v.t. shì tú, cháng shì (attempt); shì yàn, cháng shì (sample a taste); v.i. nǔ lì (put forth an effort). **to try to go** shè fǎ.
tuba dà hào.
tube n. guǎn, guǎn zi (hollow cylinder); dì xià suì dào (tunnel).
Tuesday xīng qī èr.
tumble diē dǎo
tumult xuān huá (noise of a crowd); sāo dòng (disturbance).
tumultuous xuān xiāo de, fēn luàn de.
tune (to) v.t. tiáo yīn (put in right pitch); tiáo zhěng, shǐ … hé xié (make harmonious); v.i. biàn de xié tiáo (get attuned).
tune n. qǔ diào (melody). **in tune** hé diào, hé xié.
tunnel suì dào, dì dào.
turf cǎo pí, cǎo dì.
turkey huǒ jī.
Turkey tǔ ěr qí.
turmoil dòng luàn, sāo dòng.
turn (to) v.t. zhuàn dòng (cause to turn around); zhuǎn xiàng (change position of something); shǐ … biàn huà, shǐ … gǎi biàn (alter); v.i. fān shū, fān yè (as in pages); biàn dé (make into). **to turn left** xiàng zuǒ zhuǎn. **to turn on the light** kāi dēng. **to turn right** xiàng yòu zhuǎn.
turn n. zhuǎn dòng (act of turning); guǎi wān chù (place where direction is changed); zhuǎn biàn shí qī (turning point in time); cì xù (as in take turns).
twelfth dì shí èr.
twelve shí èr.
twentieth dì èr shí.
twenty èr shí.
twice liǎng cì (two instances); liǎng bèi (doubled).
twilight lí míng, bó mù (time of day); wēi guāng (dimness).
twin n. shuāng bāo tāi zhī yī (born together); xiāng xiàng de rén huò wù (so similar as to be identical); adj. luán shēng de (being born together); xiāng tóng de, xiāng xiàng de (identical).
twist (to) v.t. niǔ, niǎn (wind); niǔ shāng (as in ankle); niǔ qū (change); v.i. niǔ qū, niǔ dòng (wriggle).
twist n. yī tuán, yī niǎn (something twisted); niǔ zhuǎn, xuán zhuàn (act of twisting); niǔ qū (facial twist).
two èr, liǎng gè.
type (to) dǎ zì.
type n. lèi xíng, pǐn zhǒng.
typewriter dǎ zì jī.
tyranny zhuān zhì (absolute ruler); bào zhèng (absolute unjust power).
tyrant bào jūn.

U

ugly chǒu lòu de, nán kàn de.
ulcer kuì yáng.
ulterior yǐn mì de (hidden); yǐ hòu de (later). **ulterior motive** bié yǒu yòng xīn.
ultimate zuì hòu de, zuì zhōng de (last); jī běn de (fundamental); zhōng jí de (best or greatest).
ultimately zuì hòu, zuì zhōng.
umbrella sǎn (for the rain); bǎo hù wù (cover or protector).
umpire (to) zuò cái pàn, cái dìng.
umpire n. cái pàn.
unable bù néng de (not able or authorized); wú néng lì de (not capable). **I'm unable to do it.** wǒ zuò bù dào.
unanimity wú yì yì, quán tǐ yī zhì.
unanimous yī zhì tóng yì de, quán tǐ yī zhì de.
unanimously yī zhì tóng yì de, quán tǐ yī zhì de.
unaware méi yǒu jué chá de, wèi yì

shī dào de.

unbearable nán yǐ rěn shòu de, wú fǎ rěn shòu de.

unbelievable nán yǐ zhì xìn de.

unbutton (to) jiě kāi … de niǔ kòu.

uncertain bù què dìng de (not known); yì biàn de (liable to change).

uncertainty wú cháng, bù què dìng.

unchangeable bù kě gǎi biàn de, wú fǎ gǎi biàn de.

uncle shū shu, jiù jiu (mother's brother); gū fù, yí fù (aunt's husband); shū shu (father's younger brother), bó bo (father's older brother, form of address for an older man, especially by children).

uncomfortable bù shū fú de (physically); bù ān de (ill at ease).

uncommon bù píng cháng de, bù cháng jiàn de.

unconscious wú yì shī de (knocked out); bù zhī dào de (happening beyond awareness); wú yì de, bù zì jué de (involuntary).

unconsciously wú yì zhōng, bù zhī bù jué de.

uncover (to) v.t. jiē kāi gài zi (take cover off); jiē lù, xiǎn xiàn (show).

undecided wèi jué dìng de, wèi jiě jué de.

undeniable bù kě fǒu rèn de, wǔ kě zhēng biàn de.

under prep. zài … xià miàn (below); lì shǔ … zhī xià (under control of); shòu … yǐng xiǎng (undergoing); shǎo yú (less than); adv. zài xià miàn, dào xià miàn (beneath); adj. xià miàn de (lower-level).

underdeveloped fā zhǎn bù chōng fèn de, bù fā dá de. **underdeveloped country** bù fā dá guó jiā.

undergo (to) jīng lì (experience); zāo shòu (endure).

underground adj. dì xià de (below ground); yǐn mì de, mì mì de (hidden); n. dì tiě (subway); adv. zài dì xià (below ground); mì mì de (secret).

underline (to) zài … xià miàn huá xiàn (draw a line under); qiáng diào (stress).

underneath prep. zài … xià miàn; adv. zài xià miàn, dào xià miàn; adj. jiǎo dī de, xià miàn de

understand (to) lǐ jiě (comprehend); liǎo jiě (know well); míng bái, tīng dǒng (understand someone's meaning); liàng jiě (sympathize with).

understanding adj. tōng qíng dá lǐ de.

undertake (to) zhuó shǒu, cóng shì (decide to do); chéng dān (make a commitment to).

undertaking rèn wù, jì huà (task); bǎo zhèng, yuē dìng (promise or guarantee).

undesirable lìng rén bù kuài de (not likely to please); bù xū yào de, bù shòu huān yíng de (unwanted).

undignified bù zhuāng zhòng de, bù tǐ miàn de.

undo (to) v.t. qǔ xiāo, huī fù (reverse); jiě kāi (take apart); v.i. dǎ kāi, sōng kāi (come open).

undress (to) tuō yī fú, shǐ … tuō xià yī fú.

uneasiness bù ān.

uneasy bù ān de, dān xīn de (without a feeling of security); bù zì zài de (awkward).

unemployed shī yè de (without a job); wèi bèi shǐ yòng de (unused).

unequal bù děng de (not the same); bù píng děng de (in rank or socially).

uneven bù píng tǎn de, bù guāng huá de (not level); bù xiāng děng de (not equal); bù shì jūn

lì di de (with unmatching parts).
uneventful wú zhòng dà shì gù de, wú zhòng dà shì jiàn de.
unexpected xiǎng bù dào de, yì wài de.
unexpectedly chū hū yì liào de.
unfailing wú qióng wú jìn de (with a steady supply); kě kào de (infallible).
unfair bù gōng píng de (unjust); bù zhèng dāng de (illegal or against expectations).
unfaithful bù zhōng shí de (breaking promises); bù què qiè de, bù rú shí de (inaccurate).
unfamiliar bù shú xī de (unacquainted with); mò shēng de (not knowing).
unfavorable bù shì yí de, bù shùn lì de (likely hold back); fǎn duì de (opposed to).
unfit adj. bù shì yí de, bù shì dàng de.
unfold (to) v.t. dǎ kāi, zhǎn kāi (open and spread); zhǎn xiàn, zhú jiàn pī lù (tell over time, as in a story); v.i. zhǎn kāi (become spread out); jiàn jiàn xiǎn lù (be told over time, as in a story).
unforeseen wú fǎ yù jiàn de.
unforgettable nán wàng de.
unfortunate adj. bù xìng de (with bad luck); kě xī de, yí hàn de (regrettable); n. bù xìng de rén (someone with bad luck).
unfortunately bù xìng de (unluckily); kě xī de, yí hàn de (regrettably);
ungrateful bù gǎn ēn de, wàng ēn fù yì de.
unhappily bù xìng fú de, bù kuài lè de.
unhappiness yōu chóu, kǔ nǎo.
unhappy bù xìng fú de, bù kuài lè de.
unharmed wèi shòu shāng hài de, píng píng ān ān de.
unhealthy bù jiàn kāng de (physical state); yǒu hài jiàn kāng de (harmful to the health).
unhesitatingly bù chóu chú de, xùn sù de.
unhurt méi yǒu shòu shāng de, wèi shòu sǔn de.
uniform adj. yī guàn de, bù biàn de (not changing); yī lǜ de, guī gé yī zhì de (following a standard); quán bù xiāng tóng de (same as others).
uniform n. zhì fú.
uniformity tóng yī, yī zhì.
uniformly tóng yī de, yī zhì de.
unify (to) tóng yī, shǐ ... chéng yī tǐ.
unimportant bù zhòng yào de.
unintentionally bù shì gù yì de, wú xīn de.
uninviting bù xī yǐn rén de.
union lián hé (act of uniting); tóng méng, lián méng (a group made by uniting); gōng huì (labor union).
unique wéi yī de (one of a kind); dú tè de (particular).
unit gè tǐ, dān wèi, dān yuán (building block of a whole); xiǎo zǔ (distinct part of a whole); jiào xué dān yuán (academic).
unit price dān wèi jià gé, dān jià.
unite (to) v.t. jiē hé (make into a whole); lián hé (bring people together into a whole); v.i. tuán jié (band for a common purpose).
united lián hé de (combined); tuán jié yī zhì de (harmonious).
United Nations lián hé guó.
United States měi guó, měi lì jiān hé zhòng guó.
unity tǒng yī (combination into a whole); tuán jié, hé mù (agreement, accord).
universal quán shì jiè de (world-wide); quán tǐ de (involving all members of a group); pǔ biàn de (for all situations).
universe yǔ zhòu (cosmos); quán

shì jiè (all things on earth); quán rén lèi (human race).
university dà xué, zōng hé xìng dà xué (as in college); dà xué xiào yuán (buildings and areas of a college); dà xué shī shēng (student body and faculty).
unjust bù gōng píng de.
unjustifiable wú lǐ de, bù néng rèn wéi shì ... hé lǐ de.
unkempt tóu fa méi shū de, tóu fa péng luàn de (not combed); luàn zāo zao de, bù zhěng jié de (not kept up).
unkind bù hé shàn de, léng kù de.
unknown adj. wèi zhī de (not known); n. wú míng zhě (that which isn't known).
unlawful bù hé fǎ de
unless conj. rú guǒ bù, chú fēi; prep. chú le.
unlikely bù tài kě néng de.
unlimited wú xiàn zhì de (without restrictions); jí dà de, wú biān de (without boundaries).
unload (to) xiè huò (take away a load); jiě chú fù dān (relieve of something).
unlucky bù xìng de (having bad luck); lìng rén yí hàn de (without intended result).
unmask (to) v.t. qù diào miàn jù (take off a mask); jiē lù (show the true character); v.i. tuō qù miàn jù (take off one's mask).
unmistakable bù huì nòng cuò de.
unmistakably bù huì nòng cuò de.
unnecessary bù bì yào de, duō yú de.
unoccupied wèi bèi shǐ yòng de (not used); wú shì de, kòng xián de (not busy).
unofficial fēi guān fāng de, fēi zhèng shì de
unpack (to) dǎ kāi bāo guǒ.
unpleasant lìng rén bù kuài de.
unpublished wèi gōng kāi chū bǎn de, wèi fā biǎo guò de.
unquestionable háo wú yí wèn de, bù chéng wèn tí de.
unquestionably háo wú yí wèn de, bù chéng wèn tí de.
unravel (to) chāi kāi, jiě kāi.
unreal bù zhēn shí de, xū huàn de.
unreasonable bù lǐ zhì de, bù jiǎng lǐ de (without reason); bù hé lǐ de (beyond reasonable).
unrecognizable wèi bèi chéng rèn de.
unreliable bù kě kào de.
unrest bù ān, dòng dàng.
unrestrained guò dù de (uncontrolled); bù jū jǐn de, zì yóu de (without constraint).
unrestricted wú xiàn zhì de, bù shòu jū shù de. **unrestricted access** wú xiàn zhì rù kǒu.
unroll (to) jiě kāi, dǎ kāi.
unsafe bù ān quán de, wēi xiǎn de.
unsatisfactory bù lìng rén mǎn yì de.
unsatisfied wèi mǎn zú de, bù mǎn yì de.
unscrupulous háo wú gù jì de, sì wú jì dàn de.
unseemly bù tǐ miàn de, bù hǎo kàn de.
unseen bù kě jiàn de, kàn bù jiàn de.
unselfish bù zì sī de, wú sī xīn de.
unspeakable wú fǎ miáo huì de (not describable); huài bù kān yán de (very bad); bù kě shuō de (not to be spoken).
unstable bù wěn dìng de, yì biàn de (changing greatly); bù wěn de (not steady).
unsteady bù wěn gù de (not solid or secure); bù wěn dìng de (fluctuating).
unsuccessful bù chéng gōng de, shī bài de.
unsuitable bù shì hé de, bù shì yí de.
unthinkable wú fǎ xiǎng xiàng de (impossible to imagine); nán yǐ zhì xìn de (improbable); bù bì kǎo lǜ de (not to be thought of).
untidy bù zhěng jié de (not neat); hùn luàn de (lacking

organization).

untie (to) v.t. sōng kāi, jiě kāi (undo); jiě fàng, shǐ … jiě tuō (free from binds); v.i. jiě kāi (become undone).

until prep. zhí dào (up to a certain time); zài … zhī qián (before); conj. zhí dào (up to the time when); zài … zhī qián (before). **until now** dào xiàn zài wéi zhǐ.

untouchable bù néng pèng chù de (not to be touched); pèng bù dào de, bù kě jí de (not in reach).

untrue bù zhēn shí de.

untrustworthy bù kě xìn lài de, kào bù zhù de.

unusual bù yī bān de, bù xún cháng de.

unwarranted méi yǒu bǎo zhèng de, méi yǒu gēn jù de.

unwell bù shū fú de.

unwholesome duì shēn xīn yǒu hài de.

unwilling bù yuàn yì de, bù qíng yuàn de.

unwise bù cōng míng de, bù míng zhì de.

unworthy bù zhí dé de (not worth enough); wú jià zhí de (without value).

unyielding jiān yìng de (unbending); bù qū fú de, wán qiáng de (not to be pursuaded).

up adv. cháo shàng de (higher); qǐ lái, qǐ shēn (upright); qián jìn, zēng jiā, wán shàn (increasing or improving); wán quán (completely); prep. xiàng gāo chù (from lower to higher); adj. cháo shàng de, xiàng shàng de (facing upward). **to eat up** chī wán. **to give up** fàng qì.

upheaval jǔ qǐ, tái qǐ (being heaved upward); jù biàn (violent disruption).

uphold (to) tái gāo, jǔ qǐ (hold high); zhī chí (hold against opposition).

upkeep n. wéi xiū, bǎo yǎng (maintenance); bǎo yǎng fèi (cost of maintenance).

upon zài … zhī shàng.

upper wèi zhì jiào gāo de, zhí wèi jiào gāo de (position or rank); wèi yú gāo dì de (elevation of ground); nèi dì de (farther inland).

upright adj. zhí lì de, shù lì de (vertical); zhèng zhí de (moral); adv. bǐ zhí de (vertically).

uprising shēng qǐ (act of rising); qǐ yì, bào dòng (revolt).

uproar xuān xiāo, sāo dòng.

upset (to) shǐ … fān dǎo (tip over); dǎ luàn, rǎo luàn (disturb the functioning of something); shǐ … xīn fán yì luàn (emotionally).

upset adj. nòng fān de (upside down); xīn fán yì luàn de (emotionally).

upset n. diān fù (act of upsetting); xīn fán yì luàn (disturbance).

upside down diān dǎo, hùn luàn.

upstairs adv. wǎng lóu shàng (up the stairs); wǎng lóu shàng, zài lóu shàng (higher floor); adj. lóu shàng de; n. lóu shàng.

upward adj. xiàng shàng de, cháo shàng de (directed toward up); zài shàng fāng de, xiàng shàng fāng de (to a higher place).

uranium yóu.

urge (to) tuī jìn (push forward); kěn qiú (plead with); jí lì zhǔ zhāng (push for something).

urgency jǐn jí, jí pò (being urgent); jǐn jí shì jiàn (something very necessary).

urgent jǐn jí de, pò qiè de.

urinate (to) pái niào, xiǎo biàn.

urine niào, xiǎo biàn.

us wǒ men.

use (to) yòng, shǐ yòng (put into service); xíng shǐ, yùn yòng (practice); lì yòng (for an end or purpose).

use n. yòng, shǐ yòng (act of using);

shǐ yòng fāng fǎ (way of using); yòng tú (purpose); hǎo chù, xiào yòng (advantage). **to be of use** yǒu yòng. **used to** guàn cháng, guàn yú. **I am used to waking up early.** wǒ xí guàn zǎo qǐ.
useful yǒu yòng de, yǒu yì de.
useless wú yòng de, wú yì de.
usher (to) v.t. yǐn dǎo (act as usher to); xuān gào (introduce); v.i. dān rèn yǐn zuò yuán (act as an usher).
usher n. yǐn zuò yuán.
usual tōng cháng de (common); cháng yòng de (customary); guàn lì de (normal or regular).
usually tōng cháng.
usurp (to) cuàn duó (take illegally); fēi fǎ qiáng zhàn (take over).
utensil qì jù, qì mǐn.
utility n. gōng yòng, xiào yòng (being useful); yǒu yòng de dōng xi (something useful); gōng gòng shì yè (public service). **The rent includes utilities.** fáng zū bāo kuò shuǐ diàn děng fèi yòng.
utilize (to) lì yòng.
utmost adj. zuì yuǎn de (most distant); jí dù de (greatest or highest).
utter (to) fā chū shēng yīn, shuō huà.
utter adj. wán quán de, chè dǐ de.
utterly wán quán de, chè dǐ de.

V

vacant kōng de (empty); kòng quē de (unoccupied); kòng xián de (without any activity).
vacation jià qī, xiū jià. **to go on vacation** dù jià. **to take a vacation** xiū jià.
vacillate (to) yáo bǎi, bǎi dòng (sway back and forth); yóu yí bù dìng (be indecisive).
vagina yīn dào.
vague hán hu de (unclear); mó hu de, bù qīng xī de (indefinite shape).
vain méi yǒu jiē guǒ de (without desired outcome); méi yǒu jià zhí de (worthless). **in vain** tú láo, wú yì de.
valiant yǒng gǎn de, yīng yǒng de.
valid yǒu gēn jù de (well grounded); yǒu xiào de (bringing about the right results); hé fǎ de (legal).
validity yǒu xiào xìng, zhèng què xìng.
valley shān gǔ.
valuable adj. guì zhòng de (monetary); yǒu jià zhí de, yǒu yòng de (important).
valuables guì zhòng wù pǐn.
value n. jià zhí (fair amount for something); yì chù (usefulness or importantance).
value (to) gěi ... gū jià (determine the value); kàn zhòng, zhòng shì (regard highly).
valued guì zhòng de, zhòng yào de.
valve fá, fá mén.
vanilla n. xiāng cǎi (plant); adj. xiāng cǎo wèi de (flavored).
vanish (to) xiāo shī, xiāo sàn.
vanity xū róng (too much pride); wú yòng (worthlessness).
vanquish zhēng fú (defeat); kè fú (overcome).
vapor zhēng qì, shuǐ zhēng qì.
variable adj. yì biàn de (likely to vary); n. yì biàn de dōng xi (something that varies).
variance biàn huà (act of varying); biàn liàng, piān chā (between expectation and actual occurence).
variation biàn huà, biàn gēng (act of varying); biàn huà de fàn wéi (how much something varies).
varied gè zhǒng gè yàng de.
variety duō yàng huà (being varied); gè zhǒng dōng xi de zǔ hé

(collection of things); zhǒng lèi (particular kind).
various gè zhǒng gè yàng de (having diversity); duō fāng miàn de (multisided); hǎo jǐ gè de (more than one).
varnish (to) shuā shàng qīng qī (put on varnish); shǐ … yǒu guāng zé (finish smoothly).
vary (to) v.t. gǎi biàn (cause changes); shǐ … duō yàng huà (make various); v.i. biàn huà (show change).
vase píng zi, huā píng. **flower vase** huā píng.
vast jù dà de (large quantity); guǎng kuò de (large extent).
vault gǒng dǐng.
veal xiǎo niú ròu.
vegetable shū cài.
vehemence rè liè, měng liè.
vehement rè liè de, měng liè de.
vehicle jiāo tōng gōng jù (something that transports); chē liàng (motor vehicle).
veil n. miàn shā, miàn zhào.
veil (to) gài shàng miàn shā (cover with a veil); yǎn shì, yǐn bì (conceal).
vein xuè guǎn.
velocity sù dù, sù lǜ.
velvet sī róng, tiān é róng.
venerable zhí dé jìng zhòng de (commanding respect); shén shèng de (worth of veneration, historical or religious).
venerate (to) zūn jìng.
veneration jìng zhòng (act of venerating); zūn jìng, chóng jìng (deep respect).
vengeance fù chóu, bào chóu.
venom dú yè (poison); è yì (malice).
venomous yǒu dú de (having venom); è yì de (malicious).
ventilation tōng fēng.
ventilator tōng fēng shè bèi.
venture n. mào xiǎn (dangerous adventure); tóu jī (business).
venture (to) mào xiǎn.
verdict pàn jué, cái jué (in a trial); pàn duàn, yì jiàn (a conclusion).
verge n. biān, biān yuán (edge); jiè xiàn (boundary of an enclosure).
on the verge of jiē jìn yú, bīn lín yú.
verge (to) jiē jìn, bīn lín. **to verge on** jiē jìn, jìn hu.
verification zhèng shí, zhèng míng (act of verifying); hé shí (confirmation).
verify (to) zhèng shí, zhèng míng (prove truthful); hé shí, hé chá (test accuracy).
versatile duō miàn shǒu, duō cái duō yì de (able to do many things); duō yòng tú de (with many uses).
verse shī, shī jù, shī piān. **blank verse** wú yùn shī. **free verse** zì yóu shī.
version shuō fǎ (a particular description); fān yì (translation); xíng shì (new form of an original); bǎn běn (artistic adaptation).
vertical adj. chuí zhí de (at a right angle); n. chuí zhí wù (something vertical).
very adv. hěn, fēi cháng (to a high extent); zhēn zhèng de (truly); adj. jué duì de (absolute); tóng yī de, yī yàng de (same).
vessel róng qì (for holding water); chuán (as in a boat). **blood vessel** xuè guǎn.
vest mǎ jiá, bèi xīn.
vex (to) shǐ … fán nǎo (annoy); shǐ … tòng kǔ (cause distress).
via jīng guò (by way of); tōng guò, píng jiè (by means of).
vibrate (to) zhèn dòng, shǐ … zhèn dòng.
vice n. è xí, bù dào dé de xíng wéi. **vice president** fù zǒng tǒng. **vice versa** fǎn zhī yì rán.
vicinity fù jìn (being near); fù jìn dì qū (nearby area). **in the vicinity (of)** zài … fù jìn.

victim shòu hài rén (of another person); zāo nàn zhě (of circumstances); shòu piàn zhě (someone taken advantage of).
victor shèng lì zhě.
victorious shèng lì de, dé shèng de.
victory shèng lì, zhàn shèng.
video n. diàn shì (as opposed to audio); lù xiàng dài (videotape); adj. diàn shì de (having to do with television); lù xiàng de (videotaped). **VCR** lù xiàng jī. **video camera** shè yǐng jī. **video game** diàn shì yóu xì.
vie (to) jìng zhēng. **to vie for** zhēng duó mǒu wù, jìng zhēng mǒu wù.
view n. shì yě (field of vision); guān diǎn, jiàn jiě (a perception); fēng jǐng (scene).
view (to) kàn (look at); guān chá, jiǎn chá (examine); shì zuò, rèn wéi (think of).
vigor jīng lì, huó lì.
vigorous jīng lì chōng pèi de.
vile bēi liè de (lowly); lìng rén bù kuài de (disgusting); kě lián de, bù xìng de (poor and degrading).
village cūn zhuāng (small town); cūn mín (community of people).
villain huài rén, è rén.
vindicate (to) biàn hù (prove innocent); zhèng míng ... wéi zhèng dāng (justify).
vindictive fù chóu de, bào fù de.
vine pú táo shù, pú táo téng.
vinegar cù.
violence bào lì (strong force used against); měng liè, jī liè (intensity, as in a storm).
violent měng liè de (with great force); qiáng liè de (emotionally); jí duān de, jù liè de (intense).
violet adj. zǐ luó lán sè de.
violet n. zǐ luó lán.
violin xiǎo tí qín.
virtue měi dé, dé xíng (moral example); zhēn cāo (chastity); yōu diǎn (a very good quality).
virtuous yǒu dào dé de, yǒu dé xíng de (having virtue); zhēn jié de (chaste).
visibility kě jiàn xìng (being visible); kě jiàn jù lí (extent to which you can see); néng jiàn dù (able to provide a view).
visible kě jiàn de (possible to see); míng xiǎn de (obvious); xiǎn zhù de (clear).
visibly xiǎn rán, míng xiǎn.
vision shì lì, shì jué (sight); dòng chá lì (talent and imagination); huàn xiǎng, huàn yǐng (mental image).
visit n. fǎng wèn, cān guān (act of visiting); dòu liú, zàn zhù (stay); shì chá (professional).
visit (to) v.t. bài fǎng (socially); cān guān (see for a certain purpose); tàn wàng (be with to help or console); v.i. bài fǎng (make a visit).
visitor lái fǎng zhě, yóu kè.
visor mào shé.
visual shì jué de, shì lì de (of or relating to sight); kàn dé jiàn de (able to be seen); xíng xiàng de (causing a mental image).
visualize (to) shǐ ... xíng xiàng huà, shǐ ... jù tǐ huà.
vital wéi chí shēng mìng suǒ bì xū de (necessary for life); yǒu shēng mìng de (full of life); bù kě shǎo de (crucial).
vitality shēng mìng lì (ability to live and grow); huó lì (physical or intellectual strength).
vivacious huó pō de, shēng qì bó bó de.
vivid huó pō de (as if experienced directly); xǔ xǔ rú shēng de (creating strong mental images); xiān yàn de (brightly colored).
vocabulary cí huì (all words in a language); cí huì liàng (words used by a person); cí huì biǎo

(list of words).
vocal adj. shēng yīn de (of the voice); fā shēng de (spoken).
vocation háng yè, zhí yè.
vogue liú xíng wù (fashion or style); shí máo, shí shàng (popularity). **to be in vogue** shí fēn liú xíng.
voice n. shēng yīn (sound produced); sǎng yīn, sǎng zi (quality of a sound); biǎo dá (expression); dài yán rén, hóu shé (medium).
voice (to) biǎo dá, shuō chū.
void n. kōng jiān (empty space); kòng bái (open space); kōng xū gǎn (loneliness).
void (to) shǐ … kōng chū (empty); pái xiè (excrete); shǐ … wú xiào (invalidate).
volcano huǒ shān.
volt fú tè.
voltage diàn yā.
volume juàn, cè (one of more than one book); tǐ jī (amount of space); yīn liàng (sound).
voluminous tǐ jī dà de (having great volume); juàn shù duō de, duō juàn de (able to fill many volumes).
voluntary zì yuàn de (of the free will); zhì yuàn de (done without expecting money); gù yì de (done deliberately).
volunteer adj. zì yuàn zhě de (done by volunteers); n. zhì yuàn zhě (person who volunteers).
vomit (to) ǒu tù, tù chū.
vote n. tóu piào, biǎo jué (choice of candidate); xuǎn mín (group of voters); tóu piào shù (number of votes cast); xuǎn jǔ quán (right to vote).
vote (to) tóu piào, xuǎn jǔ.
voucher zhèng jù, zhèng wù (evidence); shōu jù (receipt or slip).
vouch (to) dān bǎo (assure); zuò zhèng, zhèng míng (support as evidence). **to vouch for** dān bǎo, bǎo zhèng.
vow n. shì yán, shì yuē.
vow (to) fā shì, xuān shì.
vowel yuán yīn.
voyage lǚ xíng, lù chéng.
vulgar cū sú de, yōng sú de (lacking taste or refinement); xià liú de (indecent).
vulnerability ruò diǎn.
vulnerable yì shòu shāng de (able to be injured); yì shòu zé nàn de (open to criticism).

W

wade (to) bá shè, jiān nán xíng jìn. **to wade through water** shè shuǐ.
waffle huá fū bǐng gān.
wag (to) yáo bǎi, yáo dòng. **The dogs wag their tails.** gǒu zài yáo zhe wěi ba.
wage gōng zī, xīn chóu.
wager n. dǔ jīn, dǔ zhù.
wager (to) dǎ dǔ, dǔ bó.
wages gōng zī.
wagon sì lún mǎ chē.
waist yāo, yāo bù.
wait n. děng, děng dài. **How long is the wait?** yào děng duō cháng shí jiān?
wait (to) v.t. děng; v.i. děng dài; fú shì (work as waitperson).
waiter shì zhě, fú wù yuán.
wake n. shǒu líng, shǒu yè.
wake (to) v.t. nòng xǐng, jiào xǐng (from sleep); jī fā, huàn xǐng (from inactivity); v.i. xǐng lái (stop sleeping); sū xǐng (remain awake). **to wake up** xǐng lái.
walk sàn bù, bù xíng (act of walking); xíng chéng (distance or route walked). **to go for a walk** chū qù sàn bù.
walk (to) v.t. shǐ … zǒu dòng (bring someone somewhere by walking); v.i. zǒu (move by walking); bù xíng (go on foot); sàn bù (take a walk or stroll).

wall qiáng bì, wéi qiáng.
wallet qián bāo, pí jiā.
walnut hú táo, hú táo mù.
waltz n. huá ěr zī, huá ěr zī wǔ qǔ.
wander (to) màn bù, pái huái.
want n. quē fá, bù zú (lack of something); pín kùn (a need).
want (to) kě wàng (desire); xū yào (need). **to want to (do something)** xiǎng zuò mǒu shì.
war n. zhàn zhēng (armed conflict); zhàn zhēng qī jiān (time or period of war).
war (to) zuò zhàn, dǎ zhàng.
warble (to) niǎo tí.
ward bìng fáng (in a hospital); jiān hù (guardianship); jiān fáng (in prison). **hospital ward** bìng fáng.
wardrobe yī chú (furniture); quán bù fú zhuāng (clothing).
ware wù pǐn, qì mǐn.
warehouse cāng kù (for storage); pī fā shāng diàn (large wholesale store).
warfare zhàn zhēng, zhàn zhēng zhuàng tài.
warm adj. wēn nuǎn de (slighly hot); bǎo nuǎn de (having heat); rè qíng de (enthusiastic); qīn rè de (kind and caring).
warm (to) v.t. jiā rè (add heat to something); shǐ … xīng fèn (as in someone's heart); v.i. biàn nuǎn (get warm).
warmth wēn nuǎn (slight heat); qīn qiè, chéng kěn (friendliness).
warn (to) jǐng gào (of a danger); gào jiè (against doing something wrong); yù xiān tōng zhī (give advance warning).
warning gào jiè (advice); jǐng bào (a sign or signal).
warrant n. gēn jù (justification); zhǔn xǔ (authorization); dān bǎo (something giving assurance).
warrant (to) dān bǎo, bǎo zhèng zhì liàng (guarantee quality); zhèng shí (vouch for); shòu quán (authorize).
warrior wǔ shì, yǒng shì.
wary xiǎo xīn de, jǐn shèn de.
wash n. xǐ (process of cleaning); xǐ dí jì (product used to wash).
wash (to) v.t. xǐ, qīng xǐ (cleanse); xǐ qù (wash with liquid); v.i. xǐ dōng xi (wash with liquid); nài xǐ (to be washed).
Washington, D.C. huá shèng dùn tè qū.
washroom guàn xǐ shì, wèi shēng jiān.
waste n. làng fèi (act of wasting); lā jī (garbage).
waste (to) làng fèi (use carelessly); shī qù (as in an opportunity).
watch n. biǎo (wristwatch); mì qiè zhù shì (examine or observe); jǐng jiè (staying alert).
watchful jǐng tì de, jǐng jiè de.
water n. shuǐ (liquid itself); shuǐ yuán, shuǐ de gōng yìng (water supply).
water (to) v.t. jiāo shuǐ, sǎ shuǐ (add water); yìn (make an animal drink); v.i. fēn mì tuò yè (salivate).
waterfall pù bù.
waterproof adj. fáng shuǐ de.
watt wǎ tè.
wave n. bō làng (in water); bō dòng (a curve on a surface); huī dòng (movement). **tidal wave** cháo xī.
wave (to) v.t. shǐ yáo dòng (cause to move); huī shǒu zhì yì (to signal); v.i. qǐ fú, bǎi dòng (wave back and forth).
waver (to) yáo huàng (move unsteadily); yóu yù bù jué (be indecisive).
wax n. là, là zhuàng wù.
way dào lù (path or road); lù xiàn (course from one place to another); fāng fǎ (fashion or manner); fāng shì (usual way of being).

we wǒ men.
weak wú lì de, xū ruò de (not physically strong); bù láo de, yì huài de (likely to break under pressure); yì zhì bó ruò de (in character); chà de (in a skill).
weaken (to) xuē ruò, shǐ xū ruò.
weakly ruǎn ruò de, xū ruò de.
weakness xū ruò (being weak); ruò diǎn, quē diǎn (personal defect).
wealth cái fù, cái chǎn (having valuable material resources); dà liàng (large sum).
wealthy yǒu qián de (having wealth); fēng fù de (having a lot).
weapon wǔ qì.
wear (to) chuān zhuó (as in clothing); dài (have with usually); mó sǔn (damage); shǐ pí fá (exhaust).
weariness pí juàn, pí láo.
weary pí juàn de (physically or mentally); yàn juàn de (tired of); lìng rén yàn juàn de (making tired).
weather tiān qì, qì hòu. **rainy weather** xià yǔ tiān.
weave (to) biān, biān zhī (make by weaving); biān zào (make something elaborate); biān rù (weave into something elaborate).
wed (to) yǔ … jiē hūn (marry); wèi … jǔ xíng hūn lǐ (officiate at a marriage).
wedding jiē hūn (act of marrying); hūn lǐ (ceremony).
wedge n. xiē zi, xiē xíng wù.
Wednesday xīng qī sān.
weed n. zá cǎo.
weed (to) chú cǎo, xiāo chú.
week xīng qī, zhōu. **next week** xià xīng qī. **this week** zhè xīng qī. **two weeks** liǎng gè xīng qī.
weekend zhōu mò.
weekly adj. yī zhōu de (related to a week); měi zhōu de (happening once a week); adv. yī zhōu yī cì de (once a week); měi zhōu (every week).
weep (to) liú lèi (cry); āi dào (show sadness).
weigh (to) v.t. chēng zhòng liàng (with a scale); quán héng (options or choices); v.i. zhòng … (be a certain weight); yǒu yǐng xiǎng (press on something).
weight zhòng liàng (measure); zhòng lì (force).
welcome adj. shòu huān yíng de, chī xiāng de. **You're welcome.** bié kè qì, bù yòng xiè.
welcome (to) huān yíng. **Welcome!** huān yíng!
welfare jiàn kāng xìng fú (well-being); fú lì gōng zuò (welfare work).
well adv. shì dāng de, hé shì de (in a good way); shú liàn de, jīng tōng de (with skill); chōng fèn de, wán quán de (thoroughly); lìng rén mǎn yì de (satisfactorily).
well n. jǐng.
west n. xī (compass point); xī fāng, xī bù (western area or region); adj. xiàng xī de, wǎng xī de; adv. zài xī bù de, cháo xī bù de.
western xī fāng de (in or toward the west); yǒu xī fāng tè diǎn de (native to the west).
wet adj. shī de (not dry); duō yǔ de (climate); cháo shī de (rainy or humid).
wet (to) nòng shī, biàn shī.
whale jīng.
what pron. shén me (question word); nà ge (thing that). **what he said** tā suǒ shuō de. **What is it?** zhè shì shén me?
whatever prep. shén me dōu (everything or anything that); wú lùn (no matter what); adj. rèn hé (of any sort).

wheat xiǎo mài.
wheel chē lún, lún zhuàng wù.
when adv. shén me shí hòu; conj. zài ... shí (at the time that); yī ... jiù ... (as soon as); pron. shén me shí hòu.
whenever adv. dāng ... shí hòu; conj. wú lùn shén me shí hòu (at whatever time that); měi dāng (every time that).
where adv. nǎ lǐ (in what place); cóng hé chù (from what place); dào nǎ lǐ (to what place); conj. zài nǎ lǐ.
wherever adv. wú lùn nǎ lǐ; conj. wú lùn zài shén me dì fāng.
whet (to) mó, mó kuài.
whether shì bù shì, shì fǒu (used in indirect questions to introduce one alternative); yào me ... yào me (either). **I intend to go whether it rains or snows.** bù lùn shì xià yǔ hái shì xià xuě, wǒ dōu dǎ suàn qù.
which pron. nǎ yī gè, nǎ yī xiē (which one); nà yī gè (the one just mentioned).
while zhǐ yào (as long as); zài ... tóng shí (at the same time that); rán ér (whereas).
whim xīn xuě lái cháo, yī shí de xìng zhì. **on a whim** yī shí xīn xuě lái cháo.
whimper (to) chōu qì, wū yè, wū yè zhe shuō.
whine (to) āi jiào, fā chū āi jiào.
whip n. biān zi (tool itself); biān dǎ (motion or stroke).
whip (to) biān dǎ, chōu dǎ.
whisper n. dī yǔ, ěr yǔ.
whisper (to) dī shēng shuō, ěr yǔ.
whistle n. kǒu shào (that you blow into); qì dí (device that whistles by steam); shào shēng, dí shēng (sound made by lips).
whistle (to) chuī kǒu shào (with the lips); fā chū xiào jiào shēng (by moving through the air).
white adj. bái sè de (color); bái zhǒng rén de (person).
who n. shuí (which person); rén, rén men (the person that).
whoever rèn hé rén, wú lùn shuí.
whole adj. quán bù de (complete); wán zhěng de (undivided); wán hǎo de (unhurt).
whole n. quán bù, quán tǐ.
wholesale n. pī fā; adj. pī fā de (related to sales); dà guī mó de (extensive).
wholesome jiàn kāng de, yǒu yì jiàn kāng de.
whom shuí.
whose shuí de.
why wèi shén me.
wicked xié è de, bù dào dé de.
wide kuān de, kuān kuò de (from side to side); guǎng fàn de (wide-range); zhāng kāi de (open wide).
widen (to) jiā kuān, biàn kuān.
widow guǎ fu.
widower guān fū.
width kuān kuò, guǎng kuò (being wide); kuān dù (measurement from side to side).
wife qī zǐ.
wig jiǎ fà.
wild adj. yě shēng de (living in nature); huāng yě de, wú rén yān de (uninhabited); fēng kuáng de (emotionally).
wild n. huāng dì, huāng yě.
wilderness huāng dì, huāng yě.
wildness yě shēng, yě mán.
will n. yì zhì, jué xīn (choice); jué dìng, yì yuàn (purpose or desire); xī wàng (intention). **against one's will** wéi fǎn mǒu rén de yì yuàn.
will (to) xī wàng, xiǎng yào, jiāng.
willful gù yì de (on purpose); rèn xìng de (obstinate).
willing yuàn yì de (inclined); lè yì de, xīn gān qíng yuàn de (acting gladly). **I'm willing to go.** wǒ hěn lè yì qù.
willingly zì dòng de, xīn rán de.
win n. shèng lì, chéng gōng.
win (to) v.t. shèng lì, chéng gōng (a

victory); yíng dé (prize or reward); zhèng dé (achieve by effort).
wind n. fēng, qì liú.
wind (to) rào, juǎn (as in string); rào, wān yán qián jìn (along a path or road); shàng fā tiáo (as in a clock). **to wind up** jiē shù, zhōng zhǐ.
window chuāng, chuāng hù (opening); chuāng bō li (glass pane); chú chuāng (in a shop). **window of opportunity** jī huì zhī chuāng, jī huì chuāng kǒu.
windy guā fēng de, duō fēng de (with a lot of wind); shòu fēng de (open to the wind).
wine jiǔ.
wing n. yì, chì bǎng.
wink n. zhǎ yǎn, shǐ yǎn sè (act of winking); shùn jiān (short time).
wink (to) zhǎ yǎn (close and open an eye); zhǎ yǎn shì yì (signal by winking). **to wink at** shǐ yǎn sè, xiàng ... zhǎ yǎn jīng.
winner huò shèng de rén, chéng gōng zhě.
winter dōng jì (season); xiāo tiáo qī (cold or miserable period of time).
wipe (to) cā, shì (rub); cā qù, mǒ qù (remove by rubbing).
wire n. jīn shǔ sī, jīn shǔ xiàn (metal strand); diàn lǎn (cable); diàn bào (telegram).
wire (to) v.t. yòng jīn shǔ xiàn kǔn zhā (connect or tie with wire); yòng diàn bào chuán sòng (send by telegraph); fā diàn bào gěi (send a telegram to); v.i. fā diàn bào (send a telegram).
wisdom zhì huì (understanding of truth); zhī shi, xué wèn (body of learning over time).
wise yīng míng de, xián míng de (having wisdom); bó xué de (very learned).
wish n. yuàn wàng (desire); xǔ yuàn (expression of longing); xiǎng yào de dōng xi (something desired).
wish (to) v.t. xī wàng (want deeply); zhù yuàn (show wishes for); pàn wàng, qǐ qiú (wish something upon someone). **to wish for** xī wàng dé dào, kě wàng.
wit zhì huì, zhì lì (understanding); jī zhì (quickness in understanding).
witch nǚ wū, wū pó.
with hé, péi tóng (in the company of); dài zhe, dài lái (as a possession or characteristic); yòng, tōng guò (by means of); hé (function word showing involvement or agreement); dé dào, shōu dào (having received); yóu yú (as a result of).
withdraw (to) v.t. shōu huí (take back); tí kuǎn (take out money); chè xiāo (retract); v.i. tuì chū (stop participating).
withdrawal chè huí, shōu huí (retreat); chè xiāo (retracting).
wither (to) diāo xiè, kū wěi.
within adv. zài ... zhī nèi; prep. zài ... lǐ miàn (in the inner portion of); zài ... fàn wéi nèi (within a time or distance); n. nèi bù (inner area or place).
without adv. zài wài bù (on the outside); prep. bù, méi yǒu (not with); zài ... zhī wài (toward or on the outside).
witness n. mù jī zhě, zhèng rén (first-hand observer); zhèng jù (something providing evidence).
witness (to) v.t. mù jī (have direct personal knowledge); zuò zhèng (provide evidence).
witty jī zhì de, huī xié de.
woe bēi āi, bēi tòng.
wolf láng (animal); cán rěn de rén (predatory person).

woman nǚ xìng chéng rén (individual); nǚ rén (women as a group).
wonder n. jīng yì, jīng qí (emotion); qí jì (thing or event).
wonder (to) v.t. hào qí (feel doubt or curiosity); v.i. chī jīng (feel awe).
wonderful jīng rén de, qí miào de (causing wonder); jí hǎo de (causing admiration).
wood mù tou, mù cái.
wooden mù zhì de (made of wood); jiāng yìng de, bù zì rán de (stiff).
woods sēn lín.
woodwork mù zhì pǐn.
wool máo, yáng máo (hair of a sheep); máo zhī pǐn (material or article of clothing).
woolen yáng máo de, máo zhī de.
word cí, zì (sound or written word); huà yǔ (something said); shì yuē, shì yán (promise). **word for word** zhú zì de. **word processor** wén zì chǔ lǐ ruǎn jiàn.
work n. láo dòng (mental or physical effort); gōng zuò (job); gōng zuò liàng (amount work to be done); chéng guǒ (accomplishment or product); zuò pǐn (artistic work). **work of art** yì shù pǐn.
work (to) v.t. zào chéng (cause or effect); shǐ yùn xíng (operate); v.i. gōng zuò, láo dòng (put forth an effort to accomplish something); cāo zuò, yùn xíng (function); qǐ zuò yòng, yǒu xiào (produce the desired outcome).
worker gōng rén, gōng zuò zhě.
workshop chē jiān, gōng chǎng (industrial workspace); tǎo lùn huì (meeting or seminar).
world dì qiú (the earth); rén lèi shè huì (humans, society); shì rén, rén lèi (people as a whole).
worldliness sú qì.
worldly shì sú de.
worm chóng, rú chóng.
worry n. kǔ nǎo, fán nǎo (act of worrying); yōu lǜ de shì (a concern).
worry (to) v.t. shǐ ... fán nǎo (cause anxiety); jiāo lǜ (feel concern). **Don't worry!** bié dān xīn!
worse gèng huài, gèng chà.
worship n. chóng bài, yǎng mù.
worship (to) v.t. chóng bài (a deity); jìng zhòng (show adoration and devotion); v.i. zuò lǐ bài (perform worship).
worst zuì huài de, zuì chà de.
worth adj. yǒu ... de jià zhí (in value); zhí dé (deserving of); yǒu ... de cái chǎn (having wealth equal to).
worth n. jià zhí (value or desirability); cái chǎn (wealth).
worthless wú jià zhí de, bù zú qǔ de.
worthy yǒu jià zhí de (having value or merit); zhí dé de (with enough worth).
wound n. chuāng shāng, shāng hài.
wound (to) shāng hài, shǐ shòu shāng hài.
wounded shòu shāng de.
wrap (to) v.t. bāo, guǒ (fold something around as protection); bāo zhuāng (enclose in paper); v.i. chán rào (twist around something); chuān yī fu (with warm clothes).
wrath fèn nù, fèn kǎi.
wreath huā huán, huā quān.
wreck (to) pò huài, huǐ huài (destroy); v.i. yù nàn (be ruined). **to be shipwrecked** chuán zhī yù nàn.
wrestle (to) shuāi jiāo, jiǎo lì.
wrestler shuāi jiāo yùn dòng yuán.
wrestling shuāi jiāo.
wretched bù xìng de (in a very bad condition); bēi cǎn de (miserable).
wriggle (to) v.t. shǐ ... niǔ dòng

(move with wriggling motion); v.i. niǔ dòng, rú dòng (twist the body).
wring (to) jiǎo, nǐng (squeeze or twist); jiǎo chū, nǐng gān (wring out liquid); shǐ tòng kǔ (bring pain or distress).
wrinkle n. xì wén (in a smooth surface); zhòu wén (in the skin).
wrinkle (to) v.t. shǐ ... zhòu qǐ (make wrinkles); v.i. xíng chéng zhòu wén (become wrinkled). **to wrinkle with age** láo dé zhǎng chū zhòu wén.
wrist wàn, shǒu wàn.
wristband xiù kǒu.
wristwatch shǒu biǎo.
write (to) xiě (make letters with a pen, etc.); jì xià (express in writing); tián xiě (fill in or cover with writing); xiě xìn (communicate by written correspondence).
writer zuò jiā, zuò zhě.
writing n. xiě, xiě zuò (activity of a person who writes); shū miàn xíng shì (written form); bǐ jì (handwriting). **to put in writing** xiě xià lái.
written shū miàn de.
wrong adj. cuò de (not true or factual); bù dào dé de (immoral); bù shì dàng de (not suitable).
wrong n. bù gōng píng de shì (unjust act); bù dào dé de shì (something unethical or immoral).
wrong (to) yuān wang (treat unjustly); fěi bàng (slander or speak of unjustly).

X

xenophobia chóu wài, chóu shì wài guó rén.
Xerox fù yìn jī.
x-ray x guāng.
xylophone mù qín.

Y

yacht kuài tǐng, yóu tǐng.
yard mǎ (measure of length); yuàn zi (garden or area around building).
yarn shā, shā xiàn (woven strand); gù shì, qí tán (story). **wool yarn** yáng máo xiàn.
yawn n. dǎ hē qiàn (act of yawning); hē qiàn (bored answer).
yawn (to) dǎ hē qiàn, dǎ hē qiàn zhe shuō.
year n. nián (time it takes earth to revolve around sun); nián dù (calendar year); nián líng, nián jì (age). **per year** měi nián. **ten years** shí nián. **this year** jīn nián.
yearly adj. měi nián de; adv. yī nián yī cì de.
yearn (to) kě wàng, xiàng wǎng. **to yearn for** kě wàng.
yearning kě wàng.
yeast jiào mǔ, fā jiào fěn.
yell n. dà shēng hǎn jiào.
yell (to) dà jiào, dà jiào zhe shuō.
yellow n. huáng sè; adj. huáng sè de.
yes shì.
yesterday n. zuó tiān; adv. zuó tiān.
yet adv. mù qián (for the present); dào mù qián wéi zhǐ (up to a particular time); rán ér (nevertheless); conj. jǐn guǎn rú cǐ.
yield (to) v.t. shēng chǎn, huò lì (give a return on investment); fàng qì, jiāo chū (give over); v.i. shēng chǎn, yǒu shōu huò (produce a return on

investment); qū fú (give way).
yielding shùn cóng de, yì qū fú de.
yoke (to) gěi ... tào shàng è (put on a yoke); shǐ jiē hé (join as with a yoke).
yolk dàn huáng.
you nǐ, nǐ men (person or people spoken to); yī gè rén, mǒu rén (people in general).
young nián yòu de (not old); nián qīng de (related to youth).
your nǐ de, nǐ men de.
yours nǐ de dōng xi, nǐ men de dōng xi.
yourself nǐ zì jǐ, nǐ běn rén.
youth nián qīng (condition of being young); qīng chūn qī (time of life); qīng nián, xiǎo huǒ zi (young person).
youthful qīng nián de (relating to youth); zhāo qì péng bó de (having characteristics of youth).
youthfulness qīng nián, shào zhuàng.
yo-yo yōu yōu qiú.

Z

zeal rè xīn, rè qíng.
zealous rè xīn de, rè qíng de.
zest xìng qù (flavor or interest); rè xīn, rè qíng (enjoyment).
zero líng.
zigzag n. z zì xíng tú àn.
zigzag (to) chéng z zì xíng yí dòng, shǐ ... chéng z zì xíng yí dòng.
zipper lā liàn.
zit qiū zhěn.
zodiac shí èr gōng tú, huáng dào dài.
zombie shé shén.
zone n. qū yù, fàn wéi. **safety zone** ān quán dì dài. **temperate zone** wēn dài. **time zone** shí qū.
zone (to) huà fēn dì dài.
zoo dòng wù yuán.
zoology dòng wù xué (branch of biology); dòng wù tè xìng (characteristics of animal groups).